GÜTERSLOHER
VERLAGSHAUS

Entdecken Sie mehr auf
www.gtvh.de

»Die Welt kann verändert werden. Zukunft ist kein Schicksal.«

Robert Jungk (1913-1994)

Das vorliegende Buch von Dieter Vieweger zeugt nicht nur von Mut, sondern vor allem auch von tiefer Verbundenheit mit Palästina und Israel, mit ihrer Geschichte und mit den darin lebenden zwei Völkern und drei Religionen. Der renommierte Archäologe Vieweger verlässt das vertraute Terrain der eigenen Expertise, um sich einem hochkomplexen Konflikt zu widmen, der seit Jahrzehnten einer Lösung harrt und viel Leiden verursacht. Dieter Viewegers Bemühen, in sachlicher Schilderung und vorsichtiger Deutung den verständlicherweise höchst unterschiedlichen Erfahrungen, Empfindungen und ›Mythen‹ beider Seiten eine Sprache zu verleihen, verdient Respekt. In aller gebotenen Sachlichkeit bleibt er dabei stets engagiert. Präzise zeichnet er Konfliktlinien nach, beleuchtet die zu Grunde liegenden religiösen Motive im Judentum und im Islam und ermöglicht nicht nur einen Überblick über wesentliche Entwicklungen des Nahostkonfliktes bis zur Gegenwart, sondern – nicht zuletzt durch eine eindrückliche Auswahl von Zitaten – auch einen Einblick in die Welt der Empfindungen, Deutungen und Hoffnungen der Beteiligten. Vieweger verzichtet dabei weitgehend auf konkrete politische Lösungsvorschläge. Als lokale evangelisch-lutherische Kirche im Dienste Christi teilen wir Viewegers Hoffnung, dass nach 13 erfolglosen Friedensinitiativen seit 1987 endlich konkrete Schritte in Richtung Zweistaatlichkeit erfolgen müssen. Die Sicherheit Israels ist dabei abhängig von der Gerechtigkeit und von der Freiheit für die Palästinenser, und der Friede und die Gerechtigkeit für Palästina sind gleichzeitig abhängig von einer gesicherten Existenz des Staates Israel. Die Entstehung eines unabhängigen palästinensischen, neben Israel gleichberechtigten und in Frieden lebenden Staates innerhalb der Grenzen von 1967 und ein für alle, Juden, Muslime, Christen, Israelis und Palästinenser offenes Jerusalem sind diesbezüglich wesentliche Komponenten. Ebenso das Recht der palästinensischen Flüchtlinge auf eine gerechte Lösung entlang der UNO Beschlüsse, ein

Siedlungsbaustopp sowie eine faire Verteilung der natürlichen Ressourcen. Als ELCJHL glauben wir, dass es jetzt an der Zeit ist, diesen Frieden, den beide dringend brauchen, zu schaffen. Dabei fühlen wir uns als christliche Kirche einem lösungsorientierten Prozess verpflichtet, der Pro-Israel oder Pro-Palästina-Denkschemata hinter sich lässt, gegenseitiges Verständnis und Versöhnung fördert, Wahrheit und Gerechtigkeit einschließt. Daran wird kein Weg vorbeiführen, auch wenn es nie allen gefallen, ja viele verärgern wird.

Es ist Dieter Viewegers vorliegendem Buch eine breite Leserschaft zu wünschen, weil es Außenstehenden eine leicht verständliche Auslegeordnung der wesentlichen Aspekte bietet und Verständnis für Verletzungen, Ängste und Hoffnungen der je anderen Seite fördert. Eine unabdingbare Voraussetzung für einen Frieden, auf den wir nun schon so lange warten ...

Dr. Munib A. Younan
Bischof der evangelisch-lutherischen Kirche
in Jordanien und im Heiligen Land (ELCJHL)

Geleitwort II

Kaum ein anderer Konflikt hält die Welt so in Atem wie der Krieg um Israel/Palästina. Dabei fällt es bereits schwer, allein die Grenzen dieses Konflikts abzustecken. Ringen hier Juden gegen Muslime? Nein, auf beiden Seiten kämpfen auch Muslime und Christen. Sind es Juden und Araber, oder Israelis und Palästinenser? Auch diese Definition ist kaum ausreichend, war der Nahe Osten doch seit Menschengedenken ein Spielball der Supermächte und regionaler Akteure. Die USA, der Iran und arabische Staaten mischen heute in einem Konflikt mit, der früher einer der Austragungsorte des Kalten Krieges war. Selbst die Frage, worum es in diesem mehr als 130 Jahre alten Krieg geht, ist nicht einfach zu beantworten. Verschiedene Autoren wähnen hier einen Streit um Land, einen Wettkampf der Religionen, einen Kampf der Kulturen, einen Klassenkampf oder die Spätfolgen europäischer Kolonisationspolitik. Und ebenso, wie die Meinungen über die Ursachen auseinanderklaffen, streitet man über Recht und Unrecht. Wer ist Täter und wer Opfer? Wer ist schuld an dem nicht enden wollenden Blutvergießen? In dem andauernden Zwist im Heiligen Land scheint nur eines klar: Er ist vielschichtig, undurchsichtig und äußerst komplex.

Der anerkannte Archäologe Professor Dieter Vieweger ist auf einzigartige Weise dazu prädestiniert, Ordnung in dieses verwirrende Chaos zu bringen. Seine erfolgreichen Kinderbücher vermitteln selbst kleinen Knirpsen ein gutes Verständnis komplexer Materien. Seit Jahren vollbringt er den unmöglichen Spagat zwischen den verschiedenen Akteuren des Konflikts. Jetzt wagt er sich in ein neues Gebiet vor.

Als einfühlsamer Beobachter und Kenner der Archäologie weiß Vieweger um die Tiefenwirkung der Vergangenheit, die emotionale und fast mystische Bedeutung, die die Geschichte der Region für alle Beteiligten hat. Er zeigt dabei Empathie, verliert aber nie die notwendige wissenschaftliche Distanz zum Objekt seiner Betrachtungen.

In diesem Buch kommen viele unterschiedliche Stimmen zu Wort; die beste Voraussetzung, um alle Seiten besser zu verstehen. Es bietet Uneingeweihten einen guten Einstieg und die Gelegenheit, diesen ebenso bedeutsamen wie komplexen Konflikt zu entwirren und seine verschiedenen Grundlagen zu verstehen. Aber auch Kenner werden in diesem Buch ein umfangreiches Nachschlagewerk des Nahostkonflikts entdecken, dessen Lektüre neue Perspektiven und Betrachtungsweisen eröffnet.

Dr. Gil Yaron
Nahostkorrespondent, Publizist und Buchautor

Vorwort zur ersten Auflage

Der gegenwärtige Konflikt in Israel/Palästina ist nur ein Höhepunkt in der Geschichte der Auseinandersetzungen im Nahen Osten. In ihm verflechten sich jahrhundertealte politische Interessen, mangelndes Verständnis zwischen Orient und Okzident sowie unterschiedliche soziale und ökonomische Lebensgrundlagen. Ebenso spielen vorgeschobene wie tatsächliche Interessen dreier Weltreligionen eine große Rolle.

Jerusalem, die Heilige Stadt, wurde zwei Völkern zum Inbegriff ihrer nationalen Identität. Deren Ansprüche liegen seit dem 20. Jahrhundert im bitteren Widerstreit.

Dieses Buch wurde für Menschen geschrieben, die von Europa aus den Konfliktherd ›Israel/Palästina‹ betrachten. Gleich, ob der Leser/die Leserin von der scheinbaren Unendlichkeit der Auseinandersetzungen irritiert, von ihrer Brutalität schockiert oder von der Vielfalt der Argumente verwirrt ist, möchte das vorliegende Buch zuallererst die Vorgänge in Nahost nachvollziehbar und überschaubar machen. Die Vielschichtigkeit der historischen und gegenwärtigen Interessenlage soll dabei in ihrer Komplexität fassbar werden. Den Rufen nach schnellen und radikalen Lösungen, welcher Gruppierung oder Geisteshaltung auch immer, kann nur mit Sachinformationen begegnet werden.

Der Konflikt besitzt neben der Sachebene eine nicht zu unterschätzende emotionale Komponente. Viele Reaktionen der Beteiligten werden gerade auch von deren eigenen Ängsten, Vorurteilen und Hoffnungen beeinflusst. Wie die im Nahen Osten lebenden Menschen dieselben Nachrichten und Vorgänge ganz verschieden wahrnehmen und beurteilen, wie sie unterschiedliche Stimmungen aufnehmen und sich mit den jeweiligen politischen und religiösen Symbolfiguren identifizieren oder diese abgrundtief ablehnen, ist nicht in einer reinen Faktengeschichte darstellbar. Um diese nicht zu unterschätzende Ebene der Auseinandersetzungen zu beleuchten, wurden authentische Meinungsäußerungen verantwortlicher Politiker oder des ›Mannes auf der Straße‹ eingestreut.

Nahezu alle Gruppierungen bzw. Akteure in diesem Konflikt beschwören durch Rückgriffe auf die Vergangenheit ihre Rechtsansprüche auf das Land. Dabei verweisen sie zumeist auf religiöse Traditionen. Diese werden aber häufig nicht um ihrer selbst willen, sondern ganz im Dienst politischer, wirtschaftlicher oder öffentlichkeitswirksamer Interessen benutzt. Da viele Bewohner Mitteleuropas hingegen in einem säkularen Weltgefühl leben, sind für sie die religiös motivierten Beweggründe zuweilen schwer nachvollziehbar. Deshalb werden religiöse Sachverhalte in dieser Publikation bewusst umfangreich dargestellt und erläutert.

Der Autor hat in Deutschland bei Vorträgen und Seminaren häufig genug erfahren, wie leicht sich Europäer mit der einen oder anderen Konfliktpartei identifizieren, dabei manchmal auch die pauschalen Argumente ›ihrer‹ Seite verinnerlichen und erstaunlich einseitige Meinungen bekunden. Selbst europäische Besucher Israels/Palästinas stehen in der Gefahr, dass sie tendenziös beeinflusst werden. Je nach Besuchsprogramm, Gesprächspartnern und Reiseleitung können die Urteile gegensätzlich ausfallen. Werden solche Erfahrungen noch durch politische oder religiöse Grundüberzeugungen gestützt, kann der tolerante Umgang mit den Vertretern anderer Meinungen zuweilen recht schwierig werden.

Diese Publikation bietet eine Einführung in die Kernbereiche des Konflikts. Sie erhebt keinen Anspruch auf Vollständigkeit. Die geschichtlichen Darstellungen sollen zur Ausgewogenheit und Versachlichung der Diskussion beitragen.

Geschichte und ihre Deutung sind immer das Ergebnis individueller und kollektiver Prozesse des Erinnerns und des Vergessens. Jede Gruppe, jedes Individuum folgt dabei eigenen Grundsätzen. Für die moderne Geschichte Israels/Palästinas gilt das in besonderer Weise: Es gibt kein Ereignis, keine Entwicklung, die nicht von verschiedenen Standpunkten aus gedeutet werden kann. Die Interessen und Interpretationen der miteinander streitenden

Parteien werden daher in einzelnen Fällen auch parallel dargestellt, ohne dabei Partei zu ergreifen.

Das Buch beschreibt wichtige Konfliktfelder (Kapitel 1), benennt die Traditionen der jüdischen Einwanderer sowie der arabischen Bewohner des Landes (Kapitel 2) und geht dann auf die unmittelbare Vorgeschichte der heutigen Auseinandersetzungen ein, beginnend mit der Einwanderung von Juden im 19. Jahrhundert (Kapitel 3). Hinweise auf die Biografien wichtiger, die Geschichte Israels/Palästinas mitbestimmender Akteure wie auch Bilder und Landkarten sollen helfen, die geschichtliche Darstellung zu veranschaulichen. Ein Resümee (Kapitel 4) schließt die Publikation ab.

Auch Christen betrachten die südliche Levante als Heiliges Land. Ihre vielfältigen Positionen werden im vorliegenden Buch allerdings nur dann berücksichtigt, wenn sich diese maßgeblich auf den israelisch-palästinensischen Konflikt auswirken. Ihre besondere Stellung im Heiligen Land wird Thema einer künftigen Publikation sein.

Für kritische Hinweise und wichtige Anmerkungen bei der Erstellung des Manuskripts bedanke ich mich bei Dr. Wolfgang Auge, Pastorin Gerda Budde, Gabriele Förder-Hoff, Dr. Jutta Häser, Pastorin Dr. Christina Kayales, Hans-Christian Rößler, Ulrich Sahm, Christoph Schult, Katja Soennecken, MSc, Andrea Schwermer, PD Dr. Martin Vahrenhorst und Dr. Gil Yaron. Die Landkarten und Grafiken zeichnete Ernst Brückelmann.

Dieses Buch widme ich in großer Verehrung Professor Dr. Siegfried Mittmann.

Dieter Vieweger   *Wuppertal/Jerusalem/Amman, im November 2009*

Vorwort zur dritten Auflage

Nichts kann schöner für einen Autor sein, als wenige Monate nach dem Erscheinen des Buches im Juli 2010 schon eine dritte Auflage vorzubereiten. Die zweite Auflage – ein unveränderter Nachdruck der ersten – war kurzfristig Ende November 2010 notwendig geworden, um die Lieferfähigkeit des Titels im Buchhandel aufrecht zu erhalten.

Ich nutze nun die Möglichkeit, vielfältige Anregungen der Leser und Leserinnen aufzunehmen und aktuelle Ereignisse nachzutragen.

Um meinem Anliegen – ausgewogen und unparteiisch über die Ereignisse in Israel/Palästina zu berichten – Nachdruck zu verleihen, verändere ich auch das Titelbild. Bisher stand der Felsendom als das Wahrzeichen Jerusalems sowohl für die hier lokalisierten jüdischen Wurzeln – die ›Darstellung Isaaks‹ und den Tempelbau – als auch für die muslimische Tradition – die ›Himmelfahrt Mohammeds‹. Einige Leser vermuteten angesichts dieser Bildauswahl eine immanente Parteinahme für »die arabische Sache«. So werden nun Westmauer (›Klagemauer‹) und Felsendom gemeinsam abgebildet.

Auch wenn sich durch die letzten Monate noch keine optimistischere Sicht auf eine mögliche Lösung des Konfliktes in Palästina/Israel oder gar auf einen Friedensprozess – der diesen Namen verdient – abzeichnet, so kann diese Welt doch verändert werden. Sie muss es auch! Dass der einzige Ausweg aus dem heutigen Dilemma über eine Katastrophe führen muss, hoffen nur die Radikalen beider Seiten, die dem Nahen Osten ihren Stempel aufzwingen möchten. Gegen deren schnelle und radikale Lösungen hilft nur die umfassende Information, zu der auch diese dritte Auflage beitragen möchte.

Dieter Vieweger   *Wuppertal/Jerusalem/Amman, im November 2010*

Vorwort zur vierten Auflage

Ich freue mich, diese Neuauflage von »Streit um das Heilige Land« vorlegen zu können. Es wurde Zeit für eine umfangreiche Erweiterung der im November 2010 abgeschlossenen dritten Auflage. Kurz nach deren Erscheinen fegte der ›arabische Frühling‹ wie ein Sturm über den Nahen Osten und Nordafrika hinweg. Israels enger Bündnispartner Hosni Mubarak verlor sein Amt. Die Wahlen in Tunesien, Ägypten und in anderen Ländern brachten klare Mehrheiten für die islamischen Parteien. Die Salafisten traten zum ersten Mal deutlich in den Bereich der Aufmerksamkeit der westlichen Welt. Im Jemen, in Libyen und in Syrien brachen Bürgerkriege aus. Der Ausgang all dieser Umwälzungen ist selbst heute, fast zwei Jahre danach, nicht wirklich abzuschätzen.

In Israel eskalierte der Propagandastreit mit dem Iran. Markige Worte über die Zerstörung der iranischen Atomanlagen auf der einen und die Auslöschung Israels auf der anderen Seite beherrschten die täglichen Zeitungsmeldungen und die Massenmedien.

Es war notwendig, all diese neuen Geschehnisse in den Ablauf der Geschichte des Nahen Ostens einzuordnen und deren Zusammenspiel darzustellen. Dennoch weiß niemand, welche Entwicklungen sich über die nächsten Monate und Jahre daraus ergeben werden. Die politische Dynamik der nahöstlichen Region bleibt ungebrochen. Mögen sich dabei auch Chancen für einen Frieden im israelisch-palästinensischen Konflikt ergeben.

Dieter Vieweger　　*Jerusalem/Amman/Wuppertal, am 1. Oktober 2012*

Vorwort zur fünften Auflage

2014 war kein gutes Jahr für Israel/Palästina. Der Gaza-Konflikt, Entführungen und Morde sowie die langanhaltenden Unruhen in Jerusalem sprechen für sich. In dieser Situation – die keine Hoffnung auf einen baldigen und dauerhaften Frieden macht – wird die fünfte Auflage dieses Buches nötig. Trotz der nicht optimistisch stimmenden Gesamtlage sollte niemand, der die Politik in Nahost verfolgt, die Hoffnung verlieren oder gar aufhören, auf beiden Seiten für einen Kompromiss zu werben, der den Bedürfnissen nach Sicherheit und Selbstbestimmtheit in Israel und in Palästina gerecht wird.

Dieter Vieweger   *Wuppertal/Jerusalem/Amman, Dezember 2014*

Inhalt

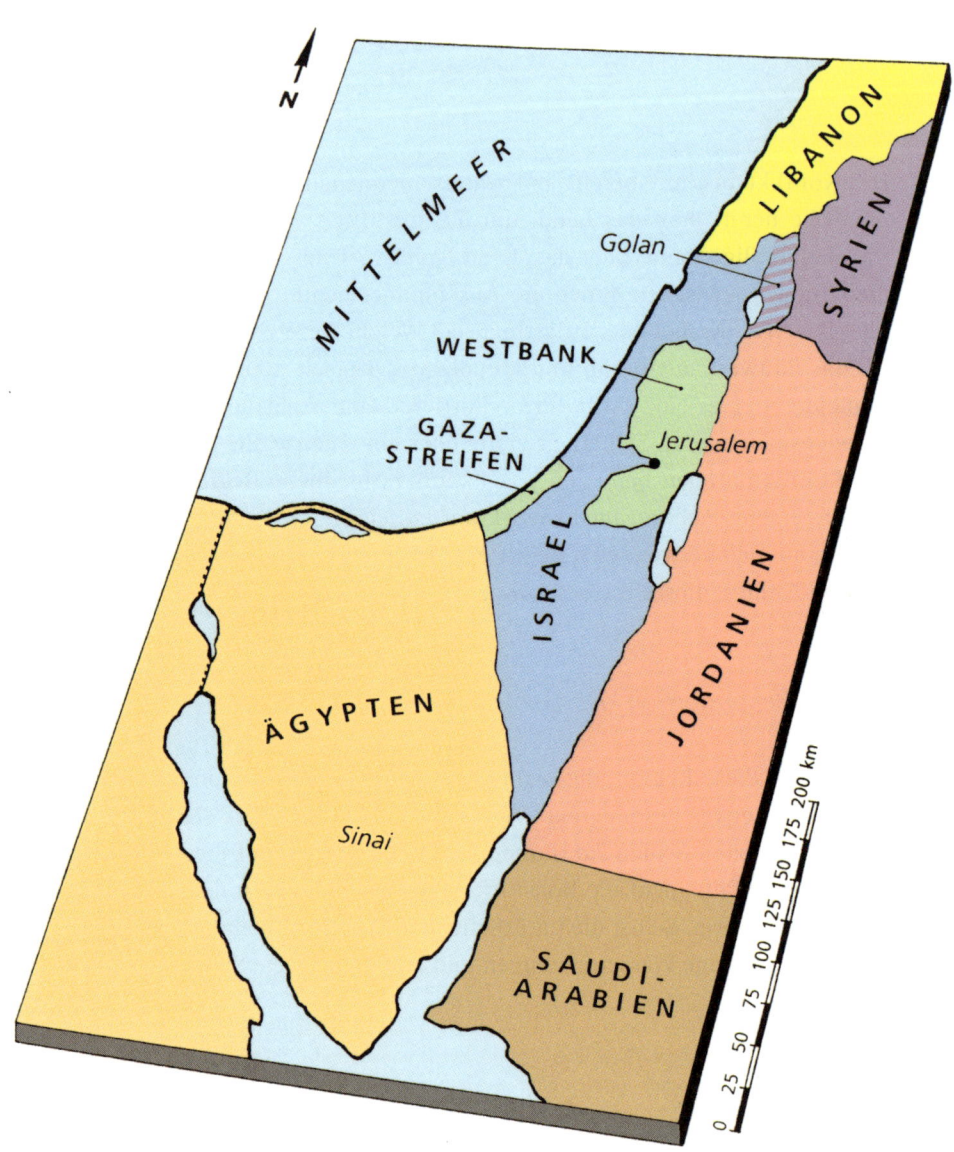

Abb. 1: Politische Karte der südlichen Levante

1. Der Konflikt – Worum geht es eigentlich?

Der Konflikt beginnt bereits mit unterschiedlichen Namen und Begriffen: Wie nennt man das Land, um das gestritten wird? Ist es ›Palästina‹, das ›Heilige Land‹ oder das ›Land Israels‹[1]? Und wie bezeichnet man die Gruppen, zwischen denen die Auseinandersetzung stattfindet, Juden oder Israelis – Araber oder Palästinenser? Welche Bezeichnung wählt man für das Bauwerk aus Beton und Metallzaun, das seit 2003 das Land zerschneidet – ist es eine ›Anti-Terror-Barriere‹, eine ›Apartheids-‹ oder eine ›Friedensmauer‹, ein ›Sicherheitszaun‹ oder ein ›Sperrwall‹?

Die Konfliktparteien benutzen jeweils unterschiedliche Begrifflichkeiten, um die eigene Position medienwirksam zu legitimieren. Welche Vorstellungen mit den verwendeten Begriffen einhergehen und woher sie rühren, soll am Anfang dieses Buches kurz erläutert werden.[2]

1.1 Die Besonderheit des Gebiets

Was macht diese Region, die nicht einmal annähernd so groß ist wie die Schweiz, zu etwas Besonderem? Warum fiel das Augenmerk der Weltpolitik in den letzten beiden Jahrhunderten immer wieder auf dieses Gebiet? Es sind jedenfalls nicht die Rohstoffe, denn an solchen ist dieser Teil der Erde denkbar arm. Selbst die natürliche Fruchtbarkeit ist eher bescheiden. Es gibt nur geringe Wasserressourcen und kaum geeignete Siedlungsplätze.

> »Die Geschichte eines jeden Landes und Volkes wird in einem beachtlichen Ausmaß von seiner geografischen Umwelt beeinflußt. Das schließt nicht nur die natürlichen Gegebenheiten wie Klima, Bodenbeschaffenheit, Topographie usw. ein, sondern auch geopolitische Beziehungen mit benachbarten Gebieten. Das gilt speziell für Palästina, ein kleines und relativ armes Land«, das seine geschichtliche Bedeutung durch seine einzigartige, zentrale Lage an der Nahtstelle dreier Kontinente gewinnt.[3] (Yohanan Aharoni)

---

1   Hebräisch: ›Eretz Israel‹. Vgl. dazu Kap. 1.2.
2   Siehe hierzu auch den kurzen Überblick zur ›Geschichte von Juden, Christen und Muslimen in der südlichen Levante‹ (S. 30-37). – Für alle in diesem Kapitel nicht ausführlich beschriebenen Begriffe siehe S. 301-309.
3   Aharoni 1984, 3.

Geografisch bezeichnet man das Gebiet als ›südliche Levante‹. Es umfasst die heutigen Staaten Jordanien und Israel sowie den Gazastreifen und die Westbank. Das kulturell ganz ähnlich geprägte Syrien und der Libanon bilden den nördlichen Teil der Levante.

Die Levante war und ist ein Land der Übergänge. Sie diente stets als ›Durchgangsgebiet‹ zwischen den Völkern Afrikas, Europas und Asiens – und zwar sowohl für den friedlichen Handel als auch bei deren Großmachtbestrebungen.

Die südliche Levante ist für die drei monotheistischen Weltreligionen, Judentum, Christentum und Islam, von großer Bedeutung – und hier insbesondere die Stadt Jerusalem, denn dort befinden sich hochgeschätzte Heiligtümer aller drei Glaubensrichtungen. Im Zentrum der Aufmerksamkeit stehen vor allem

- die Westmauer der ehemaligen jüdischen Tempelanlage – seit dem Mittelalter allgemein als ›Klagemauer‹ bekannt,[4]
- die christliche Grabeskirche[5] sowie
- die muslimische Al-Aqsa-Moschee und der Felsendom auf dem Haram asch-Scharif.[6]

Diese Heiligtümer liegen nur wenige Gehminuten voneinander entfernt. Die räumliche Nähe sagt viel über die geschichtlichen und religiösen Beziehungen sowie über die Verflechtungen der drei Religionen aus (Kap. 2). Sie könnte einen vertrauensvollen Umgang miteinander ermöglichen. Doch gerade die städtebauliche wie religionsgeschichtliche Verbindung weckt stets auch den Wunsch, sich abzugrenzen, die selbst verwalteten Verehrungsorte vor dem Zugriff anderer Gemeinschaften zu sichern oder gar die eigene Präsenz auszuweiten. Viele Vertreter der Religionen fürchten eine gemeinsame Nutzung religiöser Orte, um dort nicht an Einfluss zu verlieren.

Diese Spannung zwischen enger Nachbarschaft einerseits und gewollter gegenseitiger Distanzierung andererseits trägt zu den immer wieder aufkeimenden Misshelligkeiten zwischen den Religionen bei. Es ist daher gut verständlich, dass religiöse Pilgerstätten mit ihrer besonderen Symbolkraft oft im Mittelpunkt solcher Auseinandersetzungen stehen.

---

4   Siehe dazu ausführlich Kap. 2.3.1.
5   Dieser Ausdruck hat sich in den römisch-katholischen und protestantischen Kirchen eingebürgert. In der orthodoxen Tradition wird das Bauwerk ›Kirche der Auferstehung‹ genannt.
6   Siehe dazu ausführlich Kap. 2.4.

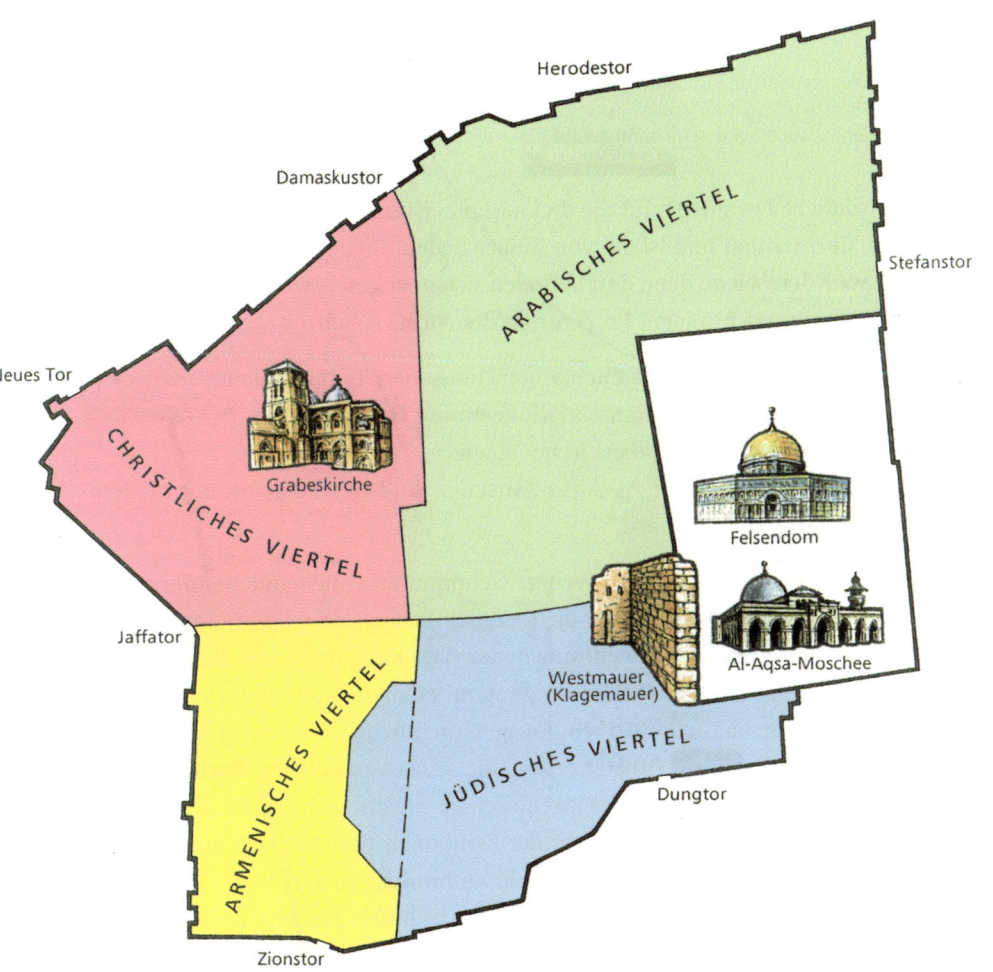

Abb. 2: Altstadt Jerusalem

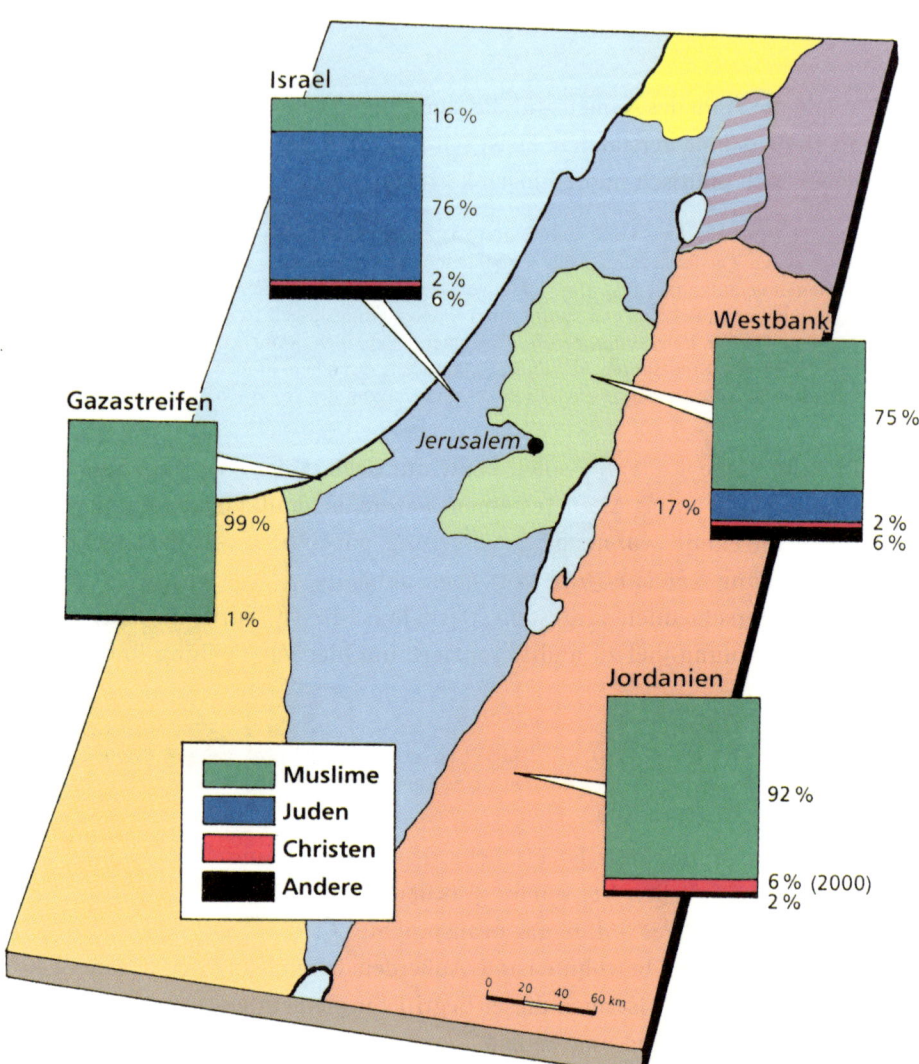

Abb. 3: Die Bevölkerung der südlichen Levante nach ihrer Religionszugehörigkeit[7]

---

7   Diese Fakten stammen wie die im Kapitel 1 allgemein zitierten Angaben aus dem ›CIA World Fact-book‹ (siehe: https://www.cia.gov/cia/publications/factbook/index.html). Da diese allgemein zugänglliche Internetadresse mit offiziellem Charakter stets aktuelle Daten anbietet, ist von Zeit zu Zeit ein Abgleich mit den hier vorliegenden Daten nützlich und gewinnbringend. Die sich verständlicherweise schnell ändernden Details können so von den Lesern/Leserinnen mühelos aktualisiert werden.

1.2 Der Name

Allein die Wahl des Namens für das umstrittene Land wird zuweilen schon als Parteinahme verstanden. Es ist schwer, einen geografisch exakten und dabei auch politisch und ethnisch korrekten Namen zu finden.[8]

Das Land besitzt eine stark zergliederte Oberflächenstruktur, die für den politisch-territorialen Partikularismus, das Entstehen von Kleinstaaten und kleiner regionaler Einheiten verantwortlich ist. Das Gebiet wurde nur selten von einem einheimischen Herrscher regiert.[9] Es fiel dagegen häufig unter die Regierungshoheit fremder Mächte, wie der Ägypter, Assyrer, Babylonier, Perser, Ptolemäer, Seleukiden, Römer, Omayyaden, Abbasiden, Fatimiden, Kreuzfahrer, Ayyubiden, Mamluken, Osmanen, Franzosen und Engländer. So wechselten die Namen je nach Eroberer und Umfang des eroberten Territoriums.

Der alte Name ›Kanaan‹[10] spielt heute nur noch in der religiösen Sprache eine Rolle, denn im Alten Testament bezeichneten die Israeliten die vor ihnen im Lande wohnende Bevölkerung pauschal als Kanaanäer. Die Ausdehnung Kanaans wird dort aber, abhängig vom jeweiligen Autor, recht unterschiedlich dargestellt. Deshalb ist dieser Begriff für eine Landesbezeichnung viel zu undifferenziert, um hier Verwendung finden zu können.

Genesis 17,8: »Und ich will dir und deinem Geschlecht nach dir das Land geben, darin du ein Fremdling bist, das ganze Land Kanaan, zu ewigem Besitz, und will ihr Gott sein.«

Die Bezeichnung ›Eretz Israel‹ (hebr. ›Land Israels‹) umschrieb schon bei ihrer ursprünglichen Verwendung in den Büchern des Alten Testaments häufig ein größeres – d. h. das beanspruchte – Territorium und nicht das real von Israeliten bewohnte Land. Außerdem beinhaltet sie eine klare Besitzanzeige. Daher ist auch dieser Begriff für die heutige Diskussion über das umstrittene Land ungeeignet.

---

8   Vgl. dazu ausführlich Vieweger 2006, 77-81.
9   Die größte Ausdehnung einer einheimischen Macht wurde unter dem Hasmonäer Alexander Jannäus (103-76 v. Chr.) erreicht: Er beherrschte allerdings auch nicht die gesamte südliche Levante. Teile des Ostjordanlands (Amman/Philadelphia), die Küstenebene nördlich des Karmel, Aschkelon und das gesamte Südland (Negev) fielen nicht unter seine Herrschaft. – Zum Herrschaftsbereich des alttestamentlichen Königs David (10. Jahrhundert v. Chr.) siehe Kap. 2.3.2 und besonders S. 89 Anm. 95.
10 Der Name Kanaan geht möglicherweise auf eine Selbstbezeichnung der Landeseinwohner in ägyptischen Quellen zurück und beschrieb ein Gebiet, das in Abhängigkeit von der Ausdehnung des ägyptischen Herrschaftsgebietes zeitweise bis nördlich von Byblos in Syrien reichte.

Genesis 15,18-21: »An dem Tage schloss der Herr einen Bund mit Abram und sprach: Deinen Nachkommen will ich dies Land geben, von dem Strom Ägyptens an bis an den großen Strom Euphrat: die Keniter, die Kenasiter, die Kadmoniter, die Hetiter, die Perisiter, die Refaiter, die Amoriter, die Kanaaniter, die Girgaschiter, die Jebusiter.«

Der bis ins 20. Jahrhundert in der westlichen Welt gebräuchliche Name ›Palästina‹ leitet sich von den Philistern her. Diese wurden erstmalig in der berühmten Inschrift aus Medinet Habu im ägyptischen Theben vom Sieg Ramses III. über die sogenannten Seevölker genannt.[11] Das Gebiet der Philister umfasste nach den Angaben des Alten Testaments die südliche Küstenebene – also den Bereich südlich von Gaza bis in die Gegend von Jafo. Die Philister waren vom 12. bis ins 10. Jahrhundert v. Chr. politische und militärische Gegenspieler der Judäer und Israeliten. Als Rückgriff auf diese alte Bezeichnung wählte Kaiser Hadrian (117-138 n. Chr.) nach der Niederschlagung des Bar Kochba-Aufstandes (132-135 n. Chr.) den Namen ›Provincia Palaestina‹, um die bis dahin gebräuchliche Benennung ›Provincia Judaea‹ abzulösen.[12]

Der Begriff Palästina war auch in der zionistischen Bewegung allgemein eingebürgert. Der Erste Zionisten-Kongress forderte 1897 in seinem ›Basler Programm‹ noch völlig selbstverständlich eine jüdische Heimstatt in Palästina.[13] Dies änderte sich in der zweiten Hälfte des 20. Jahrhunderts, als man sich klar machte, dass der Begriff Palästina einst im römischen Interesse einen deutlich antijüdischen Hintergrund besessen hatte und historisch mit der Vertreibung der Juden aus ihrem Land verbunden war. Aus Rücksicht darauf, dass die Benennung des Landes als Palästina nunmehr für jüdische Gesprächspartner vielfach inakzeptabel erschien,[14] und angesichts der inzwischen erfolgten Staatsgründung Israels verwendete man fortan Begriffe wie ›Heiliges Land‹ oder ›(Eretz) Israel‹. Der Name Palästina war folglich frei, um von Yassir Arafat benutzt und ausgefüllt zu werden. Er prägte in den 70er Jahren mit den Begriffen ›Palästina‹ und ›palästinensisch‹ das neu entstandene Nationalbewusstsein der arabischen Bevölkerung dieser Region.

Mit der Bildung der autonomen palästinensischen Gebiete und der erwarteten Ausrufung eines eigenen Staats ›Palästina‹ geht dieser Name politisch gewollt

---

11   Er findet im assyrischen ›Palastu‹ (›Pilistu‹) und hebräischen ›Pᵉlischtim‹ seine Parallelen.
12   Die um 400 n. Chr. geschaffene römische Einteilung in die drei Provinzen ›Palaestina prima‹ (zentraler Bereich), ›secunda‹ (Norden) und ›tertia/Salutaris‹ (Süden) kommt dem geografisch hier beschriebenen Gebiet recht nahe.
13   Siehe dazu S. 126 f.
14   Vgl. dazu Kap. 1.3 und S. 34 f.

auf den Gazastreifen und die Westbank über. Aus einem geografischen Terminus entsteht damit ein politischer Begriff.

Als weitere Alternativen bieten sich die sprachlich recht umständlichen Begriffe ›Cis- und Transjordanien‹ an. Sie haben jedoch den grundsätzlichen Nachteil, dass Jordanien völkerrechtlich bereits klar definiert ist und nicht mehr als übergreifende Bezeichnung zur Verfügung steht.

Eine mögliche Option wäre, vom ›Heiligen Land‹ zu sprechen. Dieser Ausdruck umfasst die Gebiete, in denen die biblischen Geschichten spielen, also die heutigen Staaten Israel und Jordanien, den Süden Syriens, den Gazastreifen sowie die Westbank. Das ist allerdings eine rein christlich-abendländische Sicht der Dinge. Da der Koran das heilige Territorium bis weit nach Mekka und Medina ausdehnt, scheitert man erneut an der Idee, einen unbelasteten Begriff zu finden, der allen Konfliktparteien angemessen erscheint.

Letztlich bleibt der rein geografische Begriff ›südliche Levante‹ als politisch und sachlich korrekt übrig. Dieser Ausdruck ist zwar bisher allgemein ungebräuchlich und wird üblicherweise nur im geografischen und archäologischen Umfeld benutzt; seine Verwendung erscheint allerdings hier wegen der angestrebten Unparteilichkeit als sinnvoll.

1.3 Die Geschichte

Der Konflikt ist nicht erst mit der Zerschlagung des osmanischen Reiches durch die Briten und Franzosen[15] entstanden, auch wenn er seitdem die Weltöffentlichkeit in Atem hält. Er wurzelt – zumindest argumentativ – viel tiefer, in der frühen jüdischen und arabischen Geschichte, auf die sich beide Konfliktparteien berufen.

Der besseren Anschaulichkeit dieses Sachverhalts dient der nachfolgende geschichtliche Überblick, der die am Konflikt beteiligten Völker und deren Geschichte vorstellt. Er beginnt mit dem Zeitpunkt der Sesshaftwerdung der Israeliten im südlevantinischen Bergland um 1200 v. Chr. und reicht über die christliche (byzantinische) Ära und die muslimische Eroberung im 7. Jahrhundert n. Chr. bis in die Neuzeit.

---

15   Zu den Weichenstellungen während des Ersten Weltkrieges vgl. Kap. 3.3.3.

Die Geschichte von Juden, Christen und Muslimen in der südlichen Levante

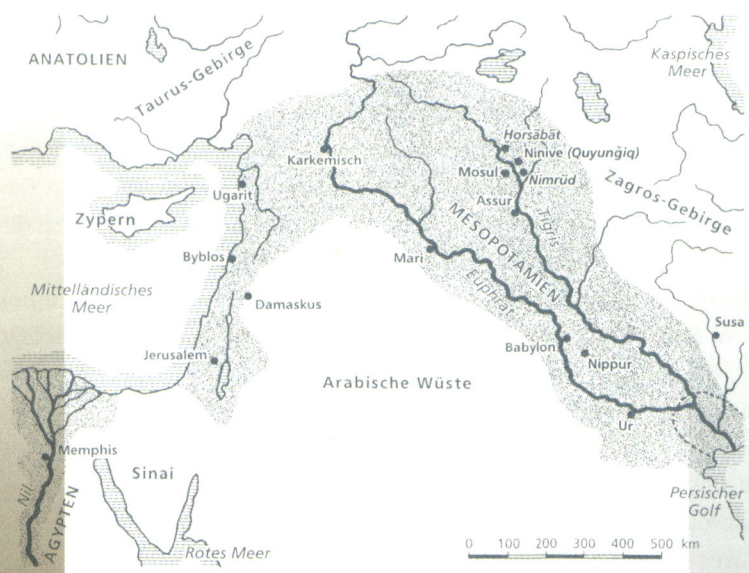

Abb. I: Das Gebiet zwischen Ägypten und dem Zweistromland im Altertum (Vieweger 2006, 32 Abb. 21)

vor 1200 v. Chr.

Abb. II: Kanaanäer mit syrischem Wulstsaummantel (Vieweger 2006, 307 Abb. 242)

ca. 1200/1150 v. Chr.

Kanaanäer/ Kanaan

Die vorisraelitische Bevölkerung der südlichen Levante wird im Alten Testament pauschal ›Kanaanäer‹ genannt. Der Begriff wird zuerst in einem Text aus dem nordsyrischen Mari verwandt (18. Jahrhundert v. Chr.). In ägyptischen Texten des 14. bis 12. Jahrhunderts v. Chr. bezeichnet Kanaan den Herrschaftsbereich der Ägypter in der Levante entlang des Mittelmeers, der zeitweise bis nördlich von Byblos reichte. Das Alte Testament bezieht sich auf diese Vorstellung, variiert aber die geografische Ausdehnung.

Das Ende der kanaanäischen, d.h. spätbronzezeitlichen Stadtstaatengesellschaft wurde mit dem Auftreten der

Abb. III: Zyprisches Schiffsmodell, Eisenzeit (Vieweger 2006, 250 Abb. 192)

Seevölker ›Seevölker‹ eingeläutet, durch indogermanische Völkerschaften, die aus der Ägäis und angrenzenden Gebieten des Mittelmeerraums stammten. Sie stießen bereits gegen Ende des 13. Jahrhunderts v. Chr. in den ägyptischen Machtbereich vor. Um 1200 v. Chr. drangen sie auf dem Land- und Seeweg in das Hethiterreich ein, zerstörten in Syrien und der südlichen Levante viele Stadtstaaten und bedrohten anschließend Ägypten. In einer dramatischen Schlacht zu Land und Wasser wurden sie aber schließlich von Ramses III. (1184–1153 v. Chr.) besiegt.

Philister Zu den ›Seevölkern‹ gehörten auch die Philister. Sie siedelten, nachdem Ramses III. das Nildelta für sie verschlossen hatte, in der südlichen Levante, insbesondere in deren südlicher Küstenebene (Pentapolis: Gaza, Aschdod, Aschkelon, Gat, Ekron). Erst durch die assyrische Expansion gegen Ende des 8. Jahrhunderts v. Chr. verloren sie dort ihre Dominanz.

Eisenzeit Der Einbruch der Seevölker markierte einen kulturellen Umbruch in der Levante. Die nun beginnende Epoche mündete in die Gründung von Flächenstaaten wie Israel und Juda.

1200 bis 332 v. Chr.

Landnahme Israels und Judas Die Ansiedlung der später Israeliten und Judäer genannten Bevölkerung im Bergland westlich des Jordans vollzog sich innerhalb zweier Jahrhunderte. Zur gleichen Zeit wurden auch die Bewohner der bald darauf im Ostjordanland entstehenden Staaten Ammon, Moab und (später) Edom sesshaft.

ca. 1200 bis 1000 v. Chr. (= Eisenzeit I)

Im Alten Testament werden zwei unterschiedliche Mitteilungen über die Herkunft der Israeliten und Judäer gemacht. Einerseits erzählt die Familiengeschichte von **Abraham** Abraham, Isaak und Jakob, wie die im Lande zuvor nomadisch lebende Bevölkerung sesshaft wurde (Buch Genesis). Diese machte offenbar den Hauptteil der späteren Israeliten und Judäer aus. Zum anderen berichtet das Buch Exodus von der Flucht einer von Mose geführten Gruppe aus Ägypten, die schließlich am Berg Nebo

Abb. IV: Asiaten auf einer ägyptischen Wandmalerei (Vieweger 2006, 73 Abb. 52)

östlich des Jordans ankam (Bücher Numeri und Deuteronomium). Dort hätten sie ins verheißene Land geblickt und seien schließlich nach Moses Tod aufgebrochen, um im ›Heiligen Land‹ zu siedeln.

Nicht allein die Geschichten von Abraham, Isaak und Jakob, sondern auch die Bücher Josua, Richter und 1. Samuel erzählen davon, dass in der Zeit vor der Errichtung der Königtümer Juda und Israel die Israeliten und Judäer nur das ephraimitische und das judäische Bergland beherrschten. Sie teilten sich die südliche Levante nicht allein mit den Philistern und den verbliebenen kanaanäischen Siedlungen, sondern auch mit den im Norden erstarkenden Phöniziern und natürlich mit den östlichen Nachbarn Ammon und Moab. Selbst Galiläa und das ostjordanische Gilead kamen erst später zu ihrem Territorium hinzu.

Der früheste Beleg des Namens Israel – allerdings nicht zur Bezeichnung eines Staates, sondern eines Stammes – findet sich auf einer Stele des Pharaos Merenptah (1213-1203 v. Chr.).

»Die Häuptlinge werfen sich nieder und rufen Schalom. … Tjehenu ist erobert. Cheta ist befriedet. Kanaan ist mit allem Übel erbeutet. Askalon ist herbeigeführt. Gezer ist gepackt. Inuam ist zunichte gemacht. Israel ist verwüstet; es hat kein Saatgut. … Alle Länder sind in Frieden.« (Zeilen 26-28 der ›Israel‹-Stele nach Kaplony-Heckel 1985, 551f. [TUAT I/6]).

Das Königreich Israel (ca. 1000-722/1 v. Chr.) hatte sein Kerngebiet im ephraimitischen Bergland, also nördlich des kleineren Brudervolkes Juda. Das Königreich Juda nannte das judäische Gebirge sein eigen. Dazu kam die um 1000 v. Chr. von David (ca. 1004-965 v. Chr.) eroberte Hauptstadt Jerusalem.

Die Anfänge dieser Königreiche waren bescheiden, doch nach und nach fanden sie, insbesondere das größere und an den wichtigen Handelsstraßen der südlichen Levante

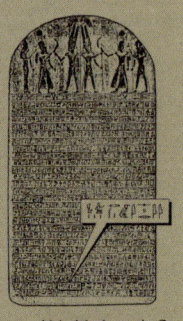

Abb. V: ›Israel‹-Stele des Pharao Merenptah (Vieweger 2006, 80 Abb. 57)

1000 bis 520 v. Chr. (= Eisenzeit II)

Abb. VI: Assyrischer Angriff auf eine judäische Stadt (Vieweger 2006, 242 Abb. 183)

Flucht aus Ägypten

Israel

Alttestamentliche Zeit

Jerusalem Israel/ Israeliten

gelegene Israel, Anschluss an die vorderasiatische Staatenwelt. Die Zeit zwischen ca. 1000 und 587 v. Chr. ist die klassische israelitisch-judäische Königszeit und damit die des Alten Testaments.

722/1 v. Chr. zerstörten die Assyrer das Königreich Israel. Während Juda diese Expansionswelle noch überstehen konnte, fiel es 587 v. Chr. den Angriffen der Babylonier unter Nebukadnezar II. zum Opfer. Die jüdische Oberschicht wurde nach Babylon deportiert.

Von nun an lebte die ehemalige Bevölkerung der Königreiche Israel und Juda fast ausnahmslos unter der Fremdherrschaft zunächst der Perser, dann der Griechen und der Römer.

Die ehemalige Staatsreligion Judas und Israels, die den alttestamentlichen Gott Jahwe als höchsten Gott verehrte, war mit ihren Königreichen zugrunde gegangen; der Glaube an Jahwe wurde dadurch jedoch nicht ausgelöscht. Vielmehr fanden sich die Jahwe-Gläubigen auch in den fremden Staatswesen zusammen. Diese Gruppen, die von ihrem gemeinsamen Bekenntnis zu dem einen Gott zusammengehalten wurden, bezeichnet

man als Nachfolger der Judäer nunmehr als Juden. Diese erbauten nach ihrer Rückkehr in die südliche Levante 520 v. Chr. den Jerusalemer Tempel neu. Ein Hohepriester stand der Gemeinschaft vor.

Mit Alexander d. Gr. (356-323 v. Chr.) wurde die südliche Levante 332 v. Chr. von der persischen Herrschaft befreit. Während Damaskus, Sidon, Tyros und Gaza militärisch angegriffen wurden, unterwarfen sich die übrigen Gebiete.

Nach dem Tod Alexanders d. Gr. 323 v. Chr. wurde dessen Reich aufgeteilt. Ptolemäus regierte Ägypten und damit auch den allergrößten Teil der südlichen Levante. Seleukos I. erhielt Mesopotamien und Syrien. Als sich die Seleukiden nach dem 5. Syrischen Krieg gegen die Ptolemäer (202-198 v. Chr.) Judäa einverleibten, entspann

Abb. VII: Stilisierter Jerusalemer Tempel (Vieweger 2006, 353 Abb. 275)

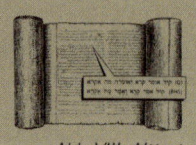

sich ein dramatischer Kampf der Seleukiden gegen die um ihre Freiheit und ihren Glauben kämpfenden Juden, der Aufstand der Makkabäer (167–143/2 v. Chr.). In dessen Folge erkämpften sich die Juden unter hohem Blutzoll das Recht, Jahwe im Jerusalemer Tempel opfern und die Tora halten zu können.

Makkabäer

Tora

Für kurze Zeit regierten nun noch einmal Juden, die den Makkabäern nachfolgenden Hasmonäer, über ihr eigenes Volk.

Hasmonäer

Als gottesdienstliche Versammlungsstätte außerhalb des Tempelkults setzte sich im Judentum die Synagoge durch.

Synagoge

63 v. bis 324 n. Chr. Römisches Reich

Bereits 63 v. Chr. wurde die südliche Levante (mit Ausnahme des Nabatäerreichs) durch Pompeius dem Römischen Reich einverleibt.

Jesus aus Nazareth wurde gegen 30 n. Chr. unter dem Prokurator Pontius Pilatus in Jerusalem auf dem Golgatha-Felsen hingerichtet. Seine Nachfolger verkündeten, dass der Gekreuzigte der Sohn Gottes und der im Alten Testament verheißene Messias (deutsch: ›der Gesalbte‹; griechisch: ›Christos‹) sei und nannten ihn deshalb Jesus Christus. Viele Juden glaubten aber nicht an ihn und hofften weiterhin auf die Ankunft eines anderen Messias. Nur wenige Jahrzehnte später kam es zu schwerwiegenden Auseinandersetzungen zwischen den Juden und dem Imperium Romanum. Der ›jüdische Krieg‹ (66 bis 70 n. Chr) war ein ›heldenhafter‹, wenn auch militärisch aussichtsloser Aufstand gegen die staatliche und religiöse Unterdrückung durch die Römer. Dabei wurde der Tempel in Jerusalem vollständig zerstört. Eine weitere Revolte, der Bar Kochba-Aufstand (132–135 n. Chr.), führte zur Vertreibung der Juden aus der römischen Provinz Judaea. Diese Diasporasituation hielt bis in die Neuzeit hinein an.

Jesus aus Nazareth

Christus/Messias

Jüdischer Krieg

Im Jahr 135 n. Chr. benannten die Römer die ›Provincia Judaea‹ in ›Provincia (Syria) Palaestina‹ um und leiteten

Provincia Palästina

Aelia Capitolina

Grabeskirche
Geburtskirche

Pilger

Westmauer (der
herodianischen
Tempelumfas-
sungsmauern)

Mohammed

Allah

Eroberung
des Islam

damit den Namen des Gebiets von den ehemaligen Erzfeinden Judas/Israels, den Philistern, ab. Jerusalem erhielt den Namen Aelia Capitolina und wurde von Kaiser
Hadrian als römische Kolonie und Heimstatt der Legio X
Fretensis neu erbaut.

Konstantin d. Gr. (306-337 n. Chr.) erwirkte 313 n. Chr. mit
dem sogenannten Edikt von Mailand die Religionsfreiheit
für die Christen. Für Palästina begann nun eine glanzvolle
Zeit, in der Jerusalem zur kulturellen Hauptstadt des (Ost)
römischen Reichs wurde (Bau der Grabeskirche in Jerusalem). Auch Bethlehem (Geburtskirche) und viele andere
Orte, in denen man sich an das Leben Jesu erinnerte,
wurden nun christliche Pilgerstätten.

Nach dem verlorenen Bar Kochba-Aufstand brachen die
jüdischen Wallfahrten nach Jersualem ab, weil Juden
die Stadt Jerusalem bei Todesstrafe nicht mehr betreten
durften. Ab dem 3., spätestens aber im 4. Jahrhundert
n. Chr. konnten sie jedoch am Gedenktag der Tempelzerstörung (am 9. Aw 132) an der Westmauer des ehemaligen Tempelplatzes beten. Die Tradition der ›Klagemauer‹
stammt aus dieser Zeit.

Während man im Byzantinischen Reich nach dem Sieg
gegen die Perser bei Ninive (627 n. Chr.) eigentlich
glaubte, die einzige und dauerhafte Weltmacht zu sein,
predigte der Religionsstifter des Islam, Mohammed (ca.
571-632 n. Chr.), in Mekka und Medina. Er sah sich als
letzter Prophet (›Siegel der Propheten‹) und Verkünder
des einzig existierenden Gottes Allah.

Den Koran (›Lesung/Rezitation‹) erhielten die Muslime
aus Mohammeds Hand. Die heilige Schrift des Islam
wurde nach muslimischer Tradition dem Propheten Mohammed durch den Erzengel Gabriel offenbart. Es sei
das ›unerschaffene‹ Wort in arabischer Sprache.

Bereits drei Jahre nach dem Tod Mohammeds eroberten
seine Anhänger Damaskus. Im gleichen Jahr 635 n. Chr.
wurden die Byzantiner bei Pella besiegt und im Jahr dar-

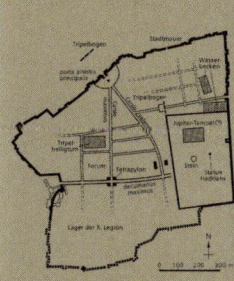

Abb. X: Aelia Capitoli-
na (Vieweger 2006, 113
Abb. 85)

Abb. XI: Westmauer
(Vieweger 2006, 109
Abb. 82)

324 bis 638
n. Chr.
Byzantinische
Zeit

Abb. XII: Felsendom
(Vieweger 2006, 110
Abb. 83)

638 bis 749/750
n. Chr.
Omayyadische
Dynastie

Abb. XIII: Al-Aqsa-Mo-
schee (Vieweger 2006,
376 Abb. 294)

749/750 bis
1516/1517 n. Chr.
Zeit der islami-
schen Herrscher-
dynastien und
Kreuzzüge

auf entscheidend am Jarmuk. Im Jahr 638 übergab der christliche Patriarch Sophronos Jerusalem kampflos an den Kalifen Omar.

Kalif Omar

Die islamische Herrscherdynastie der Omayyaden errichtete eine tolerante Herrschaft über die ehedem christlichen Gebiete. 638 n. Chr. betete Kalif Omar im Gedenken an Abraham vor dem Felsen Morija. Auf dem weitgehend unbebauten ehemaligen Tempelplatz fanden die Omayyaden einen akzeptablen Baugrund für ihre Repräsentationsbedürfnisse.

Abd al-Malik (685-705 n. Chr.) errichtete den Felsendom. Damit wurde der Berg Morija verehrt, der sich im Zentrum des Felsendoms befindet. Auf ihm sollte nach alttestamentlicher Tradition Abraham seinen Sohn Isaak opfern (Genesis 22). David erbaute hier einen Altar (2. Samuel 24,16-25) und Salomo westlich davon den berühmten Tempel Jahwes. Nach dem Koran (Sure 17,1-2) trat Mohammed hier seine nächtliche Himmelsreise an. Abd al-Malik oder sein Nachfolger Al-Walid I. (705-715 n. Chr.) baute die riesige Moschee im Süden des Haram asch-Scharif – die Al-Aqsa.

Felsendom

Die Abbasiden, ein arabisches Herrschergeschlecht, stellten zwischen 749/750 und 1258 n. Chr. die Kalifen. Sie verlegten die Hauptstadt 762 n. Chr. von Damaskus nach Bagdad.

Al-Aqsa-Moschee
Abbasiden

Das arabische Herrschergeschlecht der Fatimiden kam aus Nordafrika (dem heutigen Tunesien). Ihr Herrschaftszentrum wurde Ägypten. Von hier aus wurden 969 v. Chr. die südliche Levante und Syrien erobert. Kalif al-Hakim (996-1021 n. Chr.) behinderte christliche Pilger massiv. Er befahl im Jahr 1009 n. Chr. die Zerstörung der Grabeskirche.

Fatimiden

Einige Jahrzehnte später, 1072 (oder erst 1077) n. Chr., eroberten die Seldschuken Jerusalem. Als die turkmenischen Seldschuken einen gegen sie gerichteten Aufstand in Jerusalem niederschlugen und dabei christliche Pilger und ortsansässige Christen grausam töteten, fühlte sich das Abendland herausgefordert.

Kreuzzüge

Am 17. Juni 1099 stand das Kreuzfahrerheer vor Jerusalem und am 15. Juli fiel die Stadt. Ein Massaker ungeahnten Ausmaßes begann.

Die Kreuzfahrer betrachteten den Felsendom als ›Templum Domini‹ und die Al-Aqsa-Moschee als ›Templum Salomonis‹. Das lateinische Königtum von Jerusalem erreichte unter Balduin II. (1118-1132 n. Chr.) seine größte Ausdehnung.

Abb. XIV: Grabeskirche
(Vieweger 2006, 112
Abb. 84)

Saladin

Sultan Saladin (1168-1193 n. Chr.) einigte schließlich die arabischen Kräfte von Syrien bis Ägypten und besiegte 1187 n. Chr. an den Hörnern von Hattin das Kreuzritterheer. Wenige Monate später fiel Jerusalem. Weitere Kreuzzüge folgten. Trotz mancher Rückeroberung fanden die Kreuzzüge einhundert Jahre später ihr ruhmloses Ende.

Mamluken

Ab 1251 regierten die Mamluken die südliche Levante bis zur osmanischen Eroberung 1516/17 n. Chr.

Osmanen (Ottomanen)

Die Dynastie der Osmanen (Ottomanen) wurde von Osman I. Ghasi begründet. Sie beherrschte die südliche Levante bis in die Zeit des Ersten Weltkriegs.

1516/1517-1917
Osmanisches
Reich

Araber

Die Bewohner des Zweistromlands, Syriens, weiter Teile des nördlichen sowie einiger Bereiche des östlichen Afrikas nannte man fortan pauschal Araber. Ursprünglich bezeichnete dieser Name nur die Bewohner der arabischen Halbinsel. Doch nun wurden alle als Muttersprache arabisch sprechenden Personen unabhängig vom religiösen Bekenntnis so bezeichnet.

Abb. XV: Sir Flinders Petrie – der Genius unter den Archäologen der südlichen Levante und Ägyptens (1853-1942) (Vieweger 2006, 37 Abb. 26)

Über die ›Neuentdeckung‹ des Orients um 1800 und die Einwanderung der Juden ab 1882 informiert ausführlich Kapitel 3.

Während die jüdischen Einwanderer behaupten, in das Land ihrer Väter zurückgekehrt zu sein, das diese zwischen etwa 1200 v. Chr. und 135 n. Chr. bewohnt hätten, verweist die arabische Seite auf ihre ununterbrochene Präsenz im Lande seit 638 n. Chr.[16]

Beide Parteien fühlen sich dabei als Opfer der Geschichte. Die jüdische Argumentation führt ins Feld, dass ihre Oberschicht sowohl 598 als auch 587 v. Chr. von den babylonischen Eroberern gegen ihren Willen ins Zweistromland – den heutigen Irak – verschleppt wurde. Die jüdische Besiedlung Jerusalems und seines unmittelbaren Umlands wurde 70 und insbesondere 135 n. Chr. durch die Römer gewalttätig beendet. Dadurch verstärkte sich die Ansiedlung von Juden in Galiläa,[17] im angrenzenden Nahen Osten und weit darüber hinaus in der damals bekannten Welt. Das Land nannten die Römer fortan ›Palästina‹ nach den Philistern, den Erzfeinden der Judäer und Israeliten in alttestamentlicher Zeit. Damit sollte die Erinnerung an die Juden ausgelöscht werden. Das den Juden heilige Jerusalem ließ Kaiser Hadrian als römisches Gemeinwesen unter dem Namen ›Colonia Aelia Capitolina‹ wieder aufbauen.[18] Dennoch verloren die Juden niemals den Bezug zu dem ehemals von ihnen bewohnten Land und insbesondere zur Stadt Jerusalem.

Auch die Araber argumentieren mit ihrer Geschichte. Nach ihrem glanzvollen Sieg im 7. Jahrhundert n. Chr. gehörte das Land ihnen. Allerdings bemächtigten sich die Kreuzfahrer zwischen 1096 und 1291 n. Chr. großer Teile der Levante. Nach langem und opferreichem Kampf eroberten die Araber das Land zurück. Doch dann kamen die Osmanen Anfang des 16. Jahrhunderts und besetzten das Gebiet, bis sie schließlich 1917 von den Briten militärisch besiegt wurden. Wie die Araber damals meinten, hatten die Briten versprochen, ihnen nach dem gemeinsamen Kampf gegen die Osmanen die arabisch besiedelten Gebiete zu übergeben. Doch die Briten brachen ihr Versprechen.[19] Sie separierten noch dazu die südliche Levante in die Gebiete dies- und jenseits des Jordans.[20] Schließlich legten sie einen Plan zur Aufteilung des Westjordanlands unter Juden und Arabern vor.[21]

---

16 Von Kämpfen Herodes des Großen gegen die Araber wird schon im Werk des jüdische Schriftstellers Josephus Flavius berichtet (Jüdischer Krieg I 19,1).
17 Galiläa wurde zu einem bedeutenden Zentrum des rabbinischen Judentums.
18 Erst ab dem 3. oder 4. Jahrhundert n. Chr. durften die Juden Jerusalem wieder betreten. Siehe dazu S. 35.
19 Siehe dazu S. 130-133.
20 Siehe dazu S. 138 f.
21 Siehe zum Peel-Plan (1936/1937) S. 147-149.

Dies stieß auf arabischer Seite auf absolutes Unverständnis. Ihr Kampf dagegen blieb jedoch erfolglos. Die verlorenen Kriege gegen den neu gegründeten Staat Israel in den Jahren 1948 bis 1949 und 1967 besiegelten aus arabischer Sicht das Schicksal, rechtlos im ›eigenen Land‹ zu sein.

1.4 Die natürlichen Gegebenheiten

Abb. 4: Topografische Karte der südlichen Levante

Die südliche Levante ist von West nach Ost in vier topografisch sehr unterschiedliche Bereiche geteilt: in die Küstenebene, das westjordanische Bergland, den Grabenbruch – bestehend aus dem Jordantal und dem Wadi Araba – sowie das ostjordanische Hochland.

Die südliche Levante liegt im Übergangsgebiet zwischen winterfeuchtem Mittelmeer- und ganzjährig trockenem Wüstenklima. Sie hat Anteil an drei Klimazonen: dem mediterranen, dem Steppen- und schließlich dem Wüstenklima. Daraus folgt, dass die einzelnen Siedlungsbereiche je nach ihrer Lage ganz unterschiedliche Lebensbedingungen aufweisen, die insbesondere vom jährlichen Niederschlag abhängig sind. Als Faustregel gilt: Mit wachsender Entfernung vom Mittelmeer nach Osten oder Süden nehmen die durchschnittlichen Regenfälle ab und die Temperaturschwankungen im jahreszeitlichen Wechsel zu.

Die Küstenebene und das angrenzende Hügelland (auch Schefela genannt) sind sehr fruchtbar. Hier werden u. a. Zitrusfrüchte angebaut, die einen Teil des Exports ausmachen. Das Hügelland gilt als ausgezeichnetes Akkerland. Im Süden hingegen – insbesondere im Gaza-Gebiet – dominieren weiträumige Gebiete mit Sanddünen.

Im galiläischen Bergland findet man ebenfalls fruchtbare Berghänge, gut geeignet für Ackerbau und Viehzucht. Wein kann hier erfolgreich angebaut werden und auch Olivenhaine sind traditionell weit verbreitet. Dies gilt auch für das weiter südlich gelegene westjordanische Bergland, das jedoch an der Regenfeldbaugrenze liegt. Der Ackerbau ist dort im hohen Maße von der jährlichen Regenmenge abhängig und daher stark risikobehaftet. Insbesondere das judäische Bergland wird folglich eher als Weideland für Schafe und Ziegen genutzt. Der östliche Teil des judäischen Gebirges und der Negev sind Wüstengebiete.

Der nördliche Grabenbruch ist in der Gegend um Bet Schean noch recht fruchtbar. Weiter südlich wird das Klima jedoch zunehmend steppen- und wüstenartig. Hier können nur spezielle Kulturen, wie z. B. Datteln, angebaut werden. Mit ausreichend künstlicher Bewässerung gedeihen aber auch Gemüse aller Art und Zitrusfrüchte.

Auf den Golanhöhen gibt es fruchtbare Böden. Hier liegt der Schwerpunkt auf Ackerbau und Viehzucht und natürlich auch auf dem Weinanbau.

Auf dem ostjordanischen Hochplateau nimmt die Fruchtbarkeit von Nord nach Süd deutlich ab. Südlich der Madeba-Region und im Osten wird das verfügbare Ackerland recht rar.

Der Staat Israel nennt hauptsächlich die fruchtbare Küstenebene, das daran angrenzende Hügelland, Galiläa, den westlichen Teil des westjordanischen Berglands und den Negev sein Eigen. Zudem kontrolliert Israel den westlichen Teil des Golans, einschließlich des gesamten Sees Genezareth – und damit das größte Süßwasserreservoir der Gegend.

Der Gazastreifen und die Westbank erstrecken sich über die von Dünen dominierten südlichen Ausläufer des Küstenstreifens und große Teile des kargen westjordanischen Berglands sowie des westlichen Jordantals.

Das Königreich Jordanien kontrolliert das östliche Jordantal und das ostjordanische Hochland südlich des Golans vom Jarmuk bis hin zum Roten Meer. Allerdings sind etwa 80 Prozent des Staatsgebiets Wüste.

Somit bietet die südliche Levante, bedingt durch ihre großen klimatischen und topografischen Unterschiede, sehr unterschiedliche Lebensvoraussetzungen, was sich auch auf die wirtschaftliche Lage der Konfliktparteien auswirkt: Israel und der (nord-)westliche Bereich Jordaniens besitzen im Wesentlichen die fruchtbaren Gebiete der südlichen Levante. Dieser Vorteil wird durch die großartige Aufbauleistung in beiden Staaten während der letzten Jahrzehnte nochmals verstärkt.

1.5 Die sozio-politische Situation

Große Differenzen zwischen den voneinander abgegrenzten politischen Gebieten der südlichen Levante bestehen aber nicht allein hinsichtlich des Charakters ihrer Lebensräume, sondern gerade auch in den gesellschaftlichen und politischen Strukturen, der wirtschaftlichen Entwicklung sowie der Bildung ihrer Bewohner.[22]

Die folgende Darstellung ermöglicht einen allgemeinen Überblick.

---

22 Die Angaben stammen aus dem ›CIA World Factbook‹ (siehe: https://www.cia.gov/cia/publications/factbook/index.html).

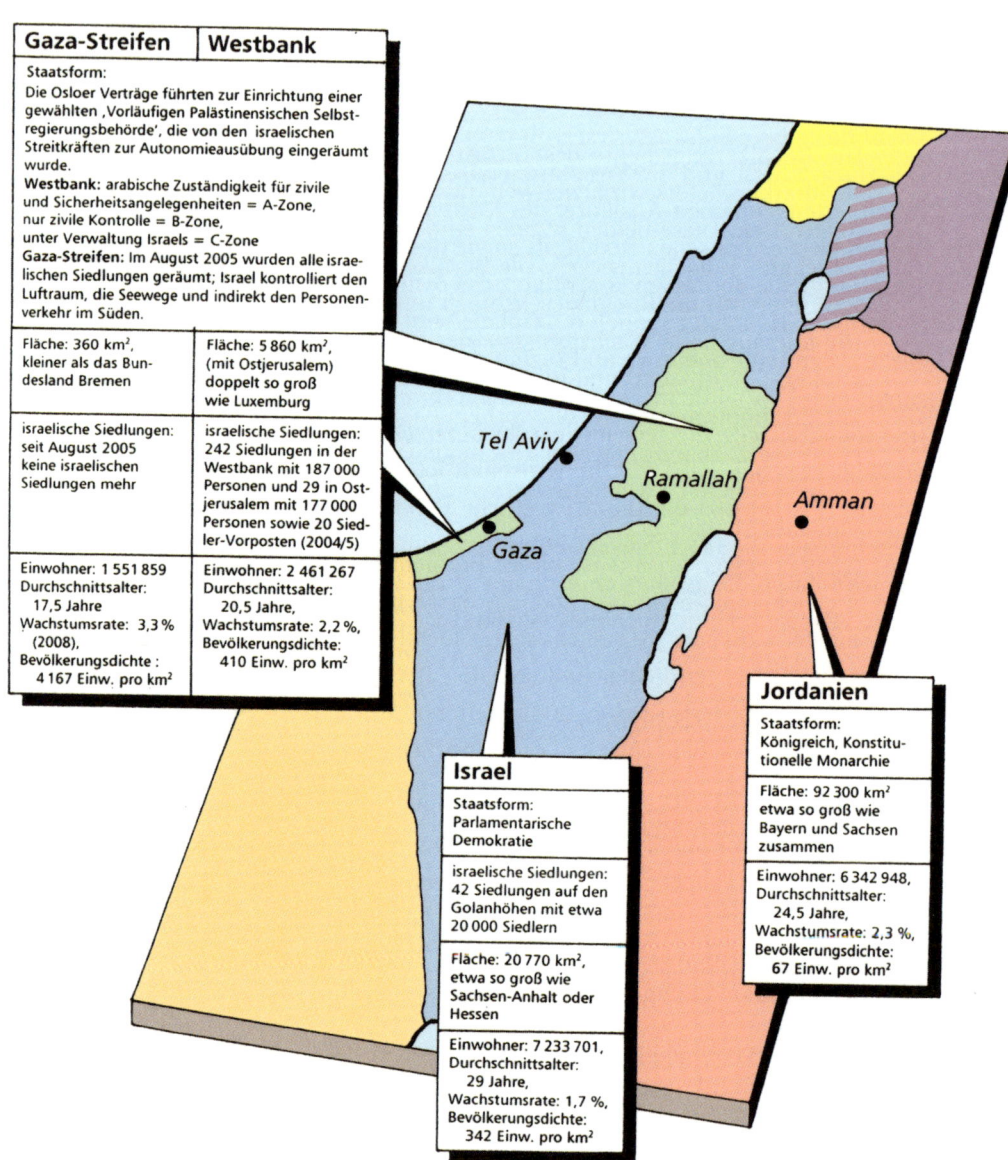

Gaza-Streifen	Westbank
Staatsform: Die Osloer Verträge führten zur Einrichtung einer gewählten ‚Vorläufigen Palästinensischen Selbstregierungsbehörde', die von den israelischen Streitkräften zur Autonomieausübung eingeräumt wurde. **Westbank:** arabische Zuständigkeit für zivile und Sicherheitsangelegenheiten = A-Zone, nur zivile Kontrolle = B-Zone, unter Verwaltung Israels = C-Zone **Gaza-Streifen:** Im August 2005 wurden alle israelischen Siedlungen geräumt; Israel kontrolliert den Luftraum, die Seewege und indirekt den Personenverkehr im Süden.	
Fläche: 360 km², kleiner als das Bundesland Bremen	Fläche: 5 860 km², (mit Ostjerusalem) doppelt so groß wie Luxemburg
israelische Siedlungen: seit August 2005 keine israelischen Siedlungen mehr	israelische Siedlungen: 242 Siedlungen in der Westbank mit 187 000 Personen und 29 in Ostjerusalem mit 177 000 Personen sowie 20 Siedler-Vorposten (2004/5)
Einwohner: 1 551 859 Durchschnittsalter: 17,5 Jahre Wachstumsrate: 3,3 % (2008), Bevölkerungsdichte: 4 167 Einw. pro km²	Einwohner: 2 461 267 Durchschnittsalter: 20,5 Jahre, Wachstumsrate: 2,2 %, Bevölkerungsdichte: 410 Einw. pro km²

Tel Aviv

Ramallah

Amman

Gaza

Israel

Staatsform: Parlamentarische Demokratie

israelische Siedlungen: 42 Siedlungen auf den Golanhöhen mit etwa 20 000 Siedlern

Fläche: 20 770 km², etwa so groß wie Sachsen-Anhalt oder Hessen

Einwohner: 7 233 701, Durchschnittsalter: 29 Jahre, Wachstumsrate: 1,7 %, Bevölkerungsdichte: 342 Einw. pro km²

Jordanien

Staatsform: Königreich, Konstitutionelle Monarchie

Fläche: 92 300 km² etwa so groß wie Bayern und Sachsen zusammen

Einwohner: 6 342 948, Durchschnittsalter: 24,5 Jahre, Wachstumsrate: 2,3 %, Bevölkerungsdichte: 67 Einw. pro km²

Abb. 5: Zur sozio-politischen Situation in der südlichen Levante

Die in Abb. 5 beschriebenen Angaben machen die jeweiligen Hauptprobleme der Staaten bzw. der im Übergang zu einem Staatswesen befindlichen Gesellschaften selbst unter vorläufiger Ausblendung jeglicher politischer oder religiöser Konflikte deutlich:

- Die Bevölkerungsdichte des Gazastreifens (4 167 Einwohner pro Quadratkilometer) wird weltweit nur von Singapur und Monaco übertroffen. Diese beiden Staaten sind aber wirtschaftlich und gesellschaftlich hochentwickelt. Die Bevölkerungsdichte des Gazastreifens übertrifft die Bangladeschs noch um das Dreifache!
- Die überaus hohe Wachstumsrate der Bevölkerung führt im Gazastreifen (3,3 Prozent) und in der Westbank (2,2 Prozent) schon jetzt zur Erschöpfung der für die vorherrschend traditionelle Landwirtschaft verfügbaren Flächen. Der ungehemmte Neubau von Wohnhäusern und der Ausbau der Infrastruktur reduzieren das Ackerland von Jahr zu Jahr noch zusätzlich.
- Nicht weniger brisant ist dieses Problem im haschemitischen Königreich Jordanien. Das Land, das durch die bereitwillige Aufnahme hunderttausender palästinensischer Flüchtlinge bereits an die Grenzen seiner wirtschaftlichen und sozialen Belastung kam, bot seit dem Beginn des Irak-Krieges 2003 weiteren 700 000 Flüchtlingen aus seinem östlichen Nachbarland eine neue Heimat, vorwiegend in und um Amman.
- Die Eingliederung der neu nach Israel einwandernden Juden[23] verlangt enorme Kreativität. Allerdings stößt dieses Programm dort auch an Grenzen, insbesondere bei der Wohnraumbeschaffung (unter Wahrung der Attraktivität der vielgestaltigen Naturräume) und vor allem in Blick auf die ausreichende Bereitstellung der Ressource Wasser.
- Die Wasservorkommen aller Staaten/Gesellschaften in der südlichen Levante sind knapp und werden bereits heute extrem beansprucht. In Verbindung mit der stetig steigenden Einwohnerzahl in dieser Region kann dies zu drastischen Konflikten führen (siehe Kap. 1.6).

23　Nach der großen Einwanderungswelle aus den Nachfolgestaaten der UdSSR in den 1990er Jahren gründet das Wachstum der israelischen Bevölkerung derzeit wieder im Wesentlichen auf natürlicher Fertilität. Die Einwohnerzahl stieg im Jahr 2006 zu 88 Prozent durch Geburten, allein zu 12 Prozent durch Einwanderung. – Von 2004 bis 2006 erreichten pro Jahr nur noch knapp 20 000 Einwanderer Israel, zumeist aus Osteuropa. Angaben aus Haaretz vom 29. Dezember 2006.

Die permanente Konfliktsituation in Israel, der Westbank und im Gazastreifen verschärft die prekäre Lebenssituation der dort lebenden Menschen:

- Die extrem hohen Kosten für Sicherheitsaufwendungen in Israel
  (Personaleinsatz, Sicherheits- und Waffentechnik, Grenzbefestigun-
  gen) sowie die personellen und finanziellen Aufwendungen für die
  Streitkräfte gehen zu Lasten des produktiven Vermögens. Sie führen
  auch zu einer spürbaren Einschränkung der persönlichen Freiheit
  im Lande (Straßensperren, ständige Kontrollen an Einkaufszentren
  und Verkehrsknotenpunkten).[24]
- Auf israelischer Seite bestimmt das permanente ›Leben mit dem
  Terror‹ den Alltag. Die sichtbare Präsenz von Sicherheitsdiensten
  und Polizei im Straßenbild, die allgegenwärtigen Waffen, der (für
  Männer) in regelmäßigen Abständen zu wiederholende Reservedienst,[25]
  die potentiellen Kriegseinsätze und die militärischen Aktionen in den
  besetzten Gebieten hinterlassen Spuren in der Bevölkerung und prägen den Einzelnen wie die Gesellschaft.
- Während die ersten Generationen der jüdischen Bewohner die Auseinandersetzung mit den Arabern als zeitlich begrenztes Problem
  ansahen und von einem Staat träumten, der einen geachteten Platz
  im Nahen Osten einnehmen könnte, sehen sich viele Israelis heute
  in einem Dauerkonflikt. Sie reagieren darauf in unterschiedlicher Weise. Einige Gruppen entwickeln z. B. ein ›Bunkerbewusstsein‹ (»Wir
  halten durch, auch wenn die Welt uns nicht versteht«), andere
  stellen sich die Frage, ob Israel tatsächlich das Land ist, in dem sie
  und ihre Kinder eine Perspektive haben.

---

24 Subjektiv empfinden viele jüdische Israelis diese Einschränkungen durch ständige Kontrollen nicht
    als belastend. Sie akzeptieren sie als für ihre Sicherheit notwendig und halten sie daher für wün-
    schenswert. Für Ausländer sind sie ungewohnt und lästig.
25 In Israel sind sowohl Männer als auch Frauen wehrpflichtig. Männer leisten einen Grundwehr-
    dienst von drei, Frauen von knapp zwei Jahren. Der Reservedienst (in der Regel nur Männer)
    umfasst eine jährliche Dienstzeit von einem Monat. Arabische Israelis sind von der Wehrpflicht
    befreit, nicht jedoch Drusen und Beduinen. Neben Frauen, die religiöse Motive glaubhaft machen
    können, werden männliche Studenten religiöser Schulen vom Militärdienst befreit. Letztere Rege-
    lung wurde zwischen David Ben Gurion und der jüdischen Orthodoxie 1948 ausgehandelt. Damals
    betraf dies nur wenige, etwa 400 Jeschiva-Studenten. 1967 machten etwa 5 000, 1988 18 350 (d. h.
    etwa 5 Prozent aller Wehrdienstfähigen des Jahrgangs) und 1999 bereits 30 400 Personen jährlich
    von dieser Regelung Gebrauch (Timm 2003, 21; Wolffsohn/Bokovoy 2003, 199). Die Antragsteller
    müssen nachweisen, dass ihr Lebensinhalt im Studium der Schrift besteht und sie folglich auch
    keiner bezahlten Arbeit nachgehen können.

- Die israelischen Siedlungen (einschließlich der dafür notwendigen Straßen, der weiteren Infrastruktur und ihrer militärischen Absicherung) schränken die schon heute zu geringe Siedlungsfläche für die dortige arabische Bevölkerungsmehrheit ein.
- Die Ungewissheit über den politischen Fortgang bis zur Erlangung einer möglichen staatlichen Souveränität in den Autonomiegebieten verhindert dort Investitionen in zukunftsorientierte Projekte.
- Die von Israel durchgesetzte Abschottung des Gebiets nach außen (›Sperranlage‹[26]) und die Checkpoints im Inneren[27] beeinträchtigen das alltägliche Leben der Palästinenser nachhaltig und schneiden diese oftmals von ihren Feldern oder vom Zugang zu den Hauptstraßen ab.
- Korruption und ›Selbstbedienungsmentalität‹ am öffentlichen Eigentum verschärfen die Lage.
- Die ständige Militärpräsenz, die Vernichtung lokal gewachsener sowie mit Hilfe von EU- oder US-Subventionen errichteter Infrastruktur durch militärische Einsätze, wie z. B. während der ersten und zweiten Intifada, sorgen zusätzlich für Hoffnungslosigkeit.[28]

Dies alles fügt sich zu einem Gesamtbild, das aus verschiedenen Blickwinkeln gesehen und bewertet werden muss.

Aus palästinensischer Sicht prägen Armut, ein mangelhaftes Bildungssystem sowie persönliche Perspektivlosigkeit der mehrheitlich sehr jungen Bevölkerung das Bild, insbesondere im Gazastreifen, aber auch in der Westbank.
Die als Willkür erlebten Übergriffe der israelischen Armee, die übermächtige Militärpräsenz der israelischen Streitkräfte im eigenen Territorium, die Ohnmacht gegenüber dem Bau immer neuer israelischer Siedlungen bzw. deren Ausbau und damit der schleichende, tatsächliche Landverlust in der Westbank verhindern das Wachstum demokratischer Überzeugun-

---

26 Vgl. dazu Kap. 3.7.6.
27 Diese wurden im Jahr 2009 reduziert. – Die Straßensperren und die allgegenwärtigen Kontrollen wirken auf Palästinenser meist wie Schikane und behindern die wirtschaftliche Entwicklung.
28 Die Zerstörung des mit europäischen Fördermitteln errichteten Flughafens sowie des Seehafens von Gaza durch die israelische Armee im Januar 2002 sind drastische Beispiele vernichteter Lebenschancen in der Region.

gen und führen unter dem Einfluss extremer Israel-Gegner zu einer verhängnisvollen Offenheit gegenüber radikalen sowie religiös-fundamentalistischen Ideen.

Zu den ungelösten Problemen in den palästinischen Gebieten gehört insbesondere die Anerkennung des Existenzrechts Israels, welche die Hamas[29] und andere radikale palästinensische Organisationen verweigern.[30] Inzwischen fordern jüdische Politiker von der Palästinensischen Autonomiebehörde allerdings auch die Anerkennung Israels als *jüdischen* Staat. Einige palästinensische Parteien, wie insbesondere die Fatah[31], erkennen zwar den Staat Israel an, möchten aber dessen Charakter – nicht zuletzt wegen der offenen Frage der Rückkehr von palästinensischen Flüchtlingen und angesichts der sich zugunsten der arabischen Bevölkerung verändernden demografischen Entwicklung – für die Zukunft offen lassen.[32]

»Und selbst wenn die palästinensischen Araber im Laufe der nächsten Generation einen demographischen Übergang durchmachen würden, und wenn sich die natürliche Vermehrungsrate der israelischen Juden wie durch ein Wunder stabilisieren sollte, würden die Palästinenser die Juden im palästinensisch/israelischen Gesamtterritorium dennoch schon in naher Zukunft zahlenmäßig übertreffen. Der Zionismus ist mit anderen Worten dabei, den demographischen Wettlauf zu verlieren.«[33] (Bernard Wasserstein)

Das Lebensgefühl der Israelis wird indes geprägt durch die unverhohlenen Drohungen militanter palästinensischer Organisationen, den immer wiederkehrenden Beschuss israelischen Staatsterritoriums nahe des Gazastreifens und der libanesischen Grenze sowie durch die stets präsente Gefahr, Opfer von Selbstmordanschlägen zu werden. Dies verstärkt bei

---

29 Siehe dazu unten S. 303.
30 Dazu gehören u. a. die Demokratische Front für die Befreiung Palästinas, die Volksfront für die Befreiung Palästinas und die Islamische Dschihad. – Vgl. ferner die Charta der Hamas vom 18. August 1988: »Die Islamische Widerstandsbewegung ist eine eigenständige palästinensische Bewegung, ... die dafür kämpft, dass das Banner Allahs über jeden Zentimeter von Palästina aufgepflanzt wird ...« (aus Artikel 6). »... (A)uf irgendeinen Teil Palästinas zu verzichten bedeutet, auf einen Teil der Religion zu verzichten. ... Für die Palästina-Frage gibt es keine andere Lösung als den Dschihad. Die Initiativen, Vorschläge und internationalen Konferenzen sind reine Zeitverschwendung und eine Praxis der Sinnlosigkeit.« (aus Artikel 13).
31 Siehe dazu unten S. 303.
32 Mahmud Abbas, Präsident der Palästinensischen Autonomiebehörde, in Ramallah am 27. April 2009 während einer Ansprache zu Benjamin Netanjahus Forderungen, Israel als jüdischen Staat anzuerkennen:»Was soll das heißen, ein jüdischer Staat? Ihr könnt euch doch nennen wie ihr wollt, aber ich akzeptiere das nicht und sage das öffentlich.«
33 Wasserstein 2003, 31.

vielen Israelis die Meinung, dass man mit den arabischen Verhandlungs-
partnern keine verlässlichen Verträge schließen könne.
Während der letzten Jahre ist bei der Mehrheit der Israelis die Sorge um
die militärische Aufrüstung des Iran gewachsen. Der angestrebte Bau der
Atombombe und die Entwicklung der dazugehörigen Raketensysteme
müssen angesichts der öffentlichen Hassreden des iranischen Staatspräsidenten Mahmud Ahmadinedschad gegen Israel als Existenzbedrohung
angesehen werden. Ohnehin unterstützt der Iran die Hamas im Gazastreifen und in der Westbank sowie die Hisbollah im Libanon. Dies führt in Israel zur Überzeugung, der Schutz des Landes und dessen Existenz in Frieden seien nur durch eine klare militärische Überlegenheit zu garantieren.

Zu den ungelösten politischen Problemen Israels gehört die Zukunft der
Siedlungen in der Westbank und im Golan, der künftige Status von Ostjerusalem sowie der Verlauf der Sperranlagen, die vielfach jenseits der 1949
ausgehandelten ›grünen Linie‹[34] errichtet wurden.
Außerdem konnte Israel bisher keine Friedensverträge mit Syrien und
dem Libanon schließen. Die Rückgabe der syrischen Golanhöhen und der
Zugang der Syrer zum Ostufer des Sees Genezareth – beides Grundbe-
dingungen für einen Frieden Syriens mit Israel – waren zwischen beiden
Staaten bereits mehrfach Gegenstand gescheiterter (Geheim-)Verhand-
lungen.[35] Ein Friedensschluss mit dem Libanon kam aufgrund syrischen
sowie iranischen Drucks und wegen der Eigentumsfrage der ›Schebaa-
Farmen‹ nicht zustande. Israel hatte 1967 das insgesamt nur etwa 25
Quadratkilometer große Gebiet der ›Schebaa-Farmen‹ von Syrien erobert
– müsste es diesem Land also zurückgeben. Doch angeblich seien die
Schebaa-Farmen, wie in Syrien argumentiert wird, schon 1951 an den
Libanon verschenkt worden.[36]

---

34 Die ›grüne Linie‹ wurde bei den Waffenstillstandsverhandlungen 1949 zwischen Transjordanien
    und Israel auf Rhodos ausgehandelt. Vgl. dazu auch S. 64 und 169.
35 Israel wünscht den Verbleib einer Frühwarnstation auf den Golanhöhen und den Zugriff auf aus-
    reichend Wasser aus dem See Genezareth, d. h. eine Wassermengengarantie. Am Ostufer des Sees
    Genezareth könnte ein bi-nationaler Naturpark entstehen. – Die Syrer fordern einen schnellen
    Abzug der Israelis.
36 Dazu liegt aber kein völkerrechtlicher Vertrag vor. – Die Vereinten Nationen betrachten die Sche-
    baa-Farmen als syrisch und sehen den Abzug der Israelis aus dem Libanon im Jahr 2000 als
    vollständig an, während die Hisbollah und die Regierung des Libanon das Gebiet als libanesisch
    betrachten und die Räumung des strategisch nicht unbedeutenden Gebiets (mit Bergen bis zu 1500 m
    über NN) durch Israel zu ihren Gunsten fordern.

Anders verhält es sich mit Jordanien. Durch den Friedensschluss mit Israel,[37] die Integration der palästinensischen Flüchtlinge[38] in die jordanische Gesellschaft und den gemäßigten Kurs des Königshauses ist dieser Staat seit Jahren ein für Europa und die USA wichtiger Akteur im Nahen Osten. Außerdem nimmt Jordanien im Nahost-Friedensprozess seit vielen Jahren eine konstruktive Mittlerfunktion ein. Allerdings lassen sich im Land angesichts der verschiedenen, hier angesiedelten Flüchtlingsgruppen – die Palästinenser machen allein etwa die Hälfte der Bevölkerung aus – auch innenpolitische Spannungen feststellen.

1.6 Das Wasserproblem

Die Verfügbarkeit von Wasser ist in der südlichen Levante seit jeher das Hauptproblem menschlicher Existenz. Wasserressourcen waren hier durch die gesamte Geschichte hindurch für das Überleben der jeweiligen Gesellschaften entscheidend. Aus dieser Sachlage erklärt sich z. B. die beachtlich hohe Anzahl von Ortsnamen, die mit Wasser-assoziierten Wörtern wie Be'er/Bi`r (›Brunnen‹)[39] oder 'En (›Quelle‹)[40] beginnen. Der programmatische Satz »Wasser ist Leben« erhält im Nahen Osten seine unmittelbare Legitimation.

Der allgemeine Wassermangel im Nahen Osten wirkt sich in den nicht seltenen Dürrejahren oder mehrjährigen Trockenperioden besonders stark aus, da große Süßwasserspeicher, auf die man in Mangeljahren zugreifen könnte, fehlen.

---

37   Siehe dazu S. 215.
38   Der Flüchtlingsstatus ist erblich. – Es ist aber generell mit Blick besonders auf die Flüchtlinge im Gazastreifen, in der Westbank, in Syrien und im Libanon zu fragen, wie sinnvoll es ist, den Flüchtlingen UN-Mittel für die dauerhafte Alimentierung eines ganz und gar nicht befriedigenden Lebensstatus zu gewähren. Die beklagenswerten Bedingungen in den Flüchtlingslagern lassen diese zu Keimzellen für die radikal-islamische Propaganda werden. Eine sinnvolle Integration in die inzwischen seit Jahrzehnten als Gastländer fungierenden Gemeinschaften, wie in Jordanien erfolgt, ist grundsätzlich anzustreben.
39   Vgl. Beerscheba (›Sieben Brunnen‹).
40   Vgl. 'En Gedi (›Böckchen-Quelle‹) oder 'En Ghazal (›Gazellen-Quelle‹).

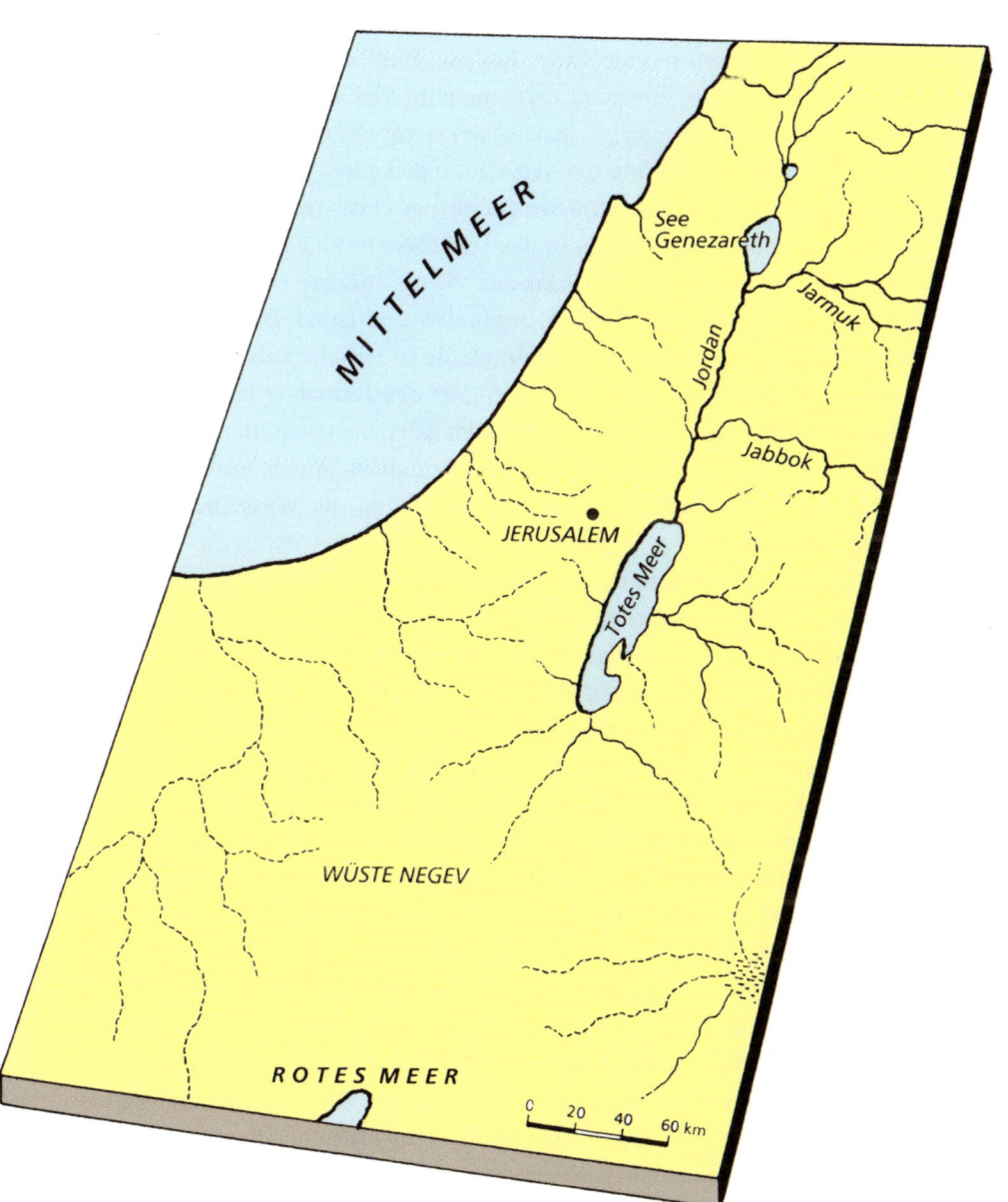

Abb. 6: Wadis, Flussläufe und Gewässer in der südlichen Levante

Der See Genezareth, das für deutlich mehr als 10 Millionen Menschen größte Süßwasserreservoir dieser Region, kann diese Problematik allein nicht beheben. Aus ihm wird permanent zu viel Wasser entnommen, so dass sich sein Wasserspiegel inzwischen stetig um die kritische Höhe bewegt und sogar die Gefahr der Versalzung diskutiert wird. Der Jordan, für europäische Verhältnisse ohnehin ein kleiner Fluss, reduziert sich auf seinem Weg vom See Genezaret in das Tote Meer mittlerweile auf die Größe eines Bachs, zuweilen eines Rinnsals. Seine Zuflüsse stammen aus vier Staaten – dem Libanon, Syrien, Jordanien und Israel. Die Wasserzufuhr durch die Jordanquellflüsse wird durch die israelische Entnahme aus dem See Genezareth aufgebraucht. Das Wasser des Jarmuk teilen sich Syrien, Jordanien und Israel.[41] Die weiter südlich gelegenen ostjordanischen Wasserläufe werden von Jordanien vor deren Zufluss in den Jordan bzw. ins Tote Meer aufgestaut, zwischengespeichert und der Wasserbewirtschaftung zugeführt.

Das dramatische Absinken des Wasserspiegels im Toten Meer ist ein unübersehbares Alarmzeichen für die Schädigung der Umwelt in dieser Region. Selbstverständlich ist das salzhaltige Wasser nicht direkt für die Landwirtschaft verwendbar. Doch in der Region um das Tote Meer fällt in der Regel die Hälfte der Niederschlagsmenge in Form von Tau auf das umliegende Land. Wenn sich nun aber die Wasseroberfläche fortschreitend verkleinert, ist auch diese geringe Niederschlagsmenge nicht mehr durchgehend gesichert. Mit dem Absinken des Wasserspiegels des Toten Meeres fällt auch der Süßwasserpegel der angrenzenden Aquifere (Grundwasserleiter), was mittelfristig die Trinkwasserversorgung erheblich beeinträchtigen wird.

Wasser ist der kostbarste und knappste Rohstoff der gesamten Region. Die Anstrengungen, die alle Staaten des Nahen Ostens auf sich nehmen müssen, um die Wasserversorgung für ihre anwachsende Bevölkerung bereitzustellen, sind enorm. Letztlich geht es um eine sinnvolle Mangelbewirtschaftung dieses essentiellen Lebensgutes. Die kritische Situation kann im Zusammenspiel mit den politisch und religiös latent stets vorhandenen Spannungen durchaus zu schwerwiegenden Konflikten führen.

---

41   Siehe S. 52 Anm. 44.

Im UN-Teilungsplan von 1947 wurde keine Entscheidung über die Aufteilung der Wasserressourcen getroffen. Dieses Desiderat sollte der von der UN in den Jahren 1952 bis 1953 vermittelte sogenannte ›Johnston-Plan‹ beseitigen,[42] der aber von der Arabischen Liga abgelehnt wurde. Im Jahr 1959 nahm Israel den ›National Water Carrier‹ in Betrieb, ein leistungsfähiges Wasserleitungssystem, das Jordanwasser aus dem See Genezareth in alle Teile Israels und sogar bis in den Negev transportieren kann. Jordanien entnahm in vergleichbarer Weise Wasser aus dem Jarmuk und leitete dieses über den ›East-Ghor-Kanal‹ parallel zum Jordan zu jordanischen Verbrauchern. Dabei hielten sich Jordanien wie Israel zunächst an die im Johnston-Plan zugeteilten Wassermengen, schließlich hing davon die finanzielle Unterstützung der Wasserprojekte durch die USA ab. Syrien und der Libanon hatten damals Zugang zu zwei der drei wichtigen Quellflüsse des Jordans, zum Hasbani und zum Banyas. Als die arabische Gemeinschaft 1965 damit begann, diese abzuleiten, attackierten die Israelis diese Unternehmungen mehrfach mit dem Ziel, diese zu unterbinden. Im Frühjahr 1967 steigerten sich die Zwischenfälle bedenklich und wurden zu einem der Gründe für die militärischen Auseinandersetzungen im Sechstage-Krieg, der den Konflikt vorerst zugunsten Israels entschied.[43] Seither besitzt Israel die strategische Kontrolle über die wichtigsten Wasserressourcen der südlichen Levante einschließlich des Grundwasservorkommens in der Westbank.

Vom Wasser zum Krieg? Israel hält die Golanhöhen und das Ostufer des Sees Genezareth besetzt und verhindert so den syrischen Zugriff auf das Wasser des Sees. Auch deshalb ist die Situation zwischen Israel und Syrien bis heute noch immer äußerst angespannt. Einen Friedensvertrag wird es nach syrischer Auffassung ohne die Rückgabe dieser seit 1967 von Israel besetzten Gebiete nicht geben. Israel hingegen befürchtet, dass Syrien nach einer Rückführung dieser Gebiete seinerseits wieder versuchen wird, die Jordanquellflüsse für den eigenen Bedarf abzuleiten. Das würde einerseits in Israel einen akuten Wassermangel verursachen und könnte andererseits zur Versalzung des Sees Genezareth führen. Zudem ist auch der strategisch-militärische Aspekt der Golanhöhen nicht zu unterschätzen, wie der Libanonkrieg im Jahr 2006 eindrücklich zeigte. Folglich

---

42 Siehe dazu S. 305. – Vgl. dazu Reguer 1993, 53-90; Lowi 1993; Wolf 1992, 919-958.
43 Siehe dazu Kap. 3.5.4.

weigert sich Israel, ohne verlässliche internationale Garantien für seine Wasserversorgung und ohne einen ausgehandelten Friedensvertrag das okkupierte Gebiet zu räumen.

Der Mukheibe-Damm am Jarmuk wurde von Israel während des Sechs-tage-Kriegs 1967 zerstört, was Jordaniens Lage deutlich verschlechter-te, weil es seine Wasserquoten gemäß dem Johnston-Plan nicht mehr vollständig entnehmen konnte. Erst 1994 handelte man im Rahmen des Friedensvertrags zwischen Israel und Jordanien und im Jahr darauf beim Interimsabkommen Israels mit der palästinensischen Selbstverwaltungs-behörde Verträge über die Wasserzuteilung aus gemeinsamen Gewässern aus. Zwischen Israel und Jordanien wurden im Wesentlichen die Fragen hinsichtlich des Jarmuk-Wassers geklärt,[44] mit den Palästinensern die der vier großen Aquifere (Grundwasserleiter) im palästinensischen Bergland.[45]

»Eine völlige Aufgabe des Westjordanlandes würde Israel das Überleben unmöglich machen. Nicht aus militärischen Gründen, aber aus ganz pragmatischen: Israel hätte dann nicht mehr genügend Wasser. Ohne das Grundwasser aus dem Westjordanland würde Israels Bevölke-rung verdursten. Umgekehrt wollen die Palästinenser sich nicht ihr Wasser rauben lassen. Auch hier muss Zusammenarbeit den Machtkampf ersetzen. Sonst fließt Blut für Wasser.«[46] (Michael Wolffsohn)

---

44   Jordanien darf demnach seither maximal 295 Mio. Kubikmeter Wasser pro Jahr entnehmen (El-musa 1995, 68), außerdem Wasser aus allen anderen jordanischen Wadis. Das heißt, dass Israels Wasserentnahme in etwa gleich blieb (25 Mio. Kubikmeter), die von Jordanien aber um 25 Prozent stieg (Elmusa 1995, 64), weil durch den Bau des Staudamms am Jarmuk und durch die Wasserent-salzung Israels mehr Wasser zur Verfügung stand. – Zudem bauen Jordanien und Syrien einen neuen gemeinsamen Staudamm mit dem programmatischen Namen Al-Wahda-Damm (›Damm der Einheit‹) und planen dort neben der Energieerzeugung auch eine gemeinsame Wasserentnahme.
45   Der Gazastreifen erhält 4 bis 5 Mio. Kubikmeter Wasser pro Jahr aus dem ›National Water Carrier‹. Die Verträge sehen eine Ausdehnung der Wasserlieferungen auf bis zu 10 Mio. Kubikmeter vor.
46   Wolffsohn 2007, 290.

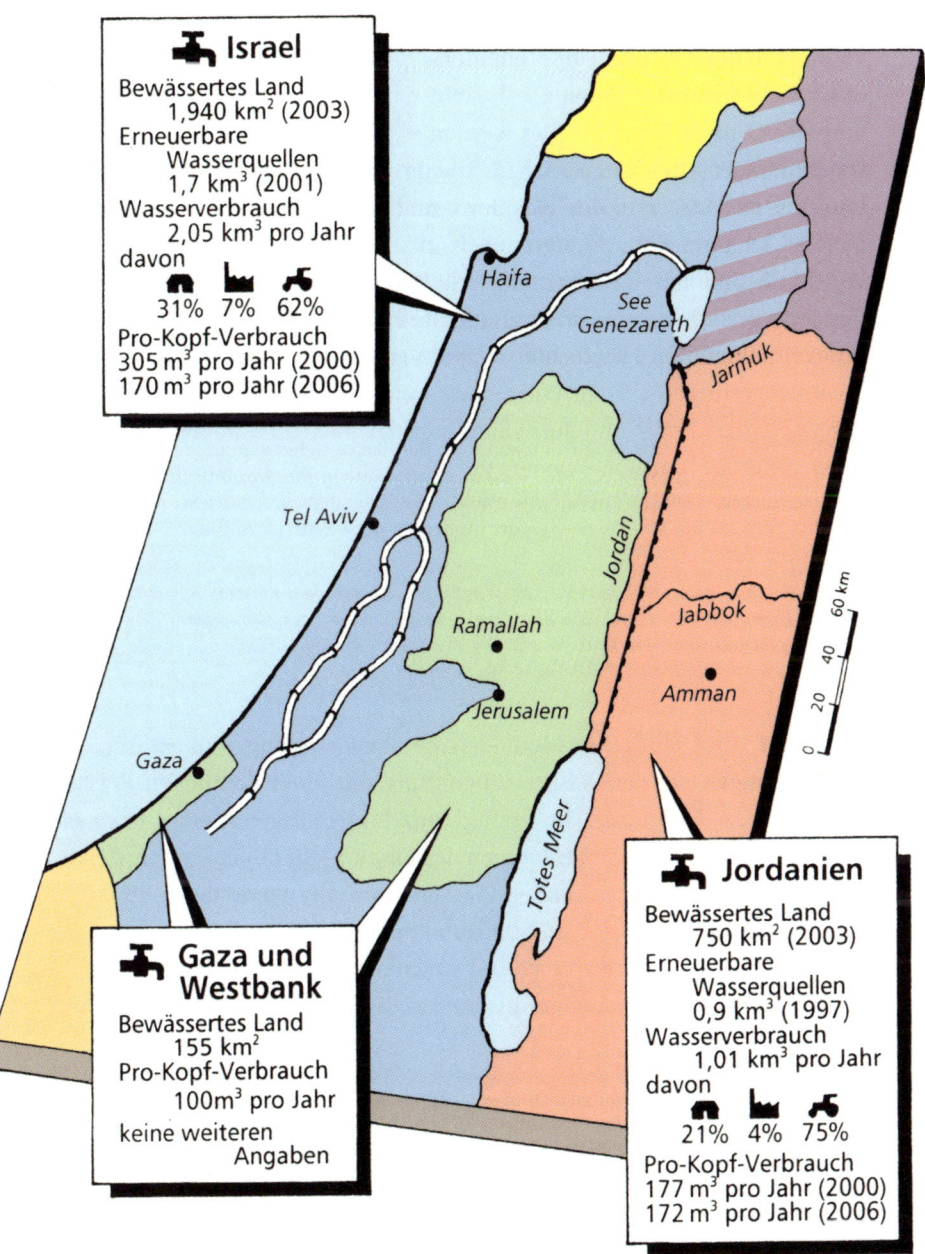

Israel

Bewässertes Land
1,940 km² (2003)
Erneuerbare
Wasserquellen
1,7 km³ (2001)
Wasserverbrauch
2,05 km³ pro Jahr
davon
31% 7% 62%
Pro-Kopf-Verbrauch
305 m³ pro Jahr (2000)
170 m³ pro Jahr (2006)

Gaza und Westbank

Bewässertes Land
155 km²
Pro-Kopf-Verbrauch
100m³ pro Jahr

keine weiteren
Angaben

Jordanien

Bewässertes Land
750 km² (2003)
Erneuerbare
Wasserquellen
0,9 km³ (1997)
Wasserverbrauch
1,01 km³ pro Jahr
davon
21% 4% 75%
Pro-Kopf-Verbrauch
177 m³ pro Jahr (2000)
172 m³ pro Jahr (2006)

Haifa
See Genezareth
Jarmuk
Tel Aviv
Jordan
Jabbok
Ramallah
Amman
Jerusalem
Gaza
Totes Meer

60 km
40
20
0

Abb. 7: Bewässertes Land und Wasserverbrauch in der südlichen Levante

»Einer Statistik des US-Informationsdienstes (USIS) zufolge stammen nur 45 Prozent der von Israel verbrauchten 1,7 Milliarden Kubikmeter aus dem eigenen Land, wohingegen 80 Prozent der Wasservorräte von Westbank und Golan nach Israel geleitet werden.«[47] Ein Viertel der Trinkwasserreserven Israels (etwa 475 Mio. Kubikmeter) lagern unter der Westbank.[48] Dadurch ist Wasser in der Westbank und im Gazastreifen nicht nur ein äußerst knappes Gut, sondern auch ein Politikum. Die Einwohner der Westbank und des Gazastreifens erhalten ihr Wasser entsprechend der Verträge von Oslo von Israel zugeteilt. Dennoch leiden sie unter einer unregelmäßigen und schlechten Wasserversorgung.[49]

Israel verweist darauf, dass die westlichen und nördlichen Aquifere natürlicherweise auch westlich oder nördlich der ›grünen Linie‹ an die Oberfläche treten würden – also im Staatsgebiet Israels. Die Brunnen, die der Trinkwassergewinnung dienten, seien außerdem ›zumeist‹ auf israelischem Land angelegt worden.[50] Die Abhängigkeit von den wasserführenden Schichten des Inlands habe nichts mit der Eroberung der Westbank zu tun.

»Schon vor dem Juni 1967 stammte ein Viertel des israelischen Wassers aus Brunnen und Quellen innerhalb von Israel, die aus dem Inlandreservoir gespeist wurden, dem zur damaligen Zeit auf diese Weise mehr als das Zehnfache dessen entnommen wurde, was die Palästinenser verbrauchten.«[51] (Bernard Wasserstein)

Israel hat trotz moderner Methoden der Bewässerung und enorm großer Leistungen bei der Wasseraufbereitung mit einer deutlichen Wasserknappheit zu kämpfen.[52] Es verfügt pro Einwohner nur über etwa ein Sechstel der Frischwasserressourcen des Libanon und über ein Fünftel des Syrien zur Verfügung stehenden Wassers. Deshalb wurde der Jahres-Pro-Kopf-Verbrauch in Israel von 508 Kubikmeter (1967) auf 305 Kubikmeter (2000) und 170 Kubikmeter (2006) gesenkt und die Wiederverwendung von Brauchwasser (besonders in der Landwirtschaft) auf 380 Millionen

---

47   Polkehn 2001 zitiert nach http://www.uni-kassel.de/fb5/frieden/regionen/Palaestina/wasser.html (Stand 18. Juli 2009). Vgl. Wolffsohn/Bokovoy 2003, 28.
48   Wolffsohn/Bokovoy 2003, 28.
49   Im Zeitraum von 1967 bis 1995 steigerte sich der Bedarf in den palästinensischen Gebieten allein um 640 Prozent. Gründe hierfür waren der gestiegene Lebensstandard und die deutliche Zunahme der Bevölkerung. Vgl. dazu Sofer 1998.
50   Mekorot 2009, 32 f.
51   Wasserstein 2003, 82 und Anm. 25, nach Greg Shapland, Rivers of Discord. International Water Disputes in the Middle East, New York 1997, 20.
52   Neben computergesteuerten Bewässerungssystemen findet die Tropfmethode breite Anwendung (Wasser gelangt dabei direkt zu den Wurzeln der Pflanzen). Selbst das Brackwasser-Reservoir unter dem Negev wurde verfügbar gemacht, u. a. für die Fischzucht.

Kubikmeter gesteigert.[53] Die Industrie benötigt sieben Prozent des zur Verfügung gestellten Trinkwassers, die Landwirtschaft hingegen ein Vielfaches. »Mit anderen Worten«, las man in der israelischen Zeitung Haaretz, »der landwirtschaftliche Sektor verbraucht 53 Prozent von Israels Trinkwasser, aber er produziert nur drei Prozent des Bruttosozialprodukts.«[54] Zudem kann die Landwirtschaft nur sechs Prozent der Arbeitskräfte binden.

Das hohe Bevölkerungswachstum in den arabischen Staaten und der Zuzug von jüdischen Neusiedlern verschärfen das Problem. In Israel und Jordanien wird ohnehin schon heute zu viel Grundwasser abgepumpt. Dabei handelt es sich u. a. um fossiles Wasser. Die Inanspruchnahme dieser Süßwasserreservoirs kann das Problem aber auf Dauer nicht lösen, da sie zum allergrößten Teil nicht regenerierbar sind. Somit stellen lediglich die energieaufwendige Meerwasserentsalzung oder massive Wasserimporte, vorzugsweise aus der Türkei,[55] eine Alternative dar. Allerdings ist beides äußerst teuer. Lange Zeit wurde in Israel nur der Badeort Eilat zu etwa 75 Prozent mit entsalztem Meerwasser versorgt. Im Jahr 2000 beschloss das israelische Kabinett ein Programm zum Bau von weiteren Wasserentsalzungsanlagen, deren erste bei Aschkelon inzwischen fertig gestellt wurde. Sie liefert 100 Mio. Kubikmeter Wasser pro Jahr.

Über die Hälfte der palästinensischen Abwässer werden nicht geklärt, wobei Israel – in dessen Gebiet die Abwässer der Westbank fließen – einen deutlich größeren Anteil dieser Abwässer aufbereitet als die palästinensische Verwaltung.[56] Im Gazastreifen befinden sich die Grundwasserressourcen in einem äußerst bedenklichen Zustand.

Der israelische Minister für Infrastruktur Effi Eitam sprach im Oktober 2002 davon, dass die Palästinenser eine ›Wasserintifada‹ gegen Israel führten, indem sie es absichtlich unterließen, Kläranlagen zu bauen, um auf diese Weise Israels Grundwasser zu verseuchen.[57] Ron Zweig von der Universität Tel Aviv folgerte: »Ihre Abwässer fließen in unser Grundwasser; unsere Abwässer fließen an ihre Strände.«[58] (Bernard Wasserstein)

---

53 Mekorot 2009, 15 f. und 19 f.
54 Haaretz, vom 20. März 2001. – Das bedeutet letztlich, dass Israel durch seine Landwirtschaftsprodukte ›Wasser exportiert‹.
55 Im Jahr 2002 verhandelten Israel und die Türkei über die Lieferung von jährlich 50 Mio. Kubikmeter Wasser über eine Laufzeit von 20 Jahren.
56 Mekorot 2009, 36.
57 Wasserstein 2003, 83 mit Anm. 29 unter Berufung auf Haaretz vom 22. Oktober 2002.
58 Zitiert nach Wasserstein 2003, 83.

Hochrechnungen – welcher Art und politischer Richtung auch immer – führen generell zu der Annahme, dass Israel, Jordanien, die Westbank und der Gazastreifen bei einem weiteren Anstieg der Bevölkerung in den nächsten Jahren und Jahrzehnten weit mehr Wasser benötigen werden, als das natürliche Umfeld insgesamt zur Verfügung stellen kann.[59] Dieses Problem wird zukünftig für alle Beteiligten eine der größten Herausforderungen darstellen. Es kann gemildert oder zumindest hinausgeschoben werden, wenn der Wasserverlust durch leckende Wasserleitungen – in den palästinensischen Gebieten beträgt dieser 33 Prozent, in Israel 11 Prozent[60] – gesenkt und in der Landwirtschaft mehr aufbereitetes Brauchwasser verwendet würde. Deshalb sind Übereinkünfte darüber notwendig, wie eine gemeinsame Bewirtschaftung und eine gerechte Verteilung des für alle knappen Wassers gelingen kann. Sonst könnte der Kampf um die Ressource Wasser die kriegerischen Auseinandersetzungen in dieser Region zusätzlich anheizen.

Abb. 8: Niederschläge in der südlichen Levante
In der mediterranen Klimazone (jährliche Niederschläge mehr als 300 mm) sind die Sommer heiß, während die Winter im Küstenbereich mild, im Bergland eher kalt sind. Ackerbau ist auf der Grundlage der jährlichen Niederschläge in diesem Gebiet möglich (Regenfeldbau). In Bereichen des Steppenklimas (150 bis 300 mm jährlicher Regenfall) ist Feldbau nur bei ausreichender künstlicher Bewässerung möglich. Diese Gebiete werden hauptsächlich als Weideland genutzt. In den Gebieten mit kontinentalem Wüstenklima (jährlich weniger als 150 mm Niederschlag) gibt es an punktuell vorhandenen Wasserquellen Oasen, mit deren Hilfe Bewässerungsanbau (vor allem von Datteln) betrieben werden kann. Hier herrscht subtropisches bis tropisches Klima.

---

59   Zafrir Rinat, Umweltministerin im Kabinett Ehud Baraks, sagte am 19. Juli 1999 der Zeitung Haaretz, dies sei 2010 zu erwarten. Zitiert nach Wolffsohn/Bokovoy, 28.
60   Mekorot 2009, 29.

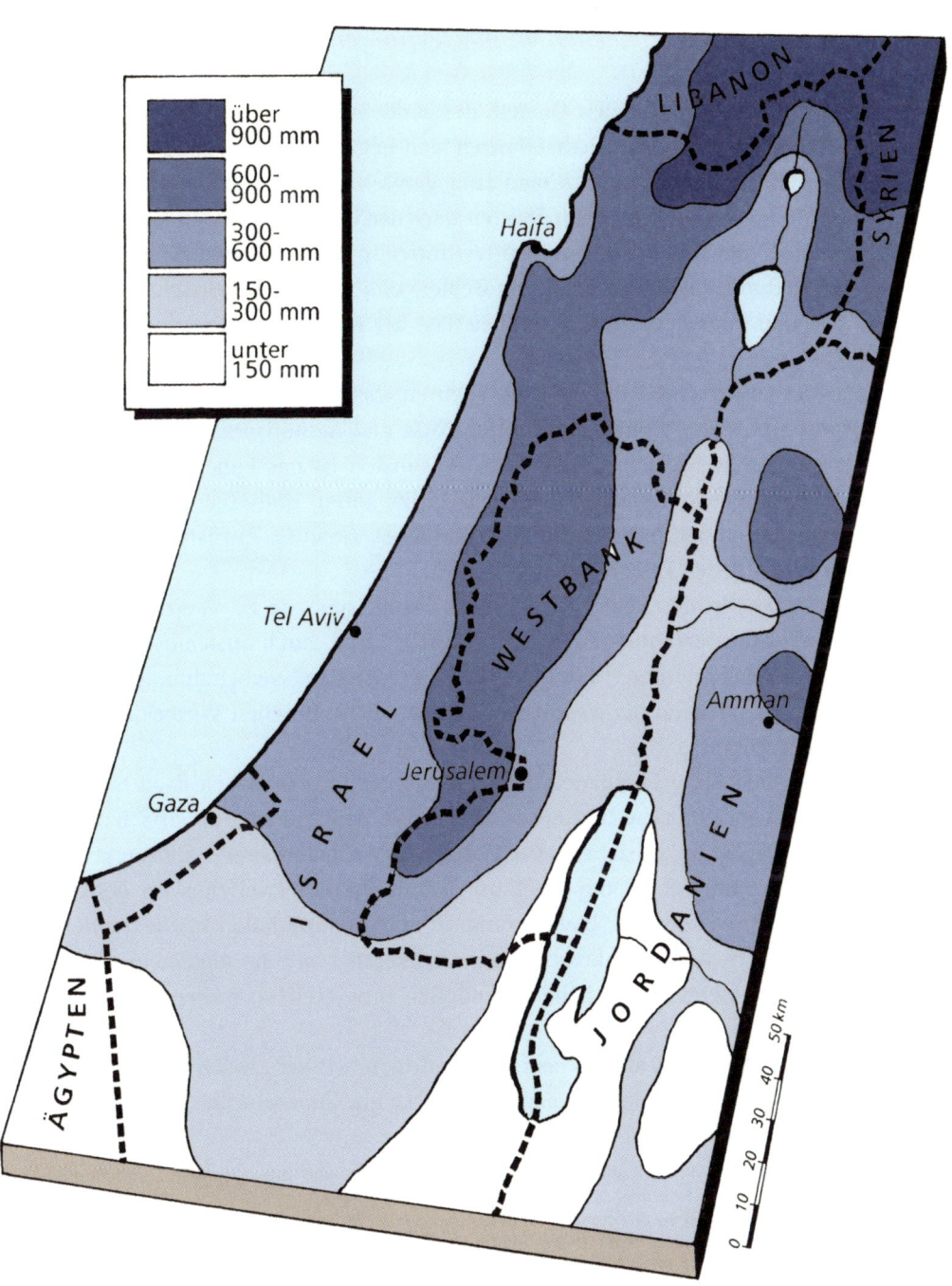

1.7 Die wirtschaftlichen Voraussetzungen

Alle Staaten/autonomen Gebiete der südlichen Levante leben über ihre Verhältnisse. Ihre Haushaltsbilanzen sind negativ. Das ist zunächst nichts Außergewöhnliches, wenn man zum Vergleich nur einmal an die Schuldenberge der europäischen Staaten oder der USA denkt. Doch handelt es sich bei den Staaten/autonomen Territorien in der südlichen Levante – mit Ausnahme von Israel – nicht um Gebiete von gewaltiger Wirtschaftskraft. Sie sind folglich auf den Schuldenerlass der reichen Staaten angewiesen.

Israel besitzt eine technologisch hoch entwickelte Marktwirtschaft.[61] Importiert werden Rohöl, diverse Rohstoffe und militärische Ausrüstungen sowie große Mengen an Getreide. Ansonsten ist das Land in der Lage, sich weitgehend autark zu ernähren. Diamanten, High-Tech-Ausrüstungen und landwirtschaftliche Produkte (Obst, Gemüse, Zitrusfrüchte) sind die wichtigsten Exportgüter.

Israel hat in der Regel beträchtliche Handelsdefizite zu verkraften, die durch Transferzahlungen aus dem Ausland und durch ausländische Kredite gedeckt werden.[62] Etwa die Hälfte der Auslandsverschuldung tragen die USA. Sie sind die wesentliche Stütze der israelischen Wirtschaft und seines Militärs.

Eine umsichtige Finanzpolitik und Strukturreformen haben dazu beigetragen, ausländische Investoren anzuziehen und ein solides wirtschaftliches Wachstum zu sichern. Die Wirtschaft wuchs im Jahr 2008 um etwa 3,9 Prozent. Der größte Reichtum Israels besteht zweifellos im hohen Bildungsniveau seiner Bevölkerung, in deren enorm hoher intellektueller und unternehmerisch-kreativer Schaffenskraft sowie im allgemein spürbaren Pioniergeist, das Land bestmöglich entwickeln zu wollen.

Die Westbank und der Gazastreifen[63] erlebten seit der zweiten Intifada im September 2000 einen dramatischen Rückgang ihrer wirtschaftlichen Ent-

---

61 Vgl. zum Folgenden die Angaben im CIA World Factbook (siehe: https://www.cia.gov/cia/publications/factbook/index.html).
62 Ohnehin fließen neben direkten Hilfen der USA auch große Summen von Nicht-Regierungs-Organisationen (sogenannte ›Non-Governmental Organizations‹ = NGOs) aus religiöser oder ideologischer Motivation verlässlich und dauerhaft in das Land.
63 Vgl. zum Folgenden die Angaben im CIA World Factbook (s. Anm. 61).

wicklung. Dies ist weitgehend auf deren Isolation zurückzuführen, die von israelischer Seite mit dem Selbstschutz vor Terrorakten begründet wird. Dabei wurden auch die bilateralen Arbeits- und Handelsbeziehungen unterbrochen. In den Jahren 2001 und 2002 wurden bei israelischen Militärmaßnahmen Infrastruktur, Produktionsanlagen und Verwaltungsstrukturen zerstört. Internationale Hilfe von mindestens 1,14 Milliarden US Dollar für die Westbank und den Gazastreifen verhinderten 2004 den völligen Zusammenbruch der dortigen Wirtschaft.

Während der Hamas-Alleinregierung (2006 bis Anfang 2007) verhängten Israel, die USA und europäische Staaten ein Finanzembargo gegen die palästinensischen Autonomiegebiete; sie lockerten dieses später unter Umgehung der Hamas.[64] Erst seit dem Regierungsantritt von Salam Fayyad im Juni 2007 ist die Westbank aufgrund enormer finanzieller Unterstützung des Auslands wieder fähig, zukunftsorientierte Perspektiven zu entwickeln. Dabei wird klar, dass die vorherrschenden traditionellen Familienbetriebe und die im bäuerlichen Kleinmaßstab durchgeführte Landwirtschaft zwar gegenwärtig vielen Menschen Lohn und Brot sichern, doch für die Entwicklung einer modernen, leistungsfähigen Gesellschaft nur geringe Perspektiven bieten.

Den Gazastreifen trafen die Auswirkungen der zweiten Intifada aufgrund seiner hohen Bevölkerungsdichte und der geringen Landmasse noch schwerer als die Westbank. Der Rückzug Israels im September 2005 bot angesichts der Hilfe der internationalen Gemeinschaft mittelfristige Chancen für ein wirtschaftliches Wachstum. Mit der gewaltsamen Übernahme der Macht durch die Hamas im Sommer 2007 blieben aber die Grenzübergänge für den Transport vieler Güter geschlossen. An dieser Abschnürung von der Außenwelt hat sich auch nach der Militäroffensive Israels im Gazastreifen 2008/2009 kaum etwas geändert.

Der natürliche und potente Wirtschaftspartner dieser Gebiete ist Israel. Viele palästinensischen Arbeitnehmer fanden hier insbesondere beim Haus- oder Straßenbau und in der Landwirtschaft eine Beschäftigung.[65] Aus Sicherheitsinteressen wurden jedoch die arabischen Bewohner der Westbank und des Gazastreifens während der letzten Jahre zunehmend vom israelischen Arbeitsmarkt abgeschottet.

---

64 Siehe dazu Kap. 3.7.7.
65 Viele Familien werden auch von in den Golfstaaten, in Europa oder in den USA arbeitenden Familienangehörigen unterstützt.

Dies war auch ein Grund, warum sich die Kluft zwischen den beiden politischen Hauptströmungen im Gazastreifen und in der Westbank vertiefte. Während Teile der Fatah und ihre Sympathisanten eine pragmatische Lösung unter Anerkennung des Existenzrechts Israels anstreben und damit in einem friedlichen Zusammenleben mit Israel und mit finanzieller Unterstützung durch die USA und die EU das Überleben gewährleisten wollen, fordern deren Gegner – wie z. B. die Hamas –, den Kampf gegen Israel bis zum siegreichen Ende fortzuführen. Sie argumentieren, dass die Araber nur dann jeweils etwas erreicht hätten, wenn die arabischen Kämpfer selbst unter hohem ›Blutzoll‹ den israelischen Gegner mit stetigen und lang anhaltenden Attacken zermürbt und durch eine Vielzahl von Opfern zum Rückzug gezwungen hätten (Abzug aus dem Libanon im Jahr 1985; aus der libanesischen Sicherheitszone 2000; aus dem Gazastreifen 2005).[66] Die internen Kämpfe des Jahres 2007 im Gazastreifen und der Westbank sind Zeichen dieses Konflikts.[67]

Dennoch weigert sich die Hamas im politischen Alltag nicht generell, Verhandlungen mit den USA oder Vertretern Israels zu führen, fordert aber klare Vorleistungen und Zugeständnisse Israels für derartige Gespräche.[68] Ohne ausländische Unterstützung, z. B. durch die USA und Europa, können weder der Gazastreifen noch die Westbank wirtschaftlich und politisch stabilisiert werden. Für die Gewährung finanzieller Unterstützung haben die Geberländer von den regierenden Parteien in der Westbank und im Gazastreifen aber die Anerkennung des Existenzrechts Israels, das Ende der Gewalt und die Respektierung der bestehenden Verträge zur Bedingung gemacht.

Jordanien hingegen lässt die Wirtschaftsexperten staunen. In einem Land mit solch enorm schwierigen Voraussetzungen (kaum ausreichende Wasserzuflüsse und keine nennenswerten Bodenschätze, keine Öllagerstätten) hat sich die Bevölkerung einen vergleichsweise hohen Lebensstandard erarbeitet. Das Land besitzt die längste Staatsgrenze zu Israel. Seit Jahren gewährt es seinem westlichen Nachbarn Sicherheit und integriert die 1947/48 und 1967 aus Israel vertriebene bzw. geflohene arabische Bevölkerung. Trotz des hohen Bevölkerungswachstums ist die Gesamtentwicklung des Landes positiv zu bewerten.

---

66   Siehe dazu S. 205 und 242 f.
67   Siehe dazu Kap. 3.7.7.
68   Vgl. dazu das Motto des ehemaligen Ministerpräsidenten der palästinensischen Autonomiegebiete und Hamas-Führers Ismail Haniyeh »Alles beginnt mit Israel« (siehe dessen Biografie S. 250 f.).

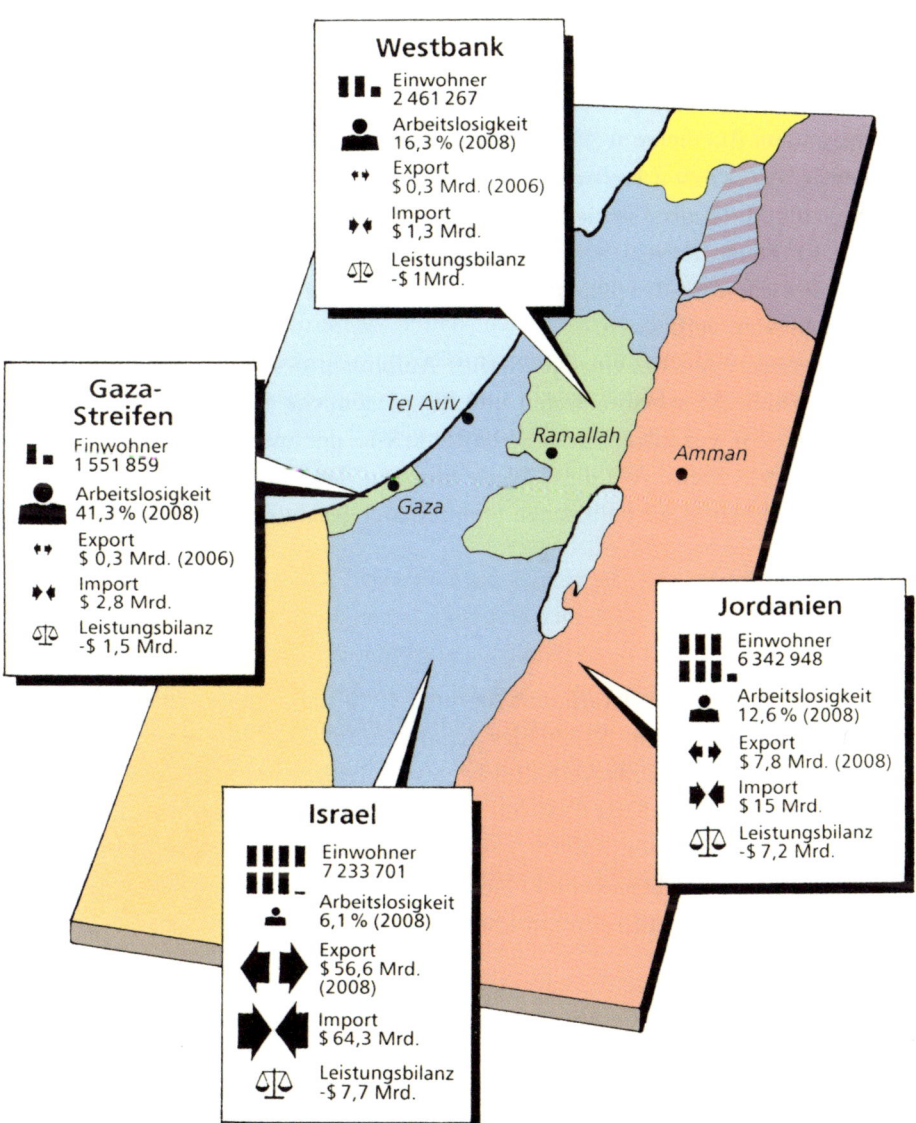

Westbank

Einwohner
2 461 267

Arbeitslosigkeit
16,3 % (2008)

Export
$ 0,3 Mrd. (2006)

Import
$ 1,3 Mrd.

Leistungsbilanz
-$ 1Mrd.

Gaza-Streifen

Finwohner
1 551 859

Arbeitslosigkeit
41,3 % (2008)

Export
$ 0,3 Mrd. (2006)

Import
$ 2,8 Mrd.

Leistungsbilanz
-$ 1,5 Mrd.

Tel Aviv

Ramallah

Amman

Gaza

Jordanien

Einwohner
6 342 948

Arbeitslosigkeit
12,6 % (2008)

Export
$ 7,8 Mrd. (2008)

Import
$ 15 Mrd.

Leistungsbilanz
-$ 7,2 Mrd.

Israel

Einwohner
7 233 701

Arbeitslosigkeit
6,1 % (2008)

Export
$ 56,6 Mrd.
(2008)

Import
$ 64,3 Mrd.

Leistungsbilanz
-$ 7,7 Mrd.

Abb. 9: Zur wirtschaftlichen Lage in der südlichen Levante
Im Gazastreifen gibt es im Wesentlichen familiäre Kleinbetriebe und Handwerk (Textilien, Metall- oder Holzverarbeitung, Schnitzarbeiten), ebenso in der Westbank. Dort kommen noch einige kleine, von Israel etablierte industrielle Zentren hinzu. Israel besitzt eine voll ausgebaute Volkswirtschaft mit vielen klassischen Branchen (Textilien, Schuhe, Bauwesen, Chemie, Medizin, Tabak u. v. a.), einige Hochtechnologiebereiche (Software, Kommunikationstechnik u. a.) sowie einen umfänglichen Tourismussektor. In Jordanien finden sich neben zahlreichen Familienbetrieben auch einige industrielle Komplexe (Pottasche- und Textilproduktion, Phosphatabbau, Dünger- und Zementherstellung, Chemie, Pharmazie und Leichtindustrie) und ein ausgebauter Tourismussektor.

Eine realistische Chance für die gesamte Region der südlichen Levante wäre ein grenzüberschreitender Tourismus. Die Großregion bietet bemerkenswerte Altertümer sowie zahlreiche landschaftliche Attraktionen, vor allem aber die vielen weltbekannten religiösen Verehrungsplätze für Pilger der drei großen Weltreligionen. Dies und auch die langen Strände Israels am Mittelmeer sowie die Aqabas und Eilats am Roten Meer könnten zu attraktiven Reisezielen der Region ausgebaut werden. Der Tourismus würde viele neue Arbeitsplätze schaffen und die wirtschaftliche Situation aller Staaten verbessern.

Voraussetzungen für ein dauerhaftes Aufblühen des Tourismus sind jedoch stabile Reisebedingungen und die persönliche Sicherheit aller Reisenden, d. h. vor allem ein dauerhafter Friede, der auch den Libanon und Syrien einschließt. Auf diese Weise könnten der Tourismus und sein finanzieller Ertrag zur politischen Stabilität der gesamten Region beitragen.

1.8 Die Grenzen

Die Friedensschlüsse Israels mit Ägypten 1979 und mit Jordanien 1994[69] haben im Osten und Süden des Landes mit klaren und verlässlichen Grenzziehungen stabile Verhältnisse geschaffen. Ziel der Osloer Verträge zwischen Israel und der PLO im Jahr 1993 war es, für einen zukünftigen palästinensischen Staat – bestehend aus dem Gazastreifen und der Westbank – eine ebensolche Eindeutigkeit zu erreichen. Bisher wurde allerdings lediglich ein Autonomiestatut ratifiziert, das wesentliche Fragen offen lässt.

---

69   Siehe dazu Kap. 3.6.2 und 3.7.1.

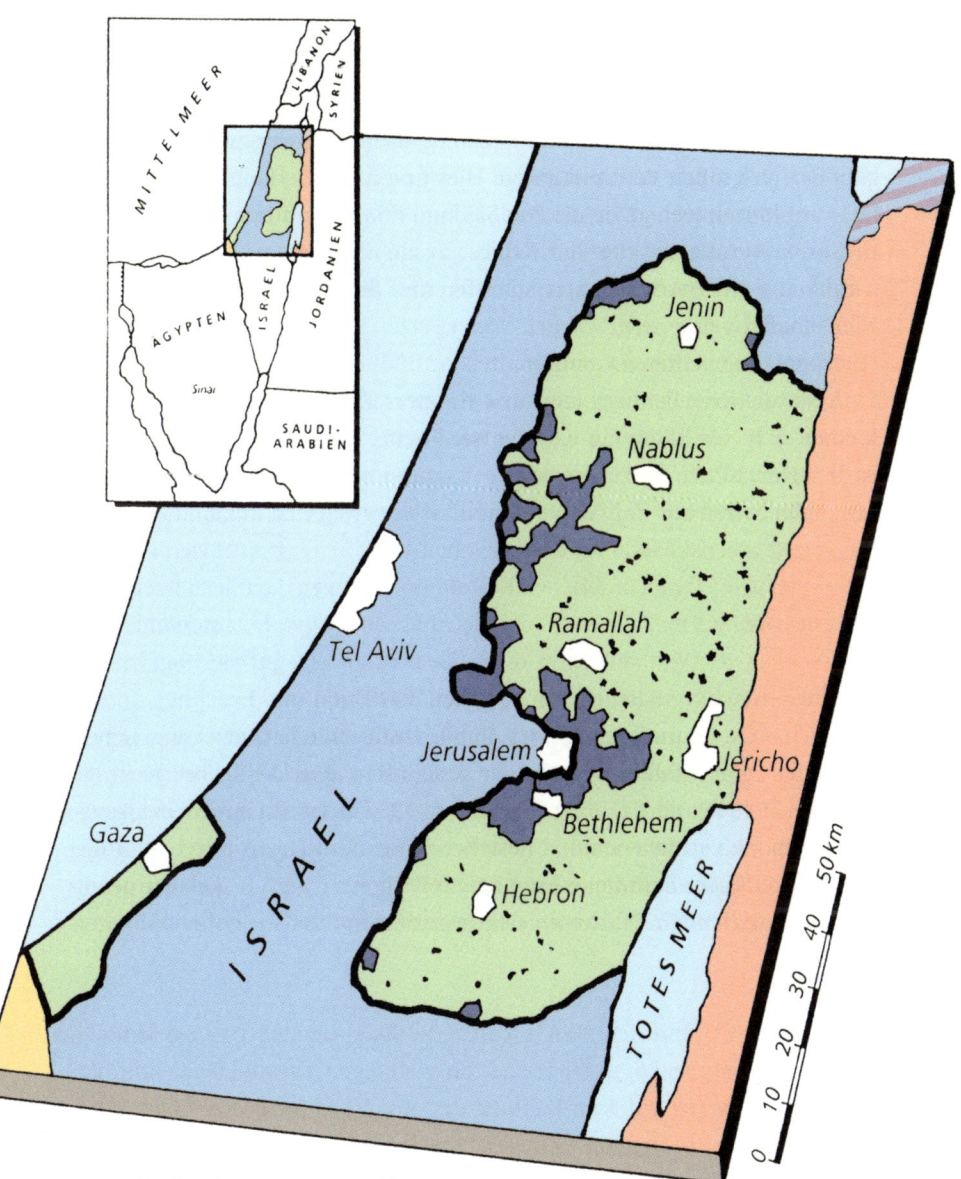

Abb. 10: Zur Situation in der Westbank [70]

70   Basierend auf OCHA («UN Office for the Coordination of Humanitarian Affairs»), West Bank Clos-
ures, April 2005. Violett werden die von der Westbank durch die Sperranlagen separierten und
damit dem Territorium Israels angeschlossenen Gebiete markiert. Die schwarzen Punkte bezeichnen
isaelische Siedlungen.

Die seit 2003 von Israel in der Westbank einseitig errichtete Sperranlage[71] schafft Bedingungen, die von der palästinensischen Bevölkerung nicht akzeptiert werden können. Sie ist nicht nur weitgehend auf dem Gebiet der Westbank erbaut, sondern schneidet häufig auch tief in dieses ein. Außerdem befinden sich hinter der Sperranlage, meist entlang der Hauptverkehrsadern, noch zahlreiche weitere israelische Siedlungen. So verbleibt für die Palästinensische Autonomiebehörde letztlich nur ein Flickenteppich aus unzusammenhängenden (meist noch überbevölkerten Stadt-)Gebieten. Es ist daher zweifelhaft, ob dort unter solchen Voraussetzungen eine Entwicklung hin zu mehr Stabilität gelingen kann.

Einige israelische Politiker signalisieren zwar Kompromissbereitschaft und können sich eine Räumung weiterer israelischer Siedlungen vorstellen, doch ist es aufgrund der festgefahrenen Positionen und Interessenansprüche fraglich, ob in absehbarer Zeit auf dem Verhandlungsweg eine Zunahme von Stabilität und Lebensqualität für die palästinensische Seite erreicht werden kann. Selbst den gemäßigten arabischen Bewohnern genügen die Rückübereignung des Gazastreifens im Jahr 2005 und die Autonomie bzw. Teilautonomie einiger Bereiche der Westbank nicht mehr. Sie berufen sich auf die 1949 bei den Waffenstillstandsverhandlungen zwischen Jordanien und Israel auf Rhodos ausgehandelte ›grüne Linie‹ als die ihnen zustehende Grenzziehung gegenüber dem Staat Israel.[72] Sie bestehen außerdem auf dem Rückkehrrecht der 1947 bis 1948 aus dem Kernland Israel und 1967 aus dem Gazastreifen sowie der Westbank vertriebenen und geflohenen Bevölkerung in ihre Ursprungsgebiete. In diesem Zusammenhang beanspruchen sie auch – und dies gehört zu den gravierenden Problemen des gesamten Konflikts – Ostjerusalem für sich.

Die von der EU und den USA favorisierte ›Zwei-Staaten-Lösung‹ benötigt klare, beiderseits als fair akzeptierte Grenzziehungen. Obwohl beide Konfliktparteien dieses Ziel 2003 im Rahmen der ›Roadmap for Peace‹[73] begrüßten, ist derzeit kaum Bewegung in dieser Frage zu spüren. Konstruktive Vereinbarungen auf dem Weg zu einer ›Zwei-Staaten-Lösung‹ könnten das Tor zu einer dauerhaften Entspannung öffnen.

---

71   Zur Frage der Rechtmäßigkeit des Baus der Sperranlage bei gleichzeitiger Anerkennung der Notwendigkeit Israels, sich vor Terror zu schützen, siehe S. 243 f.
72   Siehe S. 169. Vgl. Krämer 2002, 374.
73   Siehe S. 238 f.

2. Traditionen und Mythen –
Worauf beruft man sich?

Die südliche Levante wird von Juden und von Muslimen gleichermaßen als Staatsgebiet beansprucht.[1] Dabei berufen sich beide Parteien jeweils auf ihre heiligen Schriften – die hebräische Bibel beziehungsweise den Koran – sowie auf davon abgeleitete Traditionen und führen zu ihrer Legitimation Zitate daraus an. In Jerusalem stoßen die Ansprüche beider Parteien in besonderer Weise aufeinander. Die Juden singen in ihren Psalmen und geloben bei jeder traditionellen Hochzeit: »Vergesse ich dich, Jerusalem, so verdorre mir die rechte Hand! Die Zunge bleibe mir am Gaumen kleben, wenn ich deiner nicht eingedenk bleibe, wenn ich Jerusalem nicht stelle über alles, was mir Freude macht!«[2] Die Muslime bekennen: »Ein Gebet in Jerusalem ist fünfundzwanzigtausendmal so viel wert wie ein Gebet an anderen Orten.«[3]

Über den unmittelbaren Einfluss solcher religiösen Traditionen auf das politische und alltägliche Leben in Israel oder in den palästinensisch verwalteten Gebieten darf gestritten werden. Nur die Minderzahl der Israelis und der Araber bezieht die Lehre der hebräischen Bibel bzw. des Korans in einer direkten Weise auf die eigene gegenwärtige Situation oder empfindet sich gar als Vollstrecker der alten Prophezeiungen und Verheißungen. Der gegenwärtige Konflikt in seiner geschichtlichen Entstehung Ende des 19. und in der ersten Hälfte des 20. Jahrhunderts war nicht primär religiös untermauert. Dennoch sind die hier beschriebenen religiösen Argumente in aller Munde. Wer kennt nicht das ›ge-

---

1 Christen verehren viele der aus der jüdischen Tradition herrührenden heiligen Orte ebenso. Für sie ist die südliche Levante in gleicher Weise ›Heiliges Land‹. Da diese Feststellungen weder ungewöhnlich konfliktbehaftet noch Thema dieses Buches sind, soll darauf hier nicht näher eingegangen werden. – Zur speziellen Problemlage der christlichen Araber siehe die summarische Anmerkung auf S. 240.

2 Psalm 137,5-6.

3 Vgl. The travels of Nasir-i-Khusrau to Jerusalem, 1047 C. E. Diary of a journey through Syria and Palestine, übersetzt von Guy Le Strange, Palestine Pilgrims' Text Society, 1893. S. ferner Wilken 1985, 692-693.

lobte Land‹, das ›auserwählte Volk‹ oder die Rückkehr ins ›Land der Väter‹? Und es sind gerade die religiösen Orte wie Jerusalem, Machpela in Hebron oder das Grab Rahels bei Bethlehem, an denen sich die Auseinandersetzungen entzünden, selbst wenn die Konflikte eigentlich andere Gründe haben mögen. Wer eigene politische und territoriale Ansprüche mit dem Argument der ›Rückkehr‹ legitimiert, muss schließlich eine Kontinuität zwischen der biblischen Geschichte und der Gegenwart herstellen.

»Seltsam ist, dass immer mehr Menschen … in der jüdischen, islamischen und christlichen Welt von der Religion nichts wissen wollen, aber ihren Anspruch auf das Heilige Land nicht zuletzt durch die Religion rechtfertigen.«[4] (Michael Wolffsohn)

Es gibt stets eine zahlenmäßig kleine, aber aktionsbereite und medienwirksame Minderheit religiöser Fundamentalisten, die in unreflektierter Weise die alten religiösen Traditionen in der modernen Welt ausleben und propagieren. Die Hamas, der Dschihad Islami, die Al-Aqsa-Brigaden und ihre als Märtyrer verehrten Selbstmordattentäter berufen sich auf religiöses Recht. Nicht weniger verstanden sich Dr. Baruch Goldstein bei seinem Massaker in Hebron[5] und Jigal Amir, der Mörder Yitzchak Rabins,[6] als im Dienste einer höheren Aufgabe stehend. Der Ausbruch der zweiten Intifada nach dem Besuch Ariel Sharons auf dem Haram asch-Scharif[7] und deren Bezeichnung als ›Al-Aqsa-Intifada‹ mögen die Sprengkraft der religiösen Dimension dieses Konflikts verdeutlichen.

Viel Aufmerksamkeit erhalten die mit den religiösen Symbolen und Orten verbundenen Traditionen auf jüdischer bzw. muslimischer Seite, wenn diese (bewusst oder unbewusst) in die politische oder militärische Propaganda und Deutung einbezogen werden. Sowohl in der arabisch-islamischen als

---

4   Wolffsohn 2007, 24.
5   Siehe dazu S. 96.
6   Siehe dazu S. 217. – Baruch Goldstein und Jigal Amir sind zweifellos Extremisten. Über ihr Umfeld, die sogenannten Aktivisten, schreiben Wolffsohn/Bokovoy 2003, 192: »Unter den rund 40% Religiösen dürfte die Zahl der Aktivisten, um nicht zu sagen der Fanatiker, gestiegen sein. Vorsichtiger formuliert: Die Aktivisten sind noch aktiver geworden, der Zusammenhang zwischen Religiosität, ›Ethnizität‹ (also orientalisch-jüdischer Herkunft) und falkenhaften Positionen deutlicher. Der sensationelle Erfolg der marokkanisch-orthodoxen Schas hat dies 1999 aller Welt verdeutlicht. … Zur Falkenhaftigkeit der Religiösen auch dies: 70% der religiösen Lehramtsstudenten hielten 1994 ›die Araber‹ für ›Feinde‹. 75% waren nicht damit einverstanden, dass die israelischen Araber gleichberechtigte Staatsbürger sein sollten.«
7   Ariel Sharon gab den Anlass zum Ausbruch der zweiten Intifada. Zu deren vielfältigen Gründen siehe Kap. 3.7.5.

auch in der jüdischen Gesellschaft nehmen religiöse Überzeugungen eine zentrale Stellung ein. Verglichen mit Europa prägt hier die Religion das alltägliche Leben um vieles selbstverständlicher. In einer Umfrage unter Jugendlichen in Israel aus dem Jahr 1998 bekannten sich für europäische Verhältnisse erstaunliche 52 Prozent der jüdischen und 79 Prozent der arabischen Befragten dazu, die Gesetze ihrer Religion einzuhalten.[8] Im Jahr 2009 gaben 84,3 Prozent der jungen jüdischen Israelis zwischen 18 und 35 Jahren an, sie würden die Religion und ihre Tradition achten, 71,5 Prozent von ihnen würden zu Yom Kippur fasten, 73 Prozent die Religion als sehr wichtig ansehen, 59,2 Prozent Milch und Fleisch entsprechend der jüdischen Reinheitsgebote separieren, 43 Prozent sich mehr jüdisch als israelisch zu fühlen und schließlich 40,4 Prozent am Sabbat öffentliche Unterhaltungsangebote verbieten wollen.[9] Im Konfliktfall können diese Überzeugungen gegen die jeweils andere Partei gerichtet werden.

»Für einige Siedlungsfanatiker ist Religion zugleich politisches Argument und die Bibel politischer Atlas. ... [Es gilt,] daß die Religion bei den Juden falkenhafte[10] Einstellungen der PLO gegenüber begünstigt. ... 60 Prozent der aus den USA stammenden jüdischen Siedler im Westjordanland wuchsen in einem Elternhaus auf, das eher orthodox war. Weitere 10% kamen aus einer ›aktiv konservativ-religiösen‹ Familie. ... Es gilt die Formel: Je religiöser, desto eher rechts sowie weniger kompromißbereit gegenüber den Palästinensern und in bezug auf die Rückgabe der besetzten Gebiete. Der Friedensindex des Steinmetz-Instituts an der Universität Tel-Aviv bestätigt diese Aussage immer wieder seit Herbst 1993.«[11] (Michael Wolffsohn/Douglas Bokovoy)

Die religiös-muslimische Welt trennt grundsätzlich nicht zwischen dem religiösen und dem weltlichen Bereich, vielmehr vereinnahmen zuweilen die religiösen auch die gesellschaftlichen Vorstellungen. Dennoch zeigt die Entwicklung der Fatah und der PLO, dass auch die Vertreter des arabischen Kampfs säkular und selbst klassenkämpferisch argumentieren können.[12] Unter dem Einfluss der sozialistischen Staatenwelt und dem Ein-

---

8   Wolffsohn/Bokovoy 2003, 461 (basierend auf: Friedrich-Ebert-Stiftung, The Jubilee Year. Israels Youth's Attitutes Toward Personal, Social and National Issues, Tel Aviv 1998, 19). – Zum Vergleich ist interessant, dass amerikanische Juden nur zu 39 Prozent angaben, die Religion im alltäglichen Leben für wichtig zu halten. Umfrage nach Haaretz vom 11. November 2008.
9   Umfrage von Aaron Lerner vom 25.09.2009.
10 Mit den Begriffen ›Falken‹ und ›Tauben‹ unterscheidet man in Israel landläufig Personen, die mehr der Auseinandersetzung bzw. der Versöhnung im israelisch-arabischen Konflikt zuneigen.
11 Wolffsohn/Bokovoy 2003, 391.
12 Vgl. dazu z. B. Kap 3.6.1.

druck des Ost-West-Konfliktes blieb die Argumentation Yassir Arafats in dieser Weise ausgerichtet – bis er sich nach dem Ende des Kalten Kriegs stärker um den Rückhalt im religiösen Lager sorgen musste.

Anders verhält sich die Hamas. Sheikh Ahmed Yasin gründete sie 1987 als palästinensischen Arm der ägyptischen Muslimbrüder. Ihren Auftrag sieht die Hamas in der Rückeroberung der heute israelisch beherrschten Gebiete, um dort einen islamischen Staat zu errichten. Sie setzt dazu auf den militärischen Kampf, u. a. auf die als Märtyrertum verstandenen Selbstmordanschläge. Schon früh hatten die Muslimbrüder im Gazastreifen mit dem Aufbau eines sozialen Netzwerkes begonnen. Dieses umfasste die Armen- sowie die Krankenpflege, Erziehung, Bildung und Religion. Sie bauten Krankenhäuser, Schulen und Moscheen.

Zur Person: Sheikh Ahmed Yasin
(*vermutlich 1936 bei Aschkelon – gezielte Tötung 2004 in Gaza) – ›die Ikone des Terrors‹[13]

»Der Dschihad und der Widerstand werden fortgeführt werden, bis wir siegen oder als Märtyrer sterben.«[14]

Der aufgrund eines Sportunfalls seit seiner Jugend querschnittsgelähmte Sheikh Ahmed Yasin kam während seines Studiums in Kairo mit der ägyptischen Muslimbruderschaft in Verbindung. Bereits 1984 war er wegen illegalen Waffenbesitzes (150 Gewehre) verurteilt worden. Er wurde 1987 Mitbegründer der Hamas (›Enthusiasmus‹/›Eifer‹) und sammelte seit der ersten Intifada palästinensische Islamisten zum bewaffneten Kampf sowohl gegen die weltliche Fatah als auch gegen Israel. Seit dem ersten Selbstmordanschlag im April 1993 in Mechola (Jordantal, Westbank) sah er gerade in dieser ›Waffe‹ eine wirksame Möglichkeit, den Kampf um die südliche Levante zugunsten der Palästinenser voranzutreiben.[15] Sheikh Ahmed Yasin schreckte auch nicht vor dem Aufruf zum Mord an soge-

---

13   Begriff von Thorsten Schmitz, Süddeutsche Zeitung vom 17. Juni 2003.
14   Sheikh Ahmed Yasin 2003 nach dem überlebten ersten israelischen Attentat, zitiert nach CNN.com/WORLD vom 6. September 2003.
15   Die Idee der Selbstmordanschläge kam aus dem Libanon, wo solche Aktionen gegen die französischen und amerikanischen Friedenstruppen bereits durchgeführt worden waren.

nannten Kollaborateuren zurück. Deshalb und wegen der Anstiftung zur Entführung und zum Mord an israelischen Soldaten wurde er 1989 in Israel zu lebenslanger Haft verurteilt.

Die Hamas erlangte – ganz im Gegensatz zur Fatah – in den Palästinensergebieten durch ihre Unbestechlichkeit, ihr soziales Engagement, wie den Bau von Krankenhäusern und Schulen, die Sympathien der Bevölkerung. 1996 boykottierte die vom Sheikh geführte Hamas die ersten demokratischen Wahlen zum palästinensischen Autonomierat, um die Oslo-Verträge nicht indirekt anerkennen zu müssen.[16]

1997 kam Sheikh Ahmed Yasin im Austausch gegen zwei Mossad-Agenten[17] aus der Haft frei. Kaum entlassen, kehrte er nach Gaza zurück, um zum weiteren Kampf gegen Israel aufzurufen, insbesondere als die zweite Intifada ausbrach. »Palästina« sei »gesegnet für die künftigen muslimischen Generationen bis zum Tag des Gerichts.«[18] 2003 überlebte er leicht verletzt einen israelischen Tötungsangriff. Bei einem erneuten Raketenanschlag im März 2004 kamen er und neun weitere Personen ums Leben. Israel rechtfertigte diese Aktion mit seinem Recht auf Selbstverteidigung, insbesondere mit dem Schutz seiner Bürger vor den durch Sheikh Yasin geplanten Anschlägen.[19]

200 000 Menschen folgten dem Begräbniszug Sheikh Ahmed Yasins.

Es wäre falsch, den israelisch-palästinensischen Konflikt primär als religiös motivierte Auseinandersetzung anzusehen. Vielmehr werden die religiösen Texte und Traditionen innerhalb sozialer, politischer, militärischer und ökonomischer Auseinandersetzungen benutzt, mediengerecht vermarktet und effektreich inszeniert. Beide Konfliktparteien bedienen sich heute auch einer religiösen Begründung ihrer Standpunkte.[20] Diese Asymmetrie zwischen religiösen Argumenten und politischen Absichten ist ein grundlegendes Problem der Spannungen im Nahen Osten. Die theologischen Traditio-

---

16   Vgl. Kap. 3.7.3. – Die Hamas fühlte sich von der PLO übergangen. Sie lehnte sowohl die Anerkennung Israels al.s auch Yassir Arafats Gewaltverzicht ab.

17   Sie hatten im September 1997 in Amman versucht, den Hamas-Führer Khaled Mashal zu töten, wurden aber von jordanischen Sicherheitskräften festgenommen.

18   BBC.News, vom 22. März 2004 (http://news.bbc.co.uk/2/hi/in_depth/ middle_east/2001/israel_ and_the_ palestinians/profiles/1695470.stm).

19   Ehud Barak: »Das Völkerrecht erlaubt es, jemanden zu töten, von dem mit Sicherheit feststeht, dass er einen Anschlag gegen israelische Ziele vorbereitet.« Stefan Ulrich, sueddeutsche.de vom 23. März 2004.

20   So mit Bunzl 2008, 14.

nen bieten ein schier unerschöpfliches argumentatives Reservoir, aus dem sich die Parteien bedienen können, um die aktuellen Konfliktfelder jeweils in ihrem Sinn zu deuten. Die religiösen Bekenntnisse schließen die jeweils eigene Gruppe enger zusammen und trennen die Gegner noch weiter voneinander; sie bieten die Möglichkeit, den Konflikt international auf Millionen Gleichgesinnter auszuweiten und schaffen eine eigene theologische, der rationalen Diskussion entzogene Dimension.

Aus diesem Grund erscheint es wichtig, die religiösen Traditionen zunächst zu beschreiben, um ihren Ge- und Missbrauch verstehen und beurteilen zu können.

2.1 Das Volk

Juden und Araber leiten ihre Herkunft vom Stammvater Abraham ab, der seinen Sohn im Auftrag seines Gottes hat opfern sollen.[21] Die von Muslimen und Juden heute allerdings unterschiedlich beantwortete Frage ist, welcher Sohn Abrahams zum Opfer bestimmt wurde – Isaak, der Stammvater der Juden, oder Ismael, der Stammvater der Araber.

Genesis 22,11-12: »Da rief ihm der Engel des Herrn vom Himmel her zu: Abraham, Abraham! ... Streck deine Hand nicht gegen den Knaben aus und tu ihm nichts zuleide! Denn jetzt weiß ich, dass du Gott fürchtest; du hast mir deinen einzigen Sohn nicht vorenthalten.«

Während das Judentum natürlich Isaak benennt, geht man heute im Islam davon aus, dass dies selbstverständlich ihr Vorfahr Ismael gewesen sei. Doch im Verlauf der islamischen Religionsgeschichte konnte man auch die andere Meinung hören.

At-Tabari, ein bedeutender muslimischer Historiker persischer Abstammung (839-923 n. Chr.) äußerte, auch der Koran sei der Überzeugung, der zum Opfer bestimmte Sohn sei Isaak gewesen. Es handle sich ja nach dem Koran um den Sohn, der im hohen Alter Abraham und seiner Frau Sara verkündet worden war. Und das war Isaak.[22]

---

21 Diese Erzählung markiert religionsgeschichtlich in der israelitischen Religion den Endpunkt des Kinderopfers zu einem Zeitpunkt, als in Israels Nachbarschaft solche Opfer noch üblich waren.

22 Vgl. dazu Poya 2006, 85-86.88-89.92. Dort wird verwiesen auf Muhammad Ibn Jarir at-Tabari, Tarikh ar-rusul wa l-muluk, Band 1, Kairo 160, 64-271. – Vgl. besonders die Suren 11,69-73; 37,99-101; 51,24-30.

In der hebräischen Bibel wird beschrieben, wie Sara, die Hauptfrau Abrahams, ihrem Mann trotz ihres hohen Alters noch einen Sohn mit Namen Isaak gebar. Danach wurde Ismael, der erstgeborene Sohn von Abraham und dessen Magd Hagar, vertrieben. Im Koran wird die Herkunft Ismaels ebenso wie in der Tora von der Magd Hagar abgeleitet. Allerdings werden Hagar und Ismael, abweichend von der hebräischen Bibel, nicht vertrieben. Vielmehr wird der in Südarabien geborene Ismael aufgrund einer Offenbarung Gottes samt seiner Mutter von Abraham in Mekka zurückgelassen – wohl wissend, dass sich Gott um beide kümmern werde. Aus dem nach jüdischer Lesart in der südlichen Levante verstoßenen Sohn wurde in der arabischen Variante das Wunschkind in Mekka. Ismaels Grab wird heute neben der Kaaba verehrt.

Aus derselben Vaterschaft könnte man durchaus ein verbindendes Element der abrahamitischen Religionen herauslesen. Doch angesichts des bestehenden Konflikts unterscheidet man in der jüdischen Argumentation lieber zwischen dem Sohn der rechtmäßigen Ehefrau (Isaak – Sara) und dem der Magd (Ismael – Hagar); in der muslimischen Interpretation hingegen zwischen dem älteren, rechtmäßigen Erbe (Ismael) und dem Nachgeborenen (Isaak). Auf diese Weise grenzt man sich ab und untermauert die eigenen Vorrechte gegenüber der anderen Religionsgemeinschaft.

2.1.1 Jüdische Traditionen und Mythen

Große Teile des Judentums verstehen sich nicht als Religion, sondern als Volk oder im modernen Sinn auch als Nation. Im liberalen Judentum und insbesondere außerhalb Israels wird das Judentum dagegen mehr als Religionsgemeinschaft erlebt. Jude ist nach orthodoxer Auffassung, wer von einer jüdischen Mutter geboren wurde oder bei einem orthodoxen Rabbiner zum Judentum übertritt. Nur unter dieser Voraussetzung ist es möglich, dass es ein religiöses, ein nichtreligiöses und sogar antireligiöses Judentum gibt. Religion wird im Judentum sehr unterschiedlich gelebt. Sie wirkt innerhalb der eigenen Gesellschaft demzufolge auch nicht unbedingt als verbindendes Element.[23] Nach außen hin – insbesondere während militärischer Konflikte – kann die jüdische Religion dennoch eine einigende Komponente darstellen.[24]

Die zionistische Einwanderung war im Grundansatz nicht religiös motiviert.[25] Das ist das Staatswesen Israel auch bis heute nicht. Das ›Wir-Gefühl‹ der Israelis wird in weiten Teilen durch die äußere Bedrohung, die gemeinsame Leidensgeschichte, insbesondere in der Schoah, und vom Stolz auf die gewaltige gemeinsame Aufbauleistung geprägt. Nehemia 4,11 trifft daher das Grundgefühl vieler Israelis: »Mit der einen Hand taten sie die Arbeit, und mit der anderen hielten sie die Waffe.« Das Bibelzitat stammt aus der persischen Zeit, als Nehemia – der jüdische Statthalter Judas und Jerusalems unter persischer Herrschaft (um 400 v. Chr.) – mit seinen Anhängern trotz erheblichem militärischen und diplomatischen Druck die Mauern der Hauptstadt Jerusalem erbaute und ein eigenes politisches Gemeinwesen gründete.

Das ultra-orthodoxe Judentum[26] (oder die Haredim, d. h. die ›Gottesfürchtigen‹) stand dem jungen Staat Israel mehr oder weniger indifferent bis pragmatisch gegenüber, einige Gruppen sogar ablehnend oder feindlich.

Zahlenmäßig nicht repräsentative Gruppen wie die Neturei Karta (aramäisch: »die Wächter der Stadt«) propagieren aus religiösen Gründen sogar einen radikalen Antizionismus und kämpfen gegen die Existenz des Staates Israel. Für dieses Ziel verbünden sie sich u. a. auch mit der Hamas und dem iranischen Präsidenten Mahmud Ahmadinedschad.[27]

---

23 Nach Wolffsohn/Bokovoy 2003, 192, sahen 63 Prozent der Israelis in der Religion den »Spaltpilz der israelischen Gesellschaft schlechthin« (Januar 1988; Friedensmessziffer des Steinmetz-Instituts, Universität Tel Aviv).
24 Ohnehin darf man das Judentum nicht einfach mit der Politik der jüdischen Parteien in Israel gleichsetzen. Die Israel-Orientierung der nicht in Israel lebenden Juden hat sich in den letzten Jahrzehnten stark von der Politik des Staates Israel abgesetzt. Wolffsohn/Bokovoy 2003, 520-521.
25 Vgl. Kap. 3.1. – Die jüdische Nationalbewegung entstand vielmehr als Antithese zur traditionellen Messiashoffnung.
26 Vgl. hierzu auch Bunzl 2008, 193-197.
27 Siehe hierzu S. 46 f.

Abb. 11: Anhänger der Neturei Karta 2009 während eines Besuchs von Benjamin Netanjahu in New York (Foto: Christoph Schult)

Inzwischen haben die Haredim in Israel – z. B. Agudath Israel (aschkenasische Juden) und Schas (sefardische Juden) – in der parlamentarischen Rolle als ›Mehrheitsbeschaffer‹ wesentliche politische Funktionen in der Knesset erobert. Sie versuchen, ihren Einfluss auch im Alltagsleben der israelischen Gesellschaft außerhalb ihrer (oft abgeschotteten) Stadtviertel durchzusetzen, wobei einige mit Demonstrationen bis hin zu gewalttätigen Protesten ihren Ansprüchen Gehör verschaffen wollen.

Nach dem Sechstage-Krieg 1967[28] mit der Einnahme der Altstadt Jerusalems und der biblischen Kernländer Juda und Samaria/Israel betrachteten einige der national-religiösen Juden den israelischen Staat und dessen Armee als unbewusste Werkzeuge des göttlichen Heilsplans.

2.1.2 Muslimische Traditionen und Mythen

Die theologische Haltung Mohammeds zum Judentum

Mohammed betonte zu Beginn seiner religiösen Wirksamkeit gegenüber Juden sowie Christen den gemeinsamen Bezug auf Abraham und den

---

28 Vgl. Kap. 3.5.4.

Glauben an den einen Gott. Er hob damit die Anhänger der ›Buchreligionen‹ deutlich von den ›Ungläubigen‹, den polytheistischen Heiden, ab.[29]

Für Mohammed war das ihm persönlich unbekannte Jerusalem so faszinierend, dass er zunächst die Gebetsrichtung – den Juden folgend[30] – nach Jerusalem festlegte. Möglicherweise hoffte er auch, dadurch den Juden die Übernahme seiner Religion zu erleichtern. Erst nach der Vertreibung aus Mekka (›Hidschra‹) 622 n. Chr. änderte Mohammed die Gebetsrichtung zur Kaaba: »Wir sehen, dass du unschlüssig bist, wohin am Himmel du dich (beim Gebet) mit dem Gesicht wenden sollst. Darum wollen wir dich (jetzt) in eine Gebetsrichtung weisen, mit der du gern einverstanden sein wirst: Wende dich mit dem Gesicht in Richtung der heiligen Kultstätte (in Mekka)! Und wo immer ihr (Gläubigen) seid, da wendet euch mit dem Gesicht in diese Richtung!«[31]

Im Laufe seines Lebens und angesichts seines zunehmenden Machtzuwachses relativierte sich Mohammeds Toleranz gegenüber den anderen ›Schriftbesitzern‹ deutlich.[32] Darin spiegelte sich möglicherweise auch die tiefe Enttäuschung darüber, dass weder Juden noch Christen seine Prophetie und die dadurch erneuerte gemeinsame Religion anerkennen wollten. Er warf ihnen deshalb später Heuchelei vor.[33]

Da Mohammed von den Juden in Medina nicht als Gottes Gesandter, als Höhepunkt, d. h. ›Siegel‹ der Prophetie, und sein Koran nicht als unmittelbar mitgeteiltes Wort Gottes angenommen wurde, war das Verhältnis zwischen Judentum und Islam schon relativ bald, d. h. schon während Mohammeds Auftreten

---

29 Das Christentum sei allerdings mit seinen Ideen von der Trinitätslehre weit vom reinen Monotheismus abgewichen: »Ungläubig sind diejenigen, die sagen: ›Allah ist Christus, der Sohn der Maria.‹ Christus hat (ja selber) gesagt: ›Ihr Kinder Israel! Dienet Allah, meinem und eurem Herrn!‹ Wer (dem einen) Allah (andere Götter) beigesellt, dem hat Allah (von vornherein) den Eingang in das Paradies versagt. Das Höllenfeuer wird ihn (dereinst) aufnehmen. Und die Frevler haben (dann) keine Helfer.« Sure 5,72. – Vgl. auch Suren 2,116 und 9,30.
Dennoch könnten selbst Christen wahrhaft Gläubige sein: »Und wir ließen hinter ihnen her Jesus, den Sohn der Maria, folgen, dass er bestätige, was von der Tora vor ihm da war. Und wir gaben ihm das Evangelium, das (in sich) Rechtleitung und Licht enthält, damit es bestätige, was von der Tora vor ihm da war, und als Rechtleitung und Ermahnung für die Gottesfürchtigen.« Sure 5,46. Christen könnten – sofern sie ihre Schriften beachteten – auch das Seelenheil gewinnen: »Und wenn die Leute der Schrift glauben würden und gottesfürchtig wären, würden wir ihnen ihre schlechten Taten tilgen und sie in Gärten der Wonne eingehen lassen.« Sure 5,65; alle Übersetzungen nach Paret 1963.
30 Bereits in Daniel 6,11 wird geschildert, dass der Prophet Daniel dreimal am Tag in Richtung Jerusalem betete. Das alttestamentliche Buch Daniel wurde im 2. Jahrhundert v. Chr. verfasst.
31 Sure 2,144, Übersetzung nach Paret 1963.
32 Vgl. zusammenfassend Schall 1987, 320-328.
33 »Ihr Leute der Schrift! Warum verdunkelt ihr die Wahrheit mit Lug und Trug und verheimlicht sie, während ihr (doch um sie) wisst?« Sure 3,71, Übersetzung nach Paret 1963.

in Medina, schwer belastet. In einer Mischung aus Misstrauen, machtpolitischer Rivalität und religiösem Eifer bekämpfte bereits er die jüdischen Sippen in Medina. Schon im April 624 n. Chr. vertrieb Mohammed den jüdischen Stamm der Banu Qaynuqa[34] aus der Stadt. Einem anderen jüdischen Stamm, den Banu `l-Nadir, zerstörte er im Jahr darauf, während er sie belagerte, die Palmenhaine, bis auch sie das Gebiet um Medina verließen. Zu Mohammeds Beute aus diesem Kriegszug gehörte auch Safıyya, die Tochter des jüdischen Klanchefs.

Sure 59,2.4 berichtet höchstwahrscheinlich von der Vertreibung der Banu `l-Nadir: »Er ist es, der diejenigen von den Leuten der Schrift, die ungläubig sind, aus ihren Wohnungen vertrieben hat, zur ersten (diesseitigen) Versammlung (an den Ort ihrer Verbannung). Ihr glaubtet nicht, dass sie wegziehen würden. Und sie meinten, ihre Befestigungen würden sie vor Allah schützen. Da kam Allah (mit seiner Gewalt) über sie, ohne dass sie damit rechneten, und jagte ihnen Schrecken ein, worauf sie eigenhändig und mit den Händen der Gläubigen ihre Häuser zerstörten. Denkt (darüber) nach, (ihr alle) die ihr Einsicht habt!
Dies dafür, dass sie gegen Allah und seinen Gesandten Opposition getrieben haben. Wenn jemand gegen Allah Opposition treibt (muss er dafür büßen). Allah verhängt schwere Strafen.«[35]

Im Jahr 627 n. Chr. wurden dann noch die südöstlich von Medina lebenden Banu Quraiza ausgerottet.

Sure 2,109 könnte sich auf dieses Ereignis beziehen: »Viele von den Leuten der Schrift möchten euch gern, nachdem ihr gläubig geworden seid, wieder zu Ungläubigen machen, da sie von sich aus Neid empfinden, nachdem ihnen (als erste) die Wahrheit (der Offenbarung) klar geworden ist. Aber rechnet es (ihnen) nicht an und seid nachsichtig (und wartet zu), bis Allah mit seiner Entscheidung kommt! Er hat zu allem die Macht.«[36]

Leider gehören die den Juden und Christen gegenüber freundlichen Kapitel im Koran zu dessen frühen Aussagen. Damit werden sie laut Abrogationsregel[37] von den späteren, kritischen Aussagen abgelöst. Das bedeutet,

---

34 Sie waren Händler oder Goldschmiede.
35 Übersetzung nach Paret 1963.
36 Übersetzung nach Paret 1963.
37 Die Abrogationsregel (vom lateinischen Wort *abrogare* = ›abschaffen‹) löst das Problem, dass im Koran – obwohl er das direkte unverfälschte Wort Gottes sei – Spannungen und Widersprüche auftauchen. Sie bezieht sich auf Sure 13,39: »Und Allah löscht (seinerseits), was er will, aus, oder lässt es bestehen. Bei ihm ist die Urschrift (in der alles verzeichnet ist).«
Nach der Lehre der islamischen Theologen werden demnach ältere Aussagen durch jüngere aufgehoben. Folglich müssen die Rechtsgelehrten den nach der Länge der Suren geordneten Koran auf das Alter der einzelnen Suren hin beurteilen und ihre Entscheidung treffen. – Berühmt ist das Beispiel des Verhältnisses zum Weingenuss. Sure 2,219: »Man fragt dich nach dem Wein und dem Losspiel. Sag: In ihnen liegt eine schwere Sünde. Und dabei sind sie für die Menschen (auch manchmal) von Nutzen. Die Sünde, die in ihnen liegt, ist aber größer als ihr Nutzen.« Diese Sure wird durch Sure 5,90 aufgehoben: »Ihr Gläubigen! Wein, das Losspiel, Opfersteine und Lospfeile sind (ein wahrer) Gräuel und Teufelswerk. Meidet es!« (alle Übersetzungen nach Paret 1963).

dass z. B. die gegenüber den Schriftbesitzern tolerante Sure 60,8 von der strikten Bestimmung in Sure 9,29 abrogiert, d. h. aufgehoben wird:

Sure 60,8: »Allah verbietet euch nicht, gegen diejenigen pietätvoll und gerecht zu sein, die nicht der Religion wegen gegen euch gekämpft und die euch nicht aus euren Wohnungen vertrieben haben. Allah liebt die, die gerecht handeln.«

Sure 9,29: »Kämpft gegen diejenigen, die nicht an Allah und den jüngsten Tag glauben und nicht verbieten, was Allah und sein Gesandter verboten haben, und nicht der wahren Religion angehören – von denen, die die Schrift erhalten haben – (kämpft gegen sie), bis sie kleinlaut aus der Hand Tribut entrichten!« (Übersetzungen nach Paret 1963).

Die Herkunft der Palästinenser

Die Politik Yassir Arafats hat für die in der südlichen Levante lebenden Araber das einende Band der palästinensischen Nation geschaffen und unter ihnen das für eine Staatsbildung notwendige nationale Selbstverständnis gefördert.[38] In der Auseinandersetzung mit der national-religiösen Argumentation in Israel, die in ihren Wunschträumen die staatliche Existenz des heutigen Israel durch die in der Bibel beschriebene Landnahme und Eroberungsgeschichte des Heiligen Landes legitimieren möchte, blühen nun gleichfalls im Volksglauben der Palästinenser Vorstellungen, die vom Namen Palästina auf deren ethnische Abstammung von den um 1200 v. Chr. in die südliche Levante eingedrungenen Philistern schließen.[39] Sie argumentieren, ihre Vorfahren, die Philister, seien schon vor den Israeliten im Lande und diesen gegenüber ohnehin übermächtig gewesen.[40] Das populäre Missverständnis besteht in der Differenz zwischen der bewussten antijüdischen Herleitung des Namens durch Hadrian[41] und der geschichtlich, kulturell wie ethnisch klaren Unterscheidung zwischen den aus dem näheren und weiteren mykenischen Umfeld stammenden Seevölkern/Philistern[42] und den Arabern.

---

38   Siehe dazu S. 28 f.
39   Siehe dazu den geschichtlichen Überblick S. 31.
40   Hierbei berufen sie sich auf die zwischen dem 12. und 10. Jahrhundert v. Chr. spielenden Erzählungen in den biblischen Büchern Richter und Samuel.
41   Siehe dazu S. 28. Hadrian bezog sich auf die ehemaligen Erzfeinde Israels, keineswegs auf arabische Völkerschaften.
42   Vgl. dazu Dothan 1982; Dothan/Dothan 1992 sowie Noort 1994.

Die Re-Politisierung des Islam

Mit dem Zerfall der Sowjetunion schien es im palästinensischen Umfeld, als hätten Sozialismus und säkularer Nationalismus versagt. Die Erinnerung an die bittere Niederlage im Junikrieg 1967[43] wurde zwar durch den auf arabischer Seite überschwänglich gefeierten politischen Erfolg im Oktoberkrieg 1973[44] überstrahlt. Doch noch weit mehr entwickelte sich die iranische Revolution im Jahr 1979 zum leuchtenden Vorbild für den Nahen Osten. Schließlich hatten die Geiselnehmer in der US-Botschaft von Teheran (1979), die Terroranschläge und Hassreden gegen die USA und deren Verbündete – zu denen besonders Israel gehörte – in der westlichen Welt deutliche Wirkungen gezeigt. So wurde der Islam »als Therapie nach innen und Waffe nach außen (wieder-)entdeckt. Und die Revolution im Iran schien zu bestätigen, dass nur eine islamische Erhebung die Befreiung«[45] bringen könne. Die Hisbollah und die Hamas sind in diesem Umfeld als ›Kinder‹ der iranischen Revolution zu bezeichnen und wurden zu Hoffnungsträgern der palästinensischen Sache.[46]

2.2 Das Land

2.2.1 Das Land nach jüdischer Lesart

Die Verschmelzung von Volk, Religion und Land (›Eretz Israel‹; s. S. 27–28) ist im Judentum am stärksten. Das in alttestamentlicher Zeit von den Judäern (Juda) und Israeliten (Israel; s. Abb. 12) bewohnte Land war nach der Vorstellung der Tora dem Volk Gottes von diesem direkt zugewiesen worden. Seine Stämme und Großfamilien hatten ihr Land aus Gottes Hand empfangen. Dieser Anspruch auf das Land wird in der hebräischen Bibel zum Ausdruck gebracht. Dort wird von einem ewigen Erbe gesprochen:

Genesis 17,1-2.8: »Als nun Abram[47] neunundneunzig Jahre alt war, erschien ihm der HERR und sagte zu ihm: Ich bin der allmächtige Gott: ... Ich will einen Bund zwischen mir und dir stiften und dich überaus zahlreich werden lassen. ... Und ich will dir und deinen Nachkommen nach dir das Land, in dem du (jetzt) als Fremdling weilst, nämlich das ganze Land Kanaan, zum ewigen Besitz geben und will ihr Gott sein.«

---

43   Vgl. Kap 3.5.4.
44   Vgl. Kap 3.5.6.
45   Bunzl 2008, 199.
46   Vgl. S. 303 f.
47   Im Alten Testament hin und wieder verwendete Kurzform für Abraham.

Ezechiel 47,13-14: »So spricht Gott, der Herr: Das ist die Grenze, innerhalb derer ihr das Land als Erbbesitz an die zwölf Stämme Israels verteilen sollt. ... Jeder einzelne soll darin seinen Erbbesitz erhalten; denn ich habe meine Hand (zum Schwur) erhoben, es euren Vätern zu geben. Darum soll euch dieses Land als Erbbesitz zufallen.«

Nach der Vorstellung der hebräischen Bibel kann nur Gott den Israeliten und Judäern das Land wieder entziehen, falls sie seinen Gesetzen untreu werden.[48] Ebenso kann er es ihnen im Falle einer Rückbesinnung auf den Glauben auch wieder zuteilen.[49] Manche Traditionen betonen, dass das Land grundsätzlich Gottes Eigentum sei und bleibe (Levitikus 25, insbesondere Vers 23).[50]

»Dieses Land gehört uns. Absolut uns, und es darf nicht an andere gegeben werden. ... Es ist das Erbe unseres Vaters Abraham.«[51] (Gusch Emunim)

Kartiert man das Land der alttestamentlichen Zeit, also das Kernland Juda und Israel (d.h. das westjordanische Bergland) während der ersten Hälfte des 1. Jahrtausends v. Chr., und vergleicht dieses mit der Waffenstillstands-linie zwischen Israel und der Westbank von 1949, der sogenannten ›grünen Linie‹, so zeigt sich eine bemerkenswert ›reziproke Situation‹. Der Kern des im Alten Testament verheißenen Landes befindet sich zum größten Teil in der heutigen Westbank, insbesondere das Zentrum des jüdischen Glaubens – die Jerusalemer Altstadt mit dem ehemaligen Tempelberg.[52]

»Für mich selbst würde ich mir nichts mehr wünschen, als Juda und Samaria mit dem Staat Israel vereinigt zu sehen. Diese Landschaften sind ein Teil von mir; sie sind meine Heimat in einer einfachen, tagtäglichen Betrachtung des Wortes ›Heimat‹.«[53] (Ezer Weizmann)

Das Land (›Eretz Israel‹) behielt im Judentum stets eine große Bedeutung. Viele fromme Juden brachen im 19. Jahrhundert dorthin auf und/oder

---

48   Jeremia 2,7; 12,7-9 sowie 16,18.
49   Diesen Umstand erläutert das Buch Deuteronomium.
50   Koenen/Mell 2009, 328.
51   Covenant for Mutual Destruction, Gush Emunim, Palestine-Israel Journal 2, 1994, 54; zitiert nach Bernstein 1998, 44. – Zu Gusch Emunim siehe S. 303.
52   Die Neuansiedlung der Juden im 19. und 20. Jahrhundert konzentrierte sich aus rein praktischen Gründen neben Jerusalem auf die fruchtbaren Gebiete der südlichen Levante: die Küstenebene mit dem Hügelland, das untere Galiläa und die Jesreel-Ebene. Damit erhielt der moderne jüdische Staat im Wesentlichen Landbesitz, der seine historischen Wurzeln nicht in gleicher Weise berührte wie das westjordanische Bergland.
53   Ezer Weizmann, Staatspräsident Israels von 1993 bis 2000 und Neffe von Chaim Weizmann, schrieb dies 1981 in »The Battle for Peace«. Zitiert nach Bernstein 1998, 50.

riefen zur Auswanderung in die südliche Levante auf, weil man hier auch die Gebote der Tora erfüllen konnte, die sich auf das Land Israel selbst beziehen.[54]

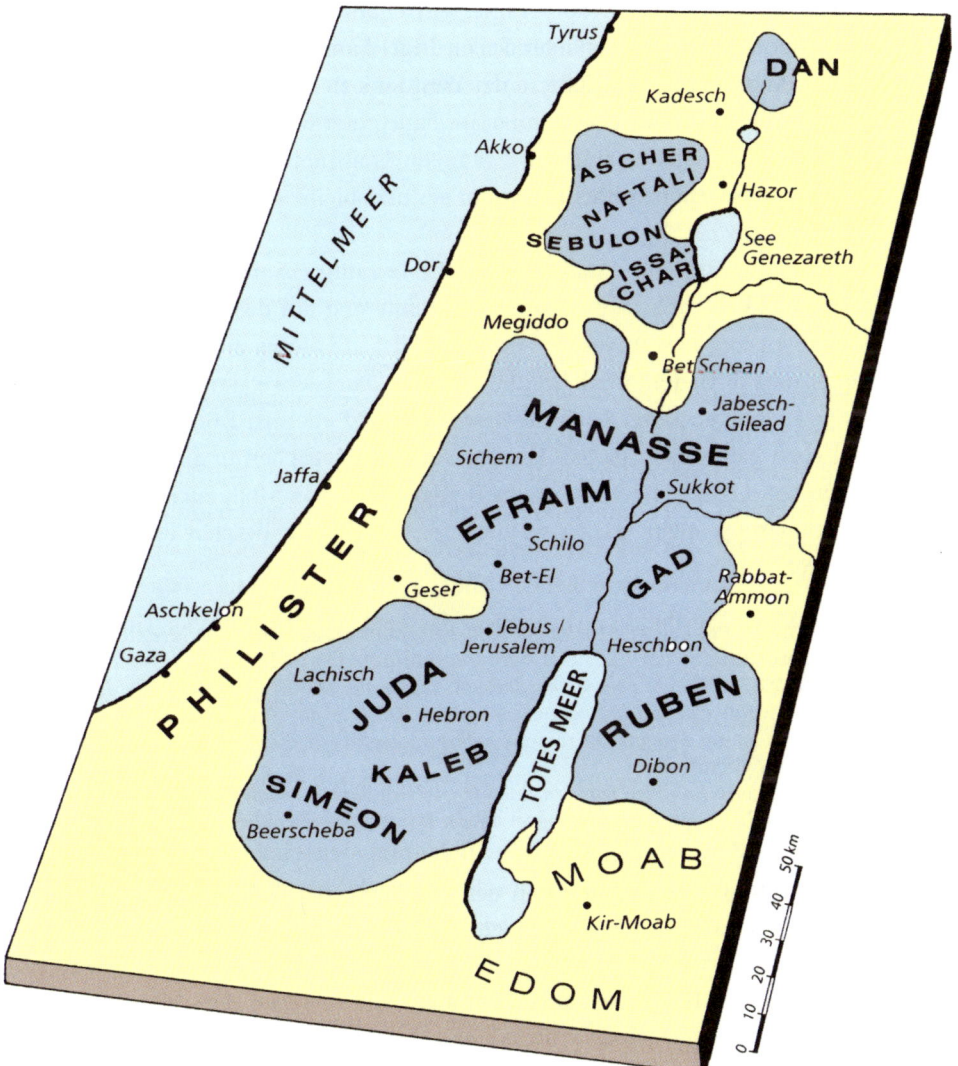

Abb. 12: Die altisraelitischen Stammesgebiete nach den biblischen Erzählungen[55]

---

54   Vgl. dazu Kap. 3.2.
55   Basierend auf Keel/Küchler/Uehlinger 1984, 252 Abb. 120.

Für einige Aktivisten der Siedlerbewegung ist die Religion auch politisches Argument.[56] Andere sehen in der Besiedlung der Westbank ihr in der Balfour-Erklärung verbrieftes Recht.[57] Für eine ganz große Zahl an Siedlern scheinen dagegen aber hauptsächlich wirtschaftliche Vorteile, insbesondere billige Wohnmöglichkeiten oder der niedrige Wasserpreis, leitende Kriterien für die Wahl ihres Wohnsitzes in der Westbank zu sein.

2.2.2 Das Land nach arabischer Lesart

Auch der Koran lehrt, dass die südliche Levante ein ›Heiliges Land‹ sei. Allerdings bezieht sich diese Aussage zuallererst auf das Volk Israel und dessen Auszug aus Ägypten: »Und (damals) als Moses zu seinen Leuten sagte: ›Leute! Gedenkt der Gnade, die Allah euch erwiesen hat! (Damals) als er Propheten unter euch auftreten ließ und euch zu Königen machte und euch gab, was er (sonst) keinem von den Menschen in aller Welt gegeben hat. Leute! Tretet ein in das Heilige Land, das Allah euch bestimmt hat, und kehrt nicht (gleich wieder) um, so dass ihr (letzten Endes) den Schaden habt!«[58]

In den Suren 7,134 und 21,81 wird die südliche Levante als das von Allah gesegnete Land bezeichnet:
»Und als das Strafgericht über sie hereinbrach, sagten sie: Moses! Bete für uns zu deinem Herrn und berufe dich auf das, was er dir verhieß (damit er das Strafgericht von uns aufhebt)! Wenn du das Strafgericht von uns aufhebst, werden wir dir glauben und die Kinder Israel mit dir wegschicken.«
»Und dem Salomo (machten wir) den Wind (dienstbar), dass er dahinbrause und auf seinen Befehl in das Land eile, das wir gesegnet haben. Wir wussten über alles Bescheid.«[59]

Die südliche Levante wurde von den Muslimen bei weitem nicht in dem Umfang als Heiliges Land wahrgenommen und verehrt, wie das bei den Juden (und Christen) der Fall war (und ist).[60] Die Muslime verehrten Mekka und Medina – und danach auch Jerusalem. Die Tatsache, dass Mohammed ursprünglich aber nach Jerusalem betete, zeigt, welch große Bedeutung die Stadt dennoch durch die Aufnahme jüdischer Traditionen für den Islam

---

56 Wolffsohn/Bokovoy 2003, 391.520-521.
57 Siehe dazu S. 133.
58 Sure 5,20-21, Übersetzung nach Paret 1963.
59 Übersetzung nach Paret 1963 (Hervorhebung vom Verfasser).
60 Wilken 1985, 692-693. Vgl. auch Philipp, München 2005, 498-499.

erlangte. Nicht umsonst geht in der islamischen Tradition die Himmelsreise Mohammeds von der ›fernen Kultstätte‹[61] aus – der Al-Aqsa, womit der heilige Bezirk in Jerusalem identifiziert wird. Damit wurde die Heilsgeschichte der Muslime fest mit dieser Stadt und ihrem Umland verknüpft.

Mit der Eroberung Jerusalems durch den omayyadischen Kalifen Omar 638 n. Chr. und dem Bau des Felsendoms sowie der Al-Aqsa-Moschee stieg Jerusalem zum drittwichtigsten Heiligtum des Islam auf. Dabei nahmen die Muslime zu ihrer Legitimation die Traditionen ihrer jüdischen Vorgänger auf und betrachteten den Felsen unter dem Felsendom fortan als Mittelpunkt der Welt.[62]

Unter diesen Voraussetzungen wird die südliche Levante auch im Koran als von Allah gesegnetes Land bezeichnet.[63] Muslimische Schriften sprachen sogar vom ›Heiligen Land‹[64] und Jerusalem erhielt den Namen ›die heilige Stätte‹ (›Al-Quds‹).

Die heutige Argumentation, das Land gehöre dem Islam, entstand im Wesentlichen während der Zeit der Kreuzzüge. Dies entsprach der damaligen militärischen und politischen Interessenlage. Nach der Konsolidierung der christlichen Herrschaft, d. h. während der langen und opferreichen islamischen Rückeroberung, begann der Islam, dieses Land als so wichtig anzusehen, dass für dessen Rückgewinnung ein Dschihad[65] ausgerufen wurde.[66] Die Mobilmachung im Namen des Dschihads geht auf Imad ad-Din Zenki zurück.[67]

Saladins Ruhm als ›Held des Dschihads‹, wie ihn seine Biographen Imad ad-Din al-Isfahani und Baha ad-Din Ibn Saddad schildern, gründet auf dessen Sieg gegen die Kreuzfahrerheere in der entscheidenden Schlacht an den Hörnern von Hattin am 4. Juli 1187 n. Chr. Saladin hatte den Dschihad ausgerufen, nachdem der notorische Unruhestifter Raynald von Chatillon das bestehende Waffenstillstandsabkommen gebrochen hatte, Reisende überfiel und massakrierte. Als dieser dann auch noch jegliche Wiedergutmachung ablehnte, führte das zu Saladins Kriegszug und seinem entscheidenden Sieg.

---

61 Sure 17,1-2.
62 Zur jüdischen Vorstellung vom ›Gründungsstein‹ der Welt siehe S. 84 f.
63 Vgl. Suren 7,133 und 21,27.81.
64 Wilken 1985, 693.
65 Siehe dazu S. 302.
66 Sivan 1967, 149-182 und Wilken 1985, 693.
67 Dieser löste mit der Einnahme der Grafschaft Edessa im Jahr 1144 n. Chr. den zweiten Kreuzzug aus. Sein Sohn Nur ad-Din Mahmud (1146-1174 n. Chr.) organisierte den militärischen Dschihad gegen die Franken tatkräftig und erfolgreich. Vgl. Krämer 2005, 157 f.

Natürlich ist auch der Anspruch der Muslime auf die südliche Levante heute nicht allein religiös motiviert, doch selbst in moderne politische Programme wurde der Dschihad als heilige Pflicht zur Befreiung des Landes aufgenommen: »Palästina« sei ein »islamisches Land«, stellt die Charta der Hamas in Artikel 13 fest.[68] Deshalb sei für jeden Muslim die Befreiung der südlichen Levante die höchste persönliche Pflicht. Das Land Palästina wird als »islamischer Waqf«[69] bezeichnet, der den kommenden muslimischen Generationen bis zum Ende der Zeiten gegeben worden sei. Es könne »weder darauf verzichtet werden, noch darf etwas davon abgetrennt werden« (aus Artikel 11).

Der Dschihad sei »die persönliche Pflicht jedes Moslems, seit die Feinde Teile des moslemischen Landes geraubt haben.« Daher sei es unvermeidlich, das Banner des Dschihad zu hissen (aus Artikel 15). Friedensinitiativen und Friedensideen oder internationale Konferenzen widersprächen dem Grundsatz der islamischen Widerstandsbewegung. Solche Konferenzen seien letztlich nichts anderes als ein »Mittel, um Ungläubige als Schlichter in den islamischen Ländern zu bestimmen.« Für das Palästinaproblem gebe es »keine andere Lösung als den Dschihad.« Friedensinitiativen seien »reine Zeitverschwendung« (aus Artikel 13).[70]

2.3 Die Heiligen Stätten des Judentums

Die Juden beten außerhalb des ehemaligen herodianischen Tempelbereichs an der Westmauer, der sogenannten Klagemauer. Als einziger für sie verbliebener Teil des ehemaligen Tempelareals wurde die westliche Umfassungsmauer des früheren Tempelberges angesichts ihrer Nähe zum Allerheiligsten zum wichtigsten jüdischen Heiligtum. Der heutige Bereich der Verehrung ist allerdings erst seit 1520 zum dauerhaften Ort jüdischen Betens geworden.[71] Der Legende nach hat die Gegenwart Gottes (hebr.

---

68   Aus der Charta der Hamas vom 18. August 1988. Vgl. dazu Croitoru, München 2007, 88–100.
69   Siehe dazu S. 309.
70   In Artikel 32 werden noch zusätzlich die sogenannten ›Protokolle der Weisen von Zion‹ (siehe dazu S. 308) erwähnt. Dabei wird ausgeführt, die Juden wollten entsprechend ihrer alten Strategien zur Beherrschung der Welt nicht nur einzelne arabische Staaten durch Separatverhandlungen vom gemeinsamen Kampf abhalten, sondern nach ihrem Sieg über die südliche Levante auch andere arabische Länder »vom Nil bis zum Euphrat« überfallen.
71   Siehe dazu und zu den älteren jüdischen Traditionen der Westmauer (des Allerheiligsten bzw. der Tempelumfassungsmauer) Auerbach 1971, 468.

Schechina) diesen Ort auch nach der Tempelzerstörung nicht verlassen. Hier könne man deshalb Gott räumlich so nahe sein, wie nirgends sonst auf der Welt. Daher stecken Gläubige bis heute ihre auf Zettel geschriebenen Anliegen in die Mauerritzen der Westmauer, um sie Gott nahe zu bringen.

Auch wenn nach jüdischer Weltanschauung Gott überall präsent ist, spüren ihn Juden doch in Jerusalem am stärksten. »Es ist wie mit dem Puls, er ist überall, aber man fühlt ihn nur an besonderen Stellen.«[72] (Rabbi Michael Goldberger, Zürich)

Abb. 13: Die Westmauer (Frauenbereich rechts im Vordergrund, links der größere Männerbereich), im Hintergrund die Kuppel des Felsendoms (Foto: Autor)

2.3.1 Der Tempel und der Tempelberg

Die Tenne Arawnas[73] – die Kultlegende des Jerusalemer Tempels
Aus dem Kapitel 24 des zweiten Buches Samuel lässt sich schließen, dass der Jerusalemer Tempel an genau der Stelle erbaut wurde, an der David

---

72 Zitat nach Der Spiegel. Geschichte 3, 2009, 31.
73 Sprich: Arauna.

den Engel Gottes gesehen hatte, der seine Hand über Jerusalem ausstreckte, um die Stadt mit der Pest zu schlagen. Als aber Gott Jerusalem verschonte, nachdem David seine Schuld bereut hatte, kaufte David für 50 Silberschekel diesen Ort, eine Tenne, die dem Jebusiter Arawna gehörte. David erbaute dort einen Altar und opferte seinem Gott. Sein Sohn Salomo gründete an dieser Stelle später den Tempel.

Wahrscheinlich handelt es sich bei der in 2. Samuel 24,16 beschriebenen Tenne Arawnas um den noch heute sichtbaren, etwa 13 mal 18 m großen Felsen im Zentrum des Felsendoms. Möglicherweise diente der Fels in der salomonischen Tempelanlage als Brandopferaltar. Es ist jedoch auch nicht ganz unmöglich, dass sich hier das Allerheiligste befand.

Das Opfer Abrahams

Mit dem Tempelberg verbindet sich im Judentum außerdem die bereits erwähnte Erzählung von der beabsichtigten Opferung Isaaks durch Abraham auf einem Berg im Land Morija (Genesis 22).[74] Eine dritte, jüngere Mitteilung im Alten Testament, 2. Chronik 3,1-2, verschmolz im Nachhinein den Bericht über den Bau des Tempels in Jerusalem auf der ehemaligen Tenne Arawnas (2. Samuel 24) mit der davon ehemals unabhängigen Erzählung vom Opfer Abrahams, da der Schauplatz dieser Sage, der Berg im Land Morija, offenbar nicht (mehr) bekannt war.

Die Frage nach der historischen Zuverlässigkeit einer religiösen Tradition zu stellen, ist eine typische Frucht der europäischen Aufklärung und eignet sich wenig zur Beurteilung von Traditionen und ihrer Symbolkraft. Für orthodoxe Juden und Muslime ohne Erziehung im Geiste der Aufklärung gelten allein schon derartige Überlegungen als Ausdruck schweren Zweifels oder tiefen Unglaubens. Generell gilt bis heute in weiten Teilen des Orients, dass religiöse Traditionen schon durch ihre Erzählung beweiskräftig, verlässlich und damit vertrauenswürdig sind. Die Unterscheidung zwischen religiösen Traditionen mit und ohne geschichtliche Bestätigung oder historisch verbrieftem Wissen erfolgt in diesem Zusammenhang nicht. Grundsätzlich sind diese Traditionen im religiösen Sinne wahr. Historisch-kritische Rückfragen können darum die theologischen Konflikte im Nahen Osten nicht lösen.[75]

Als Beispiel dieser Differenz zwischen ›unhinterfragbarer‹ religiöser Tradition und aufgeklärtem Lebensgefühl kann der im Sommer 2012 in Deutschland geführte Streit um die Beschneidung[76] herangezogen werden. Während viele Mitglieder der betroffenen Religionsgruppen ihr jahrtausendealtes religiöses Selbstverständnis und ihr im Grundgesetz verbürg-

---

74   Siehe dazu S. 70.
75   Ähnliche Argumentationszusammenhänge entwickeln z. B. evangelikale Kreise in den USA, die u. a. verbieten lassen wollen, dass in den Schulen Darwins Evolutionstheorie unterrichtet wird.
76   Bei Juden werden männliche Nachkommen in der Regel am 8. Tag nach der Geburt (Gen 17,9-14), bei Muslimen bis zum 13. Lebensjahr beschnitten.

tes Recht zur Erziehung ihrer Kinder sowie die freie Religionsausübung[77] in Gefahr sehen, wertete das Kölner Landgericht in seinem Urteil vom 27. Juni 2012 das Grundrecht auf körperliche Unversehrtheit[78] deutlich höher.

Das Bundesjustizministerium legte im Herbst 2012 einen Gesetzesentwurf zur Diskussion vor, der die Beschneidung von männlichen Kindern erlaubt unter der Auflage, dass diese nach den ›Regeln der ärztlichen Kunst‹ durchgeführt wird.

Die Tenne Arawnas hat aber nicht allein der Tradition des Berges Morija eine neue Heimat gegeben, sondern im Judentum wird auch behauptet, der Fels habe schon bei der Schöpfung der Welt eine Rolle gespielt. Von diesem ›Fels der Gründung‹ soll Gott die Erde genommen haben, aus der er Adam bildete.[79] Außerdem halte der Fels die Wasser der Urflut zurück.[80]

Der Jerusalemer Tempel und seine Geschichte

Der Jerusalemer Tempel wird in 1. Könige 6-8 beschrieben. Nach den Angaben des Alten Testaments wurde der Bau von König Salomo Mitte des 10. Jahrhunderts v. Chr. begonnen und dauerte sieben Jahre.

Er soll 60 Ellen lang, 20 breit und 30 hoch gewesen sein.[81] Die Vorhalle hatte eine Länge von 10 Ellen. Dies war für das damalige Jerusalem ein beeindruckender Bau, für den man sogar ausländische Ingenieurskunst einkaufte.82 Das Allerheiligste des Tempels lag im Westen des Gebäudes. In diesem fensterlosen, würfelförmigen Raum befanden sich ein Cheruben83-Thron, auf dem man sich Gott unsichtbar sitzend vorstellte, sowie die Bundeslade. Im August 587 v. Chr. wurde der Tempel vom babylonischen König Nebukadnezar II. zerstört, wenige Jahrzehnte später jedoch, zwischen 520 und 516 v. Chr., wieder aufgebaut. Die Bundeslade und der Cheruben-Thron waren verbrannt. Seither blieb das Allerheiligste leer.

Die Glanzzeit des Tempels begann mit dessen Umbau durch Herodes d. Gr. – wahrscheinlich im Jahr 21 v. Chr. Damals erhielt das Jerusalemer Heiligtum unter Wahrung seiner biblischen Vorgaben ein zeitgemäßes griechisch-römisches Gepräge und eine gewaltige Tempelanlage, deren Größe man heute noch an der Umfassungsmauer des Haram asch-Scharif nachvollziehen kann.[84]

Während der Regierung des römischen Kaisers Titus wurde im Jahre 70 n.

---

77 Grundgesetz, Artikel 4,1.2 (Freiheit des Glaubens) sowie Artikel 6,2.3.5 (Erziehung).
78 Grundgesetz, Artikel 2,2.
79 Siehe z. B. Yalkut Shimoni zu Levitikus 2,14. – Im Deutschen auch als ›Schöpfungsstein‹ bekannt.
80 Midrasch Tehilim zu Psalm 91. – Die Urflut wird in Genesis 1,2 beschrieben.
81 Dies sind in etwa eine Grundfläche von 30 m mal 10 m und eine Höhe von 15 m.
82 1. Könige 7,13-51.
83 Cherub ist ein Synonym für Engel.
84 Das beeindruckende Bauwerk wurde auch von Jesus aus Nazareth besucht. Im Neuen Testament wird beschrieben, dass er dessen baldige Zerstörung voraussagte: Matthäus 24,1-2; Markus 13,14; Lukas 21,5-6.

Abb. 14: Der Titusbogen auf dem Forum Romanum in Rom. Das hier abgebildete Relief zeigt einen Teil des Triumphzuges bei dessen Prozession durch das Siegestor (im Bildfeld ganz rechts). Diener tragen Beutestücke aus dem Jerusalemer Tempel, wie die Menora (den siebenarmigen Leuchter vorn links), die Silbertrompeten und den Schaubrottisch (beide rechts oben). (Foto: Autor)

Chr., am Ende des Jüdischen Kriegs, trotz heftiger Gegenwehr der Juden auch der Tempel von den Römern erobert.[85] Danach legten diese ganz Jerusalem, einschließlich seines Heiligtums, in Schutt und Asche. Einige Kultgegenstände transportierten sie als Siegestrophäen nach Rom, wo sie dem römischen Volk in einem gewaltigen Triumphzug gezeigt wurden. Noch heute sieht man diese Szene in Stein gemeißelt auf dem im Jahre 81 n. Chr. von Kaiser Domitian, dem Bruder des Titus, errichteten ›Titusbogen‹ nahe dem Colosseum in Rom.

Das Jahr 70 n. Chr. bedeutete für das Judentum einen tiefen Einschnitt. Mit der Tempelzerstörung endeten alle seine kultischen Opferhandlungen.[86] An deren Stelle traten u. a. die täglichen Gebete, die zu den Zeiten verrichtet werden, zu denen einst im Tempel die täglichen Opfer dargebracht wurden, das Studium der Tora sowie Taten der Barmherzigkeit.[87]

---

85 Einige Juden glaubten bis zuletzt, Gott selbst würde vor der Entweihung des Tempels durch die Römer zu ihren Gunsten in den Kampf eingreifen.

86 Seit der Kultreform Josias im Jahr 622/621 v. Chr. war der Jerusalemer Tempel der einzige legitime Ort, um Gott zu opfern (2. Könige 22-23). Folglich war und ist die Wahl eines alternativen Heiligtums für die Juden ausgeschlossen.

87 Vgl. Vahrenhorst 2002, 389 ff.

Nachfolgebauten

Im Bar Kochba-Aufstand 132 bis 135 n. Chr. lehnten sich die Juden gegen die Entscheidung Hadrians auf, das in Trümmern liegende Jerusalem als römische Colonia Aelia Capitolina neu zu erbauen. Nach der Niederschlagung des Aufstandes mussten sie Jerusalem und dessen unmittelbares Umland verlassen. Auf dem ehemaligen jüdischen Tempelareal wurde ein Heiligtum zu Ehren Jupiters gegründet. Am 9. Tag des jüdischen Monats Aw, dem jüdischen Gedenk- und Fastentag zur Erinnerung an die Zerstörung des Tempels durch die Römer, gedenken seit dem 3., spätestens aber dem 4. Jahrhundert n. Chr. fromme Juden in Jerusalem dieses Ereignisses und beten u. a. für die Wiedererrichtung ihres Tempels durch Gott in der messianischen Zeit.[88]

Dreimal täglich bitten Juden im Gebet: »Nach deiner Stadt Jerusalem kehre in Erbarmen zurück, wohne in ihr, wie du gesprochen, erbaue sie bald in unseren Tagen als ewigen Bau, und Davids Thron gründe schnell in ihr. Gelobt seist du, Ewiger, der du Jerusalem erbaust!«[89] (14. Bitte des Achtzehnbitten-Gebets)

Haram asch-Scharif oder Wiederaufbau des Tempels

Der Haram asch-Scharif – auf dem die Muslime im 7. Jahrhundert n. Chr. bedeutende Heiligtümer errichteten[90] – wird heute von der Mehrheit der gesetzestreuen Juden nicht betreten, denn das Oberrabbinat warnt davor mit großen Schildern an den Eingängen zum ehemaligen Tempelberg. Wer über diesen Platz läuft, könnte dort auch die heute nicht genau zu lokalisierende Stelle betreten, an der sich das Allerheiligste des ehemaligen Tempels befand. Das Betreten des Allerheiligsten war aber nur dem Hohepriester, und dies auch nur einmal im Jahr, am Yom Kippur,[91] gestattet. Für alle anderen Menschen hätte dies die Todesstrafe bedeutet.

Die Erforschung des Tempelbergs hat zu relativ gesicherten Ergebnissen darüber geführt, wo das Allerheiligste nicht stand. Dies wird von Teilen des

---

88 Im Judentum gedenkt man am 9. Aw fünf großer Unglücke, die das Volk Israel in seiner Geschichte trafen (Mischnah; Ta'anit 4,6): An diesem Tag wurde beschlossen, dass keiner der aus Ägypten ausziehenden Israeliten das Heilige Land betreten dürfe, wurden der erste Tempel durch Nebukadnezar 587 v. Chr. und der zweite durch Titus 70 n. Chr. zerstört, fiel Bethar, der letzte von den Juden gehaltene Ort im Bar Kochba-Aufstand, 135 n. Chr. in die Hände der Römer und errichtete Hadrian auf dem ehemaligen Tempelberg von Aelia Capitolina/Jerusalem, das die Juden nicht mehr betreten durften, ein heidnisches Heiligtum. Später datierte man auch die Vertreibung der Juden aus Spanien im Jahr 1492 n. Chr. auf den 9. Aw. – Zur Ausgestaltung des 9. Aw im Judentum siehe Ydit 1971, 936-940.
89 Nach Rabbiner Dr. Bamberger, aus: Sidur Sefar Emet (Jüdisches Gebetbuch), Basel 1964, 40 ff.
90 Siehe Kap. 2.4.2.
91 Der große Versöhnungstag ist der höchste jüdische Feiertag.

national-religiösen Judentums als Argument dafür benutzt, die Ränder, insbesondere aber den südlichen und östlichen Teil des Tempelplatzes zu betreten und dort zu beten. Die Rabbiner dieser Bewegung erlauben bisher nur Gebete, die im Stillen gesprochen werden. Die jüdische Verehrung auf dem ehemaligen Tempelberg wird von den Muslimen allerdings nicht toleriert.

»Der Umstand, dass die Israelis den Zugang zur Klagemauer, zum historischen Friedhof auf dem Ölberg und zu den übrigen heiligen Stätten verloren hatten, blieb eine Wunde, die nicht heilen wollte; viele hatten das Empfinden, das wahre Jerusalem sei ihnen abhanden gekommen. Das war nicht nur ein religiöses Gefühl.«[92] (Tom Segev)

Der Zugang zur Westmauer blieb den Juden von 1948 bis 1967 durch die jordanische Administration verwehrt. Seit dem Sechstage-Krieg 1967 können sie dort wieder beten. Sprechend sind die Bilder von vor Ergriffenheit weinender israelischer Soldaten an der gerade eroberten Westmauer. Dies zeigt, wie sich an diesem Ort auch heute religiöse Hoffnungen mit politischen Wünschen verbinden.

Pläne zur Neuerrichtung des Tempels werden nur von wenigen Rabbinern und einigen Extremisten vorangetrieben, jedoch vom Großteil der israelischen Bevölkerung und von frommen Juden (mit Hinweis auf die messianische Zeit) ebenso entschieden abgelehnt. Die Rabbinen entwickelten in den vergangenen beiden Jahrtausenden ein Judentum, das kein lokales Heiligtum mehr braucht. Die Neuerrichtung des Tempels würde nicht nur den Abriss des Felsendoms und der Al-Aqsa-Moschee erfordern, sondern auch den israelisch-palästinensischen Konflikt unkalkulierbar eskalieren lassen.

»Vor ungefähr vier Jahren begann ich über die Notwendigkeit nachzudenken, den Tempelberg von den Erzeugnissen des Islam zu reinigen, weil ich diese Mission als einen Dreh- und Angelpunkt und ein Symbol auf dem Weg des Staates Israel zur vollständigen Erlösung betrachte.«[93] (Aussage eines Angeklagten im Prozess gegen 29 Mitglieder einer Untergrundorganisation, die mit terroristischen Aktivitäten gegen Araber von sich reden machte und die Zerstörung des Felsendoms als wichtigstes Ziel sah. Der Prozess endete mit dreimal ›lebenslänglich‹ unter den Schuldsprüchen.)

---

92   Tom Segev nach Der Spiegel. Geschichte 3, 2009, 103.
93   Vgl. Pinchas, I., Underground. Political Background and Psychological Atmosphere, New Outlook 6/7, 1984, 9 f. Zitat aus Bernstein 1998, 66.

2.3.2 Die Davidstadt (›Ir David‹)

Der älteste Stadtteil Jerusalems, die sogenannte Davidstadt, liegt außerhalb der heutigen Altstadt auf dem Südosthügel. Die Jebusiter, eine kanaanäische Volksgruppe, gründeten hier um 1800 v. Chr. an der Gihon-Quelle eine Stadt mit Namen Uruschalim.[94]

Biblische Tradition

Die biblische Erzählung in 2. Samuel 5,6 ff. berichtet, dass König David Jerusalem 998/7 v. Chr. mit List eingenommen habe, nachdem Joab mit weiteren Kämpfern durch einen Wassertunnel in die Stadt eingedrungen sei und so die jebusitischen Einwohner der Stadt überraschen konnte. Seither nannten die Israeliten Jerusalem auch ›Stadt Davids‹ oder ›Davidstadt‹ (2. Samuel 5,7). Jerusalem, die Hauptstadt Judas, wurde zum Symbol für Eigenständigkeit und Freiheit im verheißenen Land, die David erkämpft und erfolgreich etabliert habe.[95]

Streitobjekt Davidstadt

Um die Davidstadt wird heute heftig gestritten. Das seit den 40er Jahren des 20. Jahrhunderts mit modernen arabischen Wohnbauten überzogene Gebiet der Davidstadt wird seit einigen Jahren archäologisch untersucht, wodurch arabische Familien aus ihrem Lebensbereich gedrängt werden.[96]

»Die Archäologie ist zu einer Vertreibungswaffe geworden.«[97] (Yonathan Mizrachi)

---

94   Schon im Chalkolithikum (4. Jt. v. Chr.) lebten hier Menschen. – Im 18. Jahrhundert v. Chr. wird Uruschalim (akkadisch ^{KUR}U-ru-ša$_{10}$-lim^{KI}) in ägyptischen Ächtungstexten bereits genannt. Auch unter den ›Tall al-Amarna-Tafeln‹ aus der Zeit von Pharao Echnaton (Amenophis IV.; 14. Jahrhundert v. Chr.) findet sich diplomatische Korrespondenz zwischen der Stadt und dem ägyptischen Königshof.

95   Jerusalem selbst wurde bereits von David und Salomo, entscheidend aber erst später durch König Hiskia im 8. Jahrhundert v. Chr. nach Norden und (Nord-)Westen erweitert. Auch Herodes d. Gr. und seine Nachfolger konnten die Stadt aus topografischen Gründen nur in diese beiden Richtungen vergrößern.

96   Jüdische Stiftungen national-religiöser Ausrichtung besaßen 2006 bereits 55 Prozent der Grundstücke der Davidstadt, in der 27 jüdische Familien inmitten der arabischen Bewohner lebten. »Laut der Argumentation der Organisationen, die insgeheim von israelischen Ministerien unterstützt werden, rücken sie nur ein historisches Unrecht wieder gerade. Der jüdische Gönner Edmond de Rothschild ... hatte 1911 den damals weitgehend unbewohnten Berg gekauft, um dort das wahre Grab Davids zu entdecken. Die zumeist jüdischen Bewohner, die sich später dort ansiedelten, wurden nach den Unruhen 1929 von den Arabern vertrieben.« Yaron 2007, 177.

97   Zitat nach Bronner/Gordon 2008, 38.

Abb. 15: Der östliche Abhang der Davidstadt mit Blick zur Altstadt, rechts das Kidrontal (Foto: Autor)

Die Suche nach den Zeugnissen des Reichsgründers wird von interessierten Kreisen zum nationalen Vermächtnis hochgespielt, denn Spuren des großen Königs David aufzudecken, gehört zu den großen Sehnsüchten der national-religiösen Bewegung. Nicht die dort durchgeführten Ausgrabungen selbst, sondern die von vielen Seiten nachgeschobenen Interpretationen dienen häufig politischen Interessen.[98] Während eine muslimische Minderheit behauptet, dass es hier gar keine judäischen oder jüdischen Wurzeln gäbe, sehen national-religiöse Protagonisten ihre Bestimmung in der Neu- (oder, wie sie es sehen, in der Wieder-)Besiedlung der Davidstadt.

Archäologie und Landanspruch

Die historische Gestalt Davids ist heute für einige Gruppen in Israel Symbol ihres Landanspruchs und ihres Rechts auf die politische Herrschaft in der südlichen Levante. Gerade die Reste der angeblich glanzvoll ausgebauten Hauptstadt Davids und Salomos spielen hier eine zentrale Rolle.[99]

---

98 Vgl. Vieweger 2009, 52–55.

99 Das Alte Testament hat in der Rückschau auf den von ihm hochverehrten Gründer der judäischen (und israelitischen) Königstradition dessen Macht und Bedeutung, das von ihm beherrschte Reich und insbesondere die Herrlichkeit Jerusalems in der literarischen Tradition stetig gesteigert. Der Hintergrund solcher Darstellungen ist ein Idealbild des Herrschaftsgebiets Davids, das nicht zuletzt die deuteronomistische Geschichtsschreibung für David propagiert und etwa ein knappes halbes Jahrtausend nach Davids Regierung so umschrieben hat: »Von der Wüste bis zum Libanon und vom großen Euphratstrom bis an das große Meer gegen Sonnenuntergang« (Josua 1,4). Diese Ausdehnung hat zwar kein israelitisches Königtum jemals auch nur annähernd erreicht, doch der hymnische Hofstil in Jerusalem rezitierte je weiter vom Ereignis entfernt, desto überschwänglicher: »Und er wird herrschen von einem Meer zum anderen, vom Strom bis an die Enden der Erde« (Psalm 72,8).

Den vielgerühmten Palast Davids glaubt heute die israelische Archäologin Eilat Mazar am Ostabhang der Altstadt gefunden zu haben. Dieses Gelände hatte bis 1967 schon die bedeutendste aller Archäologinnen des Heiligen Landes, Dame Kathleen Mary Kenyon (1906-1978), erforscht und war dabei auf Spuren der vorisraelitischen Stadtbewohner Jerusalems, der Jebusiter, gestoßen. Eilat Mazar interpretiert nun die oberhalb einer 37 m hohen Terrassenkonstruktion gelegenen Mauern eines größeren Gebäudes als Davids Königspalast.

Es gibt allerdings keinerlei zwingenden Beweis für ihre These. Da damals Steinmauern und Fundamente von Häusern aus unbehauenen Feldsteinen errichtet wurden, könnten allein die an das aufgehende Mauerwerk anschlagenden (Lehm-)Fußböden mit ihren Artefakten (wie z. B. die dort aufgefundene Keramik) zur Datierung herangezogen werden. Da die Fußböden dieses Bereichs aber durch spätere Bebauungen weitgehend zerstört wurden, ist eine exakte Datierung nicht möglich. Das Gebäude könnte auch bereits in vorisraelitischer Zeit entstanden und eventuell israelitisch wieder benutzt worden sein – von wem auch immer. Letzteres erscheint auch deshalb plausibel, weil David die Stadt nach der Eroberung nicht zerstört haben soll. Unter den vorliegenden Umständen müsste man sich aus archäologischer Sicht einer so dezidierten Interpretation wie der Eilat Mazars enthalten – noch dazu einer Interpretation mit absehbar weitreichenden Folgen. Schließlich drängen national-religiöse Israelis in das bisher mehrheitlich von Arabern bewohnte Stadtviertel.

Die weitergehenden politisch-nationalen Interpretationen der archäologischen Ausgrabungen sind schon heute sichtbar: Durch die propagierten Thesen gestärkt, stoßen seit einigen Jahren die in der Davidstadt wohnenden Israelis von dort aus weiter in das Kidrontal und bis zum Ölberg vor, um dieses Gebiet ebenfalls als ›Ir David‹ (Davidstadt) für sich reklamieren zu können.

Da die Davidstadt für die Vereinten Nationen als besetztes Territorium gilt, ist es für Archäologen eigentlich tabu, dort zu graben. Archäologische Forschungen, die nicht der Sicherung, Erfassung oder der Erhaltung von Kulturgut dienen, sind ein Verstoß gegen das Völkerrecht.100 Israelische Forscher und einige ihrer ausländischen Kollegen setzen sich allerdings darüber hinweg. Sie sehen in Jerusalem und insbesondere im Erbe Davids das legitime Gebiet Israels und fühlen sich deshalb berechtigt, hier nach Wurzeln der jüdischen Kultur forschen zu dürfen.

---

100 Zweites Haager Protokoll, Art. 9 »Schutz von Kulturgut in besetztem Gebiet«.

Im März 2010 stoppte Benjamin Netanjahu nach nationalen wie internationalen Einsprüchen vorerst den Bau eines archäologischen Parks durch die Jerusalemer Stadtverwaltung im Kidrontal. Um diesen ›Garten der israelitischen Könige‹ wiedererstehen zu lassen, hätten mehrere Häuser arabischer Familien abgerissen werden müssen.

Abb. 16: Die Inschrift aus Tel Dan (Vieweger 2006, 195 Abb. 149; Zeichnung: Ernst Brückelmann)[101]

2.3.3 Machpela

Machpela (›die Höhle der Doppelgräber‹) liegt knapp 40 km südlich von Jerusalem im judäischen Gebirge nahe des Stadtzentrums von Hebron. Auf Arabisch heißt der Ort ›*Haram al-Khalil*‹ (›Heiligtum des Freundes‹), womit Abraham gemeint ist. Entsprechend heißt die Stadt bei den Arabern ›*Al-Khalil*‹ (›die Stadt des Freundes‹).[102]

---

101   Diese drei abgebildeten Bruchstücke der Inschrift von Tel Dan wurden 1993 und 1994 im Toreingang der Stadt aufgefunden. Die Inschrift benennt in Zeile 9 des größten (rechten) Fragments das ›Haus David‹ und enthält damit die bisher einzige außerbiblische (hier indirekte) Erwähnung von König David (1004–965 v. Chr.). Es findet sich dort jedoch keine Mitteilung über dessen tatsächliche Bedeutung und Macht. – Die Inschrift könnte mit den in 1. Könige 15,16-22 und 2. Chronik 16,1-6 geschilderten Ereignissen in Verbindung zu bringen sein. – Zu den Fundumständen siehe Biran 1994, 275-278.

102   Hebron ist der Zentralort Judas und war deshalb auch Davids erste Hauptstadt, von der aus er Juda siebeneinhalb Jahre lang regiert haben soll (zwischen 1004 und 998/7 v. Chr.).

Biblische Tradition

In Genesis 23 wird berichtet, dass Abraham nach dem Tod seiner Ehefrau Sara in der Nähe Hebrons eine Höhle kaufte, um sie dort zu bestatten. In orientalisch-beduinischer Tradition handelte er den Preis für das östlich von Machpela gelegene Feld, einschließlich der dort befindlichen Höhle, aus. Abraham bezahlte 400 Lot Silber an den Besitzer, einen Hethiter[103] mit Namen Efron.

In Machpela liegt nach der Tradition der Tora neben Sara auch Abraham begraben. Später sollen hier noch Isaak und Rebekka sowie Jakob und Lea bestattet worden sein. [104] Damit sind an diesem Ort alle drei Generationen der Erzväter und -mütter Israels versammelt.

Abb. 17: Machpela in Hebron (Foto: Autor)

Religiöse Verehrung

Herodes d. Gr. (37-4 v. Chr.) errichtete über dem zu seinen Lebzeiten ver-ehrten Begräbnisort der Erzväter und ihrer Frauen das berühmte Machpela genannte Grabmal. Während der byzantinischen Epoche bauten die Chri-sten in das Gebäude eine Kirche ein, die in islamischer Zeit zur Moschee umgewandelt wurde. Auch die Kreuzfahrer veränderten das Bauwerk (go-

---

103 Hethiter sind Bewohner des anatolischen Festlandes. Ihr großes bronzezeitliches Reich expandierte bis nach Syrien, wurde aber durch die Seevölker stark in Mitleidenschaft gezogen und zerfiel in der Folgezeit vermutlich aus reichsinternen Gründen.

104 Genesis 25,9-10 (Abraham), 49,31 (Isaak, Rebekka, Lea) und 50,13 (Jakob).

tische Abrahams-Kathedrale), ebenso die muslimischen Rückeroberer im
14. Jahrhundert n. Chr.

Tatsächlich befinden sich alte Grabstätten – vermutlich aus der Eisenzeit, evtl. sogar der Bronzezeit – unter
dem herodianischen Bauwerk. Diese werden die Ortswahl Herodes d. Gr. mitbestimmt haben. Doch ist aus
rein archäologischer oder traditionsgeschichtlicher Sicht ein weiterer Rückschluss von der Zeit Herodes d.
Gr. auf die des Alten Testaments nicht möglich.

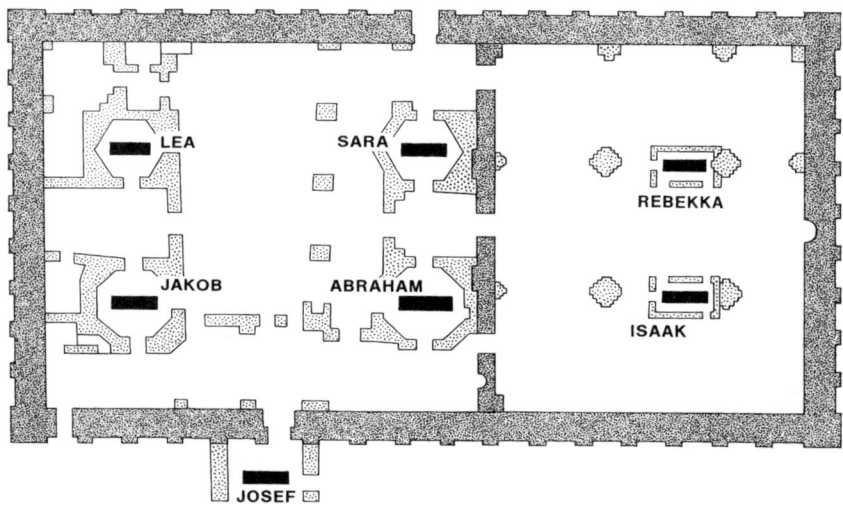

Abb. 18: Räumliche Aufteilung der Verehrungsorte in Machpela (geostete Zeichnung: Ernst Brückelmann)

Die Geschichte um das Grab Abrahams hat heute große politische Brisanz.
Das liegt daran, dass die Erzählung in Genesis 23 vom ersten Landkauf eines
Erzvaters in Kanaan berichtet. Damit wird der Erwerb der Grabhöhle von
Machpela zum Beginn der Erfüllung der ewigen Landverheißung an das Volk
Israel. Die Erzählung wird deshalb heute als erster Schritt auf dem Weg zum
Besitz des gesamten Landes verstanden.[105]

Hebron war für die Juden aus diesen Gründen stets ein wichtiger Ort ihres
Glaubens. Schon im 16. Jahrhundert siedelte sich hier für einige Zeit wieder
eine Gruppe Juden an. Tragische Berühmtheit erlangte das Schicksal der
jüdischen Gemeinde von Hebron im Jahr 1929. Damals rief der Jerusalemer
Großmufti Mohammed Amin al-Husaini[106] zu Pogromen gegen die Juden

---

105 Die rabbinische Tradition versteht allerdings schon das Abschreiten des Landes durch Abraham in
     Genesis 13,17 (»Mach dich auf, durchzieh das Land in seiner Länge und Breite; denn dir werde ich
     es geben.«) als Geste der Inbesitznahme. Vgl. Thoma 1970, 37-51 und Vetter 1996, 256-272.
106 Vgl. dazu S. 165 f.

auf. In Hebron folgte die Bevölkerung seinem Aufruf und ermordete 67 Juden, darunter viele Frauen und Kinder.

Nach dem ersten Nahost-Krieg 1948 bis 1949 fiel Hebron an das Königreich Transjordanien. Erst nach der israelischen Eroberung im Sechstage-Krieg 1967 konnten Juden das von Herodes d. Gr. erbaute Heiligtum wieder besuchen, da es über Jahrhunderte ausschließlich Muslimen vorbehalten war.[107] Heute betreten Juden und Muslime Machpela durch getrennte Eingänge, die von der israelischen Armee überwacht werden. Im Gebäude selbst nutzen die Muslime den südlichen Teil, die ehemalige Abrahams-Kathedrale. Sie untersteht dem Waqf[108] und enthält die Kenotaphen des Patriarchenpaars Isaak und Rebekka. Im nördlichen Teil wurde eine Synagoge eingerichtet, die die Grabmäler von Jakob und seiner ersten Frau Lea beherbergt. Zu den beiden mittleren Kenotaphen von Abraham und Sara erhielten beide Gruppen einen je eigenen Zugang. An zehn Tagen im Jahr steht Machpela gänzlich dem Judentum und an zehn anderen Tagen den Muslimen zur Verfügung.

Streitfall Hebron

Der 1970 auf dem Gelände einer ehemaligen Militärbasis gegründeten modernen israelischen Siedlung bei Hebron haben die dort lebenden Juden im Rückgriff auf das Alte Testament (Genesis 23,2 und Josua 14,15) den Namen Kirjat Arba, d. h. ›Stadt der vier (Riesen)‹, gegeben. Die Gründung der Siedlung inmitten der Großstadt Hebron geht auf den national-religiösen Rabbi Mosche Levinger und auf dessen Anhänger zurück, die sich zum Passahfest 1968 vorgeblich als Schweizer Touristen im Park Hotel von Hebron einmieteten und anschließend beharrlich weigerten, wieder abzureisen. Sie setzten zunächst ein Bleiberecht in Kirjat Arba durch. Zum 50. Jahrestag der Ermordung und Vertreibung der Juden Hebrons im Jahr 1929 besetzten Mosche Levinger, seine Frau und weitere amerikanische Juden 1979 im ehemals jüdischen Viertel der Stadt das frühere Hadassa-Krankenhaus. Seither sind der Ansiedlung weitere Häuser hinzugefügt worden. Zwischen der von wenigen hundert Israelis bewohnten Siedlung ›Avraham Avinu‹ (›Abraham ist unser Vater‹) und den 100 000 bis 120 000 Arabern Hebrons kommt es fast zwangsläufig zu Spannungen, denn hier stehen militante jüdische Bewegungen wie

---

107 Bereits 1266 verboten die Mamluken den Juden das Betreten von Machpela. Sie durften sich ihren Urvätern und -müttern nur noch bis zur siebenten Stufe der Außentreppe nähern. – Seit 1960 ist Nichtmuslimen das Betreten des Grabes wieder erlaubt.
108 Siehe S. 309.

Gusch Emunim (›Block der Getreuen‹) und die verbotene religiöse Kach-Partei[109] der radikal-islamischen Hamas gegenüber, die in Hebron eine ihrer Hochburgen hat. Ein großes Kontingent israelischer Soldaten gewährleistet ein einigermaßen friedliches Nebeneinander der Kontrahenten.

Am 25. Februar 1994 ermordete der Arzt, Kach-Aktivist und Siedler Baruch Goldstein in Machpela 29 Muslime während des Gebets und verwundete viele weitere.[110] Auf seinem Grabstein gegenüber des ›Meir Kahane Memorial Parks‹ in der nahe Hebron gelegenen israelischen Siedlung Kirjat Arba steht: »Hier ruht der heilige Dr. Baruch Goldstein. Gesegnet sei sein Andenken. Möge der Herr sein Blut rächen. Denn den Juden und ihrem Land weihte er seine Seele. Seine Hände sind unschuldig und sein Herz ist rein. Er wurde getötet als Märtyrer Gottes.«

Im Januar 1997 wurde der im Oslo II-Abkommen vereinbarte Abzug der israelischen Armee aus Hebron von Benjamin Netanjahu als Teilabzug umgesetzt. Dabei separierte man in der Stadt eine jüdische (20 Prozent) von einer arabischen Zone (80 Prozent).[111] Die Knesset stimmte dem Hebron-Abkommen am 15. Januar 1997 zu und verzichtete damit offiziell auf ein Gebiet des biblischen Israel. Um den Siedlern von Avraham Avinu Sicherheit zu gewähren, wurden im Umkreis der israelischen Siedlung sowie zwischen ihr und Machpela etwa 20 000 Araber ›ausgesiedelt‹.

2.3.4 Das Grab Rahels

Biblische Tradition
Rahel war nach biblischer Überlieferung die Lieblingsfrau des Erzvaters Jakob. Nach Genesis 29 diente dieser seinem Onkel Laban sieben lange

---

109 Die Kach-Partei (hebräische Abkürzung für »Kahane in die Knesset!«) war extrem-nationalistisch, ihr Programm rassistisch. Sie wurde von einem amerikanischen Rabbiner namens Kahane gegründet. 1984 erlangte er einen Sitz in der Knesset. Die Knesset verabschiedete als Konsequenz seines Auftretens ein ›Anti-Rassismus-Gesetz‹. Bereits 1988 von den Wahlen ausgeschlossen, wurde die Kach-Partei nach dem Anschlag ihres Aktivisten Dr. Baruch Goldstein 1994 als Partei verboten.
110 Baruch Goldstein wurde mit einem Feuerlöscher erschlagen, nachdem er seine Munition aufgebraucht hatte. Nach diesem Anschlag kam es zu mehrtägigen Ausschreitungen in und um Hebron, in deren Zusammenhang weitere Todesopfer zu beklagen waren, fünf Israelis und 19 Araber. – Ezer Weizman, Staatspräsident Israels (1993-2000), besuchte die palästinensischen Opfer des Goldstein-Mordes 1994 in Hebron und unterstrich mit dieser Geste sein tief empfundenes Mitgefühl.
111 Siehe dazu S. 219.

Jahre, um Rahel heiraten zu dürfen. Am Morgen nach der Hochzeitsnacht, so die biblische Überlieferung, wurde Jakob gewahr, dass Laban ihm Lea, die ältere Schwester Rahels, ›untergeschoben‹ hatte. Das Alte Testament stellt dazu fest: »Leas Augen waren ohne Glanz, Rahel aber war schön von Gestalt und Angesicht« (Genesis 29,17). Es heißt, Jakob habe seinem Onkel weitere sieben Jahre gedient, um auch Rahel heiraten zu dürfen.

Im Gegensatz zu ihrer Schwester Lea konnte Rahel zunächst keine Kinder gebären. Erst nach Jahren wurde sie schwanger. Ihre Söhne Joseph und Benjamin wurden zu Jakobs Lieblingskindern. Bei der Geburt Benjamins starb Rahel auf dem Weg zwischen Jerusalem und Bethlehem.

Abb. 19: Die Sperranlage um Bethlehem im Jahr 2004 (Foto: Autor)

Der Konflikt um Rahels Grab

An der Straße von Jerusalem nach Bethlehem erinnert seit etwa 1700 Jahren ein Gedenkstein[112] und seit dem Mittelalter ein Bauwerk an die Erzählung vom Tod Rahels. Das Gebäude wurde Mitte des 19. Jahrhunderts von dem auch in Jerusalem aktiv tätigen Moses Montefiore renoviert und erweitert. Die besonders von Juden besuchte Verehrungsstätte zog aber stets auch Christen und Muslime in Ehrfurcht vor der Ahnmutter Rahel an.

Das Gebäude gelangte nach dem Bau der israelischen Sperranlage um Beth-

---

112 Der Pilger von Bordeaux (334 n. Chr.) berichtet von einem Gedenkstein, einem Grabmal für Rahel. Vgl. dazu Keel/Küchler 1982, 610.

lehem, die sich an dieser Stelle jenseits der ›grünen Linie‹ auf dem Gebiet der Westbank befindet, in den Jahren nach 2003 in den Blickwinkel der Öffentlichkeit.[113] Als bei der Planung der Sperranlage das Grab Rahels bereits dem Gebiet der Gemeinde Bethlehem zugeordnet worden war, machten religiöse Juden darauf aufmerksam, dass dieser Verehrungsort bald polizeilich wie auch verwaltungsmäßig den Arabern unterstellt werden würde und erzwangen eine erhebliche Veränderung des Mauerverlaufs. Daraufhin wurde eine sechs bis acht Meter hohe Sperranlage in den nördlichen Außenbezirk von Bethlehem getrieben, ein beiderseits durch Betonmauern geschützter Korridor, der Rahels Grab über eine Art ›Flaschenhals‹ in den jüdischen Bereich ›zurück-integriert‹. Dieser durchtrennt arabische Wohnbereiche und selbst eine jahrtausendealte Straße.

2.4 Die Heiligen Stätten der Muslime

Im Islam gelten alle Stätten als heilig, denen Muslime einen religiös motivierten Besuch abstatten oder zu denen sie pilgern, denn an diesen Orten spüren sie nach ihrer Glaubensvorstellung eine besondere Nähe zu ihrem Gott.

Der muslimische Glaube basiert – wie auch der christliche – zu einem erheblichen Teil auf der jüdischen Glaubenstradition. Die jüdischen Überlieferungen der hebräischen Bibel werden im Islam in ausgewählter und interpretierter Form aufgenommen. Der Islam bringt diese Traditionen nach seiner Überzeugung zu ihrer eigentlichen Vollendung. Unter dieser Voraussetzung gibt es zahlreiche Überschneidungen zwischen muslimischen und jüdischen Verehrungsorten in der südlichen Levante.

So, wie sich die Juden als die alleinberechtigten Urheber dieser Traditionen fühlen, beanspruchen die Muslime die vollendete Interpretation des alten abrahamitischen Glaubens für sich. Dies führt zwangsläufig zu heftigen Kontroversen, sobald religiöse Ideen mit Besitzansprüchen verbunden werden.

---

113 Bereits im Jahr 2000 war das Gebiet um Rahels Grab zum Konfrontationsgebiet geworden, als bei Unruhen während der zweiten Intifada – den sogenannten ›Kinderdemonstrationen‹ – auf der Straße von Bethlehem nach Jerusalem viele protestierende Kinder ihr Leben ließen. Während die palästinensische Seite dafür die exzessive Gewalt der israelischen Soldaten verantwortlich machte, sprachen die Israelis davon, dass die Steine werfenden Kinder als Schutzschilde der palästinensischen Kämpfer benutzt worden seien.

2.4.1 Der Haram asch-Scharif und das Opfer Abrahams

Eindrücklicher als auf dem Haram asch-Scharif sind die vorangegangenen Sätze nirgendwo zu veranschaulichen. Die salomonische Tempelanlage aus der Mitte des 10. Jahrhunderts v. Chr. gelangte nach dem Umbau durch Herodes d. Gr. zu Ruhm und Ehren. Dies ist exakt derselbe Ort, der heute von den Muslimen als Haram asch-Scharif, als ›edles Heiligtum‹, verehrt wird.[114]

Juden wie Muslime verehren hier die Stätte, an der Abraham im Auftrag Gottes seinen Sohn opfern sollte.[115] Auf dem Haram asch-Scharif kulminieren für die Muslime jedoch auch noch weitere religiöse Überlieferungen. Selbst die in Jerusalem einst herrschenden Könige David[116] und Salomo[117] – auf die die Bebauung des heiligen Ortes zurückgeführt wird – werden hier verehrt, denn auch sie gehören zur muslimischen Tradition.

Abb. 20: Der Felsendom und rechts im Vordergrund oberhalb der Stufen die Arkaden, die als Waagschalen beim Gericht am Ende der Tage Verwendung finden sollen (Foto: Autor)

114 Vgl. daher zum Folgenden Kap. 2.3.1.
115 Siehe dazu S. 70.
116 Sure 2,251: »Und sie schlugen sie mit Allahs Erlaubnis, und David tötete den Goliath. Und Allah gab ihm die Königsherrschaft und die Weisheit und lehrte ihn (mancherlei), was er (ihn eben lehren) wollte.« Übersetzung nach Paret 1963.
   Sure 4,163: »Wir haben dir (Offenbarungen) eingegeben (ebenso) wie (früher) dem Noah und den Propheten nach ihm: Abraham, Ismael, Isaak, Jakob und den Stämmen (Israels), Jesus, Hiob, Jonas, Aaron und Salomo. Und dem David haben wir einen Psalter gegeben.« Übersetzung nach Paret 1963. Vgl. ganz ähnlich Sure 17,55.
117 Der Koran kennt 25 Propheten, von denen er 21 der hebräischen bzw. christlichen Bibel entlehnt, darunter auch die Könige David und Salomo.

2.4.2 Der Haram asch-Scharif und die Himmelsreise des Propheten

Nach der Überlieferung des Korans und der Hadithen (›Mitteilung‹, ›Erzählung‹)[118] unternahm der Prophet Mohammed auf seinem geflügelten Pferd Buraq eine göttlich initiierte Nachtreise von Mekka zur ›fernen Kultstätte‹ – der Al-Aqsa, womit heute der ehemalige Tempelberg in Jerusalem identifiziert wird. Nach dem Gebet in Jerusalem wurde Mohammed eine Leiter gereicht, auf der er Sprosse um Sprosse bis zum Himmelstor emporstieg. Von dort aus gelangte er in die sieben Himmel. Im ersten traf er Adam, im zweiten Jesus, danach auch Aaron und Moses und später im siebten Himmel Abraham, der vor dem Paradiestor saß. Schließlich erreichte er den Thron Gottes und empfing Allahs Weisungen, u. a. die Pflicht, fünfmal täglich zu beten.

Sure 17,1-2: »Gepriesen sei der, der mit seinem Diener bei Nacht von der heiligen Kultstätte (in Mekka) nach der fernen Kultstätte (in Jerusalem), deren Umgebung wir gesegnet haben, reise, um ihn etwas von unseren Zeichen sehen zu lassen! Er ist der, der (alles) hört und sieht. Und wir haben (seinerzeit) dem Moses die Schrift[119] gegeben und sie zu einer Rechtleitung für die Kinder Israel gemacht (indem wir ihnen geboten): ›Nehmt außer mir keinen Sachwalter‹.«[120]

Die Himmelsreise (›Lailat al-Miradsch‹) wird von den Muslimen in der Nacht zum 27. Radschab mit der Verlesung der Festlegende begangen. Über dem Felsen, von dem aus Mohammed in den Himmel stieg und der schon als Altar für Abrahams Opfer und Standort des Engels an der Tenne Arawnas diente, erhebt sich heute der Felsendom.

Der Bau der islamischen Heiligtümer

Der ehemals jüdische Tempelberg erhielt sehr bald nach der Eroberung der Stadt im Jahre 638 n. Chr. eine muslimische Neuinterpretation, die mit dem Bau eines islamischen Heiligtums an gleicher Stelle dokumentiert wurde. Dieser Akt war nicht als Provokation gegenüber dem Judentum gedacht. Eigentlich war die Inbesitznahme des von den Christen in

---

118 Die Hadithen bestehen u. a. aus religiösen Anweisungen Mohammeds. Sie erzählen aber auch nachahmenswerte Handlungen und Empfehlungen. Sie sprechen außerdem Verbote aus, die nicht im Koran vorzufinden sind. Die Hadithen besitzen für den Islam normativen Charakter.

119 Gemeint ist die Tora.

120 In Sure 53,1-18 wird ein vergleichbarer Sachverhalt, die Vision Mohammeds von der Herabkunft der Offenbarung aus dem Himmel, beschrieben.

weiten Teilen baulich frei gelassenen Bereichs eine logische Konsequenz der omayyadischen Machtentfaltung in Jerusalem. Die Christen vernachlässigten den Ort als Symbol des ihrer Meinung nach verworfenen alten Bundes mit Gott.

»Die christliche Theologie von Justin d. Märtyrer im 2. Jh. bis zu Autoren wie Origenes und Cyprian v. Karthago im 3. Jh. hatte bereits die Ansicht vertreten, daß die Zerstörung des Tempels, die Verwüstung Jerusalems und die Bestrafung der Juden auf deren fortgesetzten Ungehorsam Gott gegenüber – Verwerfung der Prophetie, Ermordung von Propheten, Zurückweisung und Kreuzigung Jesu – zurückzuführen seien. Der fortschreitende Verfall des Tempelplatzes und die Verbannung der Juden aus Jerusalem wurden zu einem ›Beweis‹ für die Wahrheit der christlichen Botschaft und zu einem zentralen Thema der Theologie der Kirchenväter.«[121] (Lewis M. Barth)

Die omayyadischen Herrscher brauchten zur Darstellung ihrer Herrschaft aber repräsentativen Baugrund. Die Toleranz gegenüber der christlichen Mehrheit in Jerusalem im 7. Jahrhundert n. Chr. ließ es nicht zu, wichtige kirchliche Bauwerke durch omayyadische zu ersetzen. Die neuen muslimischen Herren der Stadt konnten aber auf dem ehemaligen Tempelberg bauen und knüpften dort an bereits existierende jüdische Traditionen an. Zunächst errichteten die Muslime eine hölzerne Moschee. Seit etwa 691 n. Chr. steht auf dem Haram asch-Scharif nahe der Stelle des ehemaligen herodianischen Tempels der Felsendom, errichtet von Kalif Abd al-Malik (685-705 n. Chr.). Die südlich davon gelegene Al-Aqsa-Moschee erbaute vermutlich sein Sohn Al-Walid I. (705-715 n. Chr.) und nutzte dabei auch die herodianischen Substruktionen der sogenannten ›Ställe Salomos‹. Mit diesen herausragenden Bauwerken setzten die muslimischen Herrscher auch ein architektonisches Zeichen ihres religiösen Anspruches, den jüdischen und christlichen Glauben zu überhöhen und diese Religionen zu ihrem eigentlichen Ziel und zur letzten Erfüllung zu führen.

---

121 Barth 1987, 614.

Abb. 21: Die Al-Aqsa-Moschee (Foto: Autor)

2.4.3 Der Haram asch-Scharif als Mittelpunkt der Welt
und Ort des Weltgerichts

Auf dem Haram asch-Scharif gründen weitere religiöse Traditionen. Zwei von ihnen sollen hier erwähnt werden und dienen als Beispiel, wie der Islam jüdische Vorstellungen neu interpretiert.

Ezechiel – ein alttestamentlicher Prophet aus dem 6. Jahrhundert v. Chr. – bezeichnete Jerusalem erstmals als Mittelpunkt der Welt.[122] Während die jüdische Tradition lehrt, auf dem Fels der Gründung (über dem sich heute der Felsendom erhebt) habe Gott Adam erschaffen,[123] verschob die christliche Tradition den ›Omphalos der Welt‹ nach Golgatha. Dort sei Adam, der ›alte Mensch‹, mit dem die Erbsünde in die Welt kam, begraben. In Konstantins Grabeskirche gedenkt die Christenheit seither des Ereignisses, dass gerade auf diesem Felsen Jesus Christus unschuldig für die Sünde der Menschheit hingerichtet wurde. Er – der Typus des ›neuen Menschen‹ – begründe die Zeit des Neuen Testaments.[124] Der Tempelberg

---

122 Ezechiel 38,12 (»Mitte/Nabel der Erde«). Die Juden übersetzten den hebräischen Ausdruck für ›Mittelpunkt‹ in der griechischen Version ihrer heiligen Schriften, in der Septuaginta, mit ›Omphalos‹.
123 Siehe dazu S. 85. – Im Deutschen auch als ›Schöpfungsstein‹ übersetzt.
124 Nach Philo, Legatio ad Gaium 294, sei Jerusalem der Mittelpunkt der Welt. Vgl. Cohn/Reiter 1915, 155-223.

als Ort des alten Bundes büßte damit seinen Charakter als Mittelpunkt der Welt ein.

Erst die Muslime verliehen dem Haram asch-Scharif innerhalb ihrer Tradition wieder die Bedeutung als ›Nabel der Welt‹. In Konkurrenz zur christlichen Tradition knüpften sie erneut an den Felsen auf dem Haram asch-Scharif an. Dies geschah nicht, um eine Rückkehr zur jüdischen Tradition an sich in die Wege zu leiten, sondern vielmehr aus dem Grund, dass sich der Haram asch-Scharif seit dem 7. Jahrhundert n. Chr. in ihrem Besitz befand und sie dort ihre Traditionen vom Opfer Abrahams, von der Himmelfahrt Mohammeds und vom Endgericht zelebrieren konnten. Damit zeigten sie, wer in Jerusalem nunmehr die Deutungshoheit für sich beanspruchen konnte.

Die jüdische Tradition vom Jüngsten Tag gründet ebenfalls im alttestamentlichen Buch Ezechiel. Der Prophet kündigte an, Gott werde am Ende der Tage vom Osten, vom Ölberg her, durch das Osttor des Tempels – das heutige ›Goldene Tor‹ – wieder in diesen einziehen.[125] Im Buch des Propheten Sacharja marschieren die Heiden am Ende der Tage sogar gegen Jerusalem. Sie scheitern auf diesem Weg jedoch an Gott. Nach der herrlichen Restitution Jerusalems werden sie – inzwischen bekehrt – jährlich zur Anbetung Gottes nach Jerusalem aufbrechen.[126]

Auch der Islam lehrt in den Hadithen, dass Jerusalem am Ende der Tage eine zentrale Rolle spielen werde. Die muslimischen Legenden erklären Jerusalem zum Ort des letzten entscheidenden Krieges.[127] Während der Schlacht werde auch Issa (Jesus) erscheinen und bei Damaskus den bösen Drachen al-Dadschal (›der Betrüger‹) töten. Kurz darauf fliege der Stein der Kaaba von Mekka nach Jerusalem. Der Engel Israfil stoße daraufhin dreimal in die Posaune,[128] woraufhin sich alle Menschen der Welt auf dem Ölberg versammeln müssten. Von hier bis zur Säule Mohammeds[129] auf dem Haram asch-Scharif sei dann eine äußerst schmale, glitschige Brücke

---

125 Ezechiel 43,2-4.
126 Sacharja 14. – Die Apokalypse des Johannes (Kap. 21) im Neuen Testament gipfelt nach dem Jüngsten Gericht übrigens ebenso in einem »neuen Himmel« und einer »neuen Erde«, dem »neuen Jerusalem« als »Hütte Gottes bei den Menschen«.
127 Das Alte Testament bezeichnet die bedeutende Schlacht am Ende der Tage als Schlacht gegen Gog von Magog (Ezechiel 38-39). Im Islam wird sie Schlacht von Jadschudsch und Madschudsch genannt.
128 Vgl. die Suren 69,13 und 36,51.
129 Die Säule befindet sich etwa 80 m nördlich der Südostecke des Haram asch-Scharifs. Sie überragt die Mauer um etwa 2 m.

gespannt, die ›Brücke des geraden Weges‹.[130] An den ›sieben Bögen‹ des Ölbergs werde jeder Mensch vor dem Betreten der Brücke nach seinen Taten befragt. Wer die Brücke überschreite und nicht ins ewige Verderben falle, werde schließlich an den Waagschalen des Gerichts, die dann an den Arkaden vor dem Felsendom hängen werden, auf seine Gerechtigkeit hin gewogen. Folglich wird der Felsendom als Eingang zum Paradies angesehen.[131]

Ausgrabungen, Ausschachtungen und religiöse Ansprüche

Bei einer solchen Häufung gemeinsamer Traditionen von Juden und Muslimen, ihrer Parallelität und der beschriebenen Differenzen, ist der religiöse Eifer um den Besitz eines jeden Zentimeters heiliger Erde nachvollziehbar. Innerhalb der letzten Jahrzehnte ist ein bedenklicher ›Wettstreit‹ um den Haram asch-Scharif ausgebrochen.

Jüdische Forscher gruben außerhalb der Westmauer des ehemaligen Tempelbergs nach Norden. Sie unterquerten die modernen arabischen Häuser durch weiträumige, im Mittelalter erbaute Gewölbe und schufen den weitverzweigten ›Western Wall Tunnel‹. In diesem beeindruckenden System steigt man innerhalb weniger Minuten auf das herodianische Straßenniveau hinab, läuft an den (blockierten) Toren der westlichen Tempelumfassungsmauer vorbei und gelangt schließlich bis zu den großen Wasserzisternen an der Nordwestecke des ehemaligen Tempelareals. Höchst umstritten war die Öffnung des Western Wall Tunnels nach Norden, durch die dieser direkt an der Via Dolorosa, d. h. im muslimischen Viertel, seinen Ausgang fand.[132]

Währenddessen schaffen die Muslime an anderen Stellen Fakten. Als die den Haram asch-Scharif verwaltende religiöse Behörde, arabisch ›Waqf‹ genannt, seit der zweiten Hälfte der 1990er Jahre im Osten der Al-Aqsa-Moschee Ausschachtungen vornahm und schließlich das ›überflüssige‹ Erdreich auf Müllkippen im Kidrontal ablagerte, klagte die israelische

---

130 Vergleichbar erzählt eine jüdische Tradition vom Tal Joschafat, in dem Gott die Menschen richte.

131 Die unter dem Felsendom befindliche Höhle, der Eingang zum Paradies, sei auch von Mohammed während seiner Nachtreise nach Jerusalem besucht worden. Hier werde am Jüngsten Tag der Richterstuhl Allahs stehen. – Vermutlich war der unter dem Felsendom gezeigte Fels Teil des Opferaltars des Tempels und besagter Hohlraum darunter könnte das Tierblut aufgenommen und abgeleitet haben. Das Nordtor des Felsendoms heißt ›Tor des Paradieses‹, das Osttor wurde nach dem Engel Israfil benannt, der am Tag der Auferstehung das Widderhorn bläst. Ein schwarzer Stein markiere den Eingang ins Paradies.

132 Siehe dazu S. 219.

Öffentlichkeit zu Recht über die Zerstörung von Kulturgut. Wenn auch einzelne erstaunliche Funde durch die Untersuchungen der israelischen Altertumsbehörde gerettet wurden und manche Schlussfolgerungen über die Bedeutung der zerstörten Orte noch möglich waren, sind doch die Kontexte der über Jahrhunderte ›versiegelten Geschichte‹ für immer verloren. Im Jahr 1996 wurde dort, wo man die sogenannten ›Ställe Salomos‹ aus der Zeit des herodianischen Tempels lokalisiert, eine unterirdische Moschee gebaut.

Bei den von muslimischer Seite scharf kritisierten Ausgrabungen am Mugrabi-Tor – dem seit 1967 für nichtmuslimische Besucher auf dem Haram asch-Scharif üblichen Aufgang – durch die israelische Altertumsbehörde vermutete die arabische Seite eine bewusste Destabilisierung der herodianischen Mauern und eine Gefahr für die Al-Aqsa-Moschee. Da die Ausgrabungen außerhalb der ehemaligen Tempelumfassungsmauer stattfanden, ist Letzteres jedoch nicht zu erwarten. Derartige Rettungs- oder Bergungsausgrabungen sind aber archäologische Standardmaßnahmen. Das Erdreich der ursprünglichen Rampe außerhalb der Umfassungsmauer des Haram asch-Scharif war während des letzten Jahrzehnts instabil geworden und hätte für die Besucher zur Gefahr werden können. Ohnehin hat die herodianische Tempelumfassungsmauer weit größeren Angriffen und selbst gewaltigen Erdbeben standgehalten.

Im August 2011 ging der Streit um die Mugrabi-Brücke in eine neue Runde, als israelische Behörden die hölzerne Brücke durch einen festeren Zugang aus Metall ersetzen ließen. Die Auseinandersetzungen eskalierten in markigen Worten: Fawzi Barhoum[133] sprach in Gaza von einer »zionistischen Aggression«; sein Minister für Heilige Stätten Salah al-Ruk sah die Geschehnisse sogar als Kriegserklärung an: »Wir fordern die Jerusalemer auf, ... sich dem zionistischen Feind entgegenzustellen ... Sie sollten einen Volksaufstand beginnen ...«.[134]

Die aufgeladenen Emotionen verdeutlichen das stets präsente Misstrauen, dass die jeweilige Gegenseite sich an eigenen Verehrungsorten vergreifen, Fakten schaffen und sich heilige Orte zu eigen machen könnte.

---

133 Mitglied der Hamas.
134 Beide Zitate in tagesschau.de vom 18. August 2012.

2.4.4 ›Nebi Musa‹ und die Auseinandersetzungen um das Oster- und Passahfest

Die südliche Levante ist reich an weiteren Wallfahrtsorten, wie z. B. an Grabstätten alt- und neutestamentlicher Personen oder an Verehrungsplätzen frommer Legenden. Im Folgenden soll ein ausgesprochen islamischer Ort der Anbetung beschrieben werden.[135]

Der von den Muslimen als Grab des Mose verehrte Platz Nebi Musa befindet sich nach muslimischer Vorstellung nahe der von Jerusalem nach Jericho führenden Straße an den östlichen Ausläufern der judäischen Wüste, etwa in Höhe des Nordendes des Toten Meeres. Möglicherweise entwickelte sich diese muslimische Tradition aus ihrer speziellen Topographie, denn von hier kann man direkt zum unmittelbar gegenüber gelegenen Berg Nebo, dem herausgehobenen Ort christlicher Verehrung von Moses Grab, auf der anderen Seite des Toten Meeres blicken.

Seit der Herrschaft Saladins (1169-1193 n. Chr.) fand in Nebi Musa eine rege muslimische Verehrung statt.[136] Der heute vorzufindende Bau wurde 1269 n. Chr. vom mamlukischen Sultan Baibars über einer älteren Grabstätte erbaut. Die Anlage wurde in den letzten Jahrzehnten des 15. Jahrhundert n. Chr. noch einmal deutlich erweitert, u. a. um ein Hospiz für Pilger zu schaffen.

> *»Wer z. B. vom Nebo kommt, den Jordan passiert hat ..., erblickt auf der ersten Anhöhe ... die strahlende Kuppel des en-nebi musa, das Grab des Mose, das die Araber seltsamerweise im Westjordanlande suchen. Zu dem großen mehrtägigen Volksfest, das zu Ehren dieses meistgefeierten Heiligen veranstaltet wird, strömen die Moslems alljährlich einmal aus fern und nah. ... Wenn man die Araber fragt, wie es denn möglich sei, daß sich das Grab des Mose im Westjordanlande befinde, da er doch nach dem Alten Testamente im Ostjordanlande gestorben sei, so antworten sie: ›Die Leiche ist dorthin geflogen‹.«[137] (Hugo Gressmann)*

Die Legende

Mose durfte nach der biblischen Tradition nicht über den Jordan ins Heilige Land einziehen.[138] Nach der muslimischen Legende habe sich aber der

---

135 Im Jordantal finden sich weitere herausragende islamische Gräber von Zeitgenossen Mohammeds: Abu Ubeida Amer Bin al-Jarrah, ein Verwandter Mohammeds, Mo'ath Bin Jabal, einer der ›sechs ehrwürdigen Gefährten des Propheten‹ sowie die Gräber von Shurhabil Bin Hasanah, Amir Bin Abi Waqqas, einem Cousin Mohammeds, und Derar Bin Al-Azwar.
136 Keel/Küchler 1982, 477.
137 Hugo Gressmann, Palästinas Erdgeruch in der israelitischen Religion, Berlin 1909, 21 f.
138 Deuteronomium 4,21-22; 34,1-6.

tote Mose aus seinem Grab am Dschebel Musa bei Petra herausbegeben und im Verheißenen Land eine neue, ihm angenehme Ruhestätte aufgesucht, weil ihm die Nähe zu den anderen Verstorbenen am alten Begräbnisplatz nicht behagte.[139]

Abb. 22: Nebi Musa (Foto: Autor)

Frühlingsfest als religionspolitisches Gegengewicht

Die osmanischen Türken restaurierten um 1820 die Gebäude von Nebi Musa. Damit unterstützten sie die jährlichen Wallfahrten und deren deutlich antichristliche Ausrichtung. Das siebentägige Fest um die Osterzeit mit seinen prächtig ausgeschmückten Prozessionen vom Haram asch-Scharif nach Nebi Musa, welche die traditionell vor Ostern in entgegengesetzter Richtung nach Jerusalem ziehenden christlichen Pilger störten, umfasste auch Wettkämpfe zu Allahs Ehren.[140] Als religiöses Gegengewicht zum christlichen Osterfest konkurrierte es bald auch mit dem jüdischen Passahfest. Viele Muslime aus der Umgebung Jerusalems zogen dorthin, um von der Heiligen Stadt aus nach Nebi Musa aufzubrechen – und das zu einer Zeit, in der die Stadt bereits von christlichen und bald auch jüdischen Pilgern überfüllt war.

Im Jahr 1920 kam es während des Nebi Musa-Festes in Jerusalem unter Führung von Mohammed Amin al-Husaini zu ersten antijüdischen Ausschreitungen und bald auch zu blutigen Kämpfen zwischen Juden und Muslimen.[141]

---

139 Eberhard 1958, 129-137; Keel/Küchler 1982, 477.
140 Spoer 1909, 207-221.
141 Siehe dazu S. 141-143.

2.5 Moderne säkulare Traditionen und ›Mythen‹

Auch unsere moderne Zeit schafft ›Mythen‹. Jedem leuchtet sofort ein, welch abschreckende Wirkung z. B. der Ruf einer ›unschlagbaren Armee‹ oder des ›besten Geheimdienstes der Welt‹ haben mag.

Im alltäglichen Leben der Israelis sind es die Fragen der ›Sicherheit‹, im Leben der Palästinenser die Rede von der ›Besatzung‹, mit denen man von den eigenen Schwierigkeiten ablenkt und die scheinbare Schuld der Konfliktpartei übertreibt. Solche einfachen Begründungszusammenhänge helfen dem Individuum und natürlich auch der jeweiligen Gemeinschaft, Selbstzweifel nicht zuzulassen, Konflikte nicht schmerzhaft bewältigen zu müssen und dennoch eine einfache und hilfreiche Lösung präsentieren zu können: die allgegenwärtige Schuld des politischen und/oder religiösen Gegners, die der eigenen Opferrolle gegenübersteht.

Während diese Problematik eher von Soziologen oder Psychologen weiterzuverarbeiten ist, soll im Folgenden auf moderne geschichtsbezogene Traditionen und ›Mythen‹ eingegangen werden, die im Umfeld des Nahost-Konflikts eine Rolle spielen.

Schon die britische Mandatsmacht brauchte zur Verschleierung ihrer kolonialen Absichten eine von der Weltöffentlichkeit und insbesondere vom Völkerbund akzeptierte These, die ihr den Zugriff auf die südliche Levante sicherte. So sprach man von »Völker(n), die noch nicht fähig sind, für sich allein zu stehen«, und denen man durch das Mandat den Weg in die Unabhängigkeit ermöglichen wolle.[142]

Ähnliches gilt für die israelische Geschichtsschreibung. Die Gründungsmythen Israels waren lange Zeit unangreifbar. Seit drei Jahrzehnten sind sie hart umstritten. Wie kam es zur Flucht der palästinensischen Bevölkerung aus den späteren israelischen Gebieten? Was geschah 1948 tatsächlich?[143] Und ist das ›Phänomen Israel‹ nur als künstlich und vorübergehend anzusehen – wie das viele Palästinenser gern behaupten?

Der sogenannte ›Historikerstreit‹ in Israel[144], der hier nicht ausgeführt, sondern nur andeutungsweise erwähnt werden kann, bahnte in der zwei-

---

142 Vgl. hierzu Miller 1928, 161-176.
143 Siehe dazu Kap. 3.5.1.
144 Vgl. zum Folgenden ausführlich Bernstein 1998, 32-34 (und die dort zitierte Literatur) sowie Bunzl 2008, 125-141.

ten Hälfte der 1980er Jahre den Weg, die israelischen ›Mythen‹ zu hinterfragen – wobei nicht behauptet werden kann, dass damit die historische Wahrheit ans Licht gekommen oder erwiesen worden wäre. Allenthalben zeigt sich aber, dass die eingängigen und gern rezipierten Geschichtsdeutungen durchaus mit großer Vorsicht betrachtet und nur im kritischen Diskurs auszulegen sind. Schließlich geht es bei den Gründungslegenden des Jahres 1948 um Schuld, z. B. an der Vertreibung oder Flucht der Araber und an der Teilung des Landes, und um die moralische Rechtfertigung der heute noch um ihre geschichtliche Position ringenden Parteien.

Simha Flapan brach 1979 mit seinem provokanten Buch »Zionism and the Palestinians« als Erster das Schweigen.[145] Seine Überzeugungen werden im Folgenden den von ihm in Frage gestellten ›Mythen‹ gegenübergestellt.

›Mythos‹	›Entmythologisierung‹
Die Zionisten waren mit dem UN-Teilungsplan 1947 einverstanden (vgl. Kap. 3.4.4 / 3.4.5).	Ihre Zustimmung war allein taktischer Natur. Es galt im Verbund mit Transjordanien, einen eigenen palästinensischen Staat zu verhindern.
Die arabische Massenflucht fand in der Hoffnung statt, bald mit den arabischen Armeen siegreich zurückzukehren (vgl. Kap. 3.4.5 / 3.5.1).	Die Massenflucht der Araber war eine Folge gezielter politischer und militärischer Operationen der israelischen Seite.
Die arabische Militärintervention vom 15.5.1948 wollte Israel auslöschen (vgl. Kap. 3.5.1).	Die arabische Intervention kam zustande, um einem Abkommen Abdallahs I. mit den Zionisten über die Errichtung eines Großsyriens unter haschemitischer Kontrolle zuvorzukommen. Allerdings ahnte man dies in Israel angesichts der arabischen Propaganda nicht.
Die arabische Intervention vom 15.5.1948 verhinderte eine friedliche Umsetzung des UN-Teilungsbeschlusses (vgl. Kap. 3.5.1).	Die Araber waren bereit, einen dreimonatigen Waffenstillstand zu akzeptieren, wenn die Unabhängigkeitserklärung Israels ausgesetzt würde.
Die militärische Auseinandersetzung glich dem Kampf Davids (Israel) gegen Goliath (fünf reguläre arabische Armeen) (vgl. Kap. 3.5.1).	Tatsächlich erreichten die Zionisten nach einiger Zeit des Gleichgewichts eine deutliche Überlegenheit auf dem Boden, zu Wasser und in der Luft; sie besaßen eine besser organisierte und erfahrenere Armee.
Israel hielt die Hand zum Frieden ausgestreckt, kein arabischer Führer wollte einschlagen (vgl. Kap. 3.5.1 / 3.5.2).	Alle Vermittlungsversuche arabischer Staaten oder neutraler Größen zwischen 1945 und 1952 wurden von Israel abgelehnt.

---

145 Flapan 1979; ders. 1987; ders. 1988. – Der Autor Simha Flapan war Sekretär der zionistischen ›Mapam‹, der Vereinigten Arbeiterpartei.

Unterstützung erhielt Simha Flapan u. a. von Benny Morris, Uri Ram, Dan Michmann, Amnon Raz-Krakotzkin und Ilan Pappe. Demnach seien die Briten bereits seit Februar 1948 mit der Gründung eines jüdischen Staates einverstanden gewesen.[146] Sie hätten aber unter allen Umständen einen arabischen Staat westlich des Jordans unter der Regierung Mohammed Amin al-Husainis[147] verhindern wollen. Der war für sie schon deshalb nicht akzeptabel, weil er als Gesinnungsgenosse Adolf Hitlers und gesuchter Kriegsverbrecher im Zweiten Weltkrieg auf deutscher Seite gegen sie gekämpft hatte. Außerdem hatten ihn die Ägypter zum Kampf gegen einen jüdischen Staat instrumentalisiert und für den Vorsitz des ›Obersten Arabischen Komitees für ganz Palästina‹ in Gaza vorgesehen.[148] Aus diesen Gründen befürworteten sie das Vorrücken der jordanischen Armee mit der von ihnen aufgebauten ›Arabischen Legion‹ in die für den arabischen Staat vorgesehene spätere Westbank.

Die Hauptprotagonisten dieser in Israel als ›Postzionismus-Debatte‹ bekannten Auseinandersetzung sind nicht nur in Israel heftig umstritten. Und zwar nicht allein, weil sie letztlich die Frage nach der »moralischen Qualität des Zionismus« stellen, sondern auch bezüglich ihrer historischen Argumentation und ihres Umgangs mit historischen Quellen.[149] Häufig stellt man die Wissenschaftlichkeit ihrer Hauptwerke in Zweifel.

Obwohl in Israel derartige Fragen stets auch an der Legitimität der Staatsgründung rütteln, hört man heute derartige Kritik aus den eigenen Reihen. Vergleichbare Anfragen an die ›Mythen‹ der arabischen Seite stehen noch aus. Stattdessen bietet das an Touristen verteilte Flugblatt »A Tourist's Guide to the Occupation«[150] folgende Version der jüdischen Staatsgründung, bei der weder die arabische Intervention vom 15.5.1948[151] noch die Frage des ›Neins‹ zum UN-Teilungsplan thematisiert werden:

»Der größte Anteil des Landes, den sie (scil. die Zionisten) 1947-48 bekamen, war unter militärischem Druck enteignet worden. Die zionistischen Streitkräfte begannen entgegen der UN-Erklärung, Palästina ethnisch zu säubern. Palästinas 2 500 schlecht ausgerüstete Kämpfer, unterstützt von 4 000 Freiwilligen der arabischen Nachbarstaaten, waren den mit schwersten Waffen ausgerüsteten paramilitärischen Zionisten unterlegen. Im Mai 1948 er-

---

146 Pappe 1988; ders. 1992.
147 Siehe hierzu bes. S. 165 f.
148 Dieses Amt erhielt er im September 1948 und hatte es bis 1952 inne.
149 Zum Phänomen des ›Historikerstreits in Israel‹ siehe bes. Schäfer 2000.
150 Bethlehem, Ausgabe vom 27. April 2009; vgl. http://atouristsguidetotheoccupation.blogspot.com/ (deutsche Übersetzung von der Website am 4. Juli 2009).
151 Vgl. dazu Kap. 3.5.1.

klärten die Zionisten die Gründung des Staates Israel, der 78 Prozent der Fläche Palästinas beanspruchte. Schätzungsweise 800 000 Palästinenser aus rund 500 Dörfern und urbanen Zentren sind Ende 1948 entweder vertrieben worden oder aus Angst geflohen, da sich die Nachricht von Massakern verbreitete. Die meisten ihrer Dörfer wurden zerstört. Januar 1949 endete der Krieg; Jordanien besetzte und annektierte die Westbank, einschließlich des Ostteils von Jerusalem. Ägypten übernahm die Kontrolle über den Gazastreifen.«

3. Geschichte und Gegenwart – Was geschah seit 1882?

3.1 Die ›Wiederentdeckung‹ der südlichen Levante im 19. Jahrhundert

Europas Interesse am Nahen Osten erwachte mit dem denkwürdigen Feldzug Napoleon Bonapartes nach Ägypten in den Jahren 1798 bis 1801. Dabei stieß er auch in die südliche Levante vor. Sein Kriegsabenteuer scheiterte, als die von General Horatio Nelson geführte englische Flotte die französische nördlich von Alexandria bei Abukir besiegte.

Napoleon Bonaparte nannte die Schlacht zehn Meilen vor Kairo kurzerhand ›Die Schlacht bei den Pyramiden‹, obwohl diese nur in der Ferne zu sehen waren. In erhabenem Tonfall soll er am 25. Juni 1798 auf diese gedeutet und (einer der vielen Überlieferungen nach) ausgerufen haben: »Soldaten! Von diesen Pyramiden blicken vierzig Jahrhunderte auf euch herab!«

Im Tross Napoleons befand sich eine Gruppe von 167 Wissenschaftlern, unter ihnen Orientalisten und Altertumsforscher, Naturkundler und Astronomen, Mathematiker, Zeichner und Kartografen. Deren Berichte und Aufzeichnungen waren der Auftakt zur systematischen Erforschung Ägyptens, Mesopotamiens, Syriens und der südlichen Levante.

Während führende Altertumswissenschaftler Europas und Nordamerikas in den folgenden Jahrzehnten die weiten, bisher unerschlossenen Gebiete des östlichen Mittelmeergebiets z. T. unter Lebensgefahr durchstreiften und die Hochkulturen der Alten Welt wiederentdeckten, erkannten die Machthaber in Europa – allen voran in England und Frankreich –, welch geostrategisch wichtiges Gebiet sich ihnen hier auf dem Weg nach Mittel- und Ostasien auftat.

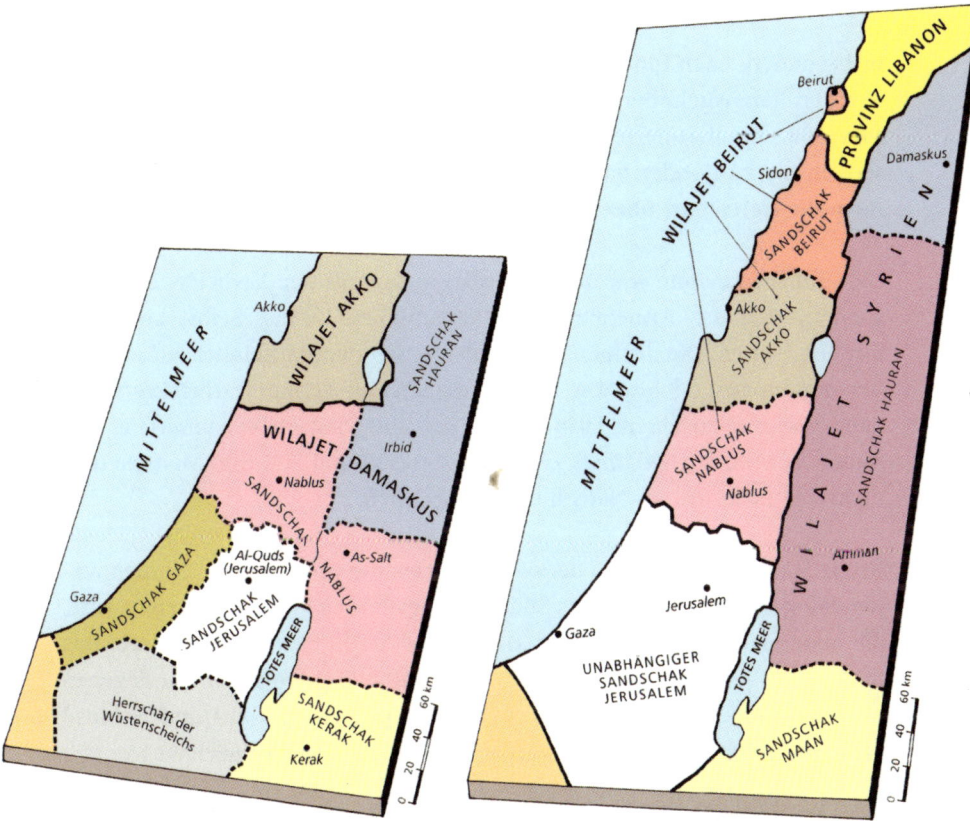

Abb. 23: Die südliche Levante im 17. Jahrhundert und im Jahr 1880 [1]

Die südliche Levante gehörte damals zum Osmanischen Reich, das man seit der Mitte des 19. Jahrhunderts als ›kranken Mann vom Bosporus‹[2] belächelte. Das Ende dieses riesigen Reiches schien absehbar. Und tatsächlich, es trug den Keim des Zerfalls bereits in sich. Schon 1806 hatte Mohammed Ali Pascha das zum Osmanischen Reich gehörende Ägypten in eine Phase der Ablösung von Istanbul geführt. 1831 eroberte er die südliche Levante, musste sich aber auf Druck der europäischen Großmächte bald wieder zurückziehen und mit dem Titel ›Pascha von Ägypten‹ begnügen. 1869 wurde der Suezkanal fertiggestellt. Angesichts dieser beträchtlichen Verkürzung der Handelswege nach Zentral- und Ostasien –

1 Basierend auf Applied Research Institute 2000, 12.
2 Dieser Begriff wurde 1852 von Zar Nikolaus I. in einem Gespräch mit dem damaligen britischen Botschafter geprägt.

insbesondere nach Indien – erlangte Ägypten für die europäischen Mächte einen herausgehobenen strategischen und handelspolitischen Wert. Im Jahr 1882 bombardierte die britische Flotte Alexandria,[3] bald darauf besetzten die Engländer das Land. Die britische Krone übernahm damit de facto die Herrschaft über Ägypten.

Die südliche Levante war um 1800 alles andere als ein ›Verheißenes Land‹, sondern eher das Armenhaus des Osmanischen Reichs. Selbst befestigte Straßen fehlten. Die dörfliche Struktur war seit dem Mittelalter auf autarke Versorgung ausgerichtet. Die Böden besaßen eine geringe Ertragskraft. Das Land war nur zu einem Drittel kultiviert und vielfach versumpft; es bot seinen Bewohnern – damals zwischen 250 000 und 300 000 Menschen[4] – nicht viel mehr als das Nötigste zum Überleben.

Große Städte suchte man in der südlichen Levante vergebens. Im Norden waren das syrische Damaskus, im Süden das ägyptische Kairo die einzigen Orte, die man aus europäischer Sicht wirklich als ›Stadt‹ bezeichnen konnte. Das ummauerte Jerusalem mit seinen 8 000 bis 10 000 Bewohnern war dagegen nur eine kleine Ansiedlung. Noch kleiner waren Akko, Gaza und Nablus.[5] Jaffa und Haifa müssen damals als nahezu unbedeutend bezeichnet werden.

Abb. 24: Sahdsche, traditioneller arabischer Volkstanz, in Ramallah (Foto von Gustaf Dalman, um 1910)

---

3 Zuvor waren dort 50 Ausländer im Zuge eines Aufstandes ermordet worden.
4 Vgl. Krämer 2002, 61-62.
5 Krämer 2002, 62.

Die Auseinandersetzung mit dem zunehmend britisch dominierten Ägypten veranlasste die Osmanen, sich ihrem an Ägypten angrenzenden Gebiet etwas stärker zuzuwenden. Doch außer der Bodenrechtsreform im Jahr 1858 fielen die Ergebnisse ihrer Bemühungen nicht zufriedenstellend aus.[6] Die feudale Abhängigkeitsstruktur der Bauern von den Großgrundbesitzern oder Pächtern prägte weiterhin das Leben der Bevölkerung.

Schon damals lebten Juden in der südlichen Levante. Ihre Zahl war allerdings gering. All die Jahrhunderte nach der vom römischen Kaiser Hadrian angeordneten Vertreibung aus Jerusalem und aus dem unmittelbaren Umfeld der Stadt[7] hindurch siedelten sie in dieser Region und ringsum im ganzen Orient. Sie waren fast durchgängig verarmt und auf die Wohltätigkeit ihrer Mitmenschen sowie ausländischer Organisationen[8] angewiesen. Diese durchaus nicht einheitliche Gruppe wird heute als ›alter Jischuv‹[9] bezeichnet. Zwischen dem ›alten Jischuv‹ und der lokalen arabischen Bevölkerung kam es während der langen Zeit ihrer gemeinsamen Existenz kaum zu Auseinandersetzungen, da dieser kein nationalpolitisches Interesse verfolgte und sich außer im religiösen Leben und Habitus nicht wesentlich von seiner Umwelt unterschied. Die europäische Idee des 19. Jahrhunderts von einer Heimstatt für die Juden, von einem Nationalstaat, gelangte erst mit dem ›neuen Jischuv‹ in die südliche Levante.

3.1.1 Die ›Judennot‹ in Europa

Der Hauptgrund für die Einwanderung von Juden in das ›Land ihrer Väter‹ im 19. Jahrhundert war deren äußerst prekäre soziale und wirtschaftliche Situation in Europa. Doch gab es stets auch andere, wenn auch für die Masse nicht signifikante Motivationen für eine Auswanderung, wie z. B. die messianische Hoffnung einiger jüdischer Gruppen oder der Wunsch der Gesetzestreuen, auch die sich auf das Heilige Land beziehenden Gebote erfüllen zu wollen.

---

6   Gerber 1987; Krämer 2002, 100-108.
7   D. h. im Zuge des Bar Kochba-Aufstands 132-135 n. Chr.
8   1870 gründete die ›Alliance Israélite Universelle‹ die erste landwirtschaftliche Schule in Palästina mit dem Namen Mikve Jisrael (›Hoffnung Israel‹). Vgl. diese Organisation heute: http://www.aiu.org/.
9   Jischuv kommt vom hebräischen jšb (sprich: jaschav) = wohnen, sitzen.

Obwohl Europa im 18. und 19. Jahrhundert in der ›jüdischen Frage‹ gespalten war, begann mit der Aufklärung ein Prozess ihrer Eingliederung und Anerkennung als gleichberechtigte Staatsbürger. Zu einem Kennzeichen der säkularen Nationalstaaten wurden die ihnen zugestandenen Bürgerrechte unabhängig von der religiösen Zugehörigkeit. In Mittel- und Westeuropa brachen sich die Ideale der Französischen Revolution (1789) Bahn. Die jüdischen Mitbürger wurden im Laufe des 19. Jahrhunderts nach langer Zeit der Ausgrenzung als Personen vor dem Gesetz gleichgestellt. 1848 gewannen sie in Frankreich, später auch in Österreich, Italien, Deutschland und in der Schweiz formal die Bürgerrechte. So proklamierte Graf Stanislas de Clermont-Tonnerre 1789 während seiner berühmten Rede zur Emanzipationsdebatte in der französischen Nationalversammlung: »Als Volk muss man den Juden alles verweigern, als Individuen aber ihnen alles geben. Sie müssen gleichberechtigte Staatsbürger werden.« Diese Schritte führten zu über viele Jahrzehnte andauernden staatlichen Integrationsprozessen, deren Ablauf sich in den europäischen Nationalstaaten höchst unterschiedlich gestaltete.

Im Zuge der Industrialisierung West- und Mitteleuropas erlangten einige Juden dank ihrer neuen bürgerlichen Freiheiten sogar wichtige Schlüsselstellungen. Vor diesem Hintergrund ergab sich für sie eine reale Chance auf eine erfolgreiche Integration in die europäische Kultur. Doch der wirtschaftliche und gesellschaftliche Aufstieg einiger jüdischer Gelehrter und Geschäftsleute erzeugte auch sozialen Neid. Einige der (zu Unrecht) an Charles Darwin anknüpfenden pseudo-naturwissenschaftlichen Rassentheorien schufen einen gefährlichen sozialen Nährboden und schürten beispielsweise die Angst vor der ›Verjudung Deutschlands‹. Sie spielten im Umfeld der Romantik und des Erwachens des deutschen Nationalbewusstseins eine negative Rolle und führten zu wiederkehrenden Ausschreitungen gegen Juden.

Im Gegensatz zur Emanzipation in Westeuropa verschlechterte sich Ende des 18. Jahrhunderts die Lage der Juden im Osten Europas, besonders in Russland, dramatisch. Aufgrund eines Erlasses von Zarin Katharina II. mussten seit 1786 nahezu 90 Prozent der etwa 5 Millionen russischen[10] Juden in Ansiedlungsrayons[11] leben. Sie fristeten hier als Kleinhändler

---

10   Hierzu zählen auch die ehemals polnischen und litauischen Juden.
11   Diese Gebiete, in denen Juden zwangsweise wohnen mussten, waren überwiegend ehemalige polnische oder litauische Gebiete.

oder Geldverleiher ein armseliges Leben. Der den Juden zugeschriebene Mord an Zar Alexander II. im Jahr 1881 führte darüber hinaus zu antijüdischen Ausschreitungen und Pogromen mit vielen Todesopfern und ließ die Hoffnungen der verfolgten jüdischen Bevölkerung auf eine Verbesserung ihrer eigenen Lage schwinden.

Innerhalb von drei Jahrzehnten verließen deshalb 2,6 Millionen Juden das Zarenreich. Hinter ihrem Exodus stand keine zionistische Idee, auch nicht bei den Juden aus dem übrigen Osteuropa, die ähnlich unerträglichen Bedingungen entflohen. Sie suchten vielmehr in Mitteleuropa und besonders in den USA eine neue, sichere Existenz. Weniger als fünf Prozent der damaligen Auswanderer flüchteten in den Nahen Osten.

3.1.2 Die ›praktische‹ Ausgestaltung der zionistischen Idee – die erste Aliya (1882 bis 1903)[12]

Die unhaltbare Situation in Osteuropa führte ab Juli 1882 zu einer ersten nennenswerten jüdischen Einwanderungswelle in die südliche Levante. Heute spricht man von der ›ersten Aliya‹.

Das Wort Aliya kommt vom hebräischen Verb ›hinaufgehen‹. Es bezieht sich auf biblische Vorbilder. Die Neu-Einwanderer verstanden sich auf ihrem Weg ›hinauf nach Jerusalem‹ wie ihre Vorfahren bei den Wallfahrten zum Jerusalemer Tempel, wie die hebräischen Sklaven aus Ägypten oder die in Babylon exilierten Kriegsgefangenen. – Der Begriff beinhaltet eine religiöse Dimension, wird hier aber für einen im Wesentlichen säkularen Vorgang benutzt.

Die meisten der 25 000 bis 30 000 zur ersten Aliya gerechneten Juden kamen aus Russland. Doch auch aus anderen (ost-)europäischen Ländern und dem Orient kamen Juden ins Land, wenn auch in geringerem Maße. Nur wenige von ihnen wurden damals von einer zionistischen Motivation geleitet.[13] An diese Gruppen wird heute jedoch aufgrund der überdurchschnittlichen Bedeutung des Zionismus für die Gründung des Staates Israel besonders erinnert. Zu den ersten zionistischen

---

12 Die manchmal auch diffus und zufällig sich ereignenden Einwanderungswellen jüdischer Immigranten nach Israel wurden nachträglich systematisiert, um wichtige Hauptmerkmale zu benennen und geschichtliche Veränderungen zu bezeichnen. Vgl. dazu und zum Folgenden insbesondere Krämer 2002, 122-143.
13 Vgl. zum Thema insgesamt Herzig 2002 und Kotowski 2001.

Ansiedlern gehörte die 1882 in Jaffa an Land gehende Gruppe der Bilu,[14] vierzehn ehemalige Studenten aus Charkow in der heutigen Ukraine. Die Gruppe der Bilu gründete die Ortschaft ›Rischon leZion‹ (›Zuerst für/nach Zion‹) als landwirtschaftliche Genossenschaft. Vom Hunger bedroht, gaben die meisten aber schon nach wenigen Monaten auf. In den beiden folgenden Jahren wurden auch die Ortschaften Sichron Ja'akov, Nes Ziona, Ekron, Jesod HaMa'ala und Gedera gegründet. Als 1891 die Juden gezielt aus Moskau vertrieben wurden, folgte weniger als ein Jahrzehnt nach der ersten eine zweite Einwanderungswelle. Jetzt entstanden die Siedlungen Rechovot, Hadera, Mischmar Hajarden, Ain Seitun und Moza.[15]

Abb. 25: Anlandung im Hafen von Jaffa (Foto von Gustaf Dalman, um 1910)

---

14   Sie beriefen sich auf das alttestamentliche Zitat in Jesaja 2,5 »Haus Jakob, geh, lasst uns aufbrechen!« mit den Anfangsbuchstaben des hebräischen Textes »Beit Ja'akov Lekhu Ve-nelkha«.
15   1896 wurden zwei weitere Landarbeiterkolonien gegründet, Beer Tuwja und Metulla.

Alle Einwanderer hatten schon bald mit gravierenden – meist vorhersehbaren – Problemen zu kämpfen:

- Die jüdischen Neueinwanderer waren auf die harten Anforderungen der Landarbeit nicht vorbereitet und diesen häufig auch nicht gewachsen. Ihnen fehlte jegliche Erfahrung mit den schwierigen Boden- und Klimaverhältnissen im Orient. Hinzu kamen Malariainfektionen in den Sumpfgegenden. Infolgedessen stellten die jüdischen Landwirtschaftssiedlungen arabische Arbeitskräfte ein, die körperlich leistungsfähiger, duldsamer, anspruchsloser und deutlich billiger waren. Diese so entstehende soziale Hierarchie tat dem gemeinsamen Zusammenleben auf Dauer nicht gut.
- Für die Einheimischen und für die Osmanen waren die Zuwanderer zunächst nicht nur einfach Fremde, sondern vor allem mehrheitlich Russen – und damit potentielle Feinde. Der Russisch-Osmanische Krieg 1877 bis 1878 war noch in lebhafter Erinnerung.
- Das Lebensgefühl europäischer Einwanderer führte oft zu gravierenden Missverständnissen und zu Fehlurteilen gegenüber der arabischen Kultur und damit gegenüber den ansässigen Nachbarn.
- Die Osmanen konnten an einer nationalen Sammlungsbewegung in ihrem Vielvölkerstaat nicht interessiert sein. Ohnehin vermuteten sie einen Zusammenhang zwischen jüdischer Einwanderung und europäischer Einflussnahme auf ihr Gebiet. Daher verhängten sie vor dem Hintergrund der Unabhängigkeitsbestrebungen auf dem Balkan ein Einwanderungsverbot und untersagten den Landerwerb für ausländische Juden.[16] Außerdem warnte der Konsul in Odessa angesichts der fortgesetzten Pogrome in Russland seine Regierung in Istanbul vor den Folgen der dadurch abzusehenden Flüchtlingswelle; schließlich waren schon vor 1882 viele russische Juden in Istanbul eingetroffen.[17]

Die Neusiedler waren zumeist mit nur sehr beschränkten finanziellen Mitteln in den Nahen Osten gekommen. Die vielfachen Schwierigkeiten bei der Neuansiedlung brachten sie schnell an den Rand ihrer wirtschaftlichen Existenz. Ohnehin standen ihnen für Neu- und Zukäufe meist nur

---

16   Das Verbot des Landkaufs war damals allerdings leicht zu umgehen, da Juden mit osmanischer Staatsbürgerschaft Grundstücke erwerben konnten.
17   Krämer 2002, 144 f.

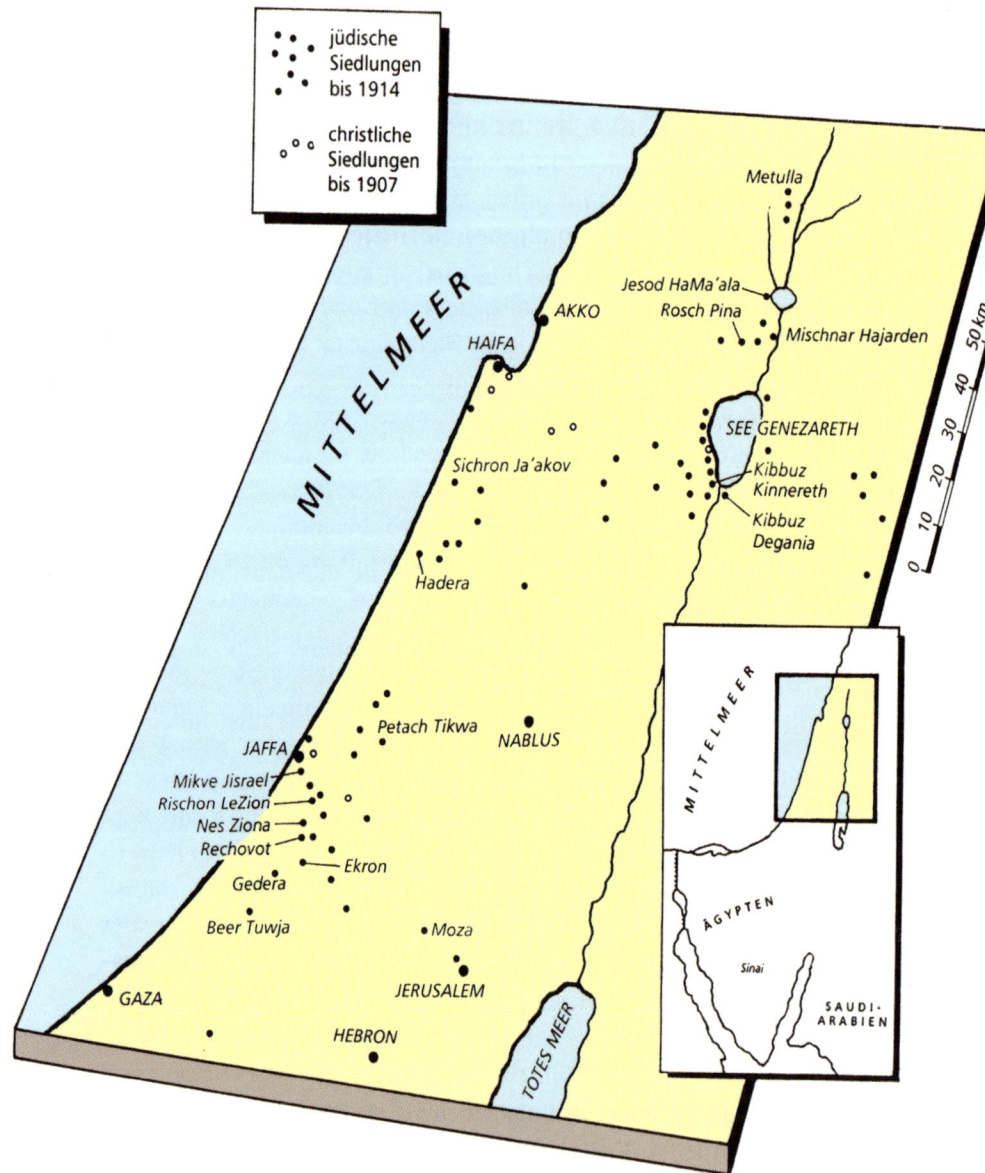

Abb. 26: Frühe jüdische Ansiedlungen in der südlichen Levante[18]

---

18 Basierend auf Friesel 1990, 118 Abb. 143.

die minderwertigen Böden zur Verfügung. Daher gaben viele Immigranten bald wieder auf und kehrten dem Orient den Rücken.

Die erste Aliya konnte nur durch Geld von außen am Leben gehalten werden. Dieses kam insbesondere von Baron Edmond James de Rothschild. Mit 70 Millionen französischen Goldfranken half er bei der Gründung von etwa 40 Siedlungen und beim Kauf von nahezu vierzigtausend Hektar Land. Letztendlich ging der Erfolg der dauerhaften jüdischen Ansiedlung in der südlichen Levante im 19. Jahrhundert auf ihn zurück.

Um z. B. das Überleben der Siedlung Hadera zu ermöglichen, musste der Baron von Anfang an beherzt eingreifen. Die grassierende Malaria in den dortigen Sumpfgebieten bekämpfte er mit der Hilfe von Sudanesen, die australische Eukalyptusbäume anpflanzten.[19] Baron Rothschilds Hilfe war aber stets an klare Bedingungen geknüpft. Er griff in die Struktur und in die Verwaltung der landwirtschaftlichen Ansiedlungen ein und ließ viele ›seiner‹ Siedlungen auf Weinbau umstellen. Sie existierten in Abhängigkeit von ihm, woran auch sporadische Aufstände der Bewohner nichts änderten.

Neben Baron Rothschild gab es auch Hilfe von anderer Seite, z. B. von den sogenannten ›Chibbat Zion-Vereinen‹. Sie wurden von osteuropäischen jüdischen Sympathisanten getragen. Allerdings fehlten ihnen die finanziellen Mittel für eine dauerhafte Unterstützung.

»Welch ein erbärmlicher ausgelaugter Steinhaufen. Das Fehlen von Schatten und Wasser ist empörend!«[20] (Wilhelm II. über die südliche Levante bei seinem Jerusalembesuch 1898)

Die Wirkung der ersten Aliya auf die Juden in Europa blieb gering. Der Nahe Osten schien für die meisten kein erstrebenswertes Einwanderungsgebiet zu sein, zumal die Nachrichten über das Schicksal der Einwanderer eher abschreckend wirkten. Für die zionistischen Kreise jedoch war diese Entwicklung bahnbrechend. Das ›Land ihrer Väter‹ war zum Land realer Ansiedlung geworden. In ihrer Ideologie spielten der Aufbau eigener landwirtschaftlicher Siedlungen und der Gebrauch der hebräischen Sprache eine besondere Rolle: Die Landwirtschaft führe zur Selbstversorgung und Unabhängigkeit – die gemeinsame Sprache verdeutliche den

---

19 Dies hatten die Franzosen in Algerien und die Templer im Heiligen Land bereits erfolgreich durchgeführt.
20 Zitiert nach Der Spiegel. Geschichte 3, 2009, 93.

Willen zur Volkswerdung.[21] Weitere jüdische Landwirtschaftssiedlungen entstanden 1878 in Petach Tikwa (›Tor zur Hoffnung‹)[22] und 1882 in Rosch Pina (›Eckstein‹).[23]

Psalm 122,2-3: »Nun stehen unsere Füße in deinen Toren, Jerusalem. Jerusalem ist gebaut als eine Stadt, in der man zusammenkommen soll.«

Die jüdische Einwanderung zielte jedoch nicht grundsätzlich auf landwirtschaftliche Ansiedlungen im Lande. Von den etwa 25 000 bis 30 000 Einwanderern lebten am Ende der ersten Aliya gerade einmal 5 500 in 28 landwirtschaftlichen Siedlungen.[24] Ganz im Gegensatz dazu war der Stellenwert Jerusalems unter den Juden schon zu Beginn unübertroffen. Obwohl die Stadt aus rein landwirtschaftlicher Sicht weitaus schlechtere Überlebensbedingungen als der fruchtbare Küstenstreifen, die Jesreel-Ebene oder Galiläa bot, lebten 1876 in Jerusalem bei einer Gesamteinwohnerzahl von 26 000 bereits etwa 12 000 Juden. Schon 1896 stellten sie dort die ethnische Mehrheit dar.[25]

Die über die alteingesessene arabische Bevölkerung völlig überraschend hereinbrechende Einwanderungswelle brachte gravierende Konsequenzen mit sich, die tief in deren gesellschaftliches und familiäres Leben einschnitten. Man empfand die Umwälzungen nicht als ›Segnungen‹, sondern als fremdbestimmt und fand sich zumeist in der Rolle des Opfers wieder. Nach den ersten Versuchen eines offenen Miteinanders überwogen die negativen Erfahrungen.

---

21 Brenner 2002, 57. – Vgl. insgesamt Perry/Petry 2001, 91.

22 Jehoschua Stampfer erwarb in der Nähe von Jaffa Land und gründete die erste jüdische Bauernsiedlung (Moschav; Pl. Moschavim) der Neuzeit Palästinas.

23 Rosch Pina war die erste jüdische Siedlung unter dem Patronat Baron Edmond James de Rothschilds.

24 Vgl. Krämer 2002, 128. – »Die Idee einer ›Produktivierung‹ des jüdischen Menschen durch körperliche Arbeit in Landwirtschaft und Handwerk, verbunden mit einer ›Colonisierung‹ von Eretz Israel, war Teil des emanzipatorischen Projekts, das bereits von Vertretern der jüdischen Aufklärung (*haskala*) propagiert und in Ansätzen auch in die Tat umgesetzt worden war.« Krämer 2002, 127. Die intellektuellen und praktischen Wurzeln sowie die Vorläufer dieser Bewegung sieht Krämer in der »deutschen Ostkolonisierung und dem französischen Siedlungskolonialismus in Algerien und Tunesien.« Krämer 2002, 391 Anm. 7.

25 Gerundete Zahlen nach den Angaben in Oesterreicher/Sinai 1974, 1, und des ersten ›British census‹ aus dem Jahr 1922:

1876	12 000 Juden	7 560 Muslime	5 470 Christen	26 030 Gesamtbevölkerung
1896	28 112 Juden	8 560 Muslime	8 748 Christen	45 420 Gesamtbevölkerung
1922	33 971 Juden	13 411 Muslime	4 699 Christen	52 081 Gesamtbevölkerung

Jerusalem war der Sitz des alten Jischuv. Die Rolle der Stadt für den Zionismus blieb zunächst durchaus umstritten. Ein wichtiger Sitz des modernen Zionismus war Jaffa, was auch die spätere Gründung von Tel Aviv bewirkte.

Ein jüdisches Zeugnis aus dem Jahr 1907 besagt: »Nach dem Brauch des Landes wird das Eigentum weitergegeben, aber die Pächter bleiben, wo sie sind. Wenn wir jedoch so ein Grundstück kaufen, entfernen wir seine vormaligen Bebauer vollkommen. ... Die Fellachen erhalten zwar eine gewisse Entschädigung in Geldform, aber – wenn wir uns nichts vormachen wollen – müssen wir zugeben, dass wir arme Leute aus ihren armen Nestern geworfen und ihnen das Brot genommen haben.«[26]

Nach vereinzelten Unstimmigkeiten kam es zu Übergriffen und schon 1891 zu gezielten Protesten prominenter arabischer Einwohner Jerusalems bei den osmanischen Behörden. Sie verfolgten das Ziel, sowohl die jüdische Einwanderung als auch deren fortgesetzten Landkauf zu unterbinden. Dem schlossen sich bald die Großgrundbesitzer und auch der arabische Landadel an. Weder damals noch in den darauffolgenden Jahren wurde eine Einigung über diese Streitpunkte erzielt. Die beiden Themen beherrschten bis zum Ende des britischen Mandats 1948 die Forderungen der arabischen Seite.

3.2 Europa und der Zionismus

Die *religiöse* Idee, das jüdische Volk im ›Land der Väter‹ zu sammeln, gehört zu den uralten messianischen Hoffnungen im Judentum. Auch im 18. Jahrhundert propagierten die Rabbiner Jehuda Alkalai[27] und Zvi Hirsch Kalischer[28] diese Ziele. Der Messias könne erst dann erscheinen, wenn sich das jüdische Volk wieder im ›verheißenen Land‹ sammle. Dieses werde zuerst durch die Arbeit im Land Israel irdisch erlöst, später schließlich vollkommen durch die Ankunft des Messias. – Solche Ideen waren jedoch ein Novum. Die meisten gesetzestreuen Juden wollten allein die Rückkehr des Messias abwarten, eine Haltung, die später auch zum Konflikt mit dem Zionismus führte.

Weitaus populärer war unter den Juden Europas damals jedoch die Hoffnung auf eine Integration in die bürgerliche Welt ihrer Heimatländer. Moses Hess widersprach dieser Meinung auf das Heftigste und wurde damit zum Vordenker des modernen theoretischen Zionismus,[29] indem er die

---

26 Epstein 1907; zitiert nach Bunzl 2008, 47.
27 1798 bis 1878. Er wirkte in Sarajevo.
28 1795 bis 1874. Er wirkte in Posen.
29 1812 bis 1875. Sein grundlegendes Werk hieß ›Rom und Jerusalem‹.

Meinung vertrat, das jüdische Volk werde durch die Emanzipation in die abendländischen Gesellschaften seinem eigenen Sein entfremdet. Die Errichtung eines jüdischen Nationalstaats – und diese Idee korrespondierte mit der europäischen Gedankenwelt – sei das Gebot der Zeit. Das jüdische Volk könne, so Moses Hess, nur im ›Land der Väter‹ normal existieren. Leon Pinsker[30] fügte unter dem Eindruck der russischen Pogrome dieser Argumentation noch hinzu, Juden würden sich in Europa niemals als wirklich gleichberechtigte Bürger integrieren können. Er forderte stattdessen in seinem streitbaren Buch »Autoemancipation! Mahnruf an seine Stammesgenossen von einem russischen Juden« die Bildung eines eigenen jüdischen Staates. Dies unterstützte auch Achad Haam[31] in seiner bereits in hebräischer Sprache verfassten Schrift »Nicht dies ist der Weg«. Die ›Judennot‹ sei nur zu lösen, wenn das Judentum seine eigene geistige Mitte wiederfinde.

Zu den Vordenkern des Zionismus zählte außerdem der bereits seit 1873 in der südlichen Levante lebende Jechiel Michael Pines[32], der wie Elieser Ben Jehuda[33] wesentlichen Anteil an der Wiederbelebung der hebräischen Sprache hatte.[34] Er wandte sich vehement gegen die von europäischem Geld abhängigen jüdischen Siedlungsgründungen und ganz bewusst gegen die kapitalistischen Methoden von Baron Edmond James de Rothschild.

Der Ehrenname ›Vater des Zionismus‹ kommt jedoch allein Theodor Herzl[35] zu. Sein Lebensweg war beispielhaft für das aufstrebende gebildete Judentum seiner Zeit.

---

30 1821 bis 1891.
31 1856 bis 1927. Pseudonym von Ascher Ginsberg.
32 1843 bis 1913.
33 1858 bis 1922.
34 Vgl. Krupp 1985, 33.68 ff.
35 1860 bis 1904.

Zur Person: Theodor Herzl
(*1860 in Budapest; gestorben 1904 in Edlach, Österreich) –
der ›Vater des Zionismus‹

*»Ich halte die Judenfrage weder für eine soziale noch eine religiöse,
wenn sie sich auch so und anders färbt. Sie ist eine nationale Frage.
... Wir sind ein Volk, ein Volk.«*[36] *Die Juden seien ein Volk als »eine
historische Menschengruppe von erkennbarer Zusammengehörigkeit,
die durch einen gemeinsamen Feind zusammengehalten wird.«*[37]

Theodor Herzl ›löste‹ seine persönliche ›Judenfrage‹ zunächst durch eine
erfolgreiche bürgerliche Assimilation. Er studierte Jura in Wien und pro-
movierte 1884. Danach erhielt er eine Anstellung als Korrespondent bei der
angesehenen Wiener Zeitung ›Neue Freie Presse‹. Als ihn seine Arbeitgeber
jedoch nach Paris sandten und er dort den aufsehenerregenden Dreyfus-
Prozess miterlebte, wurde dies zu einem wichtigen Meilenstein auf seinem
langwierigen Weg der Zuwendung zum Zionismus.

Alfred Dreyfus,[38] ein jüdischer Artilleriehauptmann aus dem französischen Generalstab,
wurde anhand von z. T. gefälschten Dokumenten wegen Landesverrats angeklagt. Man
beschuldigte ihn, er habe beabsichtigt, geheime französische Unterlagen an das Deutsche
Reich weiterzugeben. Obwohl dafür kein glaubwürdiges Motiv oder gar überzeugende
Beweise vorlagen, genügten seine jüdische Herkunft und antisemitische Klischees für
eine öffentliche Vorverurteilung. Im Dezember 1894 wurde er der Anklage für schuldig
befunden und zu lebenslanger Einzelhaft auf der in Frankreich als Verbannungsort be-
rüchtigten ›Teufelsinsel‹ verurteilt.
Obwohl der Major Ferdinand Walsin-Esterházy schon bald darauf, im März 1896, der
besagten Spionage überführt schien, verschleppten hochrangige Militärs und Politiker
eine Revision des Urteils bis ins Jahr 1899. In der aufgeheizten öffentlichen Debatte über
Schuld oder Unschuld von Alfred Dreyfus verfasste der berühmte Literat Émile Zola in
der Literaturzeitung L'Aurore
1898 einen offenen Brief an den französischen Staatspräsidenten Félix Faure unter dem
Titel »Ich klage an ...!« Daraufhin musste er sich selbst vorübergehend in Sicherheit bringen und setzte sich nach England ab.
Der Prozess wurde 1899 schließlich neu aufgerollt. Dabei erklärte das Gericht trotz der
neuen Beweislage Alfred Dreyfus erneut für schuldig; unmittelbar darauf bot der Staatspräsident ihm jedoch die Begnadigung an. Erst die Neuwahlen in Frankreich 1902 machten
ein zweites Revisionsverfahren möglich. In diesem – inzwischen schrieb man das Jahr

---

36   Herzl 1934, 25-26.
37   Herzl 1934, 372.
38   1859 bis 1935.

1906 – erfolgte der Freispruch. Daraufhin wurde Alfred Dreyfus rehabilitiert und wieder in die Armee aufgenommen.

Theodor Herzl kam als Beobachter des ersten Prozesses in Paris zu dem Schluss, dass die ›Judenfrage‹ nur durch die Schaffung einer eigenen nationalen Heimstätte zu lösen sei. In diesem Sinne verfasste er 1896 sein Buch ›Der Judenstaat. Versuch einer modernen Lösung der Judenfrage‹. Er forderte darin ein demokratisches und tolerantes jüdisches Staatswesen, das selbst den europäischen Staaten ein leuchtendes Vorbild sein könne. Die Hoffnung auf die Errichtung eines eigenen jüdischen Nationalstaats entsprach der politischen und geistigen Atmosphäre in Europa. Geografisch war er dabei zunächst nicht auf die südliche Levante fixiert. Auch Uganda oder Argentinien spielten zeitweilig als mögliche jüdische Heimstätten eine Rolle. Nach seiner Vorstellung sollte Deutsch die Amtssprache des neuen Staates werden.

Theodor Herzls rastloses Werben für seine Ziele bei reichen Juden und innerhalb einflussreicher diplomatischer Kreise in Europa hatte nur wenig Erfolg. Als ihn der Pariser Bankier Baron Edmond James de Rothschild darauf aufmerksam machte, dass der türkische Sultan möglicherweise eine jüdische Ansiedlung in der südlichen Levante ermöglichen könne, verhandelte er auch mit der türkischen Staatsführung und mit deren Verbündeten, den Deutschen. Allerdings konnte Theodor Herzl weder Kaiser Wilhelm II. noch den osmanischen Sultan Abdul Hamid II. von der Gründung einer jüdischen Heimstatt im Nahen Osten überzeugen.[39]

Trotz vieler Misserfolge – insbesondere bei der Beschaffung von Geldmitteln – berief Herzl im August 1897 den ersten ›Zionisten-Kongress‹[40] nach Basel ein. Das dort verabschiedete ›Basler Programm‹ sah die »... Schaffung einer öffentlich und gesetzlich gesicherten Heimat für das jüdische Volk in Palästina ...« vor.[41] Zudem gründete man auf dem Kongress eine jüdische Bank und einen Fonds, um in der südlichen Levante Land kaufen zu können.

Herzl schrieb am 3. September 1897 in sein Tagebuch: »Fasse ich den Baseler Congress in ein Wort zusammen – das ich mich hüten werde öffentlich auszusprechen – so ist es dieses: in Basel habe ich den Judenstaat gegründet. Wenn ich das heute laut sagte, würde mir ein universelles Gelächter antworten. Vielleicht in fünf Jahren, jedenfalls in fünfzig wird es Jeder einsehen.«[42]

---

39   Kaiser Wilhelm II. war den Ideen Herzls zunächst nicht abgeneigt. Während seiner Orientreise 1898 nahm er mit Rücksicht auf die osmanischen Befindlichkeiten jedoch davon Abstand.
40   Auch: Zionistischer Weltkongress.
41   Schilling 1963, 350.
42   Herzl 1984, 539.

Auf dem sechsten ›Zionisten-Kongress‹ im August 1903 legte Theodor Herzl den Delegierten das britische Angebot vor, in Uganda einen jüdischen Staat unter britischer Oberhoheit zu gründen. Dieser Vorschlag fand keine Mehrheit. Herzl wurde angesichts seiner offenkundigen Erfolglosigkeit angefeindet und mit Kritik überzogen. Er starb im Jahr darauf – aus dem damaligen Blickwinkel als tragische, gescheiterte und erfolglose Gestalt.

Überblickt man Theodor Herzls Wirken, so hat er jedoch der zionistischen Idee eine Stimme in der politischen Welt gegeben. Er setzte das Thema des jüdischen Nationalstaats auf die Tagesordnung der europäischen Politik und befand sich mit seinen Ideen durchaus im Einklang mit den damaligen nationalen Emanzipationsbewegungen europäischer Völker. Außerdem gab er den entscheidenden Anstoß zur Gründung des zionistischen Weltkongresses,[43] der Anfang des 20. Jahrhunderts bereits 100 000 Mitglieder hatte.

---

43   Siehe dazu S. 309.

3.3 Weichenstellungen während der letzten Jahre des Osmanischen Reichs

3.3.1 Die Konsolidierung der zionistischen Idee – die zweite Aliya (1904 bis 1914)[44]

Während der zweiten Aliya entwickelte sich das System der Kollektivsiedlungen (Kibbuzim und Moschavim), das den späteren Staat Israel deutlich prägen sollte. Bereits 1908 bzw. 1909 entstanden am Südufer des Sees Genezareth der Kibbuz Kinneret und der Kibbuz Degania.[45] Nicht die religiöse Sehnsucht nach Jerusalem bzw. nach dem Heiligen Land machte das Wesen dieser Bewegung aus, sondern das Bestreben, eine eigene gerechte, sozialistische Gesellschaft freier und gleicher Bürger aufzubauen. Die so in die südliche Levante drängenden Menschen wollten die Bindung an ihr Land wiedergewinnen und auf ihm ihren Lebensunterhalt verdienen.

Allerdings ist festzustellen, dass die sozialistischen und kommunistischen Ideale bald in Konflikt mit der Eroberung des Landes und der Vertreibung der Araber gerieten, so dass der lokale Sozialismus nicht immer den Wertvorstellungen Europas entsprach.[46] »Jeder jüdische Arbeiter sollte sich folgendes Bild vor Augen führen: Araber packen ihre wenigen Habseligkeiten, hängen sie sich über die Schulter und verlassen ihr Land: Ein paar Meter von den Fellachen entfernt, tanzen die ›neuen Kolonialisten‹ eine fröhliche ›Hora‹! Wir wollen nicht sentimental wirken, aber dieses Bild ist ein Symbol, und diejenigen Arbeiter, die sich bei der ›historischen Rache‹ und bei der ›Eroberung‹ des nicht-jüdischen Bodens so gut fühlen, sollten bedenken: Der arabische Fellache ist nicht das geeignete Objekt für Eure Abrechnung mit der Geschichte!«[47]
Ganz anders argumentierte Theodor Herzl: »Die arme Bevölkerung trachten wir unbemerkt über die Grenze zu schaffen, indem wir ihnen in den Durchgangsländern Arbeit verschaffen, aber in unserem eigenen Lande jederlei Arbeit verweigern.«[48]

---

44   Es kamen etwa 35 000 bis 40 000 Einwanderer, überwiegend aus Russland und Polen.
45   1914 gab es in Palästina bereits 47 jüdische Dörfer.
46   Bunzl 2008, 65.
47   Stellungnahme der ›Palästinensischen Kommunistischen Partei‹ aus dem Jahr 1924 anlässlich von Auseinandersetzungen um den Landbesitz in und bei Afula (Jesreel-Ebene); zitiert nach Bunzl 2008, 74.
48   Aus den Tagebüchern Theodor Herzls; zitiert nach Flores 2009, 23.

Abb. 27: Ansiedlung südlich des Sees Genezareth (Foto von Gustaf Dalman, um 1910)

3.3.2 Muslimische Flüchtlingsströme

Im Russisch-Osmanischen Krieg (1877-1878) versuchten die Russen, sich einen Zugang zum Mittelmeer zu verschaffen und dabei auch die orthodoxen slawischen Völker des Balkans – die Serben und Bulgaren – von der osmanischen Herrschaft zu befreien. Während dieses Krieges zettelten die Türken im Kaukasus einen Aufstand gegen die Russen an. Sie hofften, die Russen im Kaukasus zu schwächen und damit die Kriegsfront entlasten zu können. Doch der Aufstand im Kaukasus wurde niedergeschlagen. Nach dem Sieg der Russen kam es zu einer gewaltigen Fluchtwelle und zu (Zwangs-)Umsiedlungen hunderttausender muslimischer Nordkaukasier, vor allem Tscherkessen und Abchasen. Sultan Abdul Hamid II. siedelte diese u. a. in Syrien, d. h. auch dies- und jenseits des Jordans an. Dort besiedelten sie den Golan, wo sie bald 15 Prozent der Bevölkerung ausmachten. Sie gründeten auch in Galiläa Siedlungen wie die Dörfer Kfar Kama und Rihaniye. Außerdem besiedelten sie das versandete Kaisarijeh, das Trümmerfeld der antiken Stadt Caesarea Maritima. Behauene Steine für den Hausbau gab es dort in Hülle und Fülle. Aus demselben Grund wurden auch antike Orte wie Gerasa und Amman/Philadelphia im dünn besiedelten Ostjordanland zur neuen Heimat der Flüchtlinge.
Den Tscherkessen folgten einige tausend Tschetschenen und Turkmenen, die besonders im nördlichen Jordantal eine neue Heimat fanden, und schließlich

ab 1915 tausende christliche Armenier, die vor der osmanischen Verfolgung flohen.[49]

3.3.3 Der Erste Weltkrieg und das Ende des Osmanischen Reichs (1914 bis 1918)

Der Erste Weltkrieg brachte tiefgreifende Veränderungen in der südlichen Levante. Die Kolonialmächte Großbritannien und Frankreich machten sich die Schwäche des Osmanischen Reichs zu Nutze. Sie eroberten große Bereiche des Nahen Ostens und drängten die Osmanen weit zurück. Der Zerfall ihres Reiches war besiegelt. Am 9. Dezember 1917 fiel Jerusalem und am 11. Dezember zog der britische General Edmund Henry Allenby siegreich in die Stadt ein.

Die Briten waren fortan gemeinsam mit den Franzosen die bestimmende politische Größe im Nahen Osten. Während des Ersten Weltkriegs hatten sie aus eigenem politischen Machtkalkül heraus sowohl den Juden als auch den Arabern Versprechungen gemacht, die anscheinend im Widerspruch zueinander standen und mit denen sie nun konfrontiert wurden.

Die ›Hussein – McMahon Korrespondenz‹ (1915 bis 1916)

Die britische Diplomatie war zu Beginn des Ersten Weltkriegs daran interessiert, die Araber gegen das Osmanische Reich zu mobilisieren und deren Unterstützung für die 1907 geschaffene ›Triple Entente‹ – bestehend aus Großbritannien, Frankreich und Russland – zu sichern. Schließlich hatten die Osmanen bereits 1915, wenn auch erfolglos, den Suezkanal angegriffen. Daher waren die Briten gewillt, einen arabischen Aufstand gegen die Türken zu unterstützen und nach dem gewonnenen Krieg gebührend zu honorieren. Sir Henry McMahon, der Britische Hochkommissar in Ägypten, schrieb deshalb am 24. November 1915 an Hussein Ibn Ali, den Scherifen von Mekka:

»*Die Distrikte von Mersina und Alexandrette und die westlich von den Distrikten Damaskus, Homs, Hama und Aleppo gelegenen Teile von Syrien können nicht als rein arabisch bezeichnet werden und sollten aus den vorgeschlagenen Grenzen ausgeschlossen bleiben. Mit dieser Modifikation ... nehmen wir die Grenzziehungen an, und in bezug auf jene Teile des Gebiets, in denen Großbritannien unbeschadet der Interessen seines Alliierten Frankreich Handlungsfreiheit hat, bin ich ermächtigt, im Namen der Regierung von Großbritannien die folgende Zusicherung zu geben. ... Vorbehaltlich der obigen Modifikationen ist Großbritannien bereit,*

---

49   Vgl. dazu Czichowski 1990 und Schulz/Gieler 2003, 250-255.

die Unabhängigkeit der Araber anzuerkennen und zu unterstützen innerhalb der Länder, die in den vom Scherif von Mekka vorgeschlagenen Grenzen liegen. ... Ich bin davon überzeugt, dass diese Erklärung Sie über alle möglichen Zweifel hinweg von der Sympathie Großbritanniens gegenüber den Bestrebungen seiner traditionellen Freunde, der Araber, überzeugen und zu einer festen und dauerhaften Allianz führen wird, deren unmittelbare Ergebnisse die Vertreibung der Türken aus den arabischen Ländern und die Befreiung der arabischen Völker vom türkischen Joch sein werden, das seit so vielen Jahren schwer auf ihnen gelastet hat.«[50]
(Sir Henry McMahon)

Die arabische Seite war nunmehr der Überzeugung, dass sie auch die südliche Levante als ihr eigenes Territorium ansehen durfte, selbst wenn unklar bleibt, welches Territorium aus der Sicht Sir Henry McMahons 1915 als westlich des Distriktes Damaskus gelten durfte. Die Briten bestritten später, die südliche Levante den Arabern versprochen zu haben. Hussein Ibn Ali drängte zwar schon früh auf eine genauere Festlegung des künftigen arabischen Reichs, doch die Briten erklärten, die Zeit sei dafür noch nicht reif und verwiesen darauf, dass die Gebiete ja noch nicht einmal erobert seien.

Am 5. Juni 1916 rief Faisal I., der Sohn Hussein Ibn Alis, zum Aufstand (›Dschihad‹) gegen den osmanischen Sultan auf.[51] Der Befreiungskampf der Araber ist durch die Filme und Berichte über ›Lawrence von Arabien‹[52] ins kollektive Gedächtnis des Abendlandes eingegangen. Die Araber erfüllten mit ihrem erfolgreichen Aufstand gegen die Osmanen ihr Versprechen gegenüber den Briten.

Das ›Sykes-Picot-Abkommen‹ (1916)

Das ebenfalls geheime britisch-französische Sykes-Picot-Abkommen vom 16. Mai 1916 verrät, dass die Briten selbst andere Pläne hatten. Die beiden namengebenden Unterhändler einigten sich auf die Teilung des Osmanischen Reichs nach dessen Niederlage. Die arabische Landmasse

---

50 Zitiert nach Krämer 2002, 174–175.
51 Faisal I. hatte am 5. Juni 1916 die Unabhängigkeit der Araber proklamiert und damit den ›Aufstand in der Wüste‹ gegen die Osmanen begonnen. Er führte seit Oktober 1918 in Damaskus eine arabische Regierung und wurde im März 1920 vom im Jahr zuvor gewählten Syrischen Nationalkongress zum König von ›Großsyrien‹ ausgerufen. Der in San Remo tagende Oberste Rat der Alliierten missachtete diese Entscheidung und teilte Syrien in die Länder Libanon, Palästina und ›Rest-Syrien‹ auf, wobei der Libanon und ›Rest-Syrien‹ unter französisches Mandat gelangten. Die französischen Truppen besiegten Faisal im Juli 1920 südlich von Damaskus. Er floh nach Italien und wurde im August 1921 nach dem Willen der Briten König des Irak.
52 Sein bürgerlicher Name war Thomas Edward Lawrence. Der Archäologe und Schriftsteller wurde am 16. August 1888 geboren und starb am 19. Mai 1935 durch einen Motorradunfall.

sollte nach ihren Vorstellungen in ein britisches und ein französisches Einflussgebiet aufgeteilt werden, in denen Großbritannien und Frankreich als ›Schutzmächte der arabischen Staaten‹ agierten.

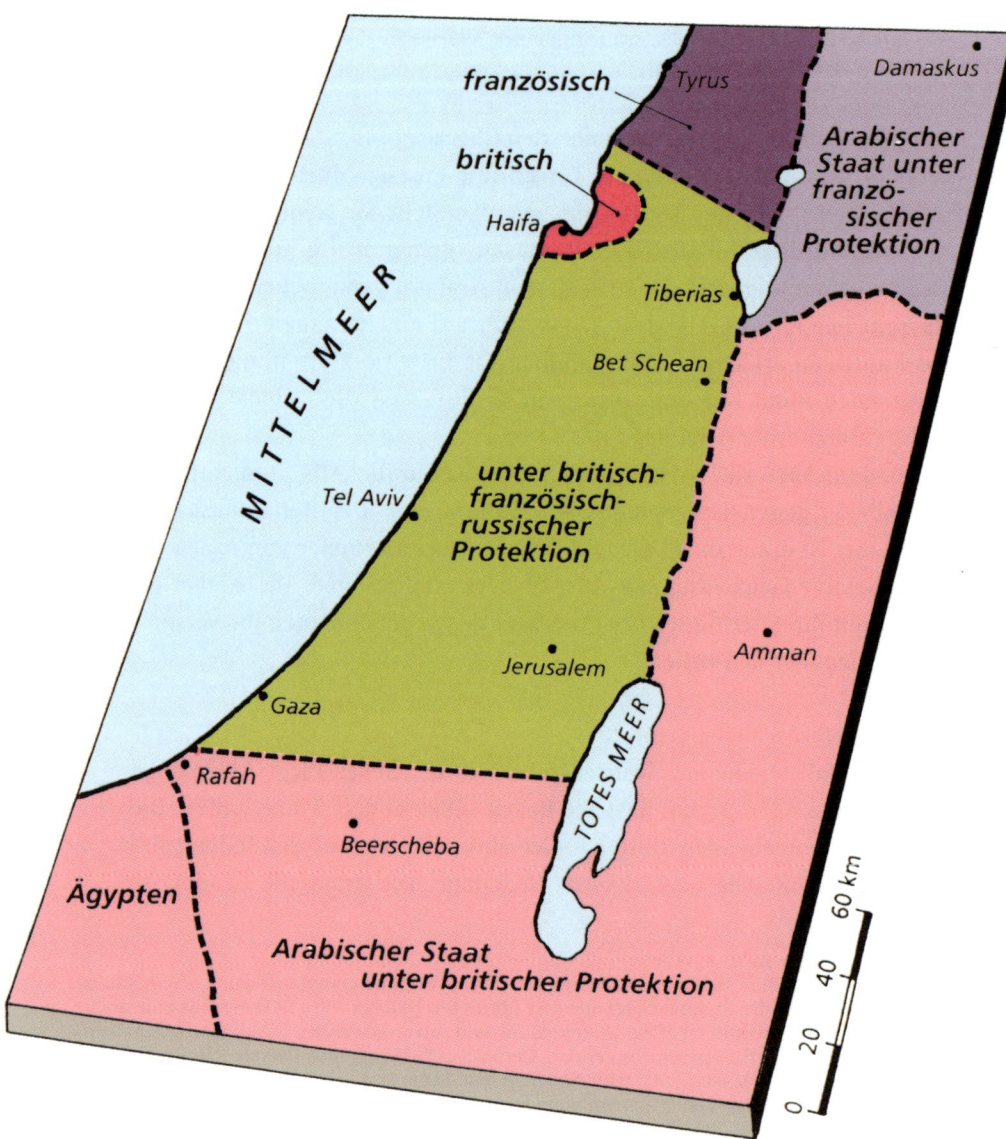

Abb. 28: Sykes-Picot-Abkommen

Die ›Balfour-Erklärung‹ (1917)

Die Briten strebten für ihre Kriegsziele das Wohlwollen der eigenen wie der französischen Juden an – sie zielten aber auch auf eine positive Reaktion bei den amerikanischen und deutschen jüdischen Gemeinden.[53] Deshalb machten sie 1917 ein Angebot, das der britische Außenminister Arthur James Balfour am 2. November an Baron Edmond James de Rothschild adressierte. Nach seiner Erklärung werde in der britischen Regierung »die Schaffung einer nationalen Heimstätte in Palästina für das jüdische Volk mit Wohlwollen« gesehen. Wobei klar verstanden werden sollte, »dass nichts getan werden soll, was die bürgerlichen und religiösen Rechte bestehender nichtjüdischer Gemeinschaften in Palästina oder die Rechte und die politische Stellung der Juden in irgendeinem anderen Lande beeinträchtigen könnte.«[54]

Die Balfour-Erklärung wurde später in den Mandatsauftrag der Briten aufgenommen und damit völkerrechtlich verbindlich. Dies gab den Juden ein zusätzliches Argument, selbst die Kontrolle der südlichen Levante zu beanspruchen. Wie die Araber den Brief von Sir Henry McMahon, so haben auch die Juden die Balfour-Erklärung offensiver ausgelegt als die Briten selbst. Was wurde ihnen wirklich versprochen? Was ist eine ›nationale Heimstätte‹? Welche Grenzen sollte ihr Gebiet in Palästina haben? Hierüber gingen die Vorstellungen weit auseinander.

Im Jahr 1917 zählte die britisch kontrollierte südliche Levante etwa 704 000 Einwohner, darunter 574 000 Muslime (81 Prozent) und 56 000 Juden (8 Prozent).[55]

3.4 Die internen Kämpfe während des britischen Mandats (1920 bis 1948)

Die Ausgestaltung des britischen Mandats eröffnete die Möglichkeit, den jüdisch-arabischen Konflikt durch eine klare und gerechte politische Wei-

---

53 Krämer 2002, 179.
54 Zitiert nach Krämer 2002, 179. 396 Anm. 14.
55 Außerdem lebten dort 74 000 Christen (11 Prozent). – Vor dem Ersten Weltkrieg hatten sich bereits 85 000 Juden in Palästina niedergelassen. Die Zeit des Ersten Weltkriegs war für die jüdische Minderheit in Palästina jedoch schwer durchzustehen, sodass es zu verstärkten Auswanderungen kam. Zusätzlich wurden viele Juden gegen ihren Willen von den Osmanen ausgewiesen.

chenstellung zu entschärfen. Dazu hätte die Pariser Friedenskonferenz dienen können.

Das ›Faisal-Weizmann-Abkommen‹ (1919)

Im Januar 1919 wurde auf der Pariser Friedenskonferenz ein Hoffnung erweckender Vertrag vorgestellt, den Emir Faisal I.[56] und Chaim Weizmann[57] im Sommer 1918 in Maan (nördlich von Aqaba) vorbereitet hatten. Sie strebten nach einvernehmlich ausgehandelten Grenzen zwischen dem von Faisal I. regierten arabischen Reich und der von Chaim Weizmann vertretenen jüdischen Heimstatt in Palästina. Daher sprachen sie von einer größtmöglichen und aufrichtigen Zusammenarbeit bei der Entwicklung des arabischen Königreichs und des jüdischen Staates sowie bei der Förderung der jüdischen Einwanderung nach Palästina. Der freie Zugang zu den heiligen Stätten und die Religionsfreiheit der dort lebenden Muslime galten als Grundvoraussetzung. Selbst von der Unterstützung der jüdischen Einwanderung durch die arabische Seite war die Rede.[58]

Emir Faisal I.[59] stimmte dem am 3. Januar 1919 geschlossenen Vertrag ausdrücklich nur unter der Bedingung zu, dass die Araber tatsächlich unabhängig und frei würden, was aber nicht geschah.

»Ich werde die Klauseln dieses Vertrages wirksam machen, sobald die Araber ihre Unabhängigkeit unter den Bedingungen erlangt haben, welche in meinem Memorandum verzeichnet sind, das ich am 4. Januar 1919 an den britischen Staatssekretär im Außenministerium sandte. Wenn jedoch (die Bedingungen meines Memorandums) auch nur der leichtesten Veränderung unterzogen würden, wäre ich mit keinem Wort an den dann null und nichtigen Vertrag gebunden und zu seiner Einhaltung nicht mehr verpflichtet.«[60] (Emir Faisal I.)

Arthur James Balfour bezog unmittelbar nach der Pariser Friedenskonferenz zu den britischen Plänen Stellung, in der südlichen Levante eine jüdische Heimstatt zu schaffen, wobei er sowohl die Unlogik des britischen Plans als auch die Geringschätzung der Interessen der arabischen Bewohner zum Ausdruck brachte.

---

56 Faisal I. stand seit Oktober 1918 in Damaskus einer arabischen Regierung vor und wurde im März 1920 vom Syrischen Nationalkongress zum König von ›Großsyrien‹ ausgerufen.
57 1920 bis 1931 und 1935 bis 1946 Präsident des Zionistischen Weltkongresses.
58 Vgl. Krämer 2002, 190-191.
59 Emir Faisal I. wird sich im Gegenzug von den Juden Hilfe bei seiner Machtübernahme in Syrien versprochen haben.
60 Handgeschriebenes Postscript von Faisal I.; Übersetzungsversion des englischen Originals aus Wikipedia, Art. »Faisal-Weizmann-Abkommen« (Stand: 28. Juli 2009). Vgl. dazu Antonius 1938, 437-439; Caplan 1983, 561-614 und Perlmann 1944, 132-147.

Abb. 29: Britisches Mandat[61]

---

61   Basierend auf Wolffsohn 2007, 257.

»Die vier Großmächte haben sich dem Zionismus verpflichtet, und Zionismus – sei er nun recht oder unrecht, gut oder schlecht – wurzelt in jahrhundertelanger Tradition, in gegenwärtigen Nöten, in Zukunftshoffnungen von weit tieferer Bedeutung als die Wünsche und Vorurteile der 700 000 Araber, die jetzt das uralte Land bewohnen. Meiner Meinung nach ist das richtig. Ich habe aber nie verstehen können, wie das in Einklang gebracht werden kann. ... In der Tat haben die Mächte hinsichtlich Palästina keine Tatsachen-Feststellung getroffen, die nicht falsch war, und keine politisch-programmatische Zusicherung gegeben, die sie nicht ... von vornherein zu brechen beabsichtigten.«[62] (Arthur James Balfour)

Die im April 1920 in San Remo tagende Konferenz des Obersten Rats der Alliierten beauftragte erwartungsgemäß Großbritannien mit der Verwaltung der südlichen Levante. Damit entstand das Mandatsgebiet Palästina. Bald darauf trat dort eine Zivilverwaltung in Kraft. Oberster britischer Repräsentant, d. h. britischer Hochkommissar, wurde der liberale Sir Herbert Samuel, ein Jude und Zionist.[63] Er übte die volle gesetzgeberische und administrative Macht aus.

»Die Mandatsmacht ist für das Umsetzen der Erklärung der britischen Regierung vom 8. November 1917 verantwortlich ... hinsichtlich der Errichtung einer nationalen Heimstätte für das jüdische Volk in Palästina. Es soll klar ausgedrückt werden, dass dabei nichts getan werden soll, was die bürgerlichen und religiösen Rechte bestehender nichtjüdischer Gemeinschaften in Palästina oder die Rechte und die politische Stellung der Juden in irgendeinem anderen Lande beeinträchtigen könnte.« (San Remo 1920)

Dem Mandatsgebiet Palästina wurde angesichts der ›jüdischen Frage‹ ein Sonderstatus zuerkannt. Während der folgenden Jahre fühlten sich die Briten entsprechend der Balfour-Erklärung verpflichtet, die Einwanderung und Ansiedlung von Juden auf dem ehemaligen osmanischen Staatsterritorium zu ermöglichen.

Das Mandat der Völkergemeinschaft war die damals moderne Variante des alten europäischen Kolonialismus und bestellte über »Völker, die noch nicht fähig sind, für sich allein zu stehen«, eine Verwaltung durch »fortgeschrittene Nationen.«[64] Unter der Aufsicht der Mandatsmächte Frankreich und Großbritannien sollten die arabischen Bewohner den Weg in die Unabhängigkeit beschreiten.

---

62   Arthur Balfour zitiert nach Flores 2009, 30.
63   Die Zivilregierung begann am 1. Juli 1920. – Der Völkerbund billigte das Palästinamandat auf seiner Tagung am 24. Juli 1922 in London; es trat am 29. September 1923 in Kraft.
64   Derart umrissene ›Mandate‹ gehörten zum System des Völkerbundes. Vgl. hierzu Miller 1928, 161-176.

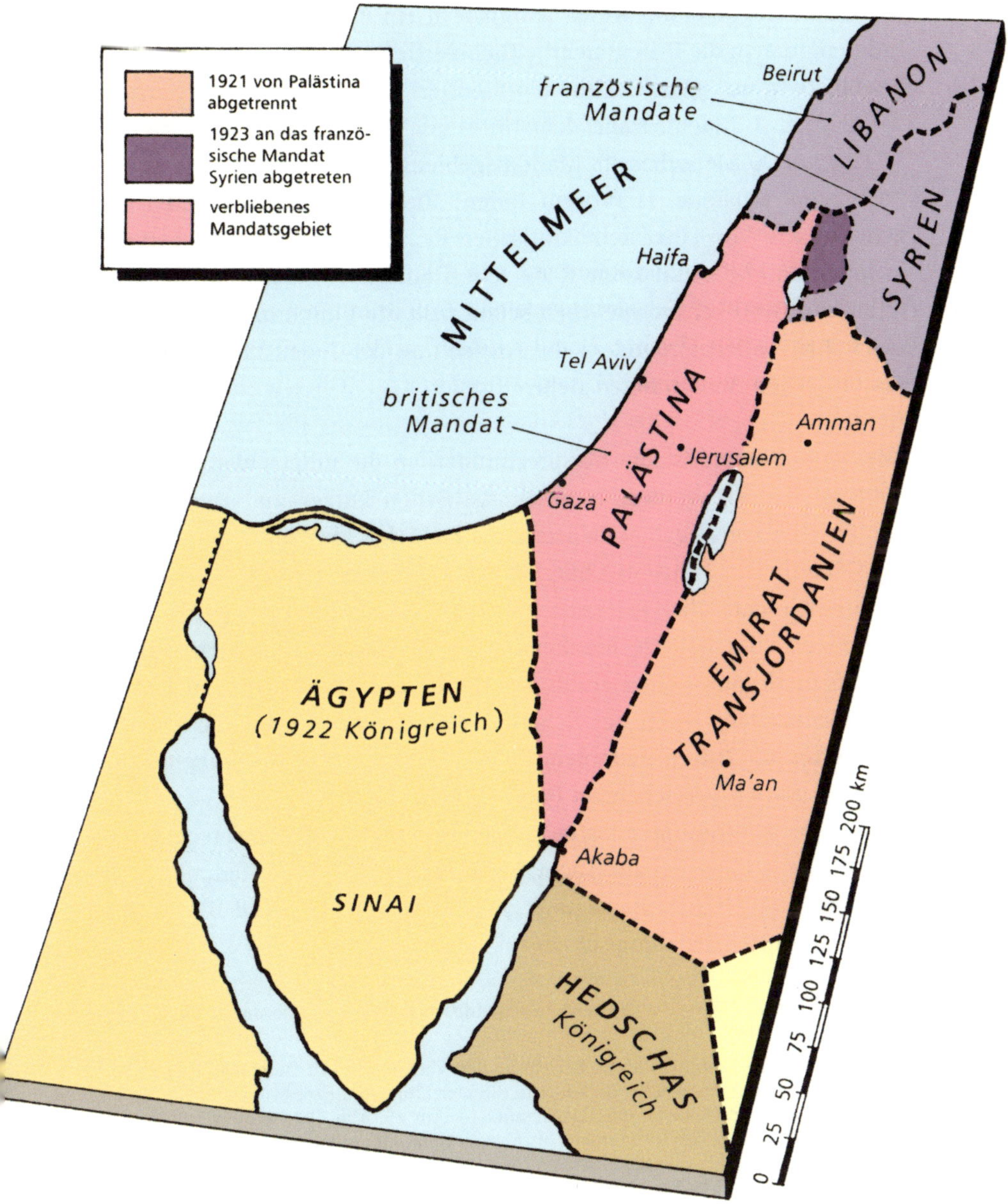

Abb. 30: Die Aufteilung Palästinas der Jahre 1921 und 1923[65]

---

65   Basierend auf Wolffsohn/Bokovoy 2003, 22 Abb. 6.

Die lokale Bevölkerung wurde lediglich in ein Beratungsgremium einge-bunden, in dem die Briten mehrheitlich vertreten waren und die arabische Bevölkerung nur unzureichend repräsentiert wurde (10 Briten, 4 Muslime, 3 Christen, 3 Juden). Nach dem britischen Zensus[66] lebten im Oktober 1922 757 000 Menschen im Mandatsgebiet Palästina; davon waren etwa 78 Prozent Muslime, 11 Prozent Juden; 10 Prozent Christen und 1 Pro-zent Drusen. Von einer demokratischen Repräsentanz der Bevölkerungs-gruppen konnte somit keine Rede sein. Daher machte sich bei der mus-limischen Bevölkerungsmehrheit schon früh die Einschätzung breit, dass nicht ihre Anliegen, sondern die Ansiedlung der Juden im Vordergrund der britischen Bemühungen stehe.

Um ihren diplomatischen Versprechungen an die unterschiedlichen Par-teien gerecht zu werden, trennten die Briten kurzerhand zwei Gebiete von ihrem Mandatsgebiet Palästina ab. Zunächst überführte der damalige Kolonialminister Winston Churchill noch vor dem Inkrafttreten des Völ-kerbundmandats über Palästina im September 1922 den Bereich Trans-jordanien – das heutige haschemitische Königreich Jordanien – in ein eigenes (halb-)autonomes arabisches Emirat und setzte dort Abdallah Ibn al-Hussain, einen Sohn des Scherifen von Mekka, als Emir ein.[67] 1923 separierten die Briten außerdem noch den Golan und übergaben diesen an die in Syrien herrschenden Franzosen.

Diese Gebietsabtretungen lösten bei den jüdischen Vertretern recht unter-schiedliche Reaktionen aus. Die ›Revisionisten‹, eine von Wladimir (Ze'ev) Jabotinsky angeführte Bewegung, aus der später der Likud-Block[68] her-vorging, lehnten sie energisch ab.

»Der Jordan hat zwei Ufer – das eine gehört uns und das andere auch.«[69] (Slogan der Revisionisten)

---

66   Report on Palestine Administration‹, Bericht an den Völkerbund (31. Dezember 1922).

67   Abdallah Ibn al-Hussain, dessen Herkunft in direkter Linie vom Propheten Mohammed abgeleitet wird, begründete die Dynastie der Haschemiten. – Am 25. Mai 1923 erhielt Transjordanien die offizielle Anerkennung Großbritanniens als eigener Staat, der allerdings unter britischer Kontrolle (General John Bagot Glubb) stand. Erst im März 1946 endete das britische Mandat über Transjor-danien. Am 25. Mai 1946 wurde Abdallah Ibn al-Hussain König des haschemitischen Königreichs Transjordanien.

68   Sammlungspartei der rechten Parteien in Israel.

69   Allerdings hatte selbst Wladimir Jabotinsky – der Gründer der Jugendbewegung Betar und der Weltunion der Zionistischen Revisionisten (beides 1923) – als Teil der Exekutive des Zionistischen Weltkongresses die Annahme von Churchills Weißbuch 1922 (siehe S. 142 f.), das Transjordanien von den Bedingungen der Balfour-Deklaration ausnahm, mitgetragen.

Der Zionistische Weltkongress war hingegen durchaus bereit, sich auf das Gebiet westlich des Jordans zu beschränken, forderte aber die Anerkennung seiner ›Heimstatt‹ durch den in Transjordanien regierenden Emir.

Die Briten waren zu diesem Zeitpunkt herausgefordert, politische Ziele abzustecken und Visionen für die Bewohner ihres Mandatsgebiets zu entwickeln. Doch blieben sie eine Klärung der grundlegenden Fragen sowohl den Juden als auch insbesondere den Arabern gegenüber schuldig. Vermutlich schätzten sie die negativen Folgen ihrer unklaren Politik, die Wesentliches offen ließ, nicht realistisch ein.
Augenscheinlich erhofften sie, durch den kulturellen Impuls der jüdischen Ansiedlungen so viel Wohlstand entwickeln zu können, dass auch die arabische Bevölkerungsmehrheit der Mischbevölkerung von Juden und Arabern nach und nach positiv gegenüber stehen werde.[70] Diese Hoffnung erfüllte sich jedoch nicht. Die Araber erlebten die Modernisierung ihres Landes vielmehr als soziale und politische Bedrohung, die Althergebrachtes und Bewährtes abschaffte, ihre Bedeutung minderte und auch ihre eigenen (religiösen) Traditionen missachtete. Die Veränderungen in ihrer Gesellschaft schienen ihnen eine europäische Kolonialisierung im jüdischen Gewand zu sein. Der ausgeprägte Konservativismus der arabischen Welt und die Unerfahrenheit ihrer feudal geprägten Gesellschaft mit demokratischen Prozessen kamen hinzu. Es fehlten der arabischen Seite ein klares politisches Programm und geeignete, politisch erfahrene Interessenvertreter.
Die Briten betrachteten das gesamte Problemfeld aus europäischer Perspektive. Sie standen den jüdischen Aktivitäten, deren Auftreten und Argumentation weit näher als der arabisch-orientalischen Befindlichkeit. Die Briten beharrten darauf, dass auch die arabische Seite die Balfour-Erklärung akzeptieren müsse, da sie einen Teil des britischen Palästinamandats darstelle. Verweigerten sich daraufhin die Araber – wie es zum Beispiel 1923 beim Boykott der Wahlen zur gesetzgebenden Kammer geschah – waren sie, anders als die Juden, von der Gestaltung des britischen Mandatsgebietes ausgeschlossen. So büßten sie bei den Briten nicht nur an Vertrauen ein, sondern angesichts der tatsächlichen,

---

70 Diese ›Wohlstandsideen‹ entsprachen der damaligen kolonialen Ideologie – wie sie auch in anderen Kontinenten propagiert wurde.

sich zugunsten der Juden entwickelnden Lage auch an Glaubwürdigkeit innerhalb der eigenen Bevölkerung.[71]

Juden und Araber drifteten hinsichtlich ihres politischen Einflusses, ihrer wirtschaftlichen Bedeutung und ihres Lebensstandards immer weiter auseinander. Der britische Doppelauftrag aus der Balfour-Erklärung – die Ansiedlung der Juden in Palästina zu ermöglichen und die »bürgerlichen und religiösen Rechte der nichtjüdischen« Gruppen zu wahren – führte zu einer glücklosen ›Schaukel-Politik‹, die innerhalb eines Vierteljahrhunderts das Mandat zwischen den Fronten der widerstreitenden Parteien aufrieb und scheitern ließ.

3.4.1 Der erste arabische Aufstand und das Nebi Musa-Fest (1920 bis 1921)

Die politischen Entscheidungen vom April 1920 alarmierten die Araber im britischen Mandatsgebiet. Der Oberste Rat der Alliierten entschied weitab in San Remo über ihr Schicksal, während das von McMahon an König Hussein Ibn Ali gegebene Versprechen ihrer Unabhängigkeit in unerreichbarer Ferne lag. Der Eindruck ihrer Machtlosigkeit wurde täglich dadurch bestärkt, dass die jüdische Einwanderung und der Landkauf geradezu florierten.[72] Daraus entwickelte sich eine gefährliche antibritische und antijüdische Stimmung.

Der Hintergrund der arabischen Forderungen nach einem Siedlungsstopp war die stetig steigende Zahl der jüdischen Einwanderer in die südliche Levante. Während der dritten Aliya zwischen 1919 und 1923 erreichten 35 000 Juden das Land; mit der vierten Aliya zwischen 1924 (als die USA ihre Einwanderungsvorschriften verschärften) und 1931 kamen weitere 81 500 Neusiedler. Die städtischen Zentren erlebten nach europäischen Maßstäben einen riesigen Aufschwung, insbesondere in den Bereichen Bildung und Kunst. Für die arabischen Bewohner aber war und blieb dies eine fremde Kultur, an der sie nur sehr beschränkt Anteil hatten.

Die Fehler der offiziellen Politik verlagerten die Auseinandersetzungen vom politischen Raum auf die Straße. Das ›Spiel auf Zeit‹ der Briten erwies sich als politischer Bumerang. Je mehr die Spannungen zwischen

---

71 Die jüdischen Selbstverwaltungsorgane funktionierten weitaus effizienter, wie z. B. die Zionistische Exekutive (Jewish Agency), die Gewerkschaften (›Histadrut‹) und die Abgeordnetenversammlung.

72 Oft fehlten schriftliche Verträge. Man erwarb damals Land einfach per Handschlag oder auf Treu und Glauben, oft als ›Schnäppchen‹. – Diese im Orient durchaus übliche Praxis verkomplizierte die Situation.

Arabern und Juden zunahmen, desto unversöhnlicher wurden ihre Positionen. Die Vertreter beider Seiten beharrten auf ihren Rechten und waren mehrheitlich darauf bedacht, im Konfliktfall vor ihrer eigenen Klientel als stark und unnachgiebig zu erscheinen.

Abb. 31: Nebi Musa-Festzug (Foto von Gustaf Dalman, um 1910)

Das Nebi Musa-Fest (1920)[73]

Bereits im Februar und März 1920 hatten in Jerusalem größere arabische Demonstrationen stattgefunden. Im April 1920 griffen während einer antibritischen Demonstration von Juden für das Recht auf die Selbstverteidigung ihrer Siedlungen die Festpilger des arabischen Nebi Musa-Fests unter Führung von Mohammed Amin al-Husaini die Protestierenden an, wobei insgesamt neun Menschen zu Tode kamen (›das blutige Passahfest‹).[74] Der inzwischen geflohene Mohammed Amin al-Husaini wurde daraufhin in Abwesenheit von den Briten zu zehn Jahren Haft verurteilt.

»Zu unserer Zeit hatte in Palästina das Nebi-Musa-Fest der Muhammadaner die Aufmerksamkeit der Öffentlichkeit viel mehr auf sich gezogen, als das jüdische Passahfest.
Nebi-Musa bedeutet Prophet Moses. Nach dem Glauben der Muhammadaner befindet sich

73 Vgl. Kap. 2.4.4.
74 Weitere 22 Personen wurden schwer verletzt.

sein Grab etwas abseits der Straße nach Jericho, und also nicht auf dem Berg Nebo. Er wird vom Islam als einer der größten Propheten angesehen. Sein Fest – also ein religiöses Fest – hatte sich aber schon seit Jahren zu einem gewissen Politikum ausgewachsen, denn es bildete ein Gegengewicht zum christlichen Osterfest und dem jüdischen Passah und zog viele Muhammadaner aus den anderen Städten Palästinas und den Dörfern in die Stadt Jerusalem und zwar zu einer Zeit, wenn diese bereits durch christliche Pilger überfüllt ist.«[75] (Gerda Sdun-Fallscheer, Ärztin in Haifa zwischen 1905 und 1930)

Im Mai 1921 wiederholten sich die Unruhen in Jerusalem. Anlass war die Mai-Demonstration der (jüdischen) kommunistischen Partei. Das Aufbegehren gegen die britische Kolonialmacht, das sich parallel zu einem Kampf zwischen jüdischen und arabischen Interessen entwickelte, forderte insgesamt 60 Tote und 180 Verletzte. Dem folgten weitere Auseinandersetzungen in Galiläa, Jaffa, Rechovot, Petach Tikwa und an anderen Orten. Nochmals starben 47 Juden und 48 Araber.[76]

Der liberale jüdische Hochkommissar Sir Herbert Samuel bemühte sich angesichts dieser Ausschreitungen um einen Ausgleich und ordnete deshalb einen vorübergehenden Einwanderungsstopp sowie Verhandlungen mit den Arabern an. Die ›Haycraft-Untersuchungskommission‹ sprach den Arabern die Schuld für den Ausbruch der blutigen Kämpfe zu. Allerdings dokumentierten die Briten auch die Ängste der Araber vor weiteren jüdischen Zuwanderungen und deren fortgesetztem Landerwerb.

Wladimir (Ze'ev) Jabotinsky, der Gründer der zionistischen Revisionisten, sah gewaltsame Konflikte als unvermeidbar an. Er schloss aus den Unruhen von 1921: »Ich kenne kein einziges Beispiel in der Geschichte, wo ein Land mit der höflichen Zustimmung der einheimischen Bevölkerung kolonialisiert wurde.«[77]

Im sogenannten ›Churchill-Weißbuch‹ aus dem Jahr 1922 wurde die weitere jüdische Einwanderung auf das Maß der wirtschaftlichen Aufnahmefähigkeit des Landes beschränkt. Dabei blieb jedoch unklar, wer über diese Quoten entscheiden sollte. Chaim Weizmann, der Präsident des Zionistischen Weltkongresses, nahm das ›Churchill-Weißbuch‹ nur mit großem Widerwillen hin. Allerdings durften die Juden ab sofort ihre zionistische Fahne und ihre Hymne verwenden. Hebräisch (Ivrith) wurde offiziell als zweite Sprache anerkannt. Den Arabern wurde politische Mitsprache durch ihren Obersten Muslimi-

---

75   Sdun-Fallscheer 1989, 678–679.
76   Vgl. Krämer 2002, 248.
77   Jabotinsky beim Treffen des zionistischen Aktionskomitees in Prag, 10. bis 17. Juli 1921; zitiert nach Bunzl 2008, 23.

schen Rat gewährt. Außerdem begnadigten die Briten die arabischen Auf-
wiegler des Jahres 1920. Deren Anführer, Mohammed Amin al-Husaini,
war schon im Mai 1921 zum Mufti von Jerusalem und Palästina ernannt
worden. Bald setzte sich im allgemeinen Sprachgebrauch allerdings der
bedeutungsvollere Titel Großmufti durch.[78] Die Briten hofften, ihn damit
in ihre Herrschaftsstruktur einbinden zu können.

Dem Hochkommissar gelang es so – ohne seinen Mandatsauftrag in Frage
zu stellen – die Lage zu deeskalieren. Es folgten relativ ruhige Jahre bis
1928. Doch die Grundproblematik des Konflikts – die jüdische Einwanderung und die Landkäufe der Neusiedler – blieb bestehen und mit ihr das
latent feindliche Klima.

3.4.2 Der zweite arabische Aufstand und das Entstehen zweier paralleler Gesellschaften (1928/1929)

Im August 1928 entzündeten sich neue Auseinandersetzungen an wiederholten Streitigkeiten um die Westmauer des ehemaligen herodianischen
Tempelareals. Araber und Juden lebten in der steten Angst, die jeweils
andere Partei könne sich über den Status quo hinaus heilige Orte aneig-
nen und dort Rechte einfordern. Der Konflikt offenbarte seine religiöse
Dimension. Er brach am 23. August 1929 offen aus. Tags darauf begannen gewaltsame Ausschreitungen im jüdischen Viertel.

*»Mit eine Ursache des Aufruhrs war die Klagemauer. Der Tempelplatz ist bekanntlich seit
dem 7. Jahrhundert in muhammadanischem Besitz. Die Juden klagen seit dem 12. Jahrhundert an der Klagemauer ... Nie war den Juden dort das Klagen verwehrt und sie hatten
sich alle die Jahrhunderte jeder Politik ferngehalten. Nun begannen die Zionisten den Tempelplatz zu beanspruchen, beorderten Demonstrationen an die Mauer. Die Demonstranten
erschienen mit der blauweißen Zionistenflagge und hißten sie sogar auf der Mauerzinne. Das
hinwieder rief den Protest der Muhammadaner hervor. Die Folge war Mord und Totschlag
und das Demolieren jüdischer Wohnstätten. ...« (Fortsetzung nächste Seite)*

Am 24. August wurde ein Massaker an der jüdischen Gemeinde von Hebron verübt. Es folgten arabische Überfälle in Safed und an anderen Orten, die wiederum jüdische Vergeltungsaktionen herausforderten.

---

78 Krämer 2002, 259.

»An diesem ersten Aufstandstag sollen viele Juden ihr Leben gelassen haben. In Hebron seien es über 80 Opfer gewesen, die dem politischen und religiösen Fanatismus erlagen. ... Aber auch Araber mußten ihr Leben lassen, wenn sie in der Minderheit waren. Auch hier traf es zumeist die Unschuldigen, wie so oft in der Weltgeschichte. Eine arabische Fellachenfrau brachte jeden Morgen ihre Milch in ein jüdisches Quartier zum Verkauf, ahnungslos auch an diesem Morgen. Sie wurde erschlagen. Man hatte ihr vorgeworfen, sie habe die Milch vergiftet. Ebenso wurden arabische Bauarbeiter, die in dem Neubau, an dem sie arbeiteten, übernachtet hatten, da der Weg in ihr Dorf sehr weit war, im Schlafe erschlagen. ...« (Fortsetzung unten)

Abb. 32: Hebron (Foto von Gustaf Dalman, um 1910)

Der Aufstand wurde von den Briten niedergeschlagen.

»Der Kampf in der Presse beider Seiten (dauerte) noch lange an. Die Juden betonten ihr historisches Recht auf das Land, und die Araber, die sich auch als die Söhne Abrahams betrachten, erinnerten daran, daß Israel nie Palästina ganz besessen habe und somit kein Recht auf das Land, das sie einst verloren hatten. Wo käme man hin, wenn jedes Volk das Land beanspruchte, in dem einmal ferne Vorfahren von ihm gesessen hätten.«[79] (Gerda Sdun-Fallscheer, Ärztin in Haifa zwischen 1905 und 1930)

Nach diesen schweren Auseinandersetzungen mit 249 Toten[80] schotteten die Juden ihre Siedlungen noch stärker ab als zuvor. Die Kibbuzim

---

79   Aus Sdun-Fallscheer 1989, 706-708.
80   Es starben 133 Juden (davon 64 beim Massaker in Hebron) und 116 Araber.

und Moschavim wurden zunehmend zu Wehrdörfern ausgebaut. Mit der räumlichen ging aber auch eine fortgesetzte soziale Trennung einher, was die Grundproblematik zwischen den Volksgruppen verstärkte. Gemischte Wohnverhältnisse wurden aufgegeben; Juden verließen die mehrheitlich arabischen und Araber die mehrheitlich jüdischen Stadtviertel. Die ohnehin geringen ökonomischen Verbindungen, meist in staatlichen Betrieben (Eisenbahn, Raffinerien), lockerten sich, bis sie schließlich mit dem Generalstreik 1936[81] völlig abrissen. Mit dem zweiten arabischen Aufstand begann der gezielte Aufbau von zwei parallelen Gesellschaften im britischen Mandatsgebiet.

Bei den Unruhen von 1929 gab es unter den arabischen Massen Parolen wie: »Palästina ist unser Land, die Juden sind unsere Hunde!« und »Die Religion Muhammads wurde durch das Schwert gegründet!«[82]

Der Großmufti von Jerusalem, Mohammed Amin al-Husaini, ging in seiner Rolle als palästinensisch-muslimischer Führer aus diesem Konflikt gestärkt hervor. Er konnte die Aufmerksamkeit der umliegenden muslimischen Würdenträger für den Palästinakonflikt gewinnen und damit das Spannungsfeld internationalisieren. Die von ihm 1931 in Jerusalem durchgeführte ›Allgemeine Islamische Konferenz‹ mit 145 Teilnehmern aus vielen arabischen Ländern brachte ihm großes Ansehen ein.

Die Briten untersuchten die Gründe für den neuerlichen Konflikt und beauftragten dafür Sir Walter Shaw. Seine Kommission benannte die bekannten Differenzen um die jüdische Einwanderungspolitik und die Landkäufe zugunsten jüdischer Landwirtschaftssiedlungen. Aus den ehemaligen arabischen Landpächtern war landloses Proletariat geworden. Sie bildeten inzwischen eine unzufriedene und gewaltbereite Unterschicht. Der Bericht der Shaw-Kommission[83] brachte die britische Mandatsregierung in Schwierigkeiten. Sie hatte durchaus Vorteile von den gut funktionierenden Kibbuzim und Moschavim, die ihnen im Gegensatz zu den arabischen Bauern ein gutes Steueraufkommen einbrachten. Dies wiederum half der britischen Krone, die Kosten für die Verwaltung ihres Mandatsgebiets zu mindern. Aus

---

81   Siehe Kap. 3.4.3.
82   Yaron 2007, 132.
83   Veröffentlicht im März 1930.

diesem ökonomischen Grund war man nur ungern bereit, die jüdische Immigration zu beschränken und Landkäufe zu reglementieren.

Angesichts dieser Problematik gewannen die Entscheidungsträger erst einmal dadurch Zeit, dass sie im August 1930 John Hope Simpson baten, die Ergebnisse der Shaw-Kommission zu überprüfen. Er bestätigte sie nicht nur, sondern empfahl auch dringend, die jüdische Einwanderung deutlich zu reduzieren. Er erhoffte sich, den Lebensstandard der arabischen Bauern dadurch zu stützen und die allgemeine Lage zu stabilisieren.

Als diese Empfehlungen im Oktober 1930 im ›Passfield-Weißbuch‹ erschienen, kannte die Empörung zionistischer Juden keine Grenzen. Chaim Weizmann trat als Präsident des Zionistischen Weltkongresses zurück. David Ben Gurion erklärte öffentlich: »Hüte Dich, britisches Reich!«[84] Die Kampagne blieb nicht ohne Wirkung. Der britische Premierminister James Ramsay MacDonald distanzierte sich angesichts der heftigen Proteste und des starken, auf ihm lastenden innenpolitischen Drucks im Februar 1931 von den Forderungen des Passfield-Weißbuchs. Seine Regierung, versicherte er Chaim Weizmann brieflich, betrachte das Mandat nicht allein als verpflichtenden Auftrag gegenüber der Bevölkerung im Mandatsgebiet, sondern auch gegenüber allen Juden der Welt. Daher wurden die Beschränkungen der jüdischen Einwanderung wieder aufgehoben und James Ramsay MacDonalds Brief ging in der arabischen Welt als ›Schwarzer Brief‹ in die Geschichte ein.

Die deutsche Politik trieb zu dieser Zeit auf den Nationalsozialismus zu. Infolge dessen emigrierten während der fünften Aliya (1932-1938) etwa 200 000 europäische Juden – besonders aus Deutschland und Polen – ins Mandatsgebiet Palästina. Allerdings war die südliche Levante dadurch wiederum zum Ventil europäischer Probleme geworden, was den Konflikt erneut eskalieren ließ. Von 1931 bis 1936 verdoppelte sich die jüdische Bevölkerung im britischen Mandatsgebiet Palästina von 175 000 auf 350 000. Ihr Anteil an der Gesamtbevölkerung erreichte 27 Prozent. Gleichzeitig dominierte sie die Wirtschaft und den Handel im Lande.

---

84   Krämer 2002, 275; Naor 1998, 164.

3.4.3 Der dritte arabische Aufstand und die Idee von der Teilung des Landes (1936 bis 1939)

Je mehr sich die sozialen Probleme der arabischen Bevölkerung verschärften, desto mehr schwand auch deren Vertrauen in ihre Führer und die Hoffnung auf Verhandlungserfolge mit den Briten. Außerdem waren die Araber davon überzeugt, dass die Juden unter den Augen der Briten auch militärisch zu einem bedrohlichen, sogar übermächtigen Gegner heranwuchsen.[85] Die Araber konstituierten im April 1936 das Arabische Hochkomitee unter dem Vorsitz des Großmuftis von Jerusalem, Mohammed Amin al-Husaini. Es forderte das totale Verbot der jüdischen Einwanderung und des jüdischen Landkaufs sowie die Gründung einer nationalen arabischen Regierung. Gleichzeitig rief die arabische Führung unter dem Druck der Straße zum Boykott britischer Waren und zum zivilen Ungehorsam auf.[86] Der daraus resultierende halbjährige Generalstreik wurde von großen Demonstrationen flankiert. Als die Polizei die ungenehmigten Aktionen auflöste, kam es in Jerusalem zu zwei Todesfällen, kurz darauf in Jaffa noch zu weiteren. Dies löste einen wütenden Sturm von Gewalt gegen die Briten aus. In Haifa richtete er sich auch gegen die Juden.

Das allgemeine Empfinden der arabischen Bevölkerung wird von folgender Anekdote gut wiedergegeben: »*Einst ritt ein Araber mit seinem Esel durch die Wüste. Unterwegs traf er einen Mann, der durch den Sand stapfte, und fragte ihn, ob er ihn mitnehmen solle. Der Mann bekundete erfreut sein Einverständnis. Nachdem sie eine Weile geritten waren, fragte der Mann: Ist das nicht eine zu schwere Last für deinen Esel? Der Besitzer des Esels versicherte ihm, dass alles in Ordnung wäre. Eine Weile später bemerkte der Mann: Unser Esel bewegt sich kaum. In diesem Moment hielt der Besitzer den Esel an und ließ ihn absteigen. Warum?, fragte der Mann. Weil Du beim ersten Mal ›dein Esel‹ gesagt hast, aber beim zweiten Mal ›unser Esel‹, das dritte Mal wirst Du wahrscheinlich ›mein Esel‹ sagen.«[87]*

Wie immer setzten die Briten nach den Unruhen eine Kommission ein. Diese wurde von Earl Peel geleitet (1936-1937). Von ihr wurden über 130 Juden und Araber – darunter auch die Vertreter extremer Positionen – angehört. Die Kommission empfahl im Juli 1937 zum ersten Mal die Teilung des Landes in einen jüdischen und einen arabischen Staat, wobei auch über einen Bevölkerungsaustausch zur Schaffung klarer ethnischer Verteilungen

---

85   1935 wurde beim Aufsehen erregenden ›Zement-Zwischenfall‹ im Hafen von Haifa ein Beispiel organisierten jüdischen Waffen- und Munitionsschmuggels aufgedeckt.
86   Krämer 2002, 297 mit Anm. 24.
87   Aus Haaretz vom 24. Dezember 2006 zur Bi-Nationalität. Zitiert nach Bunzl 2008, 27.

nach dem Vorbild der Türkei und Griechenlands nachgedacht wurde. Dieses
›Transfer‹ genannte Vorgehen wurde in zionistischen Kreisen schon längere
Zeit diskutiert.[88] Der Teilungsplan entsprach letztlich der Einsicht, dass das
britische Mandat in seiner bisherigen Konzeption unhaltbar geworden war.
Die jüdische Seite war in der Einschätzung dieser Idee gespalten.[89] Auf ara-
bischer Seite ging nur Emir Abdallah I. von Transjordanien positiv auf die
Teilungspläne ein.

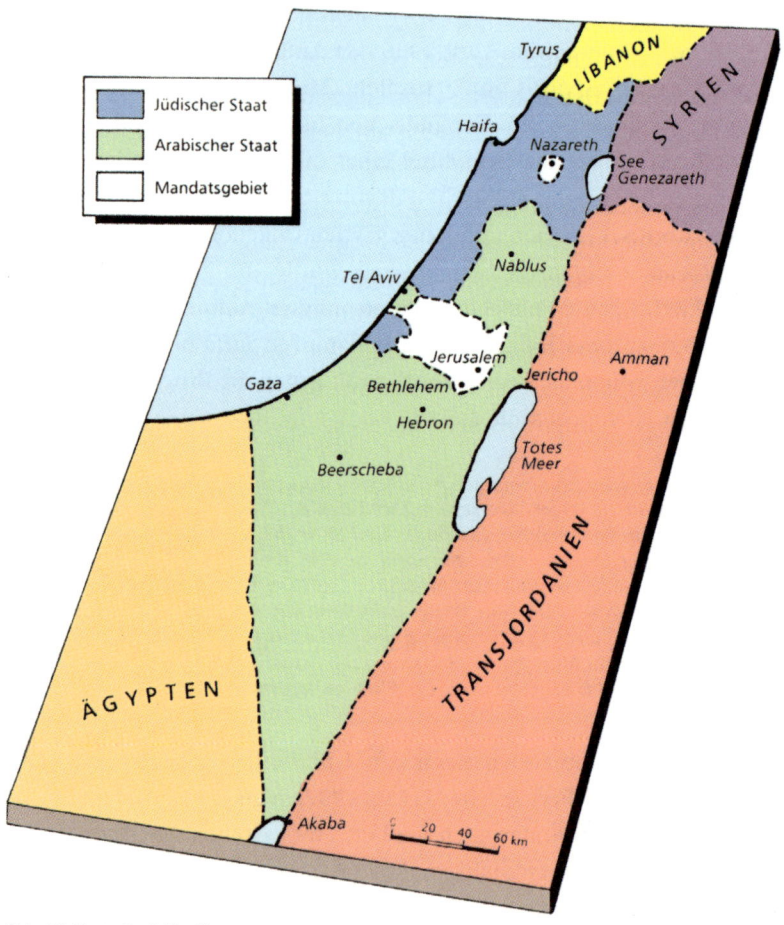

Abb. 33: Karte Peel-Plan[90]

---

88   Flores 2009, 53.
89   Der 20. Zionistische Weltkongress beabsichtigte, bei den anstehenden Verhandlungen die Teilung
     zu Gunsten der Juden noch zu beeinflussen.
90   Vgl. Bunzl 2008, 317.

Jüdische Stimmen zum Peel-Plan: »Das ist nur eine Stufe der Realisierung des Zionismus«
(David Ben Gurion). »Im Laufe der Zeit werden wir uns auf das ganze Land ausdehnen. ...
Das ist nur ein Arrangement für die nächsten 25-30 Jahre.«[91] (Chaim Weizmann)

Im September 1937 brachen erneut Unruhen aus und eine weitere Kommission, die ›Woodhead Kommission‹, wurde mit der Klärung der Ursachen betraut. Diese stellte 1938 – wohl auch um die wachsende arabische Opposition zu beschwichtigen – fest, dass eine Teilung des britischen Mandatsgebiets Palästina undurchführbar sei. Den Briten musste angesichts des drohenden Zweiten Weltkriegs daran gelegen sein, den Konflikt im Nahen Osten zu entschärfen. Malcolm MacDonald, der britische Kolonialminister, berief daher im Februar 1939 eine Konferenz nach London ein, bei der beide Seiten zu den strittigen Themen Einwanderung und Landkauf gehört wurden.[92] In der Folge favorisierten die Briten im MacDonald-Weißbuch[93] die Gründung eines bi-nationalen palästinensischen Staats westlich des Jordans und limitierten die jüdische Einwanderung auf 75 000 Personen innerhalb eines Zeitraums von fünf Jahren. Danach sollte die Immigration nur noch mit arabischer Zustimmung möglich sein.[94] Außerdem wurde der Landkauf beschränkt. Die Briten gaben während dieser Konferenz zum ersten Mal offiziell zu erkennen, dass Großbritannien das Mandat über Palästina niederlegen wolle. Im Frühjahr 1939 endete der Aufstand. Das war ein großer Erfolg für die Briten. Sie hatten die südliche Levante am Vorabend des Zweiten Weltkriegs beruhigt.

Der 1937 vor den Briten aus dem Mandatsgebiet Palästina geflohene Großmufti und das von ihm im libanesischen Exil neu aufgebaute Oberste Arabische Komitee fühlten sich nach den Jahren der Aufstände und Unruhen ebenfalls gestärkt und unter den arabischen Staaten in ihrem Streben nach einem arabischen Palästina ohne jüdische Einwanderung anerkannt.

Die Vertreter der zionistischen Bewegung betrachteten diese Entwicklung angesichts der Balfour-Erklärung als Verrat an ihren Rechten. Sie wollten keine Minderheit in einem arabischen Staat werden. Gleichzeitig

---

91 Beide Zitate aus Flapan 1979, 257.
92 Sie ging als ›St. James-Konferenz‹ in die Geschichtsbücher ein.
93 MacDonald-Weißbuch vom 17. Mai 1939.
94 Tatsächlich erreichten zwischen 1939 und 1945 etwa 80 000 Juden Palästina.

wurde die Situation für die Juden in Deutschland immer bedrohlicher. David Ben Gurion fasste seine Enttäuschung über die britische Haltung in dem Satz zusammen, er wolle im Zweiten Weltkrieg mit »Großbritannien kämpfen, als gäbe es das Weißbuch nicht, und gegen das Weißbuch kämpfen, als gäbe es keinen Krieg«[95].

Die Jahre der Unruhen und Generalstreiks hatten sich verheerend auf den arabischen Wirtschaftssektor ausgewirkt. Die Streiks hatten dessen Landwirtschaft und den von ihm getragenen Handel erheblich geschädigt. Außerdem waren die Araber nach den jahrelangen Kämpfen gegen die Briten weitgehend entwaffnet. Dennoch hatten sie Anteil an der positiven Entwicklung des Landes. Die arabische Bevölkerung im Mandatsgebiet Palästinas wuchs zwischen 1922 und 1941 gegenüber den umliegenden arabischen Ländern überdurchschnittlich von etwa 660 000 auf 1 098 000 an.[96] Dies war u. a. auf »die durch den Zionismus stimulierte ›Modernisierung‹« in den Bereichen Gesundheit, Erziehung, Transport und öffentliche Dienste zurückzuführen.[97]

»Die Juden haben einerseits das Emek (Jesreel-Ebene) von Malaria befreit, aber sie haben es gleichzeitig von 22 arabischen Dörfern ›befreit‹, die dort existiert haben. Die Gegend ist ganz jüdisch geworden. Dasselbe gilt für die Ebene zwischen Haifa und Acre. Welche Vorteile haben die Araber davon?«[98] (Arabischer Gewerkschaftler 1937)

Für die Juden entwickelten sich die Dinge weitaus besser. Sie waren in den von den Arabern bestreikten Bereichen eingesprungen und hielten inzwischen nicht nur die wichtigsten Industrien in ihrer Hand, sondern auch Banken und wesentliche Teile des Handels. Sie entwickelten sich zu einer völlig autarken Größe im britischen Mandatsgebiet und bauten mit der Hagana[99] eine eigene schlagkräftige (Untergrund-)Armee auf.

In dieser Phase richtete sich die zionistische Bewegung auch international neu aus. Sie betrachtete die sie reglementierenden Briten nicht mehr als ihre wichtigsten Unterstützer. Vielmehr richtete die zionistische Bewegung ihre Hoffnungen auf die USA, wo eine bedeutende jüdische Minderheit

---

95   Zitiert nach Krämer 2002, 344.
96   Das ist eine Steigerung von 66 Prozent. In Syrien und Libanon wuchs die Bevölkerung nur um 35 Prozent, in Ägypten um 25 Prozent und im Irak um 20 Prozent. Vgl. dazu Bunzl 2008, 58.
97   Bunzl 2008, 58.
98   Mansur 1937, 17; Bunzl 2008, 59.
99   Siehe dazu S. 303.

lebte. Chaim Weizmann initiierte deshalb im Mai 1942 eine zionistische Konferenz in New York,[100] die eine Aufhebung der 1939 im MacDonald-Weißbuch niedergelegten britischen Prinzipien verlangte. Er warb dabei auch erfolgreich um Spenden zugunsten eines jüdischen Staatswesens.

Der Zweite Weltkrieg führte in der südlichen Levante zu einem allgemeinen wirtschaftlichen Aufschwung, da die anwesenden britischen Truppen vor Ort einen Absatzmarkt für die lokale Bevölkerung bildeten. Zwar wurde keines der anstehenden Probleme gelöst, doch das Land zwischen Afrika und Eurasien gewann als Nachschubweg an Bedeutung. Die Briten legten Straßen und Eisenbahntrassen an, bauten Häfen und Flugplätze. Die Industrialisierung des Gebiets nutzte insbesondere dem gebildeteren jüdischen Sektor.

Das britische Mandatsgebiet Palästina wurde in den Augen der zionistischen Juden mehr und mehr zu einem hoffnungsvollen Ziel der Flüchtlinge aus Europa. Die brutale und millionenfache Ermordung der Juden, die dem Machtbereich der deutschen Faschisten nicht entrinnen konnten, ließ für die Überlebenden nur eine Schlussfolgerung zu: Es musste einen eigenen jüdischen Staat geben, der es ihnen ermöglichte, sich selbst zu verteidigen, um nie wieder einem Genozid ausgeliefert zu sein.

»Liebe Brüder und Schwestern, die ihr in den Ghettos der Nazis gequält werdet, wir werden unser Bestes geben, Euch zu rächen. Wir werden nicht rasten, bis wir Euch aus dem Nazi-Inferno und aus der Fäulnis der Diaspora gerettet haben. Wir werden Euch alle in unsere Heimat bringen, die aufgebaut und erlöst wird.«[101] (David Ben Gurion 1942)

Viele der jüdischen Führer drängten nun sogar darauf, dass die Juden nicht mehr in andere Länder, sondern allein in das ›Land der Väter‹ einwandern sollten.

»Die Schoah wurde ... zum Zentrum der jüdischen Identität. Je länger der Völkermord an den Juden zurückliegt, umso mehr prägt er das Bewusstsein der Israelis. Regelmäßige Umfragen unter den jüngeren Israelis belegen, dass der Holocaust seit den jüngeren 1960er Jahren mit bis heute steigender Tendenz als das wichtigste Ereignis in 5000 Jahren jüdischer Geschichte empfunden wird.«[102] (Norbert Kampe)

---

100 Sie wurde nach dem Namen des New Yorker Hotels, in dem die Tagung stattfand, Biltmore-Konferenz genannt.
101 Zitiert nach Bernstein 1998, 21.
102 Norbert Kampe, Die Schoah und die Folgen für die israelische Gesellschaft, in: Chiari/Kollmer 2009, 225 f.

Zur gleichen Zeit entstand in Berlin eine unheilvolle Verbindung zwischen dem arabischen Antijudaismus sowie dem palästinensischen Nationalismus einerseits und dem deutschen Nationalsozialismus andererseits – symbolisiert durch die Personen von Mohammed Amin al-Husaini und Adolf Hitler.[103]

Zur Person: David Ben Gurion
(*1886 in Plonsk, Polen; gestorben 1973 in Tel Hashomer) –
›der Vater der israelischen Nation‹

1949 bis 1953 sowie 1955 bis 1963 Ministerpräsident Israels

> *»Die Araber haben riesige unterentwickelte Territorien; die Juden haben nur einen winzigen Anfang eines Nationalheims. Die Araber haben kein Problem mit der Heimatlosigkeit, während für die Juden die Heimatlosigkeit der Wurzelgrund all ihrer Leiden in den vergangenen Jahrhunderten ist.«[104]*

David Ben Gurion wurde als David Grün in Polen geboren. 1906 wanderte er in die südliche Levante aus und engagierte sich in der marxistisch-zionistischen Arbeiterbewegung ›Poale Zion‹ (›Arbeiter Zions‹). Er begann ein Jurastudium in Istanbul und verfolgte zunächst die Idee, die Einwanderung der Juden in die südliche Levante dadurch zu ermöglichen, dass diese die osmanische Staatsbürgerschaft annehmen. Dennoch wiesen ihn die Osmanen 1915 aus. Er ging in die USA und kehrte erst nach der Veröffentlichung der Balfour-Erklärung in das britische Mandatsgebiet Palästina zurück. Hier prägte er maßgeblich die von ihm mitbegründete Gewerkschaft Histadrut, baute die später in die israelische Armee überführte Hagana mit auf und gründete schließlich ›Mapai‹, die zionistisch-sozialistische Arbeitspartei ›Partei der Arbeiter des Landes Israel‹. Seit 1935 war er Vorsitzender der jüdischen Selbstverwaltung im britischen Mandatsgebiet, der 1929 gegründeten Jewish Agency.
David Ben Gurion wurde zum Sinnbild des jüdischen Pioniers. Die Urbarmachung der Wüste Negev war sein großer Traum. Mit der Gründung und

---

103   Siehe dazu S. 165 f.
104   David Ben Gurion zitiert nach Bernstein 1998, 22.

der Ausgestaltung des Kibbuz Sede Boker wollte er in diesem Sinne ein Zeichen setzen. Er war ein zionistischer Nationalist, der jüdisch-messianische Visionen mit sozialistischen Idealen verband. Als Politiker besaß er außergewöhnliche taktisch-politische Fähigkeiten und war für viele seiner jüdischen Zeitgenossen »eine Art wunderbare Kombination aus König David, Juda Makkabäus, George Washington, Garibaldi, einem jüdischen Churchill und sogar dem Messias des allmächtigen Gottes.«[105]

Am 14. Mai 1948 proklamierte David Ben Gurion als Vorsitzender der provisorischen Staatsregierung den Staat Israel. Im Februar 1949 wurde er zum ersten Ministerpräsidenten Israels ernannt und prägte fortan die Politik der Anfangsjahre seines Landes, auch mit seiner konfrontativen Haltung gegenüber den Arabern: »Weshalb sollten die Araber Frieden schließen? Wäre ich ein arabischer Führer, würde ich niemals mit Israel verhandeln. Das ist doch ganz normal: Wir haben ihr Land weggenommen. Natürlich wurde es uns von Gott versprochen, aber warum sollte es sie interessieren? Unser Gott ist nicht der ihre. Wir stammen aus Israel, jedoch ist das 2000 Jahre her; was sollte dies ihnen bedeuten? Es gab den Antisemitismus, die Nazis, Hitler, Auschwitz – aber war das ihre Schuld? Das Einzige, was die sehen ist: Wir kamen her und stahlen ihr Land. Warum sollten die das akzeptieren?«[106]

Die Briten mussten den gesamtpalästinensischen Blickwinkel wahren und bestanden deshalb auch weiterhin auf einer begrenzten Einwanderungszahl. Die jüdischen Organisationen hingegen versuchten, wo immer möglich, die daraus resultierenden Repressalien zu umgehen. Nahezu die Hälfte aller Einwanderer gelangte jetzt illegal in das ›Land ihrer Väter‹. Die britische Mandatsregierung internierte aufgegriffene Flüchtlinge oder schickte sie sogar nach Europa zurück. In den Augen der europäischen und nordamerikanischen Öffentlichkeit war das unbegreiflich und stellte für viele Zionisten ein unglaubliches Verbrechen dar, weshalb extreme Gruppen den bewaffneten Kampf gegen die Briten aufnahmen – so beispielsweise die Untergrundorganisationen Irgun und (ab 1940 auch) Lechi.[107]

---

105 Oz 2008, 681.
106 David Ben Gurion zu Nahum Goldmann; zitiert nach Goldmann 1992, 137.
107 Siehe dazu S. 304 und 306.

»Unbekannte Soldaten ohne Uniform sind wir, Grauen und Todesschatten um uns her, alle sind aufgerufen fürs Leben, aus unseren Reihen kann nur der Tod befreien. ... An roten Tagen von Gewalt und Blut, in schwarzen Nächten von Verzweiflung werden wir in Stadt und Dorf unser Banner hissen, Verteidigung und Eroberung ist das Gebot.«[108] (Abraham Stern, genannt Jair, Lechi-Befehlshaber)

Die jüdischen Bewohner der südlichen Levante waren trotz aller zugrunde liegenden Spannungen gut in die britische Armee integriert. Einige von ihnen, darunter sogar Einheiten der Hagana, nahmen 1941 an der britischen Besetzung des von der französischen Vichy-Regierung verwalteten Libanon und Syriens teil.[109] Sie erhielten dadurch eine gute militärische Ausbildung und bessere Möglichkeiten zum Waffenschmuggel.

3.4.4 Die Aufkündigung des britischen Mandats (1947)

Nach dem Zweiten Weltkrieg übernahm in Großbritannien die Labour-Regierung unter Clement Attlee die Regierungsgeschäfte. Sie sprach sich zwar ausdrücklich für die Schaffung eines jüdischen Staats in der südlichen Levante aus, führte aber die strikte Begrenzung der jüdischen Einwanderung aus den bekannten Gründen fort.

Nach dem Bekanntwerden der Nazi-Gräuel an den Juden Europas verselbständigte sich jedoch in der europäischen Diskussion das Problem der jüdischen Auswanderung. Man war entschlossen, den Juden die Einwanderung in ihren künftigen Staat und damit die Hoffnung auf eine sichere Zukunft zu ermöglichen. Der US-amerikanische Präsident Harry S. Truman und eine paritätisch besetzte US-amerikanisch-britische Regierungskommission setzten sich im April 1946 für die Einwanderung von weiteren 100 000 Juden in das Mandatsgebiet Palästina ein.

Die britische Regierung blieb bei ihrem Standpunkt und handelte sich damit heftige militärische Angriffe der jüdischen Untergrundorganisationen Irgun und Lechi, aber auch der Hagana ein. Diese intensivierten ihre Attentate und Anschläge auf britische und öffentliche Einrichtungen. Die Sprengung des Südflügels des King David-Hotels, des Hauptquartiers der britischen Armee in Jerusalem, am 22. Juli 1946 war der Höhepunkt dieser Aktivitäten.

---

108 Gedicht ›Unbekannte Soldaten‹; zitiert nach Oz 2008, 661.
109 Hierbei sammelten u. a. der spätere Verteidigungsminister Moshe Dayan, der in diesen Auseinandersetzungen ein Auge verlor, und Yitzchak Rabin wertvolle militärische Erfahrungen.

»Palästina ist ein Mühlstein um unseren Hals!«[110] (Malcom MacDonald, Winston Churchills Kolonialminister, nach dem Zweiten Weltkrieg)

Großbritannien stand nun vor schweren Entscheidungen. Der politische Schlingerkurs hatte die Briten im Mandatsgebiet selbst zum Ziel des Terrors gemacht. Die letzte Hoffnung, mit dem Morrisson-Grady-Plan[111] im August 1946 eine föderalistische Aufteilung Palästinas zu ermöglichen, fand keine Unterstützer.[112] Angesichts der tiefen Wirtschaftskrise musste sich Großbritannien im Winter 1946/1947 ohnehin entscheiden, ob es sich dieses außenpolitische Engagement überhaupt noch leisten konnte. Da die südliche Levante nach dem Zweiten Weltkrieg für Großbritannien politisch keine zentrale Rolle mehr spielte, fasste die Regierung in London im Februar 1947 den Beschluss, das Palästinaproblem an die 1945 gegründeten Vereinten Nationen zu übergeben. Dort handelte man schnell. Bereits im Mai wurde die Einrichtung eines ›United Nations Special Committee on Palestine‹ (UNSCOP) beschlossen und von Juni bis Juli 1947 in den Nahen Osten entsandt.

In diesen Monaten hielt das Schicksal der jüdischen Immigranten auf dem Flüchtlingsschiff ›Exodus 47‹[113] die Weltöffentlichkeit in Atem. Deren Odyssee ließ die internationale Kritik an der britischen Haltung zur Einwanderungsfrage im Mandatsgebiet hochkochen. Die weltweite Solidarität mit den jüdischen Opfern verstärkte die öffentliche Meinung, den Juden müsse nun endlich die Gründung eines eigenen Staats ermöglicht werden.

Die elf Mitglieder des UN-Komitees gelangten nach ihrer zweimonatigen Reise durch das britische Mandatsgebiet Palästina, den Libanon, Syrien und Transjordanien zwar untereinander zu keiner einvernehmlichen Haltung, ihr bereits im September 1947 von sieben Staaten[114] vorgelegter Mehrheitsbericht empfahl aber der Weltorganisation die Teilung des bisherigen britischen Mandatsgebiets in einen jüdischen und einen arabischen Staat und die Bildung einer separaten Enklave Jerusalem. Jerusa-

---

110   Zitiert nach Der Spiegel. Geschichte 3, 2009, 111.
111   Herbert Morrisson war der damalige stellvertretende britische Premierminister; Henry Grady hingegen der amerikanische Botschafter in Großbritannien.
112   Im selben Jahr wurden Syrien und Transjordanien (vgl. S. 138 Anm. 67) vollständig unabhängig. Dies beflügelte Juden wie Araber, Gleiches auch für Palästina zu fordern.
113   Der Name des Schiffes sollte an die erste biblische Einwanderung der Juden in die südliche Levante, damals unter Mose aus Ägypten kommend, erinnern (beschrieben im Buch Exodus). Er stellte die jüdische Immigration des Jahres 1947 in diese Tradition.
114   Guatemala, Kanada, Niederlande, Peru, Schweden, Tschechoslowakei und Uruguay.

lem sollte nach der Resolution der UN-Vollversammlung 181 (II) für zunächst zehn Jahre unter einem internationalen Sonderregime als ›Corpus separatum‹[115] errichtet und von den Vereinten Nationen verwaltet werden. Nur drei Staaten[116] sprachen sich für einen föderalen Staat mit jüdischen und arabischen Verwaltungszonen aus.

Damit war das UN-Komitee den jüdischen Erwartungen weitgehend nachgekommen. In dieser freundlichen Haltung gegenüber den Juden spiegelte sich u. a. die (wiederholt gemachte) Erfahrung der Kommissionsmitglieder wider, dass sich die arabischen Ansprechpartner unkooperativ verhielten und sich mehrheitlich einer konstruktiven Erörterung des Themas verweigerten. Die Juden hingegen kooperierten mit dem UN-Komitee – wobei sie auch nie vergaßen, auf die Hauptthemen ihres Strebens hinzuweisen: die ungehinderte Einwanderung und die Gründung eines eigenen Staats. Bei der geografischen Aufteilung der zukünftigen Staatsgebiete wurden die Juden jetzt weitaus besser gestellt als seinerzeit im Peel-Plan, in dem ihnen nur 20 Prozent des Landes zugesprochen worden waren. Der jüdische Staat erhielt nunmehr 56,5 Prozent des Gebiets für etwa 650 000 Menschen. Da die Negev-Wüste nun den Juden zugesprochen wurde, sollte der flächenmäßige Zuwachs ihres Territoriums aber nicht überbewertet werden. Wesentlich für die jüdische Seite waren allerdings der strategische Vorteil des Zugangs zum Roten Meer und die Siedlungsmöglichkeit im Hinterland des heutigen Gazastreifens. Allerdings ›verlor‹ sie fruchtbare Teile Galiläas an die arabische Seite. Deren Anteil belief sich nun auf 43,5 Prozent der Landfläche für 1 135 000 Einwohner.

Auf dem jüdischen Territorium wohnten zu diesem Zeitpunkt mehr Muslime als Juden.[117] Insgesamt war die Aufteilung des Mandatsgebiets Palästina in je drei arabische und jüdische Hauptsiedlungsgebiete, die nur fragil miteinander zu verbinden waren, das größte Manko für die Umsetzungsfähigkeit des UN-Plans.

Am 29. November 1947 beschloss die Vollversammlung der Vereinten Nationen die Teilung des Mandatsgebiets Palästina mit 33 Für- und 13 Gegenstimmen bei zehn Enthaltungen.[118] Großbritannien verpflichtete sich zum Truppenabzug bis August 1948. Spätestens zwei Monate nach die-

---

115 Hierzu gehörte auch Bethlehem.
116 Indien, Iran und Jugoslawien – Australien enthielt sich der Stimme.
117 Im britischen Mandatsgebiet Palästina lebten damals noch etwa 150 000 Christen.
118 Resolution 181 (II).

sem Abzug sollten Wahlen zu den verfassungsgebenden Versammlungen abgehalten werden. Gewaltverzicht, Transit- und Besuchsfreiheit wurden beiden Seiten vorgeschrieben.

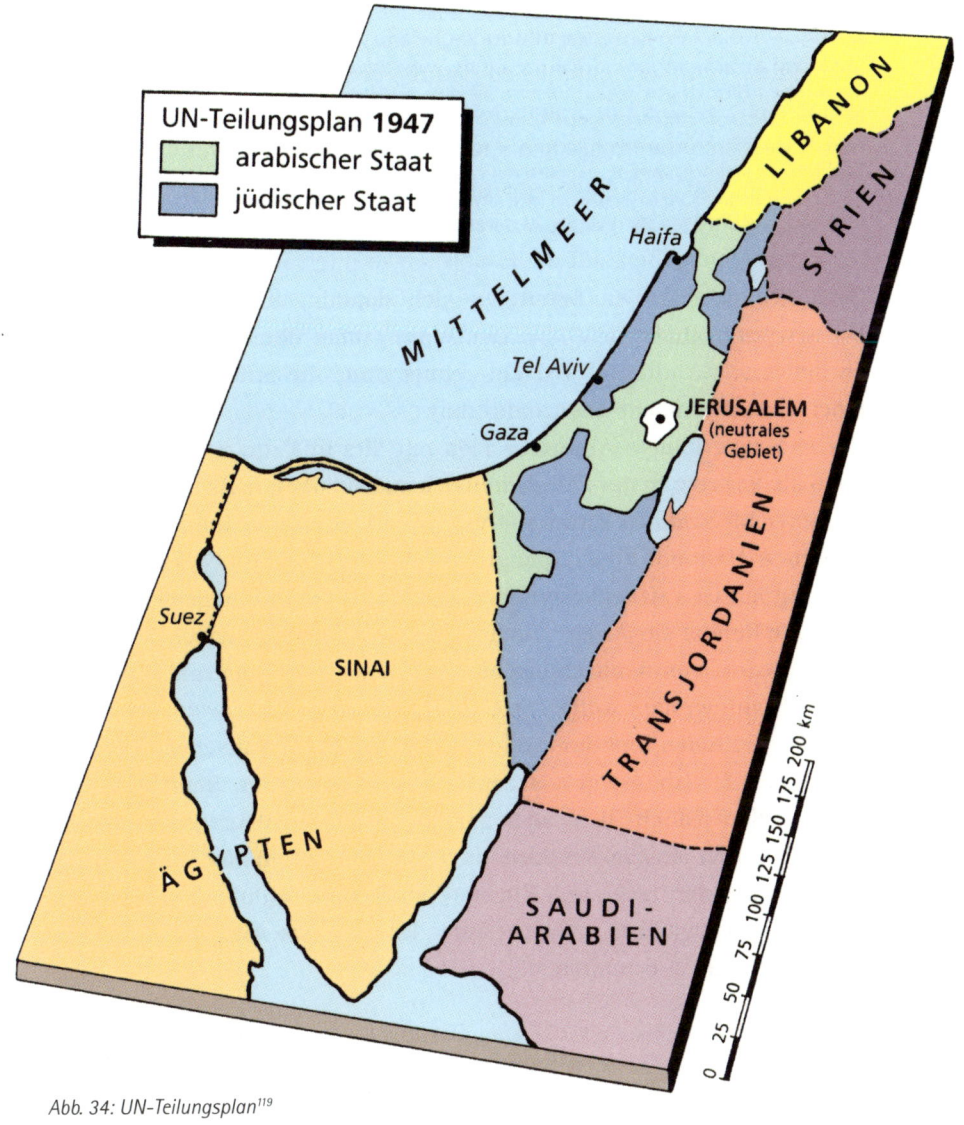

Abb. 34: UN-Teilungsplan[119]

---

119 Basierend auf Rotter/Fathi 2001, 526.

Amos Oz, geb. 1939, einer der bekanntesten israelischen Schriftsteller, beschreibt in seinem autobiographischen Roman »Eine Geschichte von Liebe und Finsternis« Kindheitserlebnisse in Jerusalem. An die Nachricht von der Teilung des britischen Mandatsgebiets am 29. November 1947 erinnert er sich so: »Mein Vater und meine Mutter standen ... eng umschlungen, aneinandergeschmiegt wie zwei verlorene Kinder im Wald ... und er, mein hochgebildeter, wohlerzogener Vater stand dort und schrie aus voller Brust, nicht Worte, nicht Wortspiele, keine zionistischen Parolen und keine Jubelrufe, sondern einen langen, nackten Schrei wie vor der Erfindung der Worte.« Gegen Morgen findet der sonst eloquente Vater wieder zur Sprache zurück: »Schau dir das an, mein Junge, schau dir das sehr gut an, mein Sohn, mit sieben Augen schau dir bitte all dies an, denn diese Nacht, Kind, wirst du bis an dein Lebensende nicht vergessen, und von dieser Nacht wirst du noch deinen Kindern, Enkeln und Urenkeln erzählen, wenn wir schon lange nicht mehr da sind. – ... von jetzt an, von dem Augenblick, in dem wir unseren eigenen Staat haben werden, von nun an werden dir Rowdys niemals mehr deswegen zusetzen, weil du Jude bist und weil die Juden so und so sind. Das – nicht. Niemals. Von dieser Nacht an ist hier Schluß damit. Schluß für immer.«[120]

Beide Konfliktparteien bereiteten sich damals auf eine gewaltsame Durchsetzung ihrer Ziele vor. Der Teilungsplan der UN war sicherlich ehrlich und vermittelnd gedacht – aber ohne die militärische Präsenz einer Ordnungsmacht undurchführbar.

Die 1945 gegründete Arabische Liga mit Sitz in Kairo und das von ihr 1946 als Vertretung der Palästinenser berufene Oberste Arabische Komitee unter Mohammed Amin al-Husaini verwarfen den Teilungsplan der Vereinten Nationen und propagierten ihre Bereitschaft, dessen Durchführung mit Gewalt zu verhindern. Für sie war die südliche Levante die alleinige Heimat der Araber. Sie lehnten es ab, dass die Schuld der Europäer mit dem von Arabern bewohnten Gebiet beglichen und mit ihrem Land bezahlt werden sollte.

Die meisten Juden und ihre offizielle Vertretung im britischen Mandatsgebiet, die Jewish Agency, akzeptierten den UN-Plan. Radikalen ging der UN-Plan jedoch nicht weit genug. Sie erhoben Anspruch auf das Land dies- und jenseits des Jordans. Zu ihnen zählten Menachem Begin, der Anführer der Irgun, und Yitzchak Shamir, der Führer von Lechi, die von einem Israel in den Grenzen des Hasmonäers Alexander Jannäus (103-76 v. Chr.)[121] träumten.

In seinem letzten Lebensjahrzehnt besuchte auch Leo Baeck, der bekannteste Vertreter des deutschen liberalen Judentums während der Weimarer Republik und auch dessen Sprecher während der Zeit des Nationalsozialismus, das Mandatsgebiet Palästina. Über seine Er-

---

120 Oz 2008, 563. 566-567.
121 Siehe dazu S. 27 Anm. 9.

lebnisse im Jahr 1947, noch vor dem Ausbruch des Krieges, berichtete er seinem Freund Dr. Rudolf Jaser: »Überall wohin ich kam, erfuhr ich unendlich viel Liebe und Güte, viel Freundlichkeit auch von der arabischen Bevölkerung. Juden und Araber leben in guter Nachbarschaft und vielfach auch in Freundschaft beieinander. Nur von aussenher, von den Nachbarstaaten und von einer kleinen feudalen Gruppe im Lande werden Gegensätze erzeugt.«[122]

3.4.5 Terror, Krieg und die Unabhängigkeitserklärung Israels (1947 bis 1948)

›Terror‹ (1947 bis 1948)

Anfang Dezember 1947 protestierten die arabischen Palästinenser mit einem dreitägigen Generalstreik gegen die Entscheidung der UN. Bald kam es in Jerusalem und Tel Aviv zu Übergriffen auf jüdische Einrichtungen. Die Irgun reagierte darauf mit eigenen Attacken. Busse wurden angegriffen. Terror überzog das Land. Unsicherheit und Kriminalität wuchsen. Versorgungsengpässe und Teuerung waren die Folge. Schon Ende 1947 gab es mehrere hundert Tote auf beiden Seiten. 1948 sprengte die Irgun das Gebäude der Stadtverwaltung in Haifa in die Luft. Bald floh die besser gestellte arabische Mittelschicht aus den gemischt bewohnten Ballungszentren Jaffa, Jerusalem und Haifa wie schon zur Zeit der arabischen Aufstände von 1936 bis 1939.[123] Sie suchten in den umliegenden Staaten oder im Bereich der heutigen Westbank Schutz. Im Februar begann David Ben Gurion mit Hilfe der Hagana, die verbliebenen Araber in Jerusalem und bald auch in der Küstenebene einzuschüchtern, worauf viele ihre Heimat verließen. Am 5. Februar zerstörte die Hagana erstmals ein arabisches Dorf, das auf den Ruinen des klassischen Caesarea Maritima gebaute Kaisarijeh.

›Krieg der Straßen‹ (1948)

Seit Januar griffen die von Abdel Kader al-Husaini geführten ›Dschihad al-Mukkadas‹ zusammen mit Freiwilligen aus Transjordanien in die Kämpfe ein. Die Araber versuchten, vor allem die Verkehrswege zwischen der Küstenebene und dem Bergland mit ihren weit verstreuten jüdischen Siedlungen zu unterbrechen. Ende März 1948 blockierten sie sogar die strategisch hochbedeutende Straße zwischen Tel Aviv und Jerusalem. Die zionistischen

---

122 Nach Meyer 2001, 138-139.
123 Krämer 2002, 363-364.

Kämpfer kamen in eine schwierige Lage. Sie gerieten beim Kampf um die wichtigen Hauptverkehrsadern in einen strategischen Nachteil.

Ende März beschlossen sie deshalb, ihre Kräfte zu bündeln und in die Offensive überzugehen. Die jüdischen Streitkräfte öffneten nach zehn Tagen harten Kampfes den Jerusalem-Korridor wieder für eigene Transporte.[124] Die gemischten Großstädte wurden danach nach Jerusalemer Vorbild besetzt: am 19. April Tiberias, am 23. April Haifa, am 11. Mai Jaffa und nur einen Tag später Safed und Bet Schean, schließlich am 17. Mai Akko. In dieser Phase des Kriegs flohen etwa 300 000 Araber. Die Hagana hatte nunmehr bereits die den Juden im UN-Teilungsplan zugesprochenen Gebiete einschließlich der großen Städte erobert.

Bis heute wird über die Frage nach der Flucht bzw. der Vertreibung der arabischen Bevölkerung debattiert. Wie man sich auch immer zu diesem Problem stellt: Welche andere Chance hatte die wehrlose Zivilbevölkerung inmitten des Terrors und der Kriegswirren? Die Menschen vertrauten dabei sicherlich den Versprechungen arabischer Führer, dass sie nach der erfolgreichen Bekämpfung der Juden bald wieder in ihre Heimat zurückkehren könnten. Andererseits griff die Hagana seit März 1948 zielgerichtet strategisch bedeutsame arabische Ortschaften an. Lechi und Irgun verbreiteten unter der Zivilbevölkerung Terror, der die Flucht ratsam erscheinen ließ, wollte man das eigene Leben retten. Das Massaker von Deir Yassin am 9. April 1948 wird dafür immer wieder auf beiden Seiten als Schlüsselereignis herangezogen. Die folgenden Berichte beleuchten das Geschehen und dessen Auswirkungen aus gegensätzlichen Blickwinkeln.

»Das Hagana-Kommando von Jerusalem war mit dem Angriffsplan der Kommandeure von Etzel (d. h. Irgun) und Lechi nicht einverstanden. Es schlug das Dorf Ein Karem vor, aus dem arabische Verstärkung gegen unsere Stellung in Kastel kamen. Etzel und Lechi sagten, das sei für sie zu schwer.
Deir Yassin lag überhaupt nicht an der Straße nach Jerusalem. Seit Dezember 1947 gab es ein Friedensabkommen zwischen Deir Yassin und der jüdischen Nachbarsiedlung Givat Schaul. Dort wurde nicht geschossen. Dort passierte nichts. Sie griffen in der Morgendämmerung ohne Vorwarnung an. Nach ein oder zwei Stunden stellten sie fest, dass sie das ganze Dorf nicht erobern konnten, nur den Ostteil. Im Westteil schossen etwa 12 bis 15 Araber – nur mit Gewehren, nicht mit automatischen Waffen. Ungefähr um 10 Uhr

---

124 Bei diesen Auseinandersetzungen wurde Abdel Kader al-Husaini, der Bruder des Großmuftis von Jerusalem, getötet. Der ›Dschihad al-Mukkadas‹ war nun führungslos.

vormittags griff ein Palmach-Trupp (Spezialeinheit der Hagana), der von einem Stern-Mann (d. h. Lechi)[125] um Hilfe gebeten wurde, Deir Yassin an und eroberte innerhalb von 5 Minuten den Westteil des Dorfes. Nachdem der Palmach-Trupp Deir Yassin wieder verlassen hatte, gingen die Etzel- und Stern-Leute von Haus zu Haus und schossen wahllos auf Frauen, Männer und Kinder. Wir haben das fotografiert. Ich versuchte den Kommandanten zu überzeugen, das heißblütige Massaker zu beenden. Das dauerte ungefähr 3 oder 4 Stunden. Es hörte erst auf, als einige hundert (jüdische) Bürger von Givat Schaul nach Deir Yassin kamen und gegen dieses Massaker von Etzel und Lechi protestierten. Sie beschimpften sie als Mörder. Etzel und Lechi verließen das Dorf.

Junge Hagana-Leute, noch Schüler, haben die Opfer gezählt und beerdigt. Es waren 254 arabische Leichen, die meisten Frauen und Kinder, nur wenige alte Männer.«[126] (Meir Pail)

»Auch in den übrigen Teilen des Landes begannen die Araber aus Schrecken zu fliehen – selbst vor einem Zusammenstoß mit jüdischen Streitkräften. Nicht was in Deir Yassin geschah, sondern was über Deir Yassin erfunden wurde, half uns, den Weg zu unseren entscheidenden Siegen auf dem Schlachtfeld freizumachen. Die Legende von Deir Yassin half uns insbesondere bei der Rettung von Tiberias und der Eroberung von Haifa. Alle jüdischen Streitkräfte stießen durch Haifa, wie ein Messer durch Butter. Mit dem Ruf ›Deir Yassin!‹ begannen die Araber panisch zu fliehen.«[127] (Menachem Begin)

»Das Massaker von Deir Yassin hatte nicht nur seine Berechtigung – ohne den ›Sieg‹ von Deir Yassin hätte es auch niemals einen Staat Israel gegeben.«[128] (Menachem Begin)

Die Frage nach Flucht oder Vertreibung wird wohl aus politischen Gründen immer umstritten bleiben. Der Historiker Benny Morris[129] hält den Exodus der arabischen Bevölkerung aus den israelischen Gebieten für eine Folge des Kriegs, nicht für das Resultat systematischer Planung. Er schließt aber bewusste Vertreibungen durch die Militärs und politisch motivierte Aktionen beider Seiten nicht aus.

In einem Geheimpapier des israelischen militärischen Geheimdienstes vom Juni 1948 ist folgende Einschätzung der Gründe für die arabischen Fluchtbewegungen zwischen dem 1.12.1947 und dem 1.6.1948 aufgeschlüsselt: 70 Prozent militärische Operationen (Hagana, Irgun, Lechi); 5 Prozent Anordnung arabischer Befehlshaber; 2 Prozent zionistische ›Flüsterpropaganda‹;

---

125 Die Briten bezeichneten Lechi nach ihrem Gründer Abraham Stern (auch: Jair) als ›Stern Gang‹.
126 Vgl. Gresh/Vidal 2004, 64 f. – Meir Pail nach einem Interview vom 1. Oktober 1998, geführt von Ami Isseroff am Yad Tabenkin Institute des United Kibbuz Movement Seminar in Ramat Efal Israel; Zitation mit freundlicher Erlaubnis des Interviewers. Vgl.: http://www.ariga.com/peacewatch/dy/levitza.htm.
127 Siehe dazu Lebrecht 1982, 207; aus: Menachem Begin, The Revolt. Story of the Irgun, Los Angeles 1972.
128 Siehe dazu Weingardt 2002 und Hollstein 1977, 140.
129 Morris 1987: »The Palestinian refugee problem was born of war not by design, Jewish or Arab. It was largely a by-product of Arab and Jewish fears and of bitter fighting that characterized the first Arab-Israeli war, in smaller part, it was the deliberate creation of Jewish and Arab military commanders and politicians«. Zitiert nach Bunzl 2008, 137.

2 Prozent explizite Räumungsbefehle der jüdischen Streitkräfte; 10 Prozent allgemeine Angst; 8 bis 9 Prozent lokale Faktoren, z. B. die Verhinderung der Rückkehr durch jüdisches Militär.[130]

Das Ende des Mandats und die Unabhängigkeitserklärung des Staates Israel (1948)

Am Freitag, dem 14. Mai 1948, verließ Sir Alan Cunningham, der letzte britische Hochkommissar, das Mandatsgebiet. Sein Auftrag endete offiziell am 14. Mai 1948 um 24.00 Uhr. Bereits am Nachmittag dieses Tages – wenige Stunden vor Einbruch des Sabbat – verlas David Ben Gurion die Unabhängigkeitserklärung des Staates Israel.

»Am 29. November 1947 fasste die Vollversammlung der Vereinten Nationen einen Beschluss, der die Errichtung eines jüdischen Staates im Lande Israel forderte. ... Demzufolge haben wir, die Mitglieder des Nationalrats, als Vertreter der jüdischen Bevölkerung und der zionistischen Organisation, heute, am letzten Tage des britischen Mandats über Palästina, uns hier eingefunden und verkünden hiermit kraft unseres natürlichen und historischen Rechts und aufgrund des Beschlusses der Vollversammlung der Vereinten Nationen die Errichtung eines jüdischen Staates im Lande Israel – des Staates Israel.

Der Staat Israel wird der jüdischen Einwanderung und der Sammlung der Juden im Exil offenstehen. Er wird sich der Entwicklung des Landes zum Wohle aller seiner Bewohner widmen. Er wird auf Freiheit, Gerechtigkeit und Frieden im Sinne der Visionen der Propheten Israels gestützt sein. Er wird all seinen Bürgern ohne Unterschied von Religion, Rasse und Geschlecht, soziale und politische Gleichberechtigung verbürgen. Er wird Glaubens- und Gewissensfreiheit, Freiheit der Sprache, Erziehung und Kultur gewährleisten, die Heiligen Stätten unter seinen Schutz nehmen und den Grundsätzen der Charta der Vereinten Nationen treu bleiben. ...

Wir wenden uns – selbst inmitten mörderischer Angriffe, denen wir seit Monaten ausgesetzt sind – an die in Israel lebenden Araber mit dem Aufrufe, den Frieden zu wahren und sich aufgrund voller bürgerlicher Gleichberechtigung und entsprechender Vertretung in allen provisorischen und permanenten Organen des Staates an seinem Aufbau zu beteiligen.

Wir bieten allen unseren Nachbarstaaten und ihren Völkern die Hand zum Frieden und guter Nachbarschaft und rufen zur Zusammenarbeit und gegenseitigen Hilfe mit dem selbständigen jüdischen Volk in seiner Heimat auf. Der Staat Israel ist bereit, seinen Beitrag bei gemeinsamen Bemühungen um den Fortschritt des gesamten Nahen Ostens zu leisten.«[131]
(Unabhängigkeitserklärung des Staates Israel)

---

130   Aus Morris 1987; zitiert nach Bunzl 2008, 138-139.
131   Auszüge aus der Unabhängigkeitserklärung des Staates Israel, 14. Mai 1948, David Ben Gurion.

3.5 Die Kriege nach der Staatsgründung Israels (1948 bis 1973)

3.5.1 ›Der erste Nahost-Krieg‹ (›Unabhängigkeitskrieg‹; ›Bürgerkrieg‹, 1948 bis 1949)

Am Tag nach der Verlesung der Unabhängigkeitserklärung griffen fünf reguläre Armeen aus Syrien, Transjordanien, dem Irak, aus Ägypten – verstärkt durch einige Bataillone aus Saudi Arabien – und aus dem Libanon den neu gegründeten jüdischen Staat an. Ihr Einmarsch suggerierte zwar enge Verbundenheit und Einigkeit, in Wirklichkeit misstrauten die arabischen Staaten einander aber zutiefst. Die Angreifer handelten unkoordiniert und eigensinnig. Sie waren besonders darauf bedacht, ihren arabischen Mitkonkurrenten keine Vorteile zukommen zu lassen. König Abdallah I. von Transjordanien wurde verdächtigt, seine Macht über das Land westlich des Jordans bis nach Syrien und in den Libanon ausdehnen zu wollen. Dem ägyptischen König war selbst an der Vormachtstellung in der arabischen Welt gelegen. Der saudische König fürchtete die Rache der im Irak und in Transjordanien regierenden Haschemiten, deren Familie er aus Mekka vertrieben hatte.

Ohnehin hatten die arabischen Armeen in ihrer Selbstüberschätzung nur insgesamt 25 000 Soldaten aufgeboten. Ihnen stand auf israelischer Seite eine hochmotiviert agierende und gut ausgerüstete Hagana mit etwa 30 000 Kämpfern gegenüber. In ihrem Umfeld operierten außerdem die Untergrundorganisationen Irgun und Lechi, während die arabische Seite noch durch tausende von Freiwilligen in irregulären Armeeeinheiten unterstützt wurde.

Die Ägypter rückten aus dem Süden über Gaza nach Tel Aviv vor. Die Syrer und Libanesen marschierten vom Norden und Nordosten kommend auf Haifa und die nördliche Küstenebene zu. Transjordanien und der Irak sollten aus dem Ostjordanland nach Bet Schean und in das nördliche Jordantal vorstoßen. Die Bilanz war ernüchternd. Israel brach keineswegs – wie von vielen erwartet – zusammen, sondern stoppte den ägyptischen Vorstoß schon bei Aschdod. Heute befindet sich an dieser Stelle die israelische Ortschaft Ad Halom – ›bis hier‹. Die Syrer und Libanesen kamen nicht viel weiter als bis an den Oberlauf des Jordans. Die Jordanier und

Iraker hielten sich an keinerlei Absprache. Sie drangen in große Bereiche des vom UN-Teilungsplan dem arabischen Staat zugedachten Gebietes vor und besetzten das judäische und das ephraimitische Bergland, d. h. die heutige Westbank.

»An den Tag, an dem David Ben Gurion die Unabhängigkeit des Staates Israel verkündete, erinnere ich mich nur zu genau. An jenem 14. Mai 1948 saß ich als Dreizehnjähriger in Ramat Gan, einer Nachbarstadt von Tel Aviv, im Keller unseres Hauses, der innerhalb weniger Stunden in einen Luftschutzraum verwandelt worden war. Wir erlebten den ersten Angriff der ägyptischen Luftwaffe. Ausgerechnet unsere Umgebung wurde heimgesucht, und jeder Einschlag hörte sich an, als sei es unser Haus, das getroffen wurde. Ich hatte große Angst, trotzdem verfolgte ich mit meiner Familie im Radio die Direktübertragung der offiziellen Feierlichkeiten aus dem Museum in Tel Aviv. Denn Jerusalem war bereits belagert, so dass David Ben Gurion sich gezwungen sah, den Akt der Staatsgründung nach Tel Aviv zu verlegen, wo damals der größte zur Verfügung stehende Saal der des Museums war. Welches Gefühl mächtiger gewesen ist, Angst oder Freude – Angst vor den Bomben oder Freude über unsere soeben gewonnene Selbständigkeit –, vermag ich heute nicht mehr zu sagen. Die Freude, so tief sie damals Besitz von uns nahm, war allerdings nicht die gleiche wie jene, die wir knapp sechs Monate vorher empfunden hatten, am 29. November 1947, als die Vereinten Nationen das Ende des britischen Mandats über Palästina und die Teilung des Landes beschloß. Das Gebiet, das den palästinensischen Juden zur Umsetzung der ihnen endlich gewährten Souveränität zugesprochen wurde, machte zwar nur einen Teil ihrer historischen Heimat aus, der Freudenausbruch jedoch, den die Nachricht auslöste, war so spontan, so elementar, daß er sich mir unvergeßlich eingeprägt hat.«[132] (Avi Primor, langjähriger israelischer Botschafter in der Bundesrepublik Deutschland)

Die jordanische Armee kämpfte mit der von den Briten aufgestellten ›Arabischen Legion‹ unter Führung von Glubb Pascha. Sie allein konnte den jüdischen Verbänden ebenbürtig entgegentreten. Die Jordanier eroberten nach heftigen Kämpfen am 28. Mai das jüdische Viertel der Altstadt Jerusalems. Bereits nach zwei Wochen – am 1. Juni 1948 – kam es durch Vermittlung der UN zu einem ersten Waffenstillstand. Israel hatte bis dahin insgesamt 14 Ortschaften verloren, zehn davon an die Jordanier. Im Wesentlichen aber blieb die Landkarte unverändert.

Die Hagana nutzte die Zeit des offiziellen Waffenstillstands. Nach der Beendigung des britischen Waffenembargos konnte sie jetzt noch mehr Kämpfer rekrutieren – die Zahl verdoppelte sich auf 60 000 Männer und Frauen. Die UN vermittelte während des Waffenstillstands zwischen den Parteien. Israel hatte dabei die bessere Verhandlungsposition, konnte es doch auf die ihm ungelegen kommenden Vorschläge eingehen und mit deren grundsätzlicher Ablehnung durch die arabische Seite rechnen.

---

132 Primor 2000, 58-59.

Der Waffenstillstand hielt bis zum 8. Juli 1948. Danach eroberte die israelische Armee die landwirtschaftlich und verkehrstechnisch wichtigen zentralpalästinischen Gebiete um Ramla und Lydda. Außerdem fiel ihr das fruchtbare Zentralgaliläa um Nazareth in die Hände. Weitere etwa 100 000 Araber flohen aus den neu eroberten Gebieten. Nach zehn Tagen vermittelte die UN einen neuen Waffenstillstand.

In dieser Zeit offenbarte sich die innere Zerstrittenheit der arabischen Verbündeten. Während die Ägypter mit Hilfe der Arabischen Liga am 6. September ein kompetenzloses ›Oberstes Arabisches Komitee für ganz Palästina‹ unter dem Vorsitz von Mohammed Amin al-Husaini in Gaza einsetzten, gingen die Jordanier gegen die von dessen Familie angeführten Kämpfer des Dschihad al-Mukkadas vor. Mohammed Amin al-Husaini hatte ihre Pläne schon lange gestört.

Zur Person: Mohammed Amin al-Husaini
Mohammed Amin al-Husaini (*1897 in Jerusalem; gestorben 1974 in Beirut) – ein Gesinnungsgenosse Adolf Hitlers

1921 bis 1948 (Groß-)Mufti von Jerusalem und Palästina; ab 1922 Präsident des Obersten Muslimischen Rats, gesuchter Kriegsverbrecher in mehreren europäischen Staaten

Mohammed Amin al-Husaini stammte aus einer altehrwürdigen Jerusalemer Familie, die seit Anfang des 17. Jahrhunderts das Amt des Muftis von Jerusalem innehatte. Schon während seines Studiums in Kairo wurde er zum Mitbegründer einer antizionistischen palästinensischen Studentenvereinigung. Im Ersten Weltkrieg diente er als Offizier bei der türkischen Armee und wurde während des ersten arabischen Aufstands (1920-1921) zum Sprecher und Vorkämpfer gegen die jüdische Einwanderung und das britische Protektorat. 1921 wurde er zum Mufti von Jerusalem und Palästina ernannt und sehr bald schon allgemein als Großmufti anerkannt. 1937 flüchtete er vor den Briten in den Libanon, dann nach Bagdad und schließlich nach Teheran. – Als all diese Gebiete britisch besetzt wurden, gelang ihm 1941 mit italienischer Hilfe die Flucht nach Europa. Er ging

nach Berlin und wurde schon im November 1941 von Adolf Hitler empfangen. Damit entstand eine unheilvolle Verbindung zwischen dem deutschen Nationalsozialismus und dem arabischen Antijudaismus. Mohammed Amin al-Husaini kooperierte bereitwillig mit den Nationalsozialisten
und wurde selbst Mitglied der SS.

Nach den beiden deutschen Niederlagen gegen die Alliierten auf dem
nordafrikanischen Kriegsschauplatz bei al-Alamain im Jahr 1942 soll der
Großmufti zum heiligen Krieg gegen die Juden aufgerufen und verlangt
haben, alle Juden zu töten.

Der Völkermord der Faschisten an den Juden war Teil seiner antijüdischen
Strategie. 1943 verhinderte Mohammed Amin al-Husaini durch seine
Intervention bei Heinrich Himmler die Freilassung von 5 000 jüdischen
Kindern, die auf Initiative des Roten Kreuzes gegen 20 000 gefangene
Deutsche ausgetauscht werden sollten. Stattdessen wurden die Kinder in
Konzentrationslager deportiert. Ab 1943 rekrutierte der Großmufti in Bos-
nien Muslime für die Waffen-SS.

In den letzten Tagen des Zweiten Weltkriegs floh er über die Schweiz nach
Frankreich und gelangte 1946 nach Ägypten, wo man ihm trotz all seiner
Verbrechen Schutz gewährte. Von 1948 bis 1959 wurde er Vorsitzender
des ›Obersten Arabischen Komitees für ganz Palästina‹ in Gaza. Bis heute
ist umstritten, ob der Mord am jordanischen König Abdallah I. – der im
Ringen um die Jerusalemer Altstadt 1948 die Familie al-Husaini an die
Seite gedrängt und 1951 einen neuen Großmufti für Jerusalem eingesetzt
hatte – im Auftrag Mohammed Amin al-Husainis geschah.

Die jüdische Seite ging auch aus diesem Waffenstillstand gestärkt hervor. Sie baute zielgerichtet ihren eigenen Staat auf und führte u. a. eine
eigene Währung und einen Obersten Gerichtshof ein.

Reichlich 100 000 jüdische Flüchtlinge erreichten 1948 das Land – darunter viele, die bisher in britischen Lagern auf Zypern ausharren mussten, weil die Briten sie auf ihrem Weg in die südliche Levante auf-
gegriffen hatten, sowie eine große Zahl Holocaust-Überlebender. Die
Neuankömmlinge wurden auf Häuser verteilt, die von den geflohenen
bzw. vertriebenen Arabern verlassen worden waren.

Graf Folke Bernadotte, der schwedische UN-Gesandte, forderte hingegen
das Rückkehrrecht der arabischen Flüchtlinge und die Verwaltung Jeru-

salems durch die UN ein. Er machte sich außerdem für die Abtretung des Negev an die arabische Bevölkerungsmehrheit stark. Am 16. September schlug er einen neuen Teilungsplan für das Mandatsgebiet Palästina vor. Dies wurde ihm zum Verhängnis. Lechi-Aktivisten erschossen ihn tags darauf in Jerusalem in seinem UN-Fahrzeug.

Graf Folke Bernadotte war ein Philanthrop. Er hatte sich 1945 bei Heinrich Himmler erfolgreich für die Freilassung von etwa 20 000 skandinavischen KZ-Häftlingen eingesetzt. Durch seine Aktion der ›Weißen Busse‹ rettete er auch 5 000 Juden das Leben. Einer dieser Busse ist heute in Yad Washem, der Jerusalemer Holocaust-Gedenkstätte, zu sehen. Graf Folke Bernadotte verhandelte mit Deutschland über die kampflose Räumung Norwegens und Dänemarks, wurde Präsident des Schwedischen Roten Kreuzes (1946-1948) und organisierte nach dem Zusammenbruch Kleidungs- und Lebensmitteltransporte ins Nachkriegsdeutschland.

Am 15. Oktober begann Israel erneut mit den Kämpfen und eroberte Teile des Negev.[133] Israel nahm jetzt auch das Gebiet um Aschdod und selbst Beerscheba ein. Ende Oktober brachte die israelische Armee innerhalb von 60 Stunden das restliche Galiläa unter ihre Kontrolle. Dabei stieß man sogar bis in den Südlibanon vor. Als die UN abermals einen Waffenstillstand durchsetzte, gehörten 77 Prozent des Landes westlich des Jordans zu Israel; weitere etwa 100 000 bis 150 000 Araber befanden sich auf der Flucht. Von strategischer Bedeutung war für Israel, dass sein Staatsgebiet nun aus einer durchgehenden Landfläche bestand und sowohl Zugang zum Mittelmeer als auch zum Roten Meer hatte.

Im Januar 1949 drangen die Israelis sogar in den nördlichen Sinai vor. Nachdem die USA und Großbritannien auf Rhodos Waffenstillstandverhandlungen zwischen Israel und Ägypten vermittelt hatten,[134] zog sich Israel aus dem Sinai allerdings wieder zurück. Der Gazastreifen blieb unter ägyptischer Kontrolle und Israel erhielt den gesamten Negev.

---

133 Die Kämpfe um den Negev und die diesbezüglichen diplomatischen Auseinandersetzungen in der UN zogen sich bis in den Januar 1949.
134 Sie fanden vom 13. Januar bis 24. Februar 1949 statt.

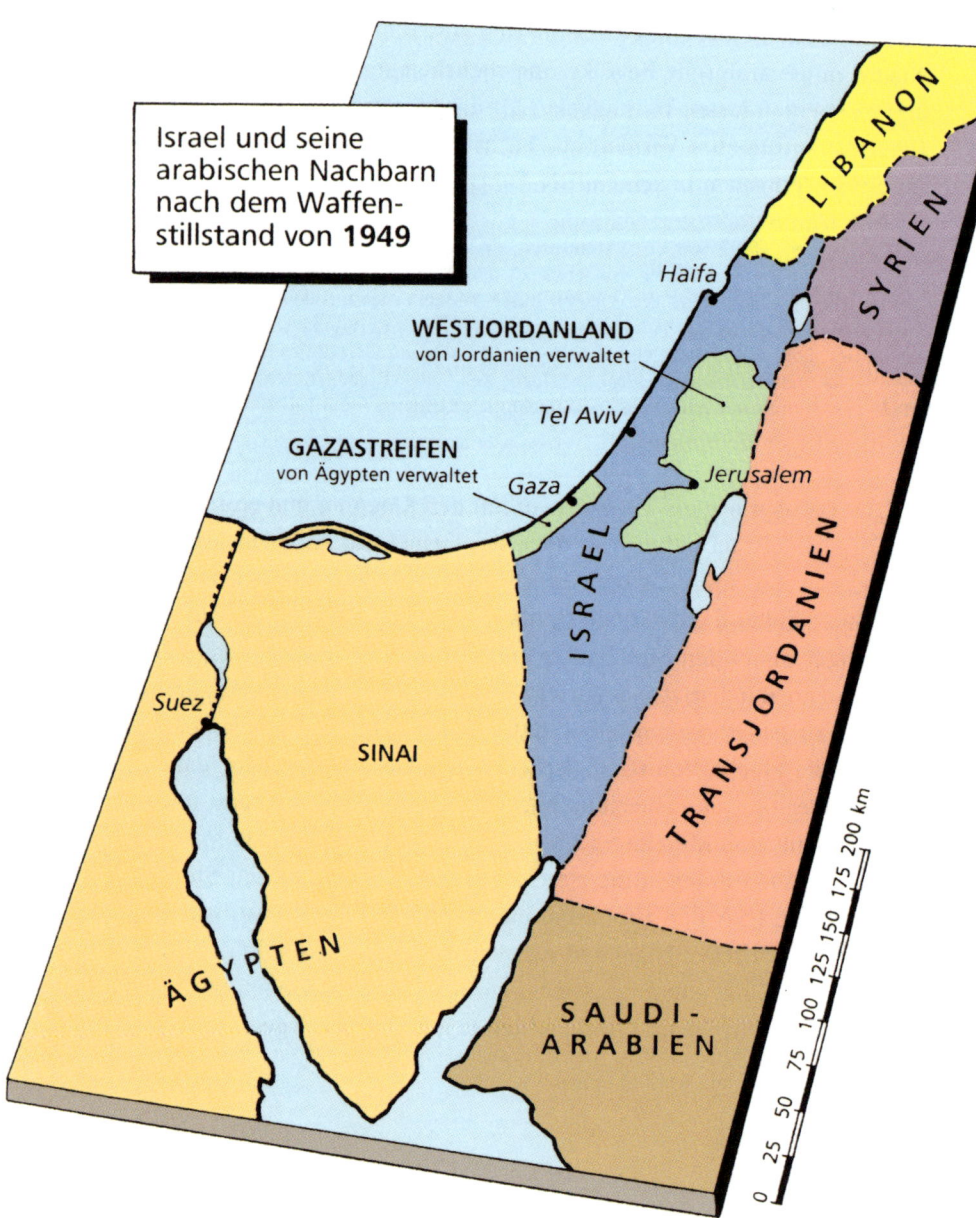

Israel und seine arabischen Nachbarn nach dem Waffenstillstand von 1949

LIBANON

SYRIEN

Haifa

WESTJORDANLAND
von Jordanien verwaltet

Tel Aviv

GAZASTREIFEN
von Ägypten verwaltet

Gaza

Jerusalem

ISRAEL

TRANSJORDANIEN

Suez

SINAI

ÄGYPTEN

SAUDI-
ARABIEN

0 25 50 75 100 125 150 175 200 km

Abb. 35: Waffenstillstand 1949[135]

135 Basierend auf Rotter/Fathi 2001, 526.

Im Frühjahr 1949 handelten auch der Libanon und Transjordanien auf Rhodos unter Vermittlung des von der UN entsandten US-amerikanischen Diplomaten Ralph Bunche die Waffenstillstandslinien aus und unterzeichneten die entsprechenden Abkommen. Die langwierigen Verhandlungen mit Syrien fanden im Niemandsland zwischen den Fronten statt;[136] nur der Irak lehnte die Unterzeichnung jeglicher Vereinbarungen ab.

Nach Beendigung der Kämpfe im November 1948 lebten etwa 782 000 Juden und nur noch 69 000 Araber im neuen Staatsgebiet Israels.[137] Im Gazastreifen und in der Westbank gab es keine jüdischen Einwohner mehr. Für die Araber war die 1949 festgeschriebene Niederlage eine Katastrophe (arab. Nakba).[138] Viele der am Abkommen beteiligten Potentaten überstanden diese Krise nicht. Ihre politischen Konkurrenten nutzten die Situation, um die Verhältnisse zu ihren Gunsten zu beeinflussen. In Syrien, Ägypten und im Irak putschten die Militärs; König Abdallah I. von Jordanien wurde 1951 in Jerusalem bei einem Besuch auf dem Haram asch-Scharif in der Al-Aqsa-Moschee umgebracht.

Die Frage nach der Anzahl der arabischen Flüchtlinge in der Folge dieser Auseinandersetzungen ist ein Politikum. Die UN spricht von 650 000 Menschen.[139] Nach Beendigung des ersten Nahost-Kriegs waren knapp zwei Drittel aller Palästinenser geflohen oder vertrieben. Sie lebten nun zu etwa je einem Drittel im Gazastreifen, in der Westbank sowie in den Nachbarstaaten Jordanien, Syrien und im Libanon. Nur in Jordanien erhielten sie bisher Bürgerrechte. Die im Staatsgebiet Israels verbliebenen Araber wurden dort ebenso als Staatsbürger anerkannt.

Der Status des Flüchtlings ist erblich. So wurden im Jahr 1959 bei der UNRWA[140] 914 000, 1999 jedoch aufgrund des Bevölkerungswachstums bereits 3 670 000 palästinensische Flüchtlinge gezählt. Ein Drittel von ihnen lebt auch heute noch in Flüchtlingslagern.[141] Die palästinensischen Flüchtlinge sind eine politisch bedeutende Größe, denn sie bilden eine weltweite Flüchtlingsgemeinschaft. Außerdem sind sie einflussreiche Minderheiten in Jordanien, dem Libanon und selbst in Syrien.[142]

---

136 5. April bis 20. Juli 1949.
137 Krämer 2002, 374.
138 Siehe dazu S. 307.
139 Chiari/Kollmer 2009, 94.
140 ›United Nations Relief and Works Agency for Palestine Refugees in the Near East‹, gegründet im Dezember 1949.
141 Rotter/Fathi 2001, 100.
142 Zur Verteilung der Flüchtlinge auf die einzelnen Länder und Gebiete um Israel vgl. Bernstein 1998, 131: 1999 beherbergte Jordanien demnach 1 288 000 Flüchtlinge, die Westbank 517 000, der Gazastreifen 684 000, der Libanon 346 000 und Syrien 337 000.

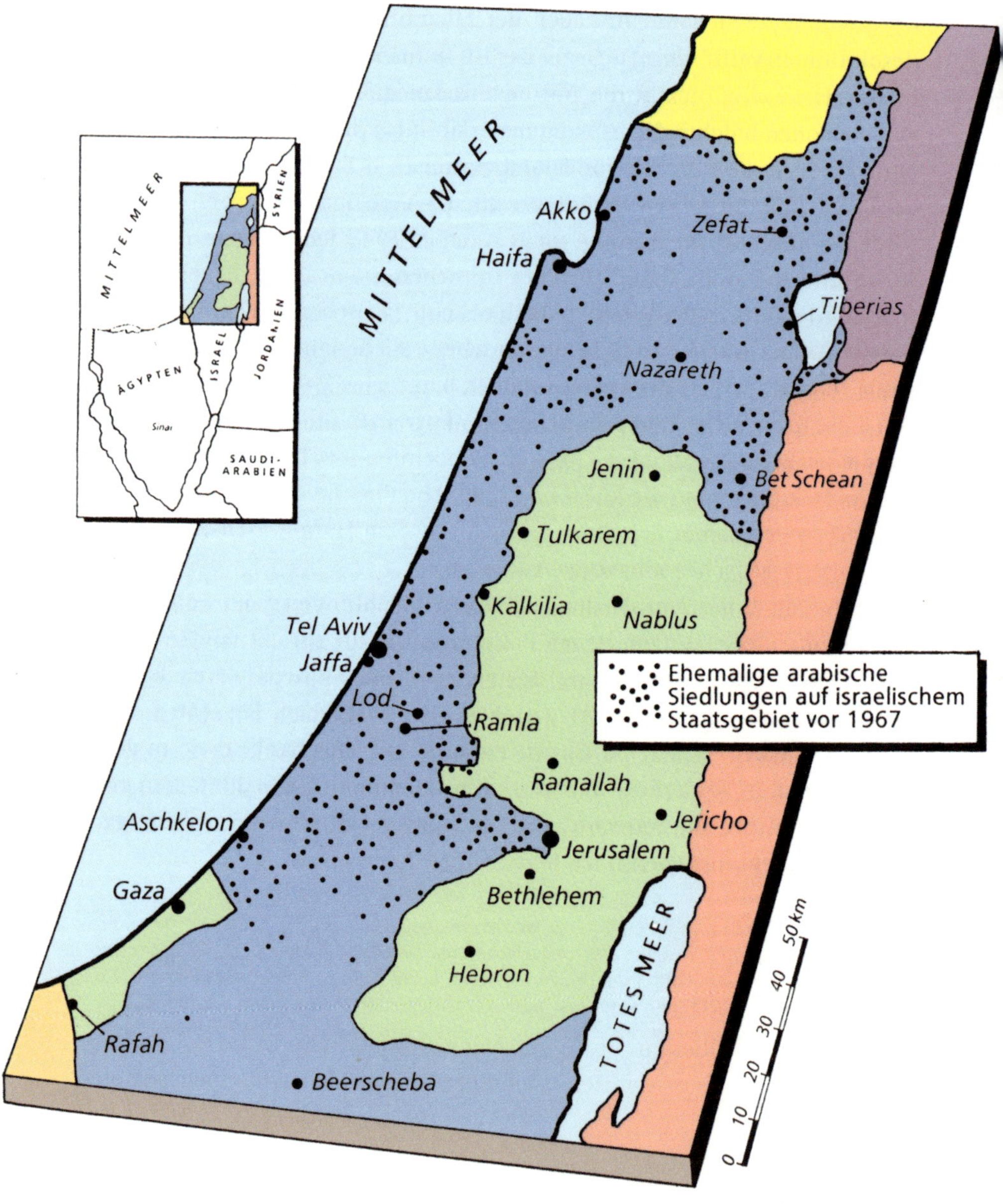

Abb. 36: Ehemals arabische Siedlungen auf israelischem Staatsgebiet[143]

---

143 Basierend auf Applied Research Institute 2000, 18.

Die UN machte sich das Anliegen der Flüchtlinge zu eigen. In der UN-Resolution 194 (III) vom 11. Dezember 1948 forderte sie: »Vertriebene, die in ihre Heimat zurückkehren und in Frieden mit ihren Nachbarn leben wollen, sollen baldmöglichst dazu die Erlaubnis erhalten. Jenen, die nicht zurückkehren wollen, soll für ihr Eigentum eine Entschädigung gezahlt werden.« Israel reagierte darauf am 12. Dezember 1948 mit einer Notstandsverordnung für das Eigentum Abwesender. »Jedes Eigentumsrecht geht automatisch auf den ›Verwalter des Eigentums Abwesender‹ über. ... Abwesende sind Personen ..., die die Stadt oder das Dorf, in denen sie üblicherweise in Eretz Israel wohnten, verlassen haben.«

Israel wurde am 11. Mai 1949 in die UNO aufgenommen. Daran war die Bedingung geknüpft, dass die Resolution 181 (II) zum UN-Teilungsplan vom November 1947 und die eben zitierte Resolution 194 (III) zum Rückkehrrecht der Araber umgesetzt würden.[144]

Das neu gegründete Israel veränderte sich rasch. Die Einwohnerzahl verdoppelte sich nahezu innerhalb der ersten vier Jahre. Von den fast 700 000 Menschen,[145] die ins Land kamen, waren aber nur die Hälfte Europäer. Die Juden aus der gesamten arabischen Welt, von Marokko bis zum Irak, strömten aufgrund einer ganz neuen Notsituation nach Israel.[146] Durch die Gründung des Staates sowie die Berichte über die Flucht und die Vertreibung der arabischen Bevölkerung war die Situation für sie in den umliegenden arabischen Ländern sowie im übrigen Nordafrika spannungsreich und gefährlich geworden.[147]

3.5.2 Angriff und Vergeltung (1951 bis 1956)

Seit 1948 kontrollierten die Ägypter den Gazastreifen. In Gaza residierte auch das ›Oberste Arabische Komitee für ganz Palästina‹, der spätere

---

144 Die UN-Vollversammlung vom 11. Mai 1949, Resolution 273 (III), berief sich ausdrücklich auf die genannten Resolutionen 181 (II) und 194 (III), als sie Israel als friedensliebenden Staat deklarierte, der die Regeln der UN beherzigen und fördern werde, und den noch jungen Staat in seine Reihen aufnahm.

145 In den Jahren 1948 bis 1951 erreichten 687 000 Personen Israel; das waren im Jahr 1948 etwa 102 000, 1949 240 000, 1950 170 000 und 1951 nochmals 175 000 Einwanderer. Siehe dazu Derori 2005, 72.

146 Derori 2005, 73.

147 Aus Bagdad (1941) und Aden (1947) wurden blutige Ausschreitungen gegen Juden bekannt.

Palästinensische Nationalrat, unter dem Vorsitz von Mohammed Amin al-Husaini, das allerdings keinerlei Akzente setzen konnte. Nach dem Militärputsch Ali Mohammed Nagibs und Gamal Abdel Nassers gegen den ägyptischen König Faruk I., auf dessen Initiative dieses Gremium entstanden war, wurde es abgesetzt.

König Abdallah I. von Jordanien ließ sich am 1. Dezember 1949 in Jericho zum König ganz Palästinas ausrufen. Dem folgte am 24. Mai 1950 die Umbenennung Transjordaniens in ›Haschemitisches Königreich Jordanien‹. Damit wurde die Westbank von Jordanien annektiert.

Zwischen den arabischen Ländern und Israel entspannen sich seit 1951 dauerhaft Kämpfe, die von nationalistisch motivierten Fedajin (›sich Opfernde‹), zumeist vertriebene Palästinenser, ausgetragen wurden. Deren Basislager befanden sich in Ägypten, Jordanien und im Libanon.

»Lasst uns heute die Mörder nicht verdammen. Was wissen wir denn von ihrem grausamen Hass auf uns? Sie müssen seit acht Jahren in den Flüchtlingslagern des Gaza-Streifens leben, während wir, gleichsam vor ihren Augen, das Land, in dem sie und ihre Vorfahren lebten, zu dem unseren machen. ... Lasst uns heute Rechenschaft ablegen. Wir sind eine Siedlergeneration, die ohne Helm und ohne Gewehr keinen Baum pflanzen und kein Haus bauen kann.«[148] (Moshe Dayan)

Die Israelis reagierten mit heftigen Attacken gegen arabische Dörfer oder Flüchtlingslager und griffen zunehmend auch militärische Stellungen der Nachbarländer an. Dabei spielten Ariel Sharon, der spätere Ministerpräsident Israels, und seine ›Spezialeinheit 101‹ eine wesentliche Rolle. Wie die Fedajin nahm auch er auf Zivilpersonen keine Rücksicht. Als Ariel Sharon 1953 das jordanische Dorf Qibya angriff, tötete seine Einheit 69 Menschen, die sich in ihren Wohnungen versteckt hielten.

»Wenn die zivilen Opfer auch eine Tragödie waren, war der Angriff auf Qibya doch ein Wendepunkt. Nach so vielen Niederlagen und Fehlschlägen war nun deutlich, dass die israelischen Truppen wieder dazu in der Lage waren, Ziele weit im feindlichen Hinterland zu finden und zu treffen. Was dies für die Moral der Armee bedeutete, kann kaum übertrieben werden.«[149] (Ariel Sharon)

Im Februar 1955 griff Ariel Sharon das ägyptische Hauptquartier in Gaza und im Jahr darauf das jordanische Militärzentrum in Kalkilia an, was

---

148 Moshe Dayan 1956, laut der hebräischsprachigen Tageszeitung Davar (1925 gegründet, eingestellt 1996) vom 2. Mai 1956; zitiert nach Bunzl 2008, 173.
149 Ariel Sharon, vgl. Sharon/Chanoff 2001.

den ägyptischen Staatschef schließlich dazu bewog, sowjetische Militär-
hilfsangebote anzunehmen. Gewalt und Gegengewalt verschärften die
Auseinandersetzung zusehends. Opfer unter der Zivilbevölkerung wurden
dabei billigend in Kauf genommen.

3.5.3 Der zweite Nahost-Krieg (›Suezkrise‹; ›Sinaifeldzug‹, 1956)

Mit der Verstaatlichung des Suezkanals durch Ägypten am 26. Juli 1956
forderte Gamal Abdel Nasser die alten Kolonialmächte England und
Frankreich heraus. Für ihn war dies der konsequente Schritt auf dem Weg
zu einem starken und eigenständigen Ägypten.

Vor dem Hintergrund des ägyptischen Alleingangs sahen Großbritannien
und Frankreich allerdings auch ihre Chance, noch einmal koloniale Nahost-Politik betreiben zu können. In die nun folgende militärische Aggression gegen Ägypten war auch die israelische Armee eingebunden, denn
Ägypten hatte 1956 die Straße von Tiran und den Suezkanal für Schiffe
gesperrt, die die israelische Hafenstadt Eilat anlaufen wollten.

Ab dem 29. Oktober 1956 besetzten die Israelis den Sinai, während Großbritannien und Frankreich nach einem für die Weltöffentlichkeit insze-
nierten Ultimatum an Israel und Ägypten, die Kampfhandlungen einzustellen, in den Krieg eingriffen und mit großem militärischen Aufwand
die von den Ägyptern kurz zuvor verstaatlichte Suezkanalzone eroberten.
Der Krieg diente letztlich dem Zweck, Gamal Abdel Nasser zu stürzen.

Obwohl der Plan Großbritanniens und Frankreichs militärisch aufging
und die Alliierten bald Kairo ins Visier nehmen konnten, wurden sie im
November 1956 von den USA zum Waffenstillstand und schließlich zum
Rückzug gezwungen. Sie mussten akzeptieren, dass inzwischen der Einfluss der USA im Nahen Osten bestimmend war. Außerdem hatte sich die
Sowjetunion diplomatisch zugunsten Ägyptens in den Nahost-Konflikt
eingeschaltet. Damit verlor Gamal Abdel Nasser zwar die militärische
Auseinandersetzung, ging aber aus dieser Krise vor der Weltöffentlichkeit
politisch gestärkt hervor. Seine Idee des ›Panarabismus‹, der Vereinigung
aller Araber in einem Nationalstaat, erlangte große Popularität.[150]

---

150 Am 1. Februar 1958 gründeten Syrien und Ägypten eine gemeinsame Vereinigte Arabische Republik. Diese Liaison hielt allerdings nur drei Jahre.

Auch Israel wurde im Januar 1957 gezwungen, den Sinai und zwei Monate später den Gazastreifen zu räumen. Die UN etablierten eine ›United Nations Emergency Force‹, um zwischen den verfeindeten Parteien eine Pufferzone zu bilden. Diese Maßnahme beruhigte die israelisch-ägyptische Grenzregion für viele Jahre. Der Gegensatz zwischen beiden Regierungen hatte jedoch unvermindert Bestand.

In den Folgejahren ging die Bedrohung der israelischen Zivilbevölkerung im Wesentlichen von den syrischen Golanhöhen aus. Von dort feuerten syrische Kämpfer wahllos auf israelische Dörfer und Städte und schufen ein Klima der Angst und Unsicherheit. Doch gibt es auch andere Mitteilungen:

»Hören Sie auf! Ich weiß doch, wie mindestens 80 Prozent der Kämpfe dort anfingen. ... Es lief so: Wir schickten einen Traktor irgendwohin, wo man nichts tun konnte, in der demilitarisierten Zone, und wussten vorher schon, dass die Syrer anfangen würden zu schießen. Wenn sie nicht schossen, befahlen wir dem Traktor, noch weiter vorzufahren, bis die Syrer schließlich so ärgerlich wurden, dass sie schossen. Und dann setzten wir Artillerie ein, und später auch die Luftwaffe. – So war's.« [151] *(Moshe Dayan)*

Zwei wichtige Organisationen, die den Kampf gegen Israel bald tragen und forcieren sollten, entstanden in dieser Zeit: 1959 gründete Yassir Arafat die ›Fatah‹[152] und der ägyptische Staatschef Gamal Abdel Nasser rief 1964 die unter seiner Aufsicht stehende ›Palestinian Liberation Organization‹ (PLO) ins Leben. Yassir Arafats Fatah agierte zunächst unabhängig von der PLO und wurde deshalb von den arabischen ›Frontstaaten‹ mit Argwohn beobachtet. Die PLO wurde von der Arabischen Liga finanziert. Für sie war das Land dies- und jenseits des Jordans ein unteilbarer Bestandteil der arabischen Staatenwelt.[153] Das palästinensische Volk habe einen »legalen Anspruch auf sein Heimatland und das Recht, nach der Befreiung seines Landes sein Schicksal nach seinen Wünschen und ausschließlich nach seinem eigenen Beschluss und Willen zu bestimmen.«[154] Der Zionismus sei kolonialistisch und seine Methoden faschistisch.[155]

---

151 Zitat aus Flores 2009, 59.
152 Seit ihrer Gründung 1959 in Kuwait trat sie als politische Partei auf; sie hatte aber bereits ein kurzes Vorleben als revolutionäre Zelle. Ihr erster Einsatz gegen Israel fand im Januar 1965 statt.
153 Der Artikel 1 der Charta der PLO vom 17. Juli 1968 besagt: Palästina ist das Heimatland des arabisch-palästinensischen Volkes, es ist ein unabtrennbarer Teil des arabischen Mutterlandes. Das palästinensische Volk ist ein Teil der arabischen Nation. – Vgl. Konzelmann 1993, 51 ff.
154 Artikel 3 der Charta der PLO vom 17. Juli 1968.
155 Artikel 22 der Charta der PLO vom 17. Juli 1968: »Der Zionismus ist eine politische Bewegung, die organisch mit dem internationalen Imperialismus verbunden ist und im Widerspruch zu allen Aktionen der Befreiung und der progressiven Bewegung in der Welt steht. Er ist rassistischer und fanatischer Natur; seine Ziele sind aggressiv, expansionistisch und kolonialistisch; seine Methoden sind faschistisch ...«

Zur Person: Yassir Arafat
(*1929 in Kairo – gestorben 2004 in Paris) – ›Mr. Palestine‹

1969 bis 2004 Vorsitzender der PLO; 1996 bis 2004 Präsident der Palästinensischen Autonomiebehörde
1994 Friedensnobelpreis (gemeinsam mit Yitzchak Rabin und Shimon Peres)

»Palästina ist das Zement, das die arabische Welt zusammenhält, oder es ist der Sprengstoff, der es auseinander sprengt.«[156]

Yassir Arafat wurde als Abdel Rahman Abdel Raouf Arafat al-Qudwa al-Husaini geboren. Sein Aussehen war legendär: Die Militäruniform machte deutlich, dass der Kampf der Palästinenser bewaffnet sein müsse, und sein ›Mehrtage‹-Bart symbolisierte, die Palästinenser seien verarmt und/oder ständig auf der Flucht. Mit Yassir Arafat verbindet man aber besonders die ›Kufije‹, ein Tuch, das von der ländlichen Bevölkerung Arabiens zum Schutz vor der Sonne getragen wird – je nach Region mit unterschiedlichen Farbmustern und in verschiedener Tragweise. Im arabischen Aufstand gegen das britische Mandat 1936 bis 1939 erlangte das Tuch als Erkennungszeichen der Aufständischen politische Bedeutung. Yassir Arafat griff diese Symbolik auf und fügte eine weitere hinzu, indem er es stets dreieckförmig auf seiner linken Schulter drapierte, um die Grenzen Palästinas nachzuahmen. Durch Yassir Arafat wurde dieses Tuch weltweit als ›Palästinensertuch‹ bekannt.

Um sich als Führungsperson der palästinensischen Sache zu legitimieren, betonte Yassir Arafat stets, in Jerusalem bzw. im Gazastreifen geboren zu sein. Er scheint aber wohl eher in Kairo das Licht der Welt erblickt zu haben, denn sein Vater, ein Textilhändler, siedelte 1927 von Gaza nach Kairo um. Väterlicherseits bestehen verwandtschaftliche Beziehungen zur berühmten al-Husaini-Familie in Jerusalem.[157]

---

156 Time Magazine, 11. November 1974.
157 Vgl. dazu S. 165 f.

Als Yassir Arafat fünf Jahre alt war, starb seine Mutter. Daraufhin wurde er in der Familie seines Onkels in Jerusalem erzogen. Dort erlebte er hautnah die Auseinandersetzung mit der britischen Mandatsmacht. Vier Jahre später kehrte er nach Kairo zurück. Nach dem Oberschulabschluss begann er 1948 ein Ingenieursstudium, nahm aber bald als Freiwilliger in einer Einheit der ägyptischen Muslimbrüder im Gazastreifen an den Kämpfen gegen die Juden teil. Nach dem verlorenen Krieg brachte er sein Studium erfolgreich zu Ende (1956). Sein Engagement galt aber dem politischen Kampf.

Bekannt wurde er als Mitbegründer der Fatah 1959 in Kuwait. Ihr Name steht für Harakat at-Tahrir al-Falastin – ›Bewegung zur Befreiung Palästinas‹. Das Akronym ergibt rückwärts ›Fatah‹, was ›Sieg‹ bedeutet. 1964 verließ er Kuwait und widmete sich ganz dem Kampf um die Befreiung Palästinas. Sein damaliger Leitsatz lautete: »Die Einigung Arabiens ist nur möglich durch die Befreiung Palästinas.«[158] Nach dem für die arabischen Staaten verheerenden Ergebnis des Junikriegs 1967 wurde die Fatah mehr und mehr zur führenden Kraft im antiisraelischen Kampf. Besonders die Schlacht um Karameh[159] stärkte das öffentliche Ansehen Yassir Arafats, der 1969 auch Führer der PLO wurde, der palästinensischen Dachorganisation für den antiisraelischen Kampf. Während der Kämpfe im ›Schwarzen September‹ (1970) wurde die PLO aus Jordanien vertrieben. Im November 1974 sprach Yassir Arafat vor der UN-Vollversammlung in New York von seinem »Traum«, in ein demokratisches Land zurückzukehren, in dem Muslime, Christen und Juden gleichberechtigt miteinander lebten.

Seine bitterste Stunde erlebte er 1982 beim schmählichen Abzug aus Beirut. Mit dem Ende des Kalten Kriegs musste auch Yassir Arafat umdenken. 1988 erkannte er das Existenzrecht Israels an und verzichtete auf die Anwendung von Gewalt. Die folgende Entwicklung im Rahmen des Oslo I-Abkommens brachte ihm den Friedensnobelpreis ein. 1996 wurde er Präsident der Palästinensischen Autonomiebehörde. »Lassen Sie es mich deutlich sagen. Ich verurteile die Angriffe, die von terroristischen Gruppen gegen israelische Zivilisten ausgeführt werden. Diese Gruppen stehen nicht für das palästinensische Volk oder sein legitimes

---

158 Vgl. Konzelmann 1993, 44 f.
159 Vgl. zum Folgenden S. 188.

Streben nach Freiheit. Sie sind terroristische Organisationen und ich bin entschlossen, Ihren Aktivitäten ein Ende zu setzen.«[160] Auf dem Höhepunkt der zweiten Intifada im Jahr 2002 wurde Yassir Arafat nach zahlreichen Anschlägen palästinensischer Terroristen in Israel durch die israelische Operation ›Schutzschild‹ isoliert und in seinem Regierungssitz Mukata unter Hausarrest gestellt.

Sein autoritärer Führungsstil und die Korruption in der Fatah ließen das Ansehen Yassir Arafats selbst im arabischen Lager schwinden. Er starb 2004 in Paris und wurde in Ramallah beigesetzt. Seine mögliche Todesursache (Organversagen, Gehirnblutung, Vergiftung, AIDS) war Gegenstand langwieriger Diskussionen und Verschwörungstheorien.

Yassir Arafats Person wird immer umstritten bleiben. Für die einen trug er den Ölzweig in der Hand, für die anderen war er die Reinkarnation Mohammed Amin al-Husainis. Die Rechten in Israel werden ihn ewig hassen: »Arafat ist ein Terrorist. Er sieht aus wie ein Terrorist, er geht wie ein Terrorist und er quakt wie ein Terrorist. Sie kennen doch das englische Sprichwort über das, was wohl eine Ente sein muss, wenn es aussieht, watschelt und quakt wie eine Ente?«[161] Yassir Arafats Verdienst bleibt es dennoch, den Palästinakonflikt auf die Ebene der internationalen Politik gehoben zu haben und die Integrationsfigur für eine eigenständige palästinensische Identität geworden zu sein. Daher erhielt er auch den Beinamen ›Mr. Palestine‹.

3.5.4 Der dritte Nahost-Krieg (›Sechstage-Krieg‹; ›Junikrieg‹, 1967)

Konflikte im Vorfeld

Konfliktfelder gab es zwischen Israel und seinen arabischen Nachbarn stets reichlich. Israel hatte 1959 mit dem Bau des ›National Water Carrier‹ begonnen und plante trotz der Proteste Syriens, Jordaniens und Ägyptens, Wasser des Jordans vom See Genezareth bis in die Wüste Negev abzuleiten.[162] Syrien und der Libanon suchten als Reaktion auf das is-

---

160 Yassir Arafat, Quelle: New York Times vom 3. Februar 2002.
161 Ehud Barak in einem Interview mit dem Tagesspiegel vom 14. Juni 2004.
162 Nach arabischer Lesart verletzte die einseitige Entnahme von solch großen Mengen an Wasser den internationalen Grundsatz, dass derartige Projekte mit den Anrainerstaaten ausgehandelt werden müssten. Israel gefährde die Wasserressourcen Jordaniens. Israel konterte, es entnehme nur soviel Wasser, wie ihm der ›Johnston-Plan‹ (siehe dazu S. 305) aus dem Jahr 1952/53 zuspreche.

raelische Vorhaben nach Möglichkeiten, das Wasser der auf ihrem Territorium entspringenden Jordanquellflüsse Hasbani und Banias durch Kanäle dauerhaft auf ihr Gebiet abzuleiten. Dies hätte die Wasserversorgung des Jordans auf den nordisraelischen Zufluss des Dan beschränkt. Als dieser ›Headwater Diversion Plan‹ der arabischen Staaten umgesetzt werden sollte, griff die israelische Armee die Baumaßnahmen ab 1965 mehrfach an.[163]

Mit den Syrern kam es in der Folge zu schweren Grenzgefechten. Am 7. April 1967 schoss Israel bei solchen Verwicklungen sieben syrische Militärflugzeuge russischer Bauart ab.

Außerdem betrieb Israel mit französischer Unterstützung[164] seit 1957 in Dimona ein eigenes Atomprogramm.[165] Israel versicherte, der Reaktor diene allein der friedlichen Nutzung der Kernenergie. Im Ausland wurden aber immer wieder Zweifel an dieser Darstellung geäußert.[166] Das ›International Institute of Strategic Studies‹ schätzte das Arsenal Israels auf über einhundert atomare Sprengköpfe.[167]

Im weltpolitischen Maßstab beherrschte der ›Kalte Krieg‹ auch den Nahen Osten. Die USA und die Sowjetunion rangen in dieser geostrategisch wichtigen Region um Allianzen. Dabei gelang es der Sowjetunion, deutlichen Einfluss auf Syrien und ebenso auf Ägypten zu gewinnen. Die USA setzten auf Israel und den Iran.

Die Staaten des Nahen Ostens hatten Mitte der 1960er Jahre ihrerseits große innen- bzw. außenpolitische Probleme zu bewältigen. Daher erschien ihnen die Lösung des schwelenden Palästinakonflikts als wünschenswerter Befreiungsschlag. So fürchtete Ägyptens Staatschef Gamal Abdel Nasser angesichts hoher Verluste seiner Truppen im Jemen und wegen des Vorwurfes, er setze Giftgas gegen seine Feinde ein, die Aner-

---

163 In diesem Zusammenhang erlaubten die Syrer palästinensischen Freischärlern, Angriffe von ihrem Territorium aus auf Israel durchzuführen.

164 Der französische Premierminister Guy Mollet soll den geheimen Vertrag mit Israel zum Bau der Atomanlage gebilligt haben.

165 Der Reaktor wurde zwischen 1962 und 1964 in Betrieb genommen.

166 1986 spielte Mordechai Vanunu, ein ehemaliger Techniker des ›Negev Nuclear Research Center‹, angebliche Beweise für das militärische Atomprogramm Israels dem britischen Sunday Times zu. Am 11. Dezember 2006 wurde über Ehud Olmert nach einem N 24-Fernsehinterview berichtet, er habe neben Russland, Frankreich und den USA auch Israel zu den Atommächten gezählt. Vgl. u. a. Die Welt. News.at vom 11. Dezember 2006 und ZEIT online vom 12. Dezember 2006. Diese Behauptung bestätigt aber der Originaltext seiner Rede nicht.

167 Wolffsohn/Bokovoy 2003, 225 f. Vgl. Aronson 1992.

kennung als panarabischer Vorkämpfer zu verlieren. Seine Kritiker, wie der tunesische Staatspräsident Habib Burgiba, argumentierten bereits in diese Richtung.

»Niemals in der Geschichte waren die Araber so zersplittert wie jetzt. Niemals haben sie sich gegenseitig wütender getötet als seit dem Tag, an dem sich Ägypten die geheiligte Mission anmaßte, sie zu einigen und ihre Ziele zu vereinen.«[168] (Habib Burgiba)

Syrien befand sich in den bereits erwähnten Grenzauseinandersetzungen mit Israel. Dank der sowjetischen Aufrüstung fühlte es sich nun stark genug, Israel militärisch erfolgreich entgegenzutreten. Die Jordanier hatten ihre Wirtschaft und die Entwicklung ihres Staats mit der Übernahme der Westbank überstrapaziert. Die Vervierfachung ihrer Einwohnerzahl war ökonomisch und sozial nicht so schnell zu bewältigen. Die überbevölkerte Westbank entwickelte sich zum Krisengebiet.[169] Und auch Israel befand sich in einer Wirtschaftskrise. Die Arbeitslosigkeit stieg und soziale Spannungen zwischen orientalischen und europäischen Juden[170] brachen auf. Der Staat litt außerdem unter einer fortdauernden Abwanderung von Akademikern und Intellektuellen, die im Land keine ausreichende und angemessene Beschäftigung fanden. Dies beeinträchtigte das künftige Leistungspotential Israels.[171]

---

168 Der tunesische Staatspräsident Habib Burgiba über Gamel Abdel Nasser, als er die Gipfelkonferenz der arabischen Staaten in Casablanca vom 13. bis 17. September 1965 boykottierte; zitiert nach DIE ZEIT, 17. September 1965, 38.

169 1948 hatte Jordanien etwa 340 000 Einwohner und bereits 30 000 palästinensische Immigranten. Dazu kamen jetzt noch etwa 460 000 bis 500 000 Flüchtlinge und 425 000 reguläre Bewohner der Westbank. So nach Herz 2003, 43.

170 Vgl. zum Thema Timm 1998, 315 ff.

171 »Seit 1965 stand Israel im Zeichen einer ›gezielten Rezessionspolitik‹, die von der Regierung betrieben wurde, um drohenden Inflationserscheinungen zu begegnen. Die Konjunktur war 1964 ... überhitzt gewesen. Israel leidet seit der Staatsgründung an einem chronischen Defizit in der Handels- und Zahlungsbilanz, das die Hauptsorge für die Wirtschaftsplaner des Staates darstellt. 1964 war dieses Defizit auf 569,3 Millionen Dollar gegenüber 407 Millionen Dollar bei einem Import von etwas über einer Milliarde Dollar gestiegen.« Palmon 1968, 96 f.

Zur Person: Gamal Abdel Nasser
(*1918 in Alexandria; gestorben 1970 in Kairo) –
›der arabische Übervater‹

1954/1956 bis 1970 Staatspräsident Ägyptens, von 1958 bis 1961 Präsident der Vereinten Arabischen Republik (Ägypten und Syrien)

> *»Brüder hebt den Kopf, die Zeit des Kolonialismus ist vorüber!« (Parole Gamal Abdel Nassers)*

Gamel Abdel Nasser stammte aus einfachen Verhältnissen. Sein Vater war Postbote. Ab 1937 besuchte er die Militärakademie in Kairo. Schon als Jugendlicher begann er den Kampf gegen die ausländische Bevormundung Ägyptens. Das Problem war, dass Ägypten auch nach dem Zweiten Weltkrieg keine wirkliche Selbständigkeit erhielt, die es theoretisch seit 1922 besaß. Noch immer kontrollierten britische Truppen den Suezkanal.
Gamel Abdel Nasser nahm 1948 am desaströsen Kriegsabenteuer Ägyptens gegen Israel teil. Um all diese Schmach von seinem Land zu nehmen, putschte sich Gamel Abdel Nasser im Verbund der ›Freien Offiziere‹ gegen König Faruk I. an die Macht, der ins italienische Exil abdankte.
Gamal Abdel Nasser war Nationalist und verkörperte zugleich eine panarabische Vision. 1954 verdrängte er General Ali Mohammed Nagib aus dem Präsidentenamt, in das er sich 1956 wählen ließ. Im Oktober 1954 überlebte er ein während einer öffentlichen Rede in Alexandria von Muslimbrüdern auf ihn verübtes Attentat. Daraufhin appellierte er emotional an sein Volk, ihm und seinem Weg zu einem starken und selbstbewussten Ägypten zu folgen, was nicht ohne positives Echo blieb. Schon bald näherte er sich dem Ostblock an. Die Sowjetunion sah in Syrien und Ägypten ihren ›Brückenkopf‹ in die arabische Welt. Der Bau des gigantischen Assuan-Staudamms, der die Landwirtschaft revolutionieren und ausreichend Strom erzeugen sollte, diente der Industrialisierung Ägyptens.
Der Charismatiker Gamal Abdel Nasser wurde zum Mythos, als er am 26. Juli 1956 vor enthusiastisch jubelnden Zuhörern in Alexandria die Verstaatlichung des Suezkanals bekanntgab. Die Ägypter (und weit darüber

hinaus die gesamte arabische Welt) waren davon begeistert, dass einer der ihren den Kolonialmächten den Kampf ansagte. Der britische Premierminister Anthony Eden antwortete auf den ›Mussolini am Nil‹, wie er ihn nannte, mit einer militärischen Intervention Großbritanniens und Frankreichs im Bündnis mit Israel. Gamal Abdel Nasser profitierte vom politischen Eingreifen der USA und der UdSSR. Mit dem erzwungenen Rückzug der Briten und Franzosen brach das Ende der Kolonialzeit an. Gamal Abdel Nasser wurde zum Helden und zu einem der Führer der blockfreien Staaten.

Panarabisch war Gamal Abdel Nasser nicht sonderlich erfolgreich. Der Versuch, eine Verbindung mit Syrien (1958 bis 1961) einzugehen, scheiterte kläglich. Sein militärisches Eingreifen im Jemen (1962 bis 1967) endete mit enormen Verlusten. Die Niederlage Ägyptens gegen Israel im Junikrieg 1967 wurde auch zu seiner persönlichen Niederlage. Dennoch blieb der General für die meisten Ägypter der große Übervater. Als Gamal Abdel Nasser 1970 starb, folgten etwa vier Millionen Menschen seinem Trauerzug.

Aufmarsch und Propaganda

Am 4. November 1966 unterzeichneten Syrien und Ägypten einen Verteidigungspakt. Am 13. Mai 1967 erreichte die Militärs die sowjetische Falschmeldung über einen israelischen Truppenaufmarsch gegen Syrien, das seinerseits am gleichen Tag die Streitkräfte auf dem Golan zusammenzog.[172] Der ägyptische Präsident Gamal Abdel Nasser mobilisierte tags darauf seine Streitkräfte. Er wies zugleich die UN-Soldaten aus dem Sinai aus.

»Ab heute gibt es keine internationalen Friedenstruppen mehr, die Israel beschützen. Unsere Geduld ist zu Ende. Wir werden uns nicht mehr bei den Vereinten Nationen über Israel beklagen. Ab jetzt herrscht der totale Krieg gegen Israel, und er wird zur Auslöschung des Zionismus führen.« (Radio Kairo am 18.5.1967)

Schon am 16. Mai rückte die ägyptische Armee in den Sinai vor und sperrte am 22. Mai die Straße von Tiran für israelische Schiffe. Dieser Schritt kam einer Kriegserklärung an Israel gleich, weil er dessen Zugang zum indischen Ozean abschnitt. Am 30. Mai trat der ägyptisch-syrischen Allianz auch König Hussein von Jordanien bei.

---

172 Es bleibt bis heute unklar, was Moskau mit dieser nachweislich falschen Information bezweckte. Vgl. dazu Steininger 2007, 33.

Auch die Propaganda ließ am bevorstehenden Krieg keinen Zweifel:
»Das arabische Volk ist entschlossen, Israel von der Landkarte verschwinden zu lassen.«[173]
(Radio Kairo am 22.5.1967)

»Die Existenz Israels ist ein Fehler, der korrigiert werden muss. Das ist die Gelegenheit, die
Schmach zu löschen, die man uns seit 1948 angetan hat. Unser Ziel ist klar: Israel von der
Landkarte wegzufegen.«[174] (Iraks Präsident Abdur Rahman Aref am 31.5.1967)

Überraschungsangriff

Israel zwang nach einem Überraschungsangriff am Morgen des 5. Juni
1967 seine Gegner in nur sechs Tagen in die Knie. Zunächst schaltete es
die gegnerischen Luftstreitkräfte aus. Am 7. Juni wurden das bis dato jordanische Ostjerusalem und die Westbank erobert, bis zum 9. Juni konnte
der Sinai vollständig besetzt werden. Erst danach griff die israelische Armee syrisches Territorium, die Quellgebiete des Jordans und die Golanhöhen, an und eroberte es in nur zwei Tagen.[175]

Das Stadtgebiet Jerusalems wurde nach Osten, Süden und Norden deutlich erweitert, dabei wurde auch die Altstadt eingegliedert. Im jüdischen
Viertel kam es zu grundlegenden Umgestaltungen. Anschließend wurde
es wieder von Israelis besiedelt. Erstmals seit der Zerstörung des herodianischen Tempels (70 n. Chr.) war der ehemalige Tempelberg und mit
ihm die Westmauer wieder unter israelischer Kontrolle. Religiöse Gruppen
innerhalb der jüdischen Bevölkerung interpretierten diesen ›mühelosen‹
Sieg im religiösen Sinn als Wunder. Sie zogen Vergleiche zur Eroberung
des Landes im Josuabuch und sahen sich nun aufgefordert, das neu gewonnene Gebiet dauerhaft zu besiedeln.

»Der Kampf um Jerusalem wurde auf beiden Seiten mit großer Erbitterung geführt. ... (5.
Juni) Es wurde sehr bald deutlich, dass die Israelis den Jordaniern überlegen waren. Ar-
mee und Luftwaffe waren so präzis aufeinander abgestimmt, dass alle Anstrengungen der
Jordanier scheitern mußten. ... Ab 18.00 Uhr flogen israelische Mirage-Jäger pausenlos
Einsätze gegen die jordanischen Artilleriestellungen ostwärts des Ölberges. Es war ein eigen-
artiges Bild, als zwischen zwei langsam zur Erde sinkenden Leuchtfallschirmen und ihren
langen, dünnen Rauchspuren sich die schlanke Mondsichel des abnehmenden Mondes über
die Silhouette des Ölbergs hob. Es schien, als ob mit dem aufsteigenden Zeichen des Islam
der Stern seiner Verteidiger zu sinken begänne. (6. Juni) ... Als die Morgensonne gleißend

---

173 Schreiber/Wolffsohn 1995, 194.
174 Schreiber/Wolffsohn 1995, 196.
175 Der Krieg kostete viele Opfer: Die arabischen Staaten beklagten etwa 21 000 Tote und 45 000
     Verwundete; Israel 779 Tote und 2 563 Verwundete. 15 israelische Soldaten wurden gefangen
     genommen; dagegen gerieten 6 000 Araber in israelische Gefangenschaft.

über den Ölberg stieg, lieferten sich israelische und jordanische Kampfflugzeuge eine erbit-
terte Luftschlacht. ... Tagsüber war es verhältnismäßig ruhig. ... Gegen 21.00 Uhr hörte ich
verstärkten Gefechtslärm. ... Vom israelischen Teil Jerusalems aus tauchte ein Scheinwerfer
den Ölberg in ein breites, fahles Licht. Artillerie, Panzergeschütze, Schnellfeuerkanonen und
Maschinengewehre lösten einander ab und wirkten wieder zusammen. Dazwischen Pausen,
während der wohl die Infanterie vorgehen sollte. Rot zogen Leuchtspuren über die Häuser,
in denen wir viele Freunde wussten. Blitzend bissen sich Granateneinschläge in ihre Mau-
ern. Gegen Mitternacht ... war es still. Auch in Et Tour war der Lärm des Häuserkampfes
verstummt. (7. Juni) Gegen 030 [scil. 06.30 oder 07.30?] wurde durch Lautsprecher mit-
geteilt, dass die Altstadt eingekreist und weiterer Widerstand zwecklos sei. ... Gegen 8.00
Uhr heulten wieder Mirage-Jäger heran und warfen Bomben auf die Baracken zwischen
Auguste-Victoria-Stiftung und Mount Scopus. Sie kehrten wieder zurück und pflügten mit
ihren Schnellfeuerkanonen das Erdreich auf und schossen die Baracken in Brand. Die erste
Barackenreihe wurde von Zivilisten bewohnt, vor allem von armen Mitgliedern der evan-
gelischen Gemeinde Jerusalems. ... Gegen 9.00 Uhr erschienen wieder Mirage-Jäger und
bombardierten die Neustadt am Damaskustor mit Splitterbomben. Eine riesige Staubwolke
verhängte die Sicht auf den Ölberg. Splitter, Steine, ja Bomben flogen weit in die Altstadt
hinein. Wir sahen Häuser zusammenbrechen und Brände ausbrechen. Dann endlich war die
Schlacht um Jerusalem beendet. Kurz nach Mittag streiften israelische Soldaten durch die
Altstadt, ohne jedoch ein Haus zu betreten.«[176] (Hansgeorg Köhler)

Israel deutete die militärische Auseinandersetzung als ›Präventivkrieg‹,
mit dem seine Armee der bevorstehenden arabischen Invasion zuvor gekommen sei. Gegner dieser Auffassung halten dagegen, dass die arabischen Armeen überhaupt nur unzureichend auf einen Waffengang vorbereitet gewesen seien. Sie hätten also gar nicht angreifen können.[177] Dem
widersprechen allerdings die Äußerungen der Staatschefs Syriens und
Ägyptens vor der Mobilisierung der Armeen.

»Für eine kurze Zeit wurde Jerusalem zum Kriegsschauplatz. Jetzt verwandelt sich Tag für Tag
Jerusalem zu einem Festplatz: Ununterbrochen schieben sich Tausende von Menschen durch die
engen Souqs, rufen Verkäufer ihre Angebote aus, hört man vorwiegend hebräisch sprechen. ...
Nun dürfen auch die Bewohner des bisherigen jordanischen Teiles Jerusalems die Neustadt besu-
chen. Über dem ehemaligen Niemandsland zwischen beiden Stadtteilen hängt eine Staubwolke,
in der sich sozusagen Alt- und Neuisraelis begegnen. Es fehlt nur noch der Duft von Bratwürs-
ten und etwas Musik, und die Szene wäre einem deutschen Schützenfest vergleichbar.«[178]
(Hansgeorg Köhler)

176 Maschinenschriftlicher Sonderbericht des evangelischen Propstes in Jerusalem, Hansgeorg Köhler
      (1965-1971), über die Woche vom 4. bis 10. Juni 1967, 3-5 (Archiv der Propstei der Ev. Erlöserkir-
      che, Jerusalem, mit freundlicher Erlaubnis der Ehefrau des verstorbenen Alt-Propstes, Frau Gerlin-
      de Köhler, Strande).
177 Vgl. Flores 2009, 68: »Nasser war weder auf einen Krieg mit Israel vorbereitet, noch hatte er kon-
      krete Pläne dafür. Vielmehr wollte er in der beschriebenen Situation mit dem Säbel rasseln und
      ging dabei in seiner Fehleinschätzung der Lage zu weit.«
178 Maschinenschriftlicher Sonderbericht des evangelischen Propstes in Jerusalem, Hansgeorg Köhler
      (1965-1971), über die Zeit vom 18. bis 30. Juni 1967, 1 (Archiv der Propstei der Ev. Erlöserkirche,
      Jerusalem, mit freundlicher Erlaubnis der Ehefrau des verstorbenen Alt-Propstes, Frau Gerlinde
      Köhler, Strande).

Nach dem Krieg sah Israel voller Optimismus in die Zukunft und wurde für jüdische Einwanderer wieder attraktiv. Die Wirtschaft, besonders die Militärindustrie, entdeckte den Investitionsstandort Israel. Die verheerende Niederlage der Araber blieb nicht ohne Folgen. Gamal Abdel Nasser nahm die Verantwortung auf sich und trat von seinem Amt zurück. Massendemonstrationen auf den Straßen Ägyptens und in weiteren Teilen der arabischen Welt ließen ihn seine Entscheidung aber revidieren.

Die neue Rolle Israels

»Einige Monate vor dem Krieg hatte Moshe Dayan Vietnam besucht. ›Die Amerikaner gewinnen hier alles – außer den Krieg‹, schrieb er nach seiner Rückkehr. Kurz nach dem Juni 1967 hätte man über die Israelis das Gegenteil sagen können: das Einzige, was sie gewonnen hatten, war der Krieg. Außer den im Krieg besetzten Gebieten hatten sie nichts hinzugewonnen. Zunächst von Angstgefühlen und dann vom Siegesrausch überwältigt, handelten sie im emotionalen Überschwang häufig gegen ihre nationalen Interessen, ein Verhaltensmuster, das die Israelis häufig den Arabern zuschrieben.« (Tom Segev)

»Ja, ... wenn wir die richtige Wahl getroffen hätten – damals! Wir hatten die Wahl, Menschen zu werden oder Eroberer, ein anständiges Volk oder ein habgieriges, ein gelungener Staat oder die mißlungene Parodie eines Staates ...«[179] *(Angelika Schrobsdorff)*

Israel stand nun vor einer neuen Herausforderung, die das Nahost-Problem noch einmal verschärfte und die es bis heute nicht lösen konnte: Der tapfer um sein Überleben ringende ›David‹ war zum bis an die Zähne bewaffneten ›Goliath‹ geworden. Und dieser fand sich in den neu eroberten Gebieten in der Rolle des Besatzers über mindestens 800 000 Araber wieder. Das Palästinenser-Problem, wie wir es heute kennen, war entstanden.[180] Der Sicherheitsrat der UN reagierte am 22. November 1967 in der Resolution 242 mit einer Verurteilung der »israelischen Aggression« und forderte den Rückzug der Armee. Gleichzeitig wurden die arabischen Staaten aufgefordert, Israel anzuerkennen.[181]

---

179   Zitat oben: Segev 2007, 29; nachfolgendes Zitat aus Angelika Schrobsdorff, Jerusalem war immer eine schwere Adresse, München ¹¹2001, 63 (Aussage von »Jane« über den Ausbruch der ersten Intifada 1987 mit Blick auf den Sechstage-Krieg).

180   Von den etwa einen Million Palästinensern aus der Westbank flohen etwa 300 000 nach Jordanien (http://www.state.gov/r/pa/ei/bgn/3464.htm US State Department). Von den Golanhöhen flohen etwa 80 000 Syrer. Allein die in Jerusalem und auf dem Sinai verbliebenen Palästinenser konnten nach der Annektierung ihrer Gebiete durch Israel die israelische Staatsbürgerschaft annehmen.

181   Die Resolution 242 des Sicherheitsrats sprach von einer »gerechten Regelung des Flüchtlingsproblems«, forderte aber nicht deren vollständige Rückkehr oder die Gründung eines palästinensischen Staates. Vgl. Rotter/Fathi 2001, 201 ff. – Dringend angemahnt wurden außerdem der Rückzug der israelischen Streitkräfte aus den eroberten Gebieten, die Beendigung des Kriegszustands sowie die Respektierung der Souveränität und Unabhängigkeit eines jeden Staates mitsamt seiner Grenzen im Konfliktgebiet.

Am 7. März 1978 unterzeichneten 348 ehemalige israelische Offiziere und Soldaten einen an den Ministerpräsidenten Israels, Menachem Begin, gerichteten Brief, in dem es u. a. hieß: »Wir schreiben in großer Angst. Eine Regierung, die einer friedlichen Existenz mit guten nachbarlichen Beziehungen die Existenz des Staates Israel in den Grenzen von Groß-Israel vorzieht, würde in uns schwerwiegende Zweifel wecken. Eine Regierung, der Siedlungen jenseits der green line wichtiger sind als die Beendigung des historischen Konflikts und die Errichtung normaler Beziehungen in unserer Region, würde in uns Fragen wecken über die Richtigkeit und die Berechtigung unseres Handelns. Eine Regierungspolitik, die für eine Fortführung der Besatzung von Millionen Arabern sorgt, liefe Gefahr, den jüdisch-demokratischen Charakter des Staates zu gefährden und würde uns die Identifikation mit dem Weg des Staates Israel erschweren.«[182]

Zur Person: Moshe Dayan
(*1915 im Kibbuz Degania; gestorben 1981 in Tel Aviv) –
›der General‹

1954 bis 1958 Generalstabschef der israelischen Armee; 1967 bis 1974 Verteidigungsminister; 1977 bis 1979 Außenminister Israels

»Es gibt kein Palästina mehr. Erledigt ...«

Moshe Dayan war einer der bedeutendsten israelischen Generäle und gehört zu den Gründervätern Israels. Seine Eltern wanderten 1908 in die südliche Levante ein und lebten im strategisch bedeutenden Kibbuz Degania Aleph am Südende des Sees Genezareth. Sein Vater, Schmuel Dajan (1891 in der Ukraine geboren) war ein Mitbegründer der Moschaw-Bewegung. Mit 14 Jahren trat Moshe Dayan der Hagana bei. Von 1939 bis 1941 wurde er wegen illegaler antibritischer Aktivitäten in Akko inhaftiert. Während des Zweiten Weltkriegs kommandierte der 26-Jährige eine Palmach-Einheit unter dem Oberbefehl der Alliierten zur Befreiung des Libanon. In diesem Kriegszug verlor er sein linkes Auge. Die schwarze Augenklappe wurde fortan sein ›Markenzeichen‹. Im Unabhängigkeitskrieg (1948-1949) führte er verschiedene Kampfverbände. Der militärisch erfolgreiche Sinai-Feldzug 1956 stand unter seiner Leitung, was ihm in Israel großen Ruhm einbrachte. 1959 schlug er die politische Laufbahn ein und gehörte damals zu den ›jungen Unterstützern‹ David Ben Gurions. Während der Anfang 1967 zunehmenden Spannungen mit den arabischen Nachbarn wurde er zum Verteidigungsminister ernannt. Er führte die be-

---

182 Israel State Archives, Zitat nach LeVitte Harten/Zalmona 2005, 506.

sonders von Yitzchak Rabin ausgearbeiteten Pläne im Sechstage-Krieg zum Erfolg. Nach der Eroberung Jerusalems ließ er den Tempelbergbezirk dem muslimischen Waqf[183] unterstellen, wobei er als säkularer Jude dennoch von einer Heimkehr zu den heiligen Stätten seines Volkes sprach, von denen es sich nie mehr trennen werde.[184]

Der Held des Sinai-Feldzugs und des Sechstage-Kriegs wurde im Yom Kippur-Krieg zur tragischen Gestalt. Ihm kam eine Mitschuld an der dramatischen Situation der israelischen Armee in den ersten beiden Kriegstagen zu, weshalb er auch nach der Veröffentlichung des diesbezüglichen Untersuchungsberichts 1974 zurücktreten musste. Moshe Dayan wurde von 1977 bis 1979 unter der Regierung von Menachem Begin noch einmal Außenminister. Hier war er auf israelischer Seite Architekt des Friedensabkommens mit Ägypten von 1979 (Camp David I).[185]

Nach dem beeindruckenden Sieg von 1967 wäre Israel in der Position gewesen, über die Rückgabe der eroberten Gebiete zu verhandeln. Da es aber Ostjerusalem und dort insbesondere die alle wichtigen Heiligtümer beherbergende Altstadt bereits vereinnahmt hatte, blieben für solche Verhandlungen ohnehin nur rein theoretische Spielräume. Zwar ließ Moshe Dayan erklären, er warte nur auf einen Telefonanruf aus Amman,[186] doch die arabische Gipfelkonferenz in Khartum[187] erwies sich als unnachgiebig. Statt nach Lösungsmöglichkeiten zu suchen, reagierte sie mit einem dreifachen ›Nein‹ zur Anerkennung Israels, zu Gesprächen jeder Art und zum Frieden.

»Allem Anschein nach versucht die Militärregierung, die Altstadt Jerusalems mit der Neustadt so schnell wie möglich zu integrieren. Unsere Strom- und Wasserversorgung soll von der Neustadt aus erfolgen. Das Elendsviertel südlich der Klagemauer ist niedergerissen worden.[188] So konnten zum Shevuoth-Fest rund 20 000 Besucher zur Klagemauer gelangen. Augenzeugenberichten zufolge soll das Flüchtlingslager bei Jericho nahezu völlig geräumt worden sein.«[189] (Hansgeorg Köhler)

183   Eine fromme islamische Stiftung, wie sie im osmanischen Reich als Rechtsform üblich war.
184   Vgl. Moshe Dayan, Die Geschichte meines Lebens, München 1976.
185   Siehe dazu Kap. 3.6.2.
186   Flores 2009, 69.
187   Durchgeführt vom 29. August bis 1. September 1967.
188   Es handelt sich um das arabische Maghrebiner-Viertel, dessen Bewohner ihre Häuser verloren, weil vor der Klagemauer Platz für öffentliche Veranstaltungen geschaffen werden sollte.
189   Maschinenschriftlicher Sonderbericht des evangelischen Propstes in Jerusalem, Hansgeorg Köhler (1965-1971), über die Woche vom 4. bis 10. Juni 1967, 3-5 (Archiv der Propstei der Ev. Erlöserkirche, Jerusalem, mit freundlicher Genehmigung der Ehefrau des verstorbenen Alt-Propstes, Frau Gerlinde Köhler, Strande).

Auch die von Israel selbst geschaffenen Fakten sprachen gegen eine wirkliche Verhandlungsbereitschaft. Der Bau israelischer Siedlungen in der Westbank und im Gazastreifen nahm schon bald Konturen an. Er wurde trotz der Proteste der UN durchgesetzt.

Das israelische Siedlungssystem basiert – überblickt man die zurückliegenden Jahrzehnte – auf vier Grundinteressen:

- der militärischen Komponente, die Verkehrsadern und strategischen Orte durch ›Wohn-Festungen‹ zu sichern,
- der religiösen Komponente, das ›Land der Väter‹ wieder zu besiedeln,
- der säkular-juristischen Komponente, dass sich einige Siedler als Erfüller des britischen Mandats, das die Balfour-Erklärung einschloss, ansahen, und
- der Sicherung der Wasserressourcen.[190] Israel kontrollierte nun sämtliche Aquifere des Westjordanlands.

Für die israelischen Militärs war es nicht unwichtig, die östliche Verteidigungslinie des Landes in einer Art ›Frontbegradigung‹ an den Jordan verlegen zu können.

So entwickelte sich die Zeit ›nach dem Krieg‹ wiederum zur Zeit ›vor dem Krieg‹. Das zutiefst verunsicherte Ägypten bemühte sich in Annäherung an die Sowjetunion um Militärhilfe, insbesondere für seine Luftwaffe. Die national gesonnenen Palästinenser verstanden, dass die sogenannten Frontstaaten ihnen nicht helfen würden. Sie mussten für sich selbst kämpfen und ihr Schicksal in die eigenen Hände nehmen.

»Die Grenzen vom 5. Juni sind unwiderruflich ausgelöscht. Die Alternative zu den heutigen Grenzlinien sind frei ausgehandelte neue Grenzen, die allen Staaten des Nahen Ostens Sicherheit und Stabilität gewähren sollen.«[191] (Abba Eban)

Der sich an den Sechstage-Krieg anschließende sogenannte ›Abnützungs-‹ oder ›Zermürbungskrieg‹ zwischen Ägypten und Israel entlang der aus einem israelischen Bunkersystem bestehenden ›Bar Lev-Verteidigungslinie‹ endete im August 1970 mit einem Waffenstillstand. Während der langen Zeit der Auseinandersetzungen kam es zu verlustreichen Land- und Luftkämpfen, in die auch sowjetische Piloten verwickelt gewesen sein sollen.

---

190 Wolffsohn 2007, 290.
191 Eban, Abba (damaliger israelischer Außenminister), Der israelische Standpunkt, DISkussion 8, 1967, 6; zitiert nach Bernstein 1998, 46.

3.5.5 Ägypten, die PLO und der ›Schwarze September‹ (1970)

Yassir Arafats Fatah organisierte nach 1967 Aufstände im Gazastreifen und unternahm von jordanischem Boden aus terroristische Aktionen gegen israelische Ziele. In den ersten drei Monaten des Jahres 1968 sollen es allein 38 Anschläge gewesen sein. Diese kulminierten am 18. März in einer Kommandoaktion, die mit einer Mine einen israelischen Schulbus sprengte, wobei zwei Erwachsene getötet und zehn Kinder verwundet wurden. Drei Tage darauf griffen israelische Einheiten das Fatah-Hauptquartier im Flüchtlingslager Karameh am Ostufer des Jordans an. Sie konnten es zwar weitgehend zerstören, mussten dafür aber mit 28 gefallenen Soldaten einen hohen Blutzoll zahlen.[192] Yassir Arafat, der einen Rückzug seiner Kämpfer abgelehnt hatte und den Gefechten selbst nur mit Mühe und dank der heranrückenden jordanischen Armee entkam, ließ sich daraufhin wie einen Sieger feiern. Er stilisierte diesen Kampf ungeachtet seiner eigenen Verluste[193] zum Mythos hoch (arab. Karameh = ›Ehre‹, ›Würde‹) und rief zum ›Volkskrieg‹ gegen Israel auf. Dabei wurde er für die palästinensischen Flüchtlinge zum unbestrittenen Anführer des antiisraelischen Kampfes. Bald gelangte er deshalb auch an die Spitze der PLO.

Abb. 37: Flüchtlingslager Al-Baqa bei Amman (Foto: Dr. Jutta Häser)

---

192 Die Opferzahlen variieren je nach zitierter Quelle. Bei Herzog/Gazit 2005, 560, werden 28 getötete und 69 verwundete israelische Soldaten gezählt.

193 Nach Herzog/Gazit 2005, 560, sollen etwa 200 arabische Kämpfer getötet worden sein; 150 wurden von den Israelis gefangen genommen.

Yassir Arafats Ansehen und seine faktische Macht in den jordanischen Flüchtlingslagern bedrohten die Autorität des haschemitischen Königshauses, das es vermeiden wollte, Jordanien zur Zielscheibe israelischer Vergeltungsaktionen zu machen. Als kommunistische Unterabteilungen der PLO begannen, wie ein Staat im Staate zu agieren, indem sie in Amman eigene Militärparaden abhielten, war das haschemitische Königtum herausgefordert. Als die maoistische Gruppe ›Demokratische Front zur Befreiung Palästinas‹ am 2. September 1970 einen Anschlag auf König Hussein verübte und die marxistische ›Palästinensische Volksfront zur Befreiung Palästinas‹ am 6. September sogar drei Flugzeuge nach Zerqa (Jordanien) entführte, war dies für die jordanische Regierung nicht mehr hinzunehmen.[194] Die Machtfrage war gestellt: Sollte Jordanien ein palästinensischer Staat unter der Führung Yassir Arafats werden?

Am 17. September griff König Hussein das Hauptquartier der PLO in Amman an und zerstörte es. Etwa 20 000 palästinensische Bewaffnete fielen in diesen Wochen der Auseinandersetzung zum Opfer.[195] Die Syrer eilten der PLO zwar zu Hilfe und provozierten militärische Auseinandersetzungen im Norden Jordaniens; angesichts israelischer Drohungen gegen Syrien wurden diese jedoch bald eingestellt.

Nach dem Verlust der Stützpunkte in Jordanien änderten die PLO und die anderen palästinensischen Gruppen ihre Taktik. Sie zielten jetzt auf israelische und amerikanische Ziele außerhalb von deren Heimatländern. Schreckliche Berühmtheit erlangte die Geiselnahme und Ermordung eines Teils der israelischen Olympiamannschaft im September 1972 in München. Die PLO wurde in den Augen der westlichen Welt immer mehr zur Terrororganisation, während das sozialistische Lager und die Palästinenser selbst von einem legitimen bewaffneten Kampf für die Freiheit des palästinensischen Volkes sprachen.

Am neunten Tag der Olympischen Sommerspiele in München stürmten acht Mitglieder der Terrorgruppe ›Schwarzer September‹ in das Quartier der israelischen Nationalmannschaft. Sie erschossen zwei Sportler und nahmen neun von ihnen als Geiseln. Beim Befreiungsversuch durch deutsche Sicherheitskräfte auf dem Flughafen in Fürstenfeldbruck wurden alle Geiseln, fünf Terroristen und ein deutscher Polizist getötet.

---

194 Führer der Demokratischen Front zur Befreiung Palästinas war Nayef Hawatmeh und Chef der Palästinensischen Volksfront zur Befreiung Palästinas war George Habbash.
195 Die unmittelbaren Kämpfe in Amman dauerten vom 17. bis zum 29. September 1970 an.

3.5.6 Der vierte Nahost-Krieg (›Yom Kippur-Krieg‹; ›Oktoberkrieg‹, 1973)

Am 6. Oktober 1973 gelang dem ägyptischen Staatsführer Anwar as-Sadat[196] in geheimer Absprache mit Syrien ein für die Israelis völlig unerwarteter Militärschlag. Zuvor hatte Anwar as-Sadat mehrfach Friedenssignale in Richtung Israel gesendet, sowohl auf direktem Weg als auch über internationale diplomatische Kanäle. Doch Jerusalem zog es vor, sie zu ignorieren. Das Gefühl der militärischen Unbesiegbarkeit, die wirtschaftlichen Vorteile durch die Ausbeutung der Erdöl- und Erdgasreserven des Sinai und die Tatsache, dass Ägypten im Jahr zuvor 15 000 sowjetische Militärberater ausgewiesen hatte, wiegten die in Jerusalem Regierenden in falscher Sicherheit. Man rechnete nicht mit einer ernsthaften Gefahr. Der israelische Geheimdienst Mossad maß den ihm vorliegenden Informationen zu wenig Bedeutung bei.

Am höchsten jüdischen Feiertag, am Yom Kippur, drangen die beiden feindlichen Armeen von Norden und Süden nach Israel ein. Der Zeitpunkt war taktisch gut gewählt, denn zu Yom Kippur – an dem in Israel der Sühnegedanke im Vordergrund steht – treffen sich die jüdischen Familien, fasten einen Tag lang, benutzen keine Autos und schalten alle Kommunikationsmittel ab. Die Ägypter drangen bis zum Mitla- und Gidi-Pass auf der Sinaihalbinsel vor, die Syrer weit in den Golan und bis zum Oberlauf des Jordans.

Dieser Krieg war zugleich Teil der damaligen Ost-West-Auseinandersetzungen. So wenig wie die Araber diesen Angriff ohne die Sowjets und ihre Verbündeten hatten vorbereiten können, so wenig wendeten die Israelis aus eigenen Kräften das militärische Blatt. Am 13. Oktober richteten die Amerikaner eine Luftbrücke ein, um Kriegsgerät nach Israel zu transportieren.

Der entschlossene Gegenstoß von General Ariel Sharon über den Suezkanal durchbrach die feindlichen Linien im Süden. Er kesselte die dritte ägyptische Armee ein und drang bis 110 km vor Kairo vor. Im Norden konnten die Syrer bis zum Waffenstillstand am 25./26. Oktober deutlich zurückgedrängt werden. Das muss militärisch als Erfolg Israels angesehen werden. Dennoch war der entstandene Schaden beträchtlich. Der Nimbus der Unbesiegbarkeit der israelischen Armee war dahin. Die große Zahl der

---

196 Er hatte 1970 nach Gamal Abdel Nassers Tod dessen Nachfolge angetreten.

gefallenen Soldaten[197] lastete schwer auf der israelischen Bevölkerung. Ministerpräsidentin Golda Meir trat nach Veröffentlichung des Abschlussberichts über den Yom Kippur-Krieg mit ihrem Kabinett zurück. Ihr Nachfolger wurde Yitzchak Rabin.[198]

Zur Person: Golda Meir
(*1898 in Kiew; gestorben 1978 in Jerusalem) –
›die eiserne Lady‹

1969 bis 1974 Ministerpräsidentin Israels

»Frieden wird es geben, wenn die Araber ihre Kinder mehr lieben, als sie uns hassen.«[199]

Golda Meir wurde als Golda Mabovitch in Kiew geboren. Ihr Vater floh vor den Pogromen der Russen in die USA und holte die Familie 1906 nach. Die willensstarke Frau wuchs in Milwaukee, Wisconsin, auf, engagierte sich bald in zionistischen Kreisen und galt als begabte Rednerin. Im bürgerlichen Leben war sie Lehrerin und Bibliothekarin. Bereits 1921 emigrierte Golda Meir in das britische Mandatsgebiet Palästina und engagierte sich dort in der sozialistischen Arbeiterbewegung Mapai sowie in der Gewerkschaft Histadrut. 1946 organisierte sie als Leiterin der politischen Abteilung der Jewish Agency die Einwanderung von Juden in das britische Mandatsgebiet.[200] 1948 ging sie kurzzeitig als Diplomatin nach Moskau. Golda Meirs Auftreten war geprägt von beispielhafter Direktheit und Courage (›Chuzpe‹). David Ben Gurion soll seine Arbeits- und Außenministerin deshalb einmal als den »einzig wirklichen Mann« im Kabinett bezeichnet haben. Ihr bleibendes Verdienst um den jungen Staat Israel ist die Einführung eines

---

197 Auf israelischer Seite fielen mehr als 2 500 Soldaten. Außerdem wurden etwa 7 500 Israelis verwundet und weitere 300 gerieten in Gefangenschaft. Die arabische Seite hatte etwa 20 000 Tote zu beklagen.
198 Im Mai 1977 verdrängte der konservative Likud-Block die Arbeitspartei. Ministerpräsident wurde Menachem Begin; Moshe Dayan erhielt das Amt des Außenministers. Letzterer hatte zur Bedingung gemacht, dass an einem Friedensschluss mit den Nachbarstaaten gearbeitet würde.
199 Golda Meir als israelische Außenministerin 1957 vor dem National Press Club in Washington.
200 »Wir bringen sie her und machen aus ihnen Menschen«, Golda Meir, aus Hareven 1988, 8; zitiert nach Bernstein 1998, 62.

umfassenden Sozialversicherungssystems. Nach dem Tod Levi Eshkols wurde Golda Meir 1969 Regierungschefin. Politisch war sie nicht in der Lage, den überwältigenden Sieg des Sechstage-Kriegs in einen dauerhaften Frieden mit ihren Nachbarn zu verwandeln. Sie ignorierte das Problem der arabischen Bevölkerung in der südlichen Levante. Beispielhaft bleibt ihr Satz: »Es gab so etwas wie die Palästinenser nicht. Wann gab es je ein unabhängiges palästinensisches Volk mit einem palästinensischen Staat? Es gab entweder den südlichen Teil Syriens vor dem Ersten Weltkrieg und danach ein Palästina, das Jordanien einschloss. Es war nicht so, als hätte es je ein palästinensisches Volk in Palästina gegeben, das sich als ein solches verstanden hat; und wir kamen und warfen sie raus und nahmen ihnen ihr Land weg. Sie haben nie existiert.«[201] Außerdem unterschätzte sie – wie damals viele ihrer Kabinettskollegen – die Fähigkeit der arabischen Staaten zum militärischen Kampf. Der Yom Kippur-Krieg lehrte sie das Gegenteil. Wenn dieser Krieg militärisch auch nicht im Fiasko endete, so stürzte er die israelische Gesellschaft doch in eine tiefe Krise und führte konsequent zu Golda Meirs Rücktritt. Sie zog sich ins Privatleben zurück und starb im Alter von 80 Jahren in Jerusalem.

3.6 ›Land gegen Frieden‹ [202] – der Weg nach Oslo (1973 bis 1993)

Israel befand sich nach dem Yom Kippur-Krieg in einer tiefen gesellschaftlichen Krise. Auch die mit ihm verbündeten westeuropäischen und nordamerikanischen Staaten mussten herbe Konsequenzen hinnehmen. Die arabischen Golfstaaten solidarisierten sich erstmals mit der ›Waffe Öl‹ gegen die westliche Welt, da diese mehrheitlich Israel beigestanden hatte. Ein Embargo führte zur Ölkrise. Die Golfstaaten ließen ›den Westen‹ spüren, dass es sich inzwischen um einen globalen Konflikt handelte. Die westlichen Staaten mussten sich folglich mittelfristig um eine Lösung kümmern, um nicht selbst ernsthaften ökonomischen Schaden zu nehmen.

Die Ägypter und Syrer gewannen nach dem Krieg deutlichen Verhandlungsspielraum. Trotz der militärischen Niederlage war ihr Ansehen gestiegen. Ihre Soldaten hatten Kampfeswillen gezeigt und Israel die Stirn geboten. Die Zeit war reif für Verhandlungen.

---

201 Sunday Times, 15 June 1969.
202 Diese Formel wurde 1993 in Oslo propagiert.

3.6.1 Strategiewechsel der PLO (1974)

Der moralische Sieg im Oktober-Krieg 1973 stärkte auch die PLO. Hinzu kam ihre militärische, finanzielle und politische Stärkung durch die enge Anlehnung an den Ostblock und die Bewegung der blockfreien Staaten. Dies eröffnete ihnen neue Möglichkeiten. Die PLO zielte zunächst auf eine politische Vertretung der Palästinenser im internationalen Kontext.

Im › 10-Punkte-Programm‹ der PLO von 1974 wurde die Möglichkeit gesehen, die Kontrolle über »ganz Palästina« (gemeint war das gesamte Gebiet westlich des Jordans) Schritt für Schritt und nicht nur durch den bewaffneten Kampf zu erreichen. Angesichts dieser Vorgaben war es der PLO-Führung möglich, die taktischen Schritte zur Verwirklichung ihres großen Ziels pragmatisch festzulegen.

»Die PLO kämpft mit allen Mitteln, vor allem mit Hilfe des bewaffneten Kampfs, um die Befreiung des palästinensischen Territoriums und die Errichtung einer autonomen kämpferischen nationalen Macht des Volkes in allen Teilen des palästinensischen Territoriums, die befreit werden. Das erfordert weitere Veränderungen des Kräfteverhältnisses zugunsten unseres Volkes und seines Kampfes.«[203] (PLO, 10-Punkte-Programm)

Je nach Auslegung des › 10-Punkte-Programms‹ der PLO signalisierte dieses die Bereitschaft, eine Aufteilung der südlichen Levante in zwei Staaten zu akzeptieren, bzw. diese nur als Vorstufe einer vollständigen Machtergreifung im gesamten Gebiet westlich des Jordans anzusehen.

Die PLO wurde am 29. Oktober 1974 in Rabat (Marokko) von den dort versammelten arabischen Staatschefs als alleinige Vertreterin des palästinensischen Volkes anerkannt.[204] Daraufhin strebte sie auch vor der Weltgemeinschaft die Rolle der politischen Vertretung des palästinensischen Volkes an. Mit massiver Unterstützung der Arabischen Liga, der block-

---

203 Artikel 2 des sogenannten › 10-Punkte-Programms‹, 12. Sitzungsperiode des Palästinensischen Nationalrats vom 1. bis 8. Juni 1974.
204 Palästina-Resolution der 7. Arabischen Gipfelkonferenz in Rabat vom 29. Oktober 1974: »Nach erschöpfenden und detaillierten Diskussionen ... über die arabische Situation im Allgemeinen und das Palästinaproblem im Besonderen, beschließt die 7. Arabische Gipfelkonferenz Folgendes:
1. Die Bekräftigung des Rechts des palästinensischen Volkes auf Selbstbestimmung und auf Rückkehr in seine Heimat.
2. Die Bekräftigung des Rechts des palästinensischen Volkes, eine unabhängige nationale Autorität unter der Führung der Palästinensischen Befreiungsorganisation (PLO), der einzigen legitimen Vertreterin des palästinensischen Volkes, in jedem befreiten palästinensischen Territorium zu errichten. ...
3. Die Unterstützung der Palästinensischen Befreiungsorganisation (PLO) in der Ausübung ihrer Verantwortung auf nationaler und internationaler Ebene, im Rahmen der arabischen Verpflichtung.«
Im September 1976 wurde die PLO als Vollmitglied in die Arabische Liga aufgenommen.

freien Staaten und des sozialistischen Lagers errang Yassir Arafat am 13. November 1974 bei seiner legendären Rede vor der UN-Vollversammlung in New York einen sensationellen Erfolg. Er forderte die Weltgemeinschaft auf:

>*Warum soll ich nicht träumen und hoffen, Herr Präsident, die Revolution ist zugleich Schöpfung und Verwirklichung von Träumen und Hoffnungen. Lasst uns Traum und Hoffnung miteinander verwirklichen, dass ich mit meinem Volk aus der Verbannung zurückkehren kann und wir gemeinsam mit diesem jüdischen Kämpfer und seinen Kameraden, gemeinsam mit diesem christlichen Erzbischof und seinen Brüdern in ein und demselben demokratischen progressiven Staat, in dem Christ, Jude und Moslem gleiche Rechte haben, in Gerechtigkeit und Brüderlichkeit miteinander leben können.*
Herr Präsident, heute kam ich zu Euch, in einer Hand den Ölzweig und in der anderen Hand das Gewehr der Revolution, lasst den grünen Zweig nicht aus meiner Hand fallen!
Herr Präsident, von Palästina flammt der Krieg auf und von Palästina aus nimmt der Frieden seinen Anfang.« *(Yassir Arafat)*

Die Neue Züricher Zeitung kommentierte am 14. November 1974: »Arafats des öfteren von Applaus unterbrochene Rede war eher gemäßigt, auch wenn sie in den langatmigen Erklärungen zur Weltlage, zur Rolle der UNO und der Entstehungsgeschichte der Palästinafrage wegen der stellenweise etwas plumpen Tatsachenverdrehung gelegentlich nur schwer genießbar war.«

Die PLO erhielt daraufhin als legitime Vertretung des palästinensischen Volkes einen Beobachterstatus in den Gremien der Vereinten Nationen. Außerdem erkannte die UN-Vollversammlung den Palästinensern ein Recht auf deren eigene nationale Souveränität zu.[205] Die PLO war damit in der internationalen Politik angekommen und hatte sich zum potentiellen Verhandlungspartner Israels entwickelt.

Im Jahr darauf beschloss die UN-Vollversammlung in der Resolution 3379, den Zionismus als eine Form des Rassismus und der Rassendiskriminierung zu bezeichnen.[206]

---

205 Resolution 3236 vom 22. November 1974. – Damit war die palästinensische Frage weit mehr als ein Flüchtlingsproblem – sie wurde als nationale Angelegenheit anerkannt.
206 Diese von den arabischen Ländern, den blockfreien Nationen (ein lockerer Zusammenschluss von bündnisfreien Ländern, die weder dem sozialistischen noch dem westlichen Bündnissystem angehörten) und den sozialistischen Staaten durchgesetzte Resolution wurde nach dem Zusammenbruch des Ostblocks am 16. Dezember 1991 von der UN-Vollversammlung in der Resolution 46/86 widerrufen.

3.6.2 Begin, Sadat und das Camp David-Abkommen (1977 bis 1979)

Israel war gegenüber der UN und der Weltöffentlichkeit diplomatisch zunehmend in die Defensive geraten. Ab Mai 1977 regierte mit Menachem Begin der erste Likud[207]-Ministerpräsident, also ein Vertreter der politischen Rechten und ein klarer Befürworter des Siedlungsbaus.

Der in der arabischen Welt als Sieg gefeierte Oktoberkrieg 1973 hatte dem ägyptischen Staatspräsidenten Anwar as-Sadat – zumal er als Held dieses Krieges galt – so viel Ansehen und politischen Freiraum gebracht, dass er in einer Rede anlässlich der Parlamentseröffnung am 9. November 1977 in Kairo verkündete, er würde bis ans Ende der Welt (d. h. selbst nach Israel in die Knesset) gehen, wenn er dadurch den Tod eines einzigen Soldaten vermeiden könne. – Menachem Begin war zu Verhandlungen bereit. Er nutzte die Chance, Israels Isolation innerhalb seines unmittelbaren nahöstlichen Umfelds aufzubrechen.

Am 19. November 1977 reiste der ägyptische Staatspräsident Anwar as-Sadat nach Israel. Der mutige Gast sprach tags darauf vor der Knesset in Jerusalem und betete auf dem Haram asch-Scharif. Sein Ziel war es, den Sinai wieder zurückzuerlangen. Außerdem versprach er sich eine Annäherung an die USA und damit die dringend benötigte Wirtschaftshilfe.[208] Dafür bot er Israel den Friedensschluss mit Ägypten an.

Jimmy Carter, seit 1976 Präsident der Vereinigten Staaten, unterstützte diese Entwicklung nachdrücklich. Rundfunk- und Fernsehkommentatoren priesen das Treffen beider Staatsmänner als die erste Begegnung der Führer beider Länder seit den Tagen, in denen Joseph am Hofe des Pharaos in Ägypten gedient habe (Genesis 40 ff.).

---

207 Der Likud-Block wurde vor der Knesset-Wahl 1973 als bürgerliches Gegengewicht zur Arbeitspartei gegründet. Der Likud entstand aus der seit 1948 von Menachem Begin geführten Cherut-Partei und den Liberalen.
208 Anwar as-Sadats Friedensangebot war möglicherweise auch Resultat nüchterner strategischer Analysen. Israel war in einem konventionellen Krieg offensichtlich nicht zu besiegen. Ohnehin hätte es als mögliche Atommacht ganz eigene Optionen. Außerdem musste er in künftigen Kriegen auch einen Angriff auf den Assuan-Staudamm befürchten, der für Ägypten verheerende Auswirkungen hätte.

Zur Person: Anwar as-Sadat
(*1918 im Nildelta; ermordet 1981 in Kairo) –
›der mutige Friedensstifter‹

1970 bis 1981 Staatspräsident Ägyptens
1978 Friedensnobelpreis (gemeinsam mit Menachem Begin)

Helmut Schmidt: »Sadat war ein Held.«[209]

Anwar as-Sadat wuchs in Mit Abul-kum, einem Dorf im Nildelta, in einfachen Verhältnissen auf. Er wurde schon früh von Mustafa Kemal Atatürks Staatsideen, Mahatma Gandhis gewaltfreiem Kampf und Adolf Hitlers antibritischer Politik inspiriert. 1939 gründete er zusammen mit Gamal Abdel Nasser den Geheimbund ›Freie Offiziere‹ und kämpfte im Untergrund gegen die Briten. Er pflegte stets eine vertrauensvolle Nähe zu den Muslimbrüdern. Außerdem verbündete er sich während des Zweiten Weltkriegs mit deutschen Spionen und schreckte nach Ende des Krieges auch nicht vor dem Mord an ägyptischen Kollaborateuren mit den Briten zurück. Diese Aktionen brachten ihn vor Gericht und zweimal ins Gefängnis. Nach dem Sturz König Faruks I. 1952 übernahm er verschiedene Staatsämter und wurde schließlich Gamal Abdel Nassers Stellvertreter, dessen Regierungsamt er nach dessen Tod 1970 übernahm.
Danach veränderte er die politische Ausrichtung Ägyptens. Der erfolgreiche Überraschungsangriff auf Israel im Oktoberkrieg 1973 ermöglichte es ihm, die verlorene Ehre Ägyptens aus dem Junikrieg 1967 wiederherzustellen und Friedensverhandlungen mit Israel aufzunehmen, die 1978 zum Camp David-Abkommen und im März des Jahres darauf zum Friedensschluss führten. Ägypten erhielt den Sinai zurück. Außerdem löste Anwar as-Sadat die von Gamal Abdel Nasser geknüpften Verbindungen mit der Sowjetunion und orientierte sich in Richtung USA.
Die arabischen Staaten wurden von Anwar as-Sadats Politik überrascht und reagierten empört. Sie bezeichneten ihn als Verräter an der arabischen Sache. Für Anwar as-Sadat hatte dies tödliche Folgen. Im Oktober

---

209　Helmut Schmidt über Anwar as-Sadat, ARD-Interview vom 22. September 2008.

1981 wurde er in Kairo bei einer Militärparade zum Oktoberkrieg 1973 von Anhängern des radikal-islamistischen Heiligen Dschihad erschossen. »Ich habe den Pharao getötet«[210], soll der Anführer nach dem erfolgreichen Attentat ausgerufen haben.

Der von den Islamisten in Asyut (Oberägypten) gleichzeitig begonnene ›Volksaufstand‹ blieb aber erfolglos und Anwar as-Sadats Stellvertreter Mohammed Hosni Mubarak übernahm die Regierungsgewalt in Ägypten.

Den Durchbruch bei den Friedensverhandlungen zwischen Ägypten und Israel brachte eine 12-tägige Klausurtagung in Camp David unter der Moderation von Jimmy Carter. Das dort erarbeitete Abkommen wurde am 17. September unterschrieben. Kurz darauf, am 26. März 1979, unterzeichneten Anwar as-Sadat und Menachem Begin im Weißen Haus zwei Abkommen.[211] Israel räumte den Sinai und bekam von seinem stärksten Gegner dauerhaften Frieden zugesichert. Außerdem erhielten beide Seiten amerikanische Wirtschafts- und Militärhilfe, die im Verhältnis 3 (Israel) zu 2 (Ägypten) zu gewähren war. Seit 1979 sind diese beiden Länder die wichtigsten Empfänger von US-Auslandshilfe.[212]

Dies war ein Durchbruch – allerdings nur ein bilateraler, denn ohne die PLO blieb das Palästinenserproblem ausgeblendet. Die Nichteinbeziehung der PLO erwies sich als der entscheidende Mangel des Camp David-Abkommens. Die arabische Welt missbilligte u. a. auch deshalb Anwar as-Sadats Alleingang. Syrien, der Irak, Libyen und Algerien brachen die diplomatischen Beziehungen zu Ägypten ab. Der Sitz der Arabischen Liga wurde von Kairo nach Tunis verlegt und Ägypten aus dem Gremium ausgeschlossen. Angesichts des neuen Feindbildes Anwar as-Sadat fanden sogar die beiden erbitterten Gegner Yassir Arafat und König Hussein von Jordanien wieder zusammen.

Die arabische Welt war damit jedoch um ihre einfache ›Nein-Strategie‹ gegen Israel gebracht. Das Umdenken des ägyptischen Staatsführers An-

---

210 Kepel 1995, 233.
211 Der Rückzug aus dem Sinai wurde 1982 vollständig abgeschlossen. Alle israelischen Siedlungen auf dem Sinai wurden aufgelöst, darunter auch die von Israel nach 1967 erbaute Stadt Jamit mit 3 000 Bewohnern im Nordosten der Sinai-Halbinsel. – Ägypten und Israel unterhalten seit Februar 1980 diplomatische Beziehungen.
212 Bierling 2007, 169; siehe auch Büchs 2009, 3, die noch hinzufügt: »Die Gewinnung Ägyptens, des bis dato bedeutendsten Verbündeten der UdSSR in der Region, für die US-amerikanische Seite entschied den Kalten Krieg im Nahen Osten zu Gunsten der USA und band Ägyptens Außenpolitik fortan an deren proisraelische Politik.«

war as-Sadat konnte nicht ohne Auswirkung auf die anderen Staatsmänner bleiben. Ein Friedensschluss mit dem Land, das eigentlich zerstört werden sollte, war nicht mehr Fiktion, sondern eine real gelebte Option. Anwar as-Sadat erhielt für seinen großen politischen Mut den Friedensnobelpreis, gemeinsam mit Menachem Begin.

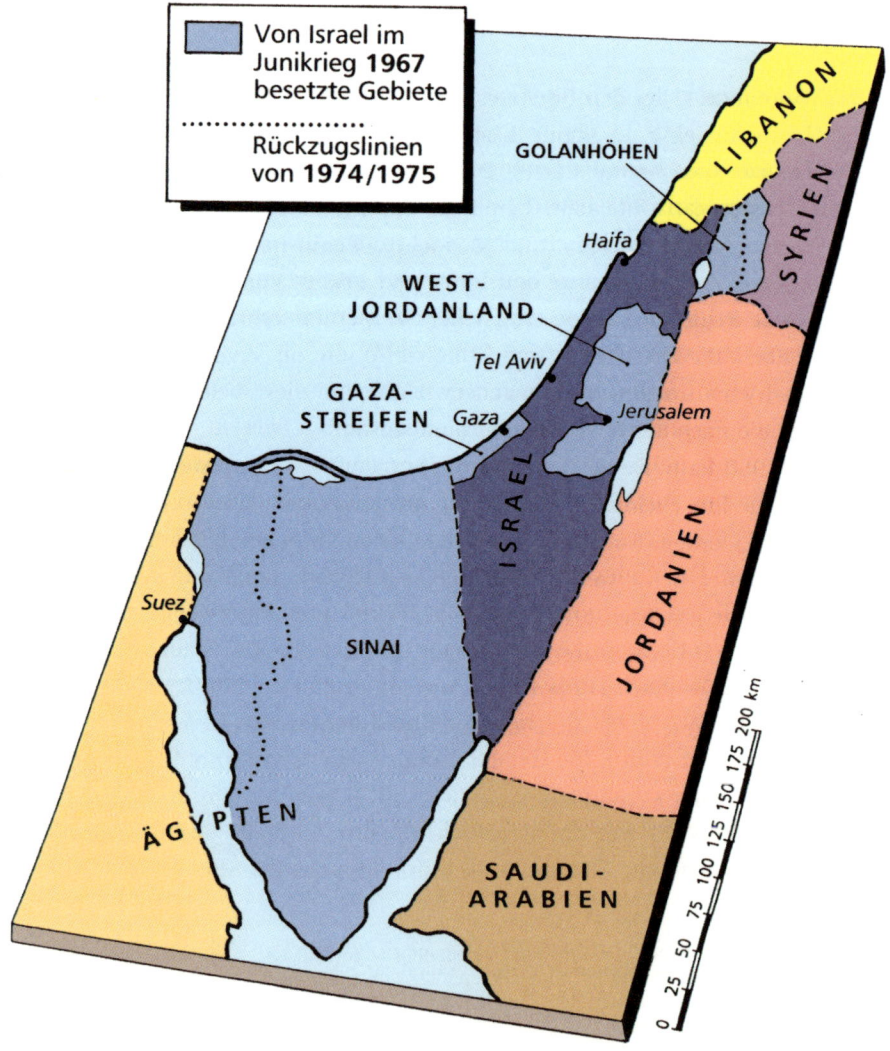

Abb. 38: Rückgabe des Sinai²¹³

---

213 Basierend auf Rotter/Fathi 2001, 526.

»Sadat hatte sich Clausewitz' geflügeltes Wort, dass Krieg eine Weiterführung der Politik mit anderen Mitteln sei, zu Herzen genommen und die ägyptische Armee über den Sueskanal geschickt, um einen Friedensprozess auszulösen. Er erlitt eine militärische Niederlage, aber seine Entscheidung, nach Jerusalem zu gehen, bedeutete seinen politischen Sieg.«[214] *(Shlomo Ben-Ami)*

Vergleichbare bilaterale Abschlüsse mit den anderen arabischen Nachbarn scheiterten schon im Vorfeld.

3.6.3 Konservative Hürden für Friedensverhandlungen (1980 bis 1981)

Israel nutzte die Gunst der Stunde nicht. Menachem Begin und der Likud-Block trieben ganz im Gegenteil die Siedlungspolitik in der Westbank und im Gazastreifen systematisch voran, was in den UN-Sicherheitsratsresolutionen 446[215] und 452[216] hart kritisiert wurde. Außerdem verabschiedete die israelische Regierung am 30. Juli 1980 das ›Jerusalemgesetz‹ und manifestierte damit die Vereinigung von Ost- und West-Jerusalem. Vermutlich war dies auch eine Konzession Menachem Begins an seine rechten Koalitionspartner, die nach der Rückgabe des Sinai besänftigt werden mussten.

Bereits 1950 hatte David Ben Gurion Jerusalem zur Hauptstadt Israels erklärt. Seine Entscheidung war aber international nur von wenigen Staaten anerkannt worden. Nach dem Sechstage-Krieg hatte Israel das Stadtgebiet Jerusalems deutlich erweitert und dabei die Altstadt annektiert. Nun wurde dieser Schritt juristisch und propagandistisch untermauert und Jerusalem zur »ewigen und unteilbaren Hauptstadt Israels« erklärt.[217]

Am 20. August 1980 wurde in der Resolution 478 des UN-Sicherheitsrats das Jerusalemgesetz für »null und nichtig« erklärt, weil es einer Annexion

---

214 Shlomo Ben-Ami war Außenminister Israels in den Jahren 2000 und 2001; Zitat aus: Project Syndicate 2007 (www.project-syndicate.org/commentary/benami11/German).
215 22. März 1979. Die Gründung von Siedlungen in den von Israel besetzten palästinensischen Gebieten besitze keine rechtliche Gültigkeit und sei ein ernsthaftes Hindernis auf dem Weg zu einem umfassenden Frieden im Mittleren Osten. Vgl. Rotter/Fathi 2001, 326.
216 20. Juli 1979. Die Resolution enthält den Aufruf an Israel, die Gründung, den Bau und die Planung von Siedlungen in den seit 1967 besetzten Gebieten zu unterlassen. Die israelische Siedlungspolitik stelle eine Verletzung der Vierten Genfer Konvention dar. – Schon die UN-Resolution 242 berief sich auf die Haager Kriegsordnung von 1907 und die Vierte Genfer Konvention von 1949, nach der es einem Eroberer in besetzten Gebieten nicht gestattet sei, die sozialen, ökonomischen, rechtlichen, demographischen und räumlichen Bedingungen zu verändern (es sei denn, Sicherheitsinteressen oder der Vorteil der lokalen Bevölkerung bedingten dies). – Dabei wird die Besetzung grundsätzlich als temporäres Ereignis angesehen.
217 Hebräisch: die »ganze und vereinigte Hauptstadt Israels«.

gleichkomme. Den verbliebenen 13 Staaten, die ihre Botschaften bis dahin in Jerusalem belassen hatten, wurde empfohlen, diese nach Tel Aviv zu verlegen – was in der Folge auch geschah. Die palästinensische Seite sieht im Jerusalemgesetz eine wesentliche Hürde für einen möglichen Ausgleich mit Israel. Im Dezember 1981 annektierte Israel auch die Golanhöhen.[218]

»Moralisches Empfinden ist ohne Zweifel seit eh und je Teil des ›Kapitals‹ des jüdischen Volks und hat es ihm ermöglicht, die verheerendsten Auswüchse des Antisemitismus zu überstehen. Israel baut dieses Kapital immer mehr ab, indem es die Besetzung fremder Territorien aufrechterhält und Siedlungen auf Land anlegen lässt, das ihm nicht gehört.«[219] (Daniel Barenboim, Pianist und Dirigent)

Menachem Begin bewies auch im internationalen Kräftespiel Stärke. Am 7. Juni 1981 ordnete er die Bombardierung des irakischen Nuklear-Forschungszentrums Al-Tuwaitha bei Bagdad an.[220] Sowohl Israel als auch der Iran vermuteten damals, dass der vom Irak gebaute Reaktor ›Osirak‹ im Mittelpunkt von Plänen stand, eine irakische Atombombe herzustellen. Ein atomarer Wettlauf wäre dann im Nahen Osten nicht aufzuhalten gewesen. Die iranische Regierung – mitten im Krieg mit dem Irak (Erster Golfkrieg 1980-1988) – ließ deshalb das Nuklearzentrum bereits am 30. September 1980 angreifen, konnte es aber nicht ernsthaft beschädigen. Der entscheidende Vernichtungsschlag gelang der israelischen Luftwaffe im Jahr darauf.

»33 Jahre nach der … Schaffung eines jüdischen Staates … ist der jüdische Staat zum ›Juden der Nationen‹ geworden. Er ist vollkommen isoliert und fast ein Ausgestoßener, illegitim in den Augen seiner Feinde und ein Ärgernis für unsere Freunde.«[221] (Haaretz)

---

218 Das diesbezüglich am 14. Dezember 1981 erlassene Gesetz wurde drei Tage später in der Resolution 497 vom Sicherheitsrat der Vereinten Nationen für nichtig erklärt.
219 Barenboim 2008, 131. – Daniel Barenboims Großeltern waren russische Juden; er selbst wurde 1942 in Buenos Aires (Argentinien) geboren. Später siedelte seine Familie nach Israel um. Daher besitzt er seit 1952 neben dem argentinischen auch einen israelischen Pass, später kam der spanische hinzu. Als Pianist und Dirigent genießt er Weltruhm. Seit 2007 nennt er auch einen palästinensischen Pass sein eigen. Damit verkörpert er in seiner Person eine ›friedliche Zwei-Staaten-Lösung‹. Er gründete das ›West-Eastern Divan Orchestra‹, in dem Palästinenser und Israelis, Christen, Juden und Muslime gemeinsam musizieren.
220 Der Leichtwasserreaktor französischer Bauart wurde ›Osirak‹ (eine Wortschöpfung von Osiris und Irak) genannt.
221 Haaretz vom 31. März 1980; zitiert nach Bernstein 1998, 84 f.

Zur Person: Menachem Begin
(*1913 in Brest-Litowsk; gestorben 1992 in Jerusalem) –
›der Falke‹

1977 bis 1983 Ministerpräsident Israels
1978 Friedensnobelpreis (gemeinsam mit Anwar as-Sadat)

> *»Ich erkläre, dass wir unter einer jüdischen nationalen Heimstätte die Schaffung solcher Bedingungen verstanden, die uns ermöglichten, 50 000 bis 60 000 Juden jährlich ins Land zu bringen und sie dort auszusiedeln, unsere Institution, unsere Schulen und die hebräische Sprache zu entwickeln und schließlich solche Bedingungen zu schaffen, dass Palästina genau so jüdisch sei, wie Amerika amerikanisch und England englisch sei.«[222]*

Menachem Begin stammte aus einer religiösen Familie, sein Vater war Sekretär einer jüdischen Gemeinde in Brest-Litowsk, seine Mutter entstammte einer Rabbinerfamilie. Er schloss sich bereits im Alter von 16 Jahren der zionistischen Jugendbewegung Beitar unter der Führung von Wladimir Jabotinsky an und bekleidete in ihr während seines Jurastudiums an der Universität Warschau leitende Funktionen. 1939 musste er vor den Nazis fliehen und wurde von der Roten Armee in Litauen als angeblicher britischer Agent aufgebracht. Man verurteilte ihn zu acht Jahren Straflager in Sibirien. Seine Eltern wurden von den Nationalsozialisten umgebracht. Nach dem Überfall der Deutschen auf Russland 1941 ließ man Menachem Begin aufgrund seiner polnischen Staatsbürgerschaft frei. Er trat den alliierten polnischen Streitkräften bei, von denen er sich aber im Jahr darauf während einer militärischen Übung im britischen Mandatsgebiet Palästina absetzte. Er wurde 1942 Mitglied der radikal zionistischen Untergrundorganisation Irgun, deren Führung er 1943 übernahm. Menachem Begin schreckte vor keiner Auseinandersetzung zurück. Der Anschlag auf das King David-Hotel[223] und das Massaker von Deir Yassin[224] werden ihm zugeschrieben.

---

222 Menachem Begin in: Ullmann, Arno (ed.), Israels Weg zum Staat. Von Zion zur parlamentarischen Demokratie, dtv 181, München 1964, 265.
223 Siehe dazu S. 154.
224 Siehe dazu S. 160 f.

David Ben Gurion und Menachem Begin mieden, ja hassten einander. 1948 hatte David Ben Gurion den Frachter Altalena versenken lassen, der Menachem Begins Irgun Waffen liefern sollte, weil er neben der Hagana als Repräsentantin der künftigen staatlichen Macht Israels keine eigenständige Miliz dulden wollte.

Nach der Ausrufung des Staates Israel gründete Menachem Begin die Cherut-Partei. Bereits 1949 wurde sie zur drittstärksten politischen Kraft im Parlament. Der politische Aufstieg Menachem Begins begann in den 1960er Jahren. 1973 schloss sich die von ihm geführte Cherut-Partei mit den Liberalen zum Likud-Block zusammen. Nach den Wahlen 1977 wurde Menachem Begin Ministerpräsident Israels. Der historische Besuch des ägyptischen Präsidenten Anwar as-Sadat führte 1979 zum ägyptisch-israelischen Friedensschluss.[225]

Menachem Begin war und blieb ein kompromissloser Kämpfer. 1982 ließ er die israelische Armee in den Libanon einmarschieren. Die Operation ›Frieden für Galiläa‹ führte zu einer bis ins Jahr 2000 andauernden, verlustreichen Besetzung von Teilen des Libanon. Die Empörung der Weltgemeinschaft und der israelischen Öffentlichkeit über das von christlichen Phalangisten verübte Massaker von Sabra und Schatila in einem Gebiet, das von der israelischen Armee kontrolliert wurde, führte zum Rücktritt seines Verteidigungsministers Ariel Sharon und schließlich auch zu seinem eigenen. Angesichts dieser Umstände und nach dem Tod seiner geliebten Frau kehrte er nicht mehr in die Politik zurück. Er starb 1992 in Jerusalem.

3.6.4 Der erste Libanonkrieg (›Frieden für Galiläa‹, 1982 bis 1985)

Der Libanon hatte sich nach dem Zweiten Weltkrieg zu einem modernen, wirtschaftlich leistungsfähigen Staat entwickelt. Bis in die 1970er Jahre lebten dort mehrheitlich Christen. Nach der Vertreibung der PLO aus Jordanien in den Jahren 1970 und 1971 nutzte diese den Libanon als Aufmarschgebiet gegen Israel. Durch die Flüchtlingsströme während des ersten Nahost-Kriegs 1948 bis 1949 hatten sich die Palästinenser im Libanon zu einer starken Minderheit entwickelt. Viele von ihnen siedelten im südlichen Bereich des Landes und unterstützten die PLO.

---

225 Siehe dazu Kap. 3.6.2.

Den ständigen PLO-Anschlägen auf israelische Ziele folgten stets auch Attacken auf Stellungen der PLO im libanesischen Gebiet. Dies gefährdete aber gerade die Christen des Landes, welche die blühende Wirtschaft des Libanon trugen. Die starke PLO-Präsenz ermutigte außerdem die muslimische Bevölkerungsgruppe, gegen die christlich dominierte Herrschaftsstruktur des Landes zu opponieren, was christliche Milizenführer wiederum zu verhindern versuchten. Angesichts dieser allgemeinen Spannungslage bedurfte es nur noch eines ›Funkens im Pulverfass‹, um blutige Auseinandersetzungen auszulösen. Als am 13. April 1975 Unbekannte eine Kirche angriffen und mehrere Menschen töteten, begann eine 15 Jahre andauernde Folge von Gewalt und Gegengewalt. Zur Vergeltung der Morde an Christen wurde ein mit Palästinensern besetzter Bus, der eine christliche Prozession störte, beschossen. Dabei kamen 27 palästinensische Männer, Frauen und Kinder ums Leben. Der libanesische Bürgerkrieg begann.

Die ›Operation Litani‹ (1978) und der Libanonkrieg (1982 bis 1985/1990)

Am 11. März 1978 drang ein palästinensisches Fatah-Kommando mit Booten nach Israel ein, verbreitete auf der Küstenstraße zwischen Haifa und Tel Aviv Terror, exekutierte Passanten und entführte schließlich einen Bus. Insgesamt kamen bei diesem Überfall 37 Israelis ums Leben, weitere 71 wurden verletzt. Menachem Begin ordnete vier Tage darauf die ›Operation Litani‹ an.[226] Er wollte der Bedrohung aus dem Libanon militärisch ein Ende setzen und eine acht bis zehn Kilometer breite Sicherheitszone südlich des Flusses Litani einrichten. Diese Zone sollte auch den Beschuss Nordisraels vom libanesischen Gebiet aus unmöglich machen.

Der UN-Sicherheitsrat forderte in seinen Resolutionen 425 und 426 den israelischen Rückzug.[227] Israel kam diesen Forderungen nach, übergab aber seine Stellungen an die rechtsgerichtete christliche Miliz des Major Saad Haddad, die mehr oder weniger gut mit den von der UN zur Überwachung des Friedens im südlichen Libanon und zur Wiederherstellung der staatlichen libanesischen Macht entsandten UNIFIL-Truppen[228] kooperierte.

---

226 Dem sog. ›Küstenstraßen-Überfall‹ waren weitere terroristische Aktionen aus dem Libanon vorangegangen: Überfälle auf einen Schulbus im Kibbuz Avivim (8. Mai 1970; 9 Kinder und drei Erwachsene ermordet), auf eine Wohnanlage in Kirjat Schemona (11. April 1974; 9 Kinder und drei Erwachsene ermordet), auf den Grenzort Ma´alot (15. Mai 1974; 11 Kinder ermordet) und auf das Savoy-Hotel in Tel Aviv (5. März 1975; 3 Soldaten, 8 Zivilisten ermordet).

227 Die Resolutionen wurden auch von den USA unterstützt.

228 Die UNIFIL-Kräfte erreichten am 23. März 1978 den Libanon.

Im Juni 1982 drang die israelische Armee dann erneut tief in den Libanon vor. Auslöser der Invasion war ein am 3. Juni 1982 verübtes Attentat auf Shlomo Argov, den israelischen Botschafter in London. Obwohl die drei Attentäter der Gruppe ›Abu Nidal‹[229] – einer mit der PLO rivalisierenden Gruppe – zugehörten, entspann sich daraus unter dem Namen ›Frieden für Galiläa‹ eine militärische Auseinandersetzung Israels mit der PLO im Libanon. Die PLO-Kämpfer wurden aus dem Südlibanon vertrieben und flohen nach Beirut. Damit war das eigentliche Kriegsziel, die Zerstörung der militärischen Infrastruktur der PLO, erreicht.

Dennoch ließ Verteidigungsminister Ariel Sharon seine Armee bis in die Hauptstadt vorstoßen und Westbeirut einkesseln. Zehn Wochen lang wurde das belagerte Westbeirut bombardiert und die PLO zur Aufgabe aufgefordert. Die Zivilbevölkerung trug schweren Schaden davon. Yassir Arafat geriet mit seinen Kämpfern mehr und mehr in eine hoffnungslose Situation und soll amerikanischen Unterhändlern seine Aufgabe signalisiert haben.[230] Dies führte am 21. August zum Waffenstillstand und schließlich am 4. September zur Evakuierung der PLO nach Tunis.

Während der weiteren Belagerung kam es am 16. und 17. September 1982 zu einem weltweit und gerade auch in Israel Empörung hervorrufenden Massaker christlicher Milizen, sogenannter Phalangisten, an Palästinensern in den Flüchtlingslagern Sabra und Schatila. Dabei wurden 800[231] bis 1 500[232] palästinensische Bewohner der beiden Flüchtlingslager getötet. Dies geschah in einem von der israelischen Armee kontrollierten Gebiet. Die Phalangisten rächten den Mord an Baschir Gemayel, der am 14. September als Maronit zum Präsidenten des Libanon gewählt worden war.[233] In der Folge wurden viele Fragen gestellt: Haben die israelischen Soldaten diese Racheakte nicht voraussehen können? Warum haben sie nichts von den Untaten bemerkt? Weshalb sind sie nicht eingeschritten? Am 25. September 1982 demonstrierten 400 000 Israelis auf dem ›Platz der Könige

---

229 Die von Hassan Sabri al-Banna (›Abu Nidal‹) gegründete Terrorgruppe hatte sich 1974 von der PLO abgespalten. Die Liste ihrer terroristischen Akte (Morde, Flugzeugentführungen, Bombenanschläge u. a.) ist lang und unrühmlich.
230 Vgl. Konzelmann 1993, 423 f.
231 800 Tote nach dem Bericht der israelischen Untersuchungskommission unter Vorsitz von Richter Kahan.
232 PLO-Angaben.
233 Baschir Gemayel arbeitete auf ein ›Libanon für alle Libanesen‹ hin. Er war maronitischer Christ und wurde mit 25 seiner Anhänger und Mitarbeiter im Hauptquartier seiner Kata'ib-Partei Opfer eines Bombenanschlags.

Israels‹ in Tel Aviv, machten ihren Abscheu vor diesem Verbrechen der Phalangisten deutlich und verlangten Aufklärung über die Hintergründe des Massakers.

Ariel Sharon legte im Februar 1983 nach der Vorlage des Abschlussberichts der Untersuchungskommission sein Amt als Verteidigungsminister nieder. Menachem Begin trat im August des gleichen Jahres zurück. Im Jahr 1985 räumte die israelische Armee den Libanon und besetzte fortan nur noch die sogenannte Litani-Sicherheitszone.[234]

Ergebnis

Israel vertrieb mit seiner Invasion die PLO aus dem Libanon. Doch war damit am Ende nichts gewonnen. Anstelle der PLO übernahm nun die schiitische Hisbollah den Kampf gegen Israel, unterstützt durch den Iran und Syrien. Im Libanon wandelte sich im Laufe der Jahre 1982 bis 1985 die Stimmung gegenüber Israel von einer unter den Christen eher positiven Grundhaltung hin zu deutlicher Reserviertheit bis zur Feindschaft. In der Folge erhielt die Hisbollah große Unterstützung und konnte auf die Sympathien eines wesentlichen Teils der Bevölkerung zählen.

Der libanesische Bürgerkrieg zog sich noch bis in das Jahr 1990. Er kostete etwa 90 000 bis 110 000 Menschen das Leben.

Am Ende verkündete die Hisbollah propagandistisch den Sieg über Israel, das sich im Jahr 2000 ohne Bedingungen und ohne Waffenstillstandsvertrag aus der Litani-Sicherheitszone zurückzog. Der bedingungslose Kampf der Hisbollah mag aber nur ein Grund für diese Entwicklung gewesen sein. Israel erntete im eigenen Land und vor der Weltöffentlichkeit viel Kritik für die Besetzung libanesischen Territoriums. Der Konsens im eigenen Land war erschüttert. Zum ersten Mal kam es in Israel zu Kriegsdienstverweigerungen.[235]

Die israelischen Friedens- und Menschenrechtsgruppen haben besonders in der Debatte um den Rückzug der israelischen Armee aus dem Libanon oder bei der Unterstützung der Politik Yitzchak Rabins ihre Bedeutung im gesellschaftlichen Leben Israels eindrucksvoll kundtun können. Eine entscheidende politische Kraft sind sie in Israel aber nie geworden. Die Friedens- und Menschenrechtsgruppen verstehen sich auch nicht als geeinte Bewegung. Ihre Ziele sind sehr unterschiedlich und zeigen die Vielgestaltigkeit der humanitären Aufgaben in dieser Spannungsregion, wie die

– Unterstützung der politischen Verhandlungen mit Palästinensern und Nachbarstaaten,

---

234 Der Litani fließt aus den libanesischen Bergen durch die Beeka-Ebene und mündet nördlich von Tyros ins Mittelmeer.
235 Der Libanon-Krieg kostete allein bis 1985 etwa 1 200 israelischen Soldaten das Leben.

- Proteste gegen militärische Aktionen Israels in den palästinensischen Gebieten, im Gazastreifen oder im Libanon,
- Aktionen zum Stopp des weiteren Ausbaus israelischer Siedlungen und
- der Einsatz für eine gerechte Teilung Jerusalems.

Zur Vielfalt der Friedens- und Menschenrechtsgruppen gehören

- die Friedensorganisationen ›Shalom Achshav‹ (›Frieden jetzt‹; gegründet 1978) und ›Gusch Shalom‹ (›Friedensblock‹, gegründet 1992),
- die Menschen- und Bürgerrechtsorganisationen ›B'Tselem‹ (›The Israeli Information Center for Human Rights in the Occupied Territories‹, gegründet 1989) und die ›Association for Civil Rights in Israel‹ (gegründet 1972),
- die sich als ›Stimme des Gewissens‹ verstehenden ›Rabbis for Human Rights‹,
- Vereinigungen der jüdisch-arabischen Verständigung wie ›Neve Shalom/Wahat as-Salam‹ (›Oase des Friedens‹; eine 1972 gegründete Kooperative mit jüdisch-palästinensischer Schule und einem Kindergarten) und die jüdisch-arabische Jugendbewegung ›Re'ut Sadaka‹ (gegründet 1982).
- Als herausragendes Beispiel humanistischer Gesinnung darf das ›Leo Baeck Education Center‹ in Haifa gelten. Bereits 1938 gegründet, fühlt sich die Schule der Demokratie, der Gleichheit aller Menschen und den Menschenrechten verpflichtet. Sie ist eine offene, pluralistische Organisation für alle Israelis ohne Ansehen der Herkunft oder der religiösen und weltlichen Gesinnung.

Die Friedens- und Menschenrechtsgruppen müssen sich von den politisch ›rechts Stehenden‹ ihrer Gesellschaft die Anfrage gefallen lassen, warum sie sich (nach deren Einschätzung) die Sache des mit Terror gegen die israelische Zivilbevölkerung vorgehenden Gegners zu eigen machen. Es gehört daher viel Mut dazu, in einer kollektiv gefühlten Bedrohungssituation die Rechte Andersdenkender zu würdigen und sich für diese einzusetzen.

3.6.5 Die erste Intifada (›Krieg der Steine‹, 1987 bis 1993)

Die erste Intifada war ein umfassender palästinensischer Volksaufstand. Er fand vorwiegend in den von Israel seit 1967 besetzten Gebieten der Westbank und des Gazastreifens statt. Das Wort ›Intifada‹ selbst kommt aus dem Arabischen und bedeutet ›abschütteln‹ oder ›sich (zum Aufstand) erheben‹.

Anlässe

Am 8. Dezember 1987 ereignete sich nahe dem Grenzübergang Gaza/ Erez beim Flüchtlingslager Jabaliya ein tragischer Verkehrsunfall zwischen einem israelischen Militärlastwagen und zwei Taxen, bei dem vier Palästinenser ums Leben kamen und weitere schwer verletzt wurden. Einige Palästinenser vermuteten einen Vergeltungsakt für einen kurz zuvor im Gazastreifen erstochenen Israeli. Deshalb kam es schon während der Begräbnisse der vier Toten zu Massendemonstrationen. Die sich daran anschließenden Proteste weiteten sich zu einem landesweiten Aufstand gegen die israelische Okkupation aus. Mit einem Schlag entlud sich der über zwei Jahrzehnte unterdrückte Zorn.

Im Gazastreifen und in der Westbank war seit 1967 eine Generation aufgewachsen, die Israelis nur als Besatzer kennengelernt hatte. Ihre Freiheiten und Bürgerrechte waren eingeschränkt und selbst der Kampf der PLO hatte für sie nichts erbracht. Die nachwachsende, überwiegend junge Bevölkerung stieß sich an der konservativen (auch gegenüber Israel untätigen) Haltung ihrer Großfamilien. Hinzu kamen soziale Probleme, insbesondere im überbevölkerten Gazastreifen. Mit dem Ölpreisverfall 1986 reduzierten sich zudem die Zahlungen der Golfstaaten an die palästinensischen Gebiete, was deutliche Auswirkungen auf den Gazastreifen hatte. Den Bewohnern der Westbank ging es zwar besser als vielen ihrer arabischen Nachbarn (selbst im Vergleich zu Jordanien), doch beobachteten die Palästinenser mit Argwohn, dass alle bedeutenden Industrien in den Händen von Israelis lagen und sie mehr oder weniger billige Arbeitskräfte und abhängige Konsumenten blieben.

Die PLO selbst hatte mit dieser Entwicklung nicht viel zu tun. Die »faulen, trägen Dicken in Tunis«[236] lebten isoliert von ihrem Volk. Die unter israelischer Fremdherrschaft geborenen Palästinenser kämpften deshalb ohne deren Führung mit Steinen gegen die bis an die Zähne bewaffnete israelische Armee. Die gewalttätigen Auseinandersetzungen zwischen Jugendlichen und Soldaten forderten fast täglich neue Opfer, besonders auf arabischer Seite. Für Israelis wurde es in dieser Zeit lebensgefährlich, die 1967 besetzten Gebiete zu betreten. Zu Beginn der Intifada rief Verteidigungsminister Yitzchak Rabin dazu auf, dem ›Spuk‹ ein baldiges Ende zu setzen. »Brecht ihnen die Knochen!«, wird er im Jahr 1987 immer wieder zitiert. Als Fernsehbilder zeigten, wie gefangene Palästinenser tatsächlich mit Steinen misshandelt wurden, löste dies in Europa, den USA und selbst in Israel große Empörung aus.

Der ›Krieg der Steine‹ lebte von einer eigenen Dynamik. Die jungen arabischen Kämpfer lösten sich von den eher angepassten Lebensformen ihrer patriarchalischen Familien. Die Teilnahme aller Palästinenser am Kampf und an den Generalstreiks – z. B. auch der Ladenbesitzer – wurde mit deutlichem gesellschaftlichem und physischem Druck eingefordert. ›Kollaborateure‹ brachte man kurzerhand um. Im Geist dieser Intifada begann die Hamas ihre militärischen Aktionen gegen Israel.[237]

»Weder der Irredentismus (scil. Anschluss abgetrennter Ethnien oder Gebiete an das Mutterland) noch die terroristischen Aktionen sind Hamas eigentümlich – beides wurde auch von anderen Organisationen vertreten bzw. getan. Sie hat sich nur als die bestorganisierte und populärste der oppositionellen Gruppen herauskristallisiert – wegen ihres sozialen Engage-

---

236 Konzelmann 1993, 452 f.
237 Zur Hamas siehe S. 303. Vgl. Croitoru 2007.

ments, ihrer relativen Effizienz und sicherlich auch, weil sie ihren islamischen Charakter hervorkehrt und eine verunsicherte Bevölkerung gern bei der Religion ihre Zuflucht sucht.«[238]
(Alexander Flores)

Die neue Rolle der PLO (ab 1988)

Im Juli 1988 gab König Hussein von Jordanien seine rechtlichen und administrativen Beziehungen zur Westbank auf. Allerdings hielt er an der Aufsicht über den Haram asch-Scharif fest. Yassir Arafat rief daraufhin am 15. November 1988 in Tunis[239] in einem quasi symbolischen Akt den Staat Palästina in den von Israel seit 1967 besetzten Gebieten der Westbank und des Gazastreifens mit der Hauptstadt Ostjerusalem aus. Er proklamierte einen blockfreien und demokratischen Staat.

Im Dezember 1988 verzichtete er in einer Rede vor der Vollversammlung der Vereinten Nationen in Genf auf die Ausübung von Terror, sprach sich für eine Friedenslösung im Nahen Osten »auf der Basis« der UN-Resolutionen 242 und 338 aus und erkannte erstmals das Existenzrecht Israels an. In einer nachfolgenden Pressekonferenz präzisierte Yassir Arafat auf Druck der USA seine Aussagen bezüglich der Anerkennung der UN-Resolutionen und beschwor das Recht aller Seiten im Nahen Osten, in sicheren Grenzen und in Frieden zu leben, was den palästinensischen Staat und Israel einschließe. Daraufhin erklärte Außenminister George Shultz in Washington, Kontakte mit der PLO aufzunehmen, um deren Anerkennung als Repräsentantin des palästinensischen Volkes durch die USA zu ermöglichen.

Israel reagierte auf Yassir Arafats Offerten sehr verhalten, schließlich war die PLO für zahlreiche Terroranschläge verantwortlich.

Besetzung Kuwaits (1990) und der Zweite Golfkrieg (1991)

Der von den USA unter George Bush sen. sowie einer breiten Allianz (u. a. auch aus arabischen Staaten) gegen den Irak durchgeführte Golfkrieg lockte Yassir Arafat in eine politische Falle. Da Saddam Hussein nach der Besetzung Kuwaits erklärt hatte, er werde das von ihm eroberte Gebiet erst dann räumen, wenn sich Israel aus den von ihm besetzten palästinensischen Gebieten zurückzöge, hielt Yassir Arafat neben Muammar al-Gaddafi als einziger arabischer Repräsentant dem Irak die Treue. Die

---

238 Flores 2009, 96 (Hinzufügung sowie grammatikalische Änderungen vom Verf.).
239 Dies war die 19. Sitzung des Palästinensischen Nationalrats.

reichen Emirate am Golf fürchteten Saddam Husseins Macht und Expansionsdrang und wiesen als Reaktion auf Yassir Arafats Treue zu Saddam Hussein alle Palästinenser als Irak-Sympathisanten aus ihren Ländern aus. Vor diesem Hintergrund stoppten sie ihre Zahlungen an die PLO. Damit war die PLO mittellos, denn auch die im Zerfall begriffene Sowjetunion unterstützte sie inzwischen nicht mehr.

Ohne die Geldzuwendungen aus dem Ausland gerieten viele palästinensische Familien in den 1967 von Israel besetzten Gebieten in tiefe Armut, zumal die über Jahre andauernde Intifada mit all ihren Streiks und Abriegelungen die palästinensische Wirtschaft inzwischen völlig ruiniert hatte. In Israel entließ man zudem zunehmend palästinensische Arbeitnehmer und schottete das eigene Gebiet aus Angst vor Anschlägen ab. Da sich die häufigen und langen Streiks der arabischen Belegschaft negativ auf die israelische Wirtschaft auswirkten, begann man damals auch, anstelle der Palästinenser asiatische Gastarbeiter nach Israel zu holen. Damit waren die Palästinenser von allen Seiten isoliert, was in Gaza und in der Westbank zu katastrophalen Lebensbedingungen führte.

Die Friedenskonferenz in Madrid (1991)

Nach seiner siegreichen Irakmission fühlte sich George Bush sen. einerseits stark genug, um auch die Lösung des Nahost-Konflikts anzugehen. Andererseits war es für ihn auch notwendig, den Krieg gegen Saddam Hussein auf diese Weise zusätzlich zu legitimieren. Seine arabischen Verbündeten brauchten zudem einen Fortschritt im Friedensprozess, um ihr Zusammengehen mit den USA zu rechtfertigen. Gemeinsam mit der Sowjetunion wurden Israel, die Palästinenser und auch die umliegenden arabischen Staaten vom 30. Oktober bis 1. November 1991 an den Verhandlungstisch gebeten. Yitzchak Shamir, Israels Ministerpräsident, weigerte sich jedoch, mit Vertretern der PLO zu konferieren, da sie von Israel noch immer als Terroristen eingestuft wurden. In der Folge nahm die jordanische Delegation in ihre Reihen einige nicht aus Jerusalem stammende Palästinenser auf, die während der gesamten Verhandlung engen Kontakt zur PLO in Tunis hielten. Allerdings gingen die offiziellen Gespräche zwischen den Israelis und den Palästinensern nicht wesentlich über gegenseitige Schuldzuweisungen hinaus.

Auch die Verhandlungen mit Syrien und dem Libanon führten in eine
Sackgasse.[240]

3.6.6 ›Oslo I‹ und das ›Gaza-Jericho-Abkommen‹ (1993 bis 1994)

Zwei grundlegende Veränderungen innerhalb der israelischen Politik
machten den Weg für die bis dahin hoffnungsvollste Friedensinitiative
im israelisch-palästinensischen Konflikt frei. Zunächst gewann im Juni
1992 die Arbeitspartei mit Yitzchak Rabin an der Spitze die Wahlen zur
Knesset. Yitzchak Rabin hatte im Vorfeld angekündigt, Friedensverhandlungen ermöglichen zu wollen. Außerdem ordnete er nach seiner Regie-
rungsübernahme einen Baustopp für neue Siedlungen in den von Israel
besetzten Gebieten an.[241]
Im Laufe des Jahres 1993[242] nahmen einige israelische Politiker geheime
Gespräche mit der PLO auf. Diese mündeten in Geheimverhandlungen,
die meist in Oslo stattfanden und vom damaligen norwegischen Außenminister Johan Jørgen Holst moderiert wurden. Am 9. September 1993
erkannte die PLO in einer Note an Yitzchak Rabin das Existenzrecht Israels
an und schwor allen gewaltsamen Aktionen zur Durchsetzung poltischer
Ziele ab. Dieser ließ daraufhin brieflich gegenüber Yassir Arafat erwidern,
Israel erkenne die PLO als Repräsentantin des palästinensischen Volkes an.

*»Die Unterzeichnung der Grundsatzerklärung markiert eine neue Ära in der Geschichte des
Nahen Ostens. In der festen Überzeugung darüber, möchte ich folgende PLO-Verpflichtungen
bestätigen:*
Die PLO erkennt das Recht des Staates Israel an, in Frieden und Sicherheit zu existieren.
*Die PLO akzeptiert die Resolutionen des Sicherheitsrates der Vereinten Nationen 242 und
338.*
*Die PLO verpflichtet sich selbst auf den Friedensprozess im Nahen Osten und zu einer friedli-
chen Lösung des Konflikts zwischen beiden Seiten und erklärt, dass alle noch offenen Fragen
in Bezug auf den endgültigen Status durch Verhandlungen gelöst werden.« (Brief von Yassir
Arafat an Yitzchak Rabin vom 9. September 1993)*

---

240 Selbst Bill Clinton konnte die von ihm in den Jahren 1999 und 2000 geförderten Friedensgespräche
     zwischen Israel und Syrien zu keinem befriedigenden Ergebnis führen. – Wichtige Treffen fanden
     am 15. Dezember 1999 in Washington und am 26. März 2000 in Genf statt. Der syrische Staatschef,
     Hafiz al-Assad, starb am 10. Juni 2000. Die Nachfolge trat sein Sohn Bashar al-Assad an.
241 Allerdings durften im Bau befindliche Häuser fertiggestellt werden, was von der Siedlerbewegung
     maximal ausgenutzt wurde.
242 Im Januar 1993 hob die Knesset die 1982 erlassene Kontaktsperre zwischen Israelis und der PLO auf.

»Als Antwort auf Ihr Schreiben vom 9. September 1993 möchte ich Ihnen bestätigen, dass im Lichte der PLO-Verpflichtungen Ihres Schreibens die israelische Regierung beschlossen hat, die PLO als Vertreterin des palästinensischen Volkes anzuerkennen und Verhandlungen mit der PLO innerhalb des Friedensprozesses im Nahen Osten zu beginnen.« (Brief von Yitzchak Rabin an Yassir Arafat vom 9. September 1993)

Zur Person: Yitzchak Rabin
(*1922 in Jerusalem – ermordet 1995 in Tel Aviv) –
vom ›Knochenbrecher‹ zum Friedensstifter

1964 bis 1968 Generalstabschef Israels; 1974 bis 1977 und 1992 bis 1995 Ministerpräsident
1994 Friedensnobelpreis (gemeinsam mit Yassir Arafat und Shimon Peres)

»Wir sind nicht notwendigerweise mehr ›ein Volk, das alleine lebt‹, und es ist nicht mehr wahr, dass ›die ganze Welt gegen uns ist.‹«[243]

Yitzchak Rabin kämpfte über 27 Jahre als Militär für die Existenz und das Überleben des Staates Israel. Vor seiner militärischen Laufbahn besuchte er zwei Jahre lang eine in Israel bekannte Landwirtschaftsschule, das ›Kadoorie Agricultural College‹ in Galiläa. Seine Karriere begann in der Palmach, einer Sondereinheit der Hagana. 1963 stieg er in den Rang des Stabschefs auf. Die militärische Planung des Sechstage-Kriegs lag weitgehend in seinen Händen.
Im Alter von 46 Jahren quittierte er den Dienst beim Militär und wurde kurz darauf Botschafter in den USA. Während seiner fünfjährigen Amtsausübung trug er zur Festigung des Verhältnisses zwischen beiden Staaten bei. 1973 begann seine politische Karriere in der Arbeitspartei. Unter Ministerpräsidentin Golda Meir wurde er im April 1974 zum Arbeitsminister ernannt. Kurz darauf trat die Regierung in der Folge des Yom Kippur-Kriegs zurück. Yitzchak Rabin wurde Ministerpräsident und hatte das Amt bis 1977 inne. Er stärkte nicht nur die Wirtschaft und modernisierte die Streitkräfte Israels, sondern festigte auch in diesem Amt das Band mit den USA.

---

243 Yitzchak Rabin 1992 zitiert nach Bernstein 1998, 53.

Im Juli 1976 trug er die politische Verantwortung für die spektakuläre Befreiung der etwa einhundert jüdischen Geiseln der Air France-Maschine Tel Aviv – Athen – Paris auf dem Flughafen in Entebbe (Uganda).

Als Verteidigungsminister plante und organisierte er ab 1984 den Rückzug der israelischen Armee aus dem Libanon. Während der ersten Intifada ließ er das Militär gegen die Steine werfenden Demonstranten vorgehen.[244]

1992 wurde Rabin erneut zum Ministerpräsidenten gewählt. In dieser Amtszeit trug er maßgeblich zur Initiierung der Friedensverhandlungen mit den Palästinensern sowie Jordanien bei. Drei Jahre später wurde Yitzchak Rabin nach einer öffentlichen Kundgebung unter dem Motto »Ja zum Frieden – Nein zur Gewalt!« in Tel Aviv von dem Extremisten Jigal Amir erschossen.

Die ›Prinzipienerklärung von Oslo‹ (›Oslo I‹, 1993)

Am 13. September 1993 wurde die ›Prinzipienerklärung von Oslo‹ über die vorübergehende Selbstverwaltung palästinensischer Gebiete im Beisein von US-Präsident Bill Clinton vor dem Weißen Haus in Washington durch Israels Außenminister Shimon Peres und Mahmud Abbas als Vertreter der PLO unterzeichnet. Die ehemaligen Todfeinde Yitzchak Rabin und Yassir Arafat reichten sich anschließend die Hände. Gemeinsam standen sie gegen die Radikalen und Extremisten in ihren jeweiligen Lagern. Nach spätestens drei Jahren sollten Verhandlungen über den endgültigen Status des Gazastreifens und der Westbank beginnen, der nach fünf Jahren in Kraft treten sollte.

»Das Ziel der israelisch-palästinensischen Verhandlungen im Rahmen des laufenden Nahost-Friedensprozesses ist es ... für das palästinensische Volk der Westbank und im Gaza-Streifen eine palästinensische Interimsbehörde ... für einen Zeitraum von nicht mehr als fünf Jahren einzurichten, was zu einer dauerhaften Übereinkunft auf der Grundlage der Resolutionen 242 und 338[245] des UN-Sicherheitsrates führt ...«[246] (Prinzipienerklärung 1993)

---

244 Siehe dazu Kap. 3.6.5.
245 Der UN-Sicherheitsrat rief in seiner Resolution 338 vom 21./22. Oktober 1973 dazu auf, »jedes Feuer einzustellen«, die Entschließung des Sicherheitsrats 242 (siehe S. 184 Anm. 181 und S. 199 Anm. 216) aus dem Jahr 1967 umzusetzen sowie unter einer geeigneten Schirmherrschaft Verhandlungen über einen »gerechten und dauerhaften Frieden im Nahen Osten« aufzunehmen. – Die UN-Sicherheitsrats-resolutionen 242 und 338 sind die einzigen, von israelischer wie arabischer Seite übereinstimmend akzeptierten rechtlichen Grundlagen für die Konfliktbewältigung im Nahen Osten.
246 § 1 der Prinzipienerklärung 1993.

Das ›Gaza-Jericho-Abkommen‹ (1994)

Nach erfolgreichen Verhandlungen in Kairo wurden den Palästinensern am 4. Mai 1994 mit dem Gazastreifen und der Stadt Jericho die ersten Gebiete zur Selbstverwaltung überantwortet. Damit war ein wichtiger Meilenstein auf dem Weg zur eigenverantworteten Existenz des palästinensischen Volkes gesetzt. Weitere Verhandlungen standen bevor, um die Fragen nach dem Status der übrigen 1967 besetzten Gebiete, dem Rückkehrrecht der Flüchtlinge sowie dem Schicksal der israelischen Siedlungen in der Westbank und im Gazastreifen zu klären.

Aufgrund dieser bahnbrechenden diplomatischen Leistungen wurde am 14. Oktober 1994 dem israelischen Ministerpräsidenten Yitzchak Rabin, dem israelischen Außenminister Shimon Peres und dem Chef der PLO und Präsidenten der Palästinensischen Autonomiebehörde Yassir Arafat der Friedensnobelpreis zuerkannt.

Abb. 39: Die Aufteilung der Westbank in verschiedene Zonen[247]

---

247 Basierend auf Wolffsohn/Bokovoy 2003, 27.

3.7 Hoffnung und Ernüchterung nach dem Oslo-Abkommen (1994 bis 2009)

3.7.1 Der Friedensschluss zwischen Jordanien und Israel (1994)

Ein später Erfolg der Friedenskonferenz von Madrid war die Beendigung des Kriegszustands zwischen Jordanien und Israel. Im Juli 1994 unterzeichneten König Hussein von Jordanien und Yitzchak Rabin im Beisein von US-Präsident Bill Clinton die ›Washingtoner Erklärung‹.[248] Der förmliche Friedensvertrag wurde im Oktober 1994 am Grenzübergang Aqaba/Eilat unterschrieben.

Zur Person: König Hussein von Jordanien
(*1935 in Amman; gestorben 1999 in Amman) –
›ein kleiner König und großer Staatsmann‹

1952 bis 1999 König des haschemitischen Königreichs von Jordanien

Seine königliche Majestät, Hussein Bin Talal, war der Urenkel des Scherifen Hussein von Mekka. Er stammte in der 42. Generation vom Propheten Mohammed ab. Hussein absolvierte das Victoria College in Alexandria und 1951 bis 1953 die Royal Military Academy Sandhurst in Großbritannien.
1951 wurde sein Großvater, König Abdallah I., in seinem Beisein auf dem Haram asch-Scharif in Jerusalem von einem arabischen Attentäter erschossen. Die Nervenkrankheit seines Vaters Talal führte zu dessen schneller Abdankung. Am 11. August 1952 wurde der junge Hussein zum neuen König proklamiert; am 2. Mai 1953 bestieg er den Thron.
Seine Amtszeit wurde vom Nahost-Konflikt geprägt. 1967 nahm Jordanien am Junikrieg teil und verlor die Westbank und Ostjerusalem an Israel. 1970 griff er nach einem gescheiterten Attentat auf ihn im jordanisch-palästinensischen Bürgerkrieg – dem ›schwarzen September‹ – gegen die PLO durch. Daraufhin wurde Jordanien von vielen anderen arabischen Staaten politisch isoliert. 1988 verzichtete König Hussein zu Gunsten der PLO auf alle Ansprüche auf die Westbank. Seine Politik wurde zum Balanceakt zwi-

---

248 Verträge über eine Zusammenarbeit in Wirtschaft, Tourismus und in administrativen Fragen folgten.

schen der grundsätzlichen Anerkennung Israels, mit dem er 1994 Frieden schloss, und der ›arabischen Sache‹. König Hussein galt als gemäßigter pro-westlicher Politiker, der sich maßgeblich für die Lösung des Nahost-Konflikts einsetzte. Nach der Besetzung Kuwaits durch den Irak und während des zweiten Golfkriegs (1990-1991) vertrat er lange auch irakische Interessen, was ihn viele Sympathien in den USA und in den indirekt betroffenen Ölscheichtümern kostete.

König Hussein war bei seinem Volk sehr beliebt. Nach dem Putsch von Ali Abu Nuwar 1957 hatte König Hussein das Parlament aufgelöst, politische Parteien verboten und bis 1989 als Alleinherrscher regiert. In den 1990er Jahren verordnete er seinem Land eine beschränkte Demokratisierung, ließ selbst politische Parteien wieder zu, ohne jedoch seine Machtstellung zu gefährden. Dies geschah wohl in der Absicht, westliche Wirtschaftshilfen zu erhalten. An seiner Begräbnisfeier nahmen neben dem amtierenden amerikanischen Präsidenten Bill Clinton auch George Bush sen., Jimmy Carter und Gerald Ford teil, was seine Bedeutung für die Nahost-Politik unterstreicht.

3.7.2 Die Bildung der Palästinensischen Autonomieverwaltung (›Oslo II‹, 1995)

Nachdem der Gazastreifen und Jericho an die palästinensische Selbstverwaltungsbehörde übergeben worden waren, kam es am 24. September 1995 in Taba (Sinai) und am 28. September in Washington zur Unterzeichnung eines Nachfolge-Abkommens. Das neue ›Interimsabkommen‹ über die Westbank und den Gazastreifen regelte den schrittweisen Übergang weiterer Städte in die palästinensische Selbstverwaltung. Noch blieben große Gebiete der Westbank (die sogenannte C-Zone), die israelischen Siedlungen und die Militärstützpunkte unter voller israelischer Kontrolle. Im Mai 1996 sollten deren Zukunft und weitere noch offene Probleme über den endgültigen Status der palästinensischen Gebiete ausgehandelt werden.

Angesichts der Tatsache, dass das Schicksal der israelischen Siedlungen nun am Verhandlungstisch entschieden werden sollte, konnte sich die Knesset im Oktober 1995 nur noch mit hauchdünner Mehrheit dem ausgehandelten Autonomieabkommen anschließen. Das israelische Militär setzte diese Entscheidung bis Dezember 1995 um und zog sich aus weiteren palästinensischen Ortschaften zurück, wie z. B. aus Salfit, Nablus, Ramallah, Kalkilia, Jenin und Bethlehem.

3.7.3 Die Gegner der Aussöhnung und die ›Schicksalswahl‹ (1995)

Mit jedem erfolgreich ausgehandelten Vertrag stiegen die Chancen einer dauerhaften friedlichen Lösung. Die Radikalen beider Seiten waren zutiefst beunruhigt. Zwischen der Hamas und der Fatah entspann sich ein Machtkampf, denn die Oslo-Verträge waren für die Hamas ›Verrat‹ an der palästinensischen Sache. Sie bedrohte friedenswillige und verhandlungsbereite Palästinenser und schickte Selbstmordattentäter nach Israel. Mit den zunehmenden Anschlägen palästinensischer Terroristen im Jahr 1995 wuchs in der israelischen Gesellschaft die Distanzierung vom Friedensprozess. Auch den israelischen Siedlern wurde der Ernst der Lage bewusst. Entweder müssten sie bald in einem palästinensischen Staat leben und dabei auf ihre Privilegien als bevorzugte Gruppe im besetzten Land verzichten oder sie würden nun die Initiative ergreifen. Einige von ihnen verunglimpften Yitzchak Rabin als Verräter und stellten ihn bei Demonstrationen auf Bildern mit Yassir Arafats ›Palästinensertuch‹, der Kufije, dar.

Mit der Ermordung des israelischen Ministerpräsidenten Yitzchak Rabin durch einen Studenten der Bar Ilan-Universität, Jigal Amir, auf einer Friedenskundgebung am 4. November 1995 in Tel Aviv wurde der Friedensprozess durch das Werk eines Radikalen entscheidend getroffen. Ihr wichtigster Repräsentant war das Opfer eines Anschlags geworden. Auch wenn Shimon Peres das Amt des Ministerpräsidenten im Sinne Yitzchak Rabins weiterführte, der Mord an Yitzchak Rabin lastete wie ein Trauma auf dessen Anhängern, da er die Symbolfigur für die Strategie ›Land gegen Frieden‹ gewesen war. Yassir Arafat kondolierte voller Betroffenheit. Er besuchte während der Trauerwoche Lea Rabin und ihre Familie in deren Wohnung in Tel Aviv. Der ägyptische Staatschef Hosni Mubarak und König Hussein von Jordanien reisten sogar zur Trauerfeier nach Israel. Doch in Israel konnte man diese Gesten angesichts des bevorstehenden Wahlkampfs kaum mehr in voller Tragweite würdigen. Mit Benjamin Netanjahu und Ariel Sharon vom Likud-Block waren die politischen Gegenspieler zu Shimon Peres bereits auf den Plan getreten. Sie versprachen den Ausbau der bestehenden Siedlungen und propagierten, nur einem Frieden zuzustimmen, der Israel tatsächlich Sicherheit garantiere.

Trotz dieser Entwicklung gab es noch Anzeichen der Hoffnung auf eine Fortführung des Friedensprozesses. Die ersten demokratischen Wahlen zum pa lästinensischen Autonomierat fanden unter Aufsicht der UN im Januar 1996 statt. Yassir Arafat, durch den Boykott der Hamas[249] de facto ohne Herausforderer, errang bei 85 bis 90 Prozent Wahlbeteiligung einen überragenden Sieg. Damit wurde das gemäßigte arabische Lager nachhaltig gestärkt.

Die Hamas unterminierte weiterhin alle friedensbereiten Gesinnungen in Israel. Zum Jahrestag des Goldstein-Mordes in Hebron schickte sie zwei Selbstmordattentäter nach Jerusalem und Aschkelon und tötete dabei insgesamt 25 Israelis. Mehr als 70 Menschen starben Anfang März bei Racheakten der Hamas und des Dschihad Islami für gezielte israelische Tötungen an hochrangigen Funktionären.[250]

Die Umfragewerte von Shimon Peres sanken daraufhin erdrutschartig, wohl auch, weil er Opfer von Terrorattacken als ›Opfer des Friedens‹ bezeichnet hatte. Der Likud beschuldigte ihn, durch seine Friedenspolitik die Sicherheit Israels substanziell zu gefährden. Als die Hisbollah am 9. April 1996 noch den Norden Israels (besonders Kirjat Schemona) mit Raketen angriff, wurde klar, dass die arabischen Aktivisten der Hisbollah und der Hamas den Friedensprozess endgültig auslöschen wollten. Shimon Peres musste reagieren. Er ließ die palästinensischen Gebiete abriegeln und befahl die Durchführung der Militäroperation ›Früchte des Zorns‹ im Libanon.[251]

»Terroristen brauchen keine Mehrheit, und Liberale haben in vielen politischen Konflikten die traurige Erfahrung machen müssen, dass eine Mehrheit nicht genug ist.«[252] (Bernard Wasserstein)

Die alten Feindbilder wurden damit reaktiviert; das gegenseitige Misstrauen und die üblichen Rituale der Macht hatten die Region erneut im Griff. Schließlich unterlag Shimon Peres bei den Wahlen zur Knesset am 29. Mai 1996 äußerst knapp mit 49,5 Prozent[253] gegen Benjamin Netanjahu. Dieser machte sofort jeglichen Fortschritt im Friedensprozess davon abhängig, ob die Palästinensische Autonomiebehörde insbesondere bei

---

249 Die Hamas boykottierte die Wahlen, um nicht durch ihre Teilnahme die Oslo-Verhandlungen und damit indirekt auch Israel anerkennen zu müssen.
250 Diese gezielten Tötungen brachen das Autonomieabkommen.
251 Die Militäroperation dauerte vom 11. bis 27. April 1996. Die Angriffe dienten dem Zweck, den Beschuss Nordisraels durch die Hisbollah zu beenden. Am 18. April wurde eine UNIFIL-Einrichtung in Kana von der israelischen Artillerie getroffen, wobei über einhundert Zivilisten getötet und noch etwa gleich viele verletzt wurden; außerdem gab es vier verletzte UN-Soldaten.
252 Wasserstein 2003, 148.
253 Die Arbeitspartei erhielt 34, der Likud-Block hingegen 32 Mandate – doch verbündete sich letzterer mit religiösen und nationalistischen Parteien zu einer hauchdünnen Mehrheit.

der Terrorbekämpfung ihren Verpflichtungen nachkam. Der Slogan seiner Wahlkampfkampagne lautete: »Netanjahu – einen sicheren Frieden schaffen«. Yassir Arafats Rolle als Pragmatiker wurde in Israel immer mehr in Zweifel gezogen, denn sein Einsatz gegen die terroristischen Aktivitäten – besonders der Hamas – ließ nach den israelischen Vorstellungen stark zu wünschen übrig.

3.7.4 Die Regierungszeit des Likud-Blocks (1996 bis 1999)

Während der Amtszeit Benjamin Netanjahus verringerte sich die Anzahl der Selbstmordanschläge in Israel. Am 2. August 1996 wurde unter seiner Regierung der zuvor gültige Baustopp von israelischen Siedlungen aufgehoben. In der Folgezeit konnte der Bau mehrerer neuer Siedlungen beschlossen werden.

Als Regierungschef traf er heftig umstrittene Entscheidungen. Gemeinsam mit dem damaligen Jerusalemer Oberbürgermeister Ehud Olmert ließ er im September 1996 für den Western Wall Tunnel[254] einen Ausgang im arabischen Viertel der Altstadt an der Via Dolorosa schaffen. Daraufhin kam es zu mehrtägigen blutigen Ausschreitungen mit etwa 80 Toten, denn die Palästinenser werteten dieses Vorgehen als Angriff auf den Haram asch-Scharif.[255] Man warf Benjamin Netanjahu vor, er spiele bewusst oder unbewusst mit den lang gehegten Ängsten seiner Gegner, die sich in der Altstadt Jerusalems erfahrungsgemäß am leichtesten provozieren ließen.

Im Januar 1997 verhandelte er den Teilabzug der Israelis aus Hebron. Den Arabern wurden 80 Prozent des Stadtterritoriums zur Selbstverwaltung zugesprochen. Im Herzen der Stadt – dem bis zum Pogrom 1929 jüdischen Stadtteil – lebt bis heute eine zahlenmäßig kleine jüdische Siedlergemeinschaft nahe Machpela, der Grabstätte der Erzväter.

---

254 Siehe dazu S. 104.
255 Der Tunnel führt westlich am Haram asch-Scharif vorbei. Sein Ausgang in der Via Dolorosa liegt in deutlicher Entfernung von den arabischen Heiligtümern.

Zur Person: Benjamin Netanjahu
(*1949 in Tel Aviv) – ›der Taktiker‹

1996 bis 1999 und seit 2009 Ministerpräsident Israels

»Im Nahen Osten geht Sicherheit vor Frieden und Friedensverträgen. Wer das nicht versteht, wird ohne Sicherheit, ohne Frieden bleiben. Am Ende wird er verschwinden.«

»Frieden im Nahen Osten ist ein über Abschreckung oder Gewaltanwendung zu erreichender Frieden.«[256]

Benjamin Netanjahu – oder ›Bibi‹, wie er von seinen Anhängern genannt wird – wurde zwar in Israel geboren, wuchs aber in den USA in einer sehr konservativen Familie auf. Sein Vater, Benzion Netanjahu, schrieb als Historiker sein Hauptwerk über den Ursprung der Inquisition in Spanien im 15. Jahrhundert[257] und sah in der Schwäche der Juden damals einen der Gründe für das bittere Schicksal des spanischen Judentums. Daraus folgerte er, dass die konsequente jüdische Selbstverteidigung die einzige Alternative für sein Volk sei.

Für Benjamin Netanjahu gilt der Wahlspruch ›Land vor Frieden‹. Einen unabhängigen Palästinenserstaat lehnte er lange Zeit ab. Als Alternative plädierte er für eine arabische Selbstverwaltung unter israelischer Oberherrschaft. Benjamin Netanjahu wird häufig auch als ›Hardliner‹ oder ›Falke‹ beschrieben.

Benjamin Netanjahu leistete seinen Militärdienst in der Eliteeinheit Sajeret Matkal (›Späher des Generalstabes‹). Danach studierte er Architektur und Wirtschaft am Massachusetts Institute of Technology und Politikwissenschaften in Harvard. Als sein älterer Bruder Jonatan Netanjahu im Juli 1976 bei einem spektakulären Einsatz der israelischen Armee zur Befreiung von jüdischen Geiseln und Israelis in Entebbe (Uganda) getötet wurde, bekam der Kampf gegen den Terrorismus eine sein politisches Handeln bestimmende Bedeutung. Er organisierte internationale Konferenzen zur Terrorbekämpfung, schrieb Bücher zum Thema und stellte die Sicherheit Israels in den Mittelpunkt seiner Politik.

---

256 Zitiert nach Zimmermann 2010, 13. Das erste Zitat stammt aus Benjamin Netanjahu, Platz unter der Sonne, 1995.
257 Netanyahu 2001.

2005 trat er von seinem Amt als Finanzminister unter der Regierung Ariel Sharons aus Protest gegen dessen Gaza-Räumungspläne zurück. Er erklärte, der israelische Abzug unterminiere die Sicherheit, spalte die Nation und schaffe Grenzen, die nicht zu verteidigen seien.

Nach den Wahlen im Februar 2009 übernahm Benjamin Netanjahu am 31. März erneut das Amt des Ministerpräsidenten Israels.

Wye River-Memorandum (›Wye-I-Memorandum‹, 1998)

Bill Clinton versuchte am 23. Oktober 1998, den zum Stillstand gekommenen Friedensprozess mit einer neuen Übereinkunft wieder in Bewegung zu bringen. Das Interimsabkommen sollte die dringenden Probleme beider Seiten regeln. Innerhalb eines Vierteljahres könnten – so Bill Clinton – wegweisende Übereinkünfte erzielt werden wie der weitere Rückzug der israelischen Armee aus der Westbank, die Änderung der Charta der PLO, der Ausbau von Handel und Verkehr zwischen Israel und der Westbank und schließlich die Einhaltung klarer Sicherheitsstandards. Dazu gehörten insbesondere die Verfolgung von arabischen Terroristen durch die Autonomiebehörde, die Beschlagnahme illegaler Waffen, auch die der Hamas, und eine dauerhafte Inhaftierung von verurteilten Gewalttätern. Beide Seiten zeigten jedoch kaum Initiative bei der Umsetzung der ausgehandelten Sachfragen und auch die Nachverhandlungen im Dezember 1998 gerieten ins Stocken.

Die Regierung des Likud scheiterte schließlich an der Person ihres Führers Benjamin Netanjahu. Eine lange Reihe von Skandalen, die seine Ehefrau mit einschlossen, und Korruptionsvorwürfe kosteten ihn das Vertrauen der Bevölkerung. Er wurde im Mai 1999 bei den Parlamentswahlen von Ehud Barak geschlagen und zog sich vorübergehend aus der Politik zurück.

Wye-Nachfolgeabkommen (›Wye-II-‹; ›Sharm ash-Sheikh-Memorandum‹, 1999)

Der neu gewählte Ministerpräsident Ehud Barak und der Führer der palästinensischen Autonomiebehörde Yassir Arafat unterzeichneten am 4. September 1999 in Sharm ash-Sheikh (Ägypten) unter der Schirmherrschaft Bill Clintons und im Beisein des ägyptischen Präsidenten Hosni Mubarak sowie des jordanischen Königs Abdallah II. eine Vereinbarung mit dem Ziel, die Eckpunkte des Wye-Abkommens nun tatsächlich umzusetzen. Der Unterzeichnung folgten ein Teilabzug israelischer Truppen aus der Westbank, die Freilassung palästinensischer Häftlinge aus israelischen Gefängnissen und ein Baustopp für neue israelische Siedlungen. Die PLO verzichtete ihrerseits auf die einseitige Proklamation des eigenen palästinensischen Staats.

Man vereinbarte weiterhin, bis zum 13. September 2000 alle ›Endstatus-Probleme‹ des israelisch-palästinensischen Konflikts zu besprechen und abschließend zu verhandeln, einschließlich der Fragen der künftigen Rechtslage in Jerusalem, der Rückkehrmöglichkeit der palästinensischen Flüchtlinge, der Zukunft der israelischen Siedlungen, des Zugriffsrechtes auf die Wasserressourcen und der Gründung eines eigenen palästinensischen Staats.

›Camp David II‹ (2000)

Am geschichtsträchtigen Ort Camp David[258] sollte im Juli 2000 die Einigung in den sogenannten ›Endstatusfragen‹ im israelisch-palästinensischen Konflikt erfolgen. Ehud Barak legte eines der am weitesten gehenden Angebote vor, das je zwischen Israelis und Palästinensern offiziell verhandelt wurde.[259] Yassir Arafat stand unter dem Erfolgsdruck, die gesamte Westbank und den Gazastreifen für sein Volk zugesprochen zu bekommen. Die Verhandlungen scheiterten daran, dass Ehud Barak angesichts seiner parlamentarischen Situation[260] nicht mehr Zugeständnisse an die palästinensische Seite machen und die Palästinensische Autonomiebehörde derartige Kompromisse nicht annehmen und vor den hohen Erwartungen ihres Volkes rechtfertigen konnte. Kontrovers blieben alle (oben genannten) Fragen der ›Endstatus‹-Verhandlungen.

Der Forderung Yassir Arafats nach einem vollständigen Rückzug Israels aus den besetzten Gebieten in der Westbank und im Gazastreifen (UNO-Resolutionen 242 und 338) einschließlich der Räumung aller israelischen Siedlungen stand das Angebot gegenüber, etwa 90 Prozent des Gebiets zu räumen (in den verbleibenden 10 Prozent befand sich die Hauptzahl der israelischen Siedlungen). Dafür sollte ein Stück des Negev an die Palästinenser übergeben werden. Außerdem sollten etwa 12 Prozent des Landes (Jordantal) von den Palästinensern für einhundert Jahre gepachtet werden.

Arafat forderte das prinzipielle Rückkehrrecht oder eine »angemessene Entschädigung« für die Flüchtlinge (UNO-Resolution 194), wohingegen Israel diese moralische und rechtliche Verantwortung ablehnte. Auch die orientalischen Juden seien nach 1947 aus ihren ur-

---

258 Zum Camp David-Abkommen des Jahres 1977 siehe Kap. 3.6.2.
259 Vgl. dazu Ehud Olmerts Verhandlungen mit Mahmud Abbas im August 2008 mit weiterreichenden Angeboten.
260 Er war in dieser Zeit bereits ohne parlamentarische Mehrheit und befand sich im Wahlkampf.

sprünglichen Wohnorten nach Israel geflohen und hätten dort dauerhafte Aufnahme gefunden, ohne eine Chance auf Rückkehr zu haben.
Die Palästinenser forderten Ostjerusalem als Hauptstadt ihres neuen Staats. – Für Israel war es jedoch undenkbar, die Souveränität über das ungeteilte Jerusalem aufzugeben, wobei Yassir Arafats Behörde in einem souveränen Gebiet der Altstadt liegen und über einige Gebiete in Ostjerusalem auch autonom regieren sollte.

»Die ›Einheit Jerusalems‹ ist eine Idee, ein Ideal, ein nationaler Imperativ. Ja, man kann sagen, dass die Herrschaft über ganz Jerusalem ein Bestandteil der israelischen Identität ist.«[261] (Tom Segev)

Nach der Ablehnung des von Ehud Barak vorgelegten Angebots durch Yassir Arafat zog der israelische Ministerpräsident sein Verhandlungsangebot zurück. Erstaunlich war, dass Yassir Arafat weder Alternativvorschläge präsentierte noch Desiderate aufzeigte. Damit setzte er sich für viele Beobachter der westlichen Welt ins Unrecht und wurde häufig für das Scheitern der Verhandlungen verantwortlich gemacht.

Am 13. September 2000 war der Zeitpunkt für die Verlängerung des Oslo-Abkommens endgültig erreicht. Mit dem ergebnislosen Ausgang der Camp David II-Gespräche scheiterte der Oslo-Friedensprozess. Nur durch massiven Druck der USA und Europas war Yassir Arafat davon abzubringen, den Staat Palästina einseitig zu proklamieren.
Die Situation in der Westbank hatte sich inzwischen deutlich verändert: Die Anzahl der jüdischen Siedler war in den besetzten Gebieten zwischen 1993 und 2000 um 25 Prozent gestiegen, die Ansiedlungen in und um Jerusalem hatten allein mehrere zehntausend neuer Bewohner aufgenommen und die Kontrolle der Grenzen, Wasserressourcen und Straßen lag – anders als seit Oslo 1993 erhofft – noch immer fest in israelischer Hand.[262]
Auch in Ostjerusalem waren die Siedler deutlich auf dem Vormarsch:

»In den christlichen und muslimischen Vierteln der Altstadt (scil. Jerusalems), die Israel in den Friedensverhandlungen von Camp David im Jahr 2000 den Palästinensern abtreten wollte, haben jüdische Stiftungen mit religiös-nationalistischer Orientierung seit den achtziger Jahren mehr als 80 Gebäude erstanden, die zum Teil bereits bewohnt sind. In der Davidstadt ... besaßen diese Stiftungen 2006 bereits rund 55% der Grundstücke.«[263] (Gil Yaron)

---

261 Tom Segev nach Der Spiegel. Geschichte 3, 2009, 105.
262 Siehe dazu Bunzl 2008, 207.
263 Yaron 2007, 177.

Zur Person: Shimon Peres
(*1923 in Wischnewa, Weißrussland/damals Polen) –
›David Ben Gurions Erbe‹

1977, 1984 bis 1986 und 1995 bis 1996 Ministerpräsident;
seit 2007 Staatspräsident
1994 Friedensnobelpreis (gemeinsam mit Yassir Arafat und Yitzchak Rabin)

>*Wir sind Zeugen des Reifens in den Beziehungen zwischen Juden und Arabern geworden. Wir alle sind gereift. Einige von uns sind alt geworden und können sich nicht wie kleine Kinder benehmen.*«[264]

Das Leben von Shimon Peres (geborener Szymon Perski) spiegelt die Geschichte des Staates Israel wider. Seit der Staatsgründung ist er Teil des politischen Entscheidungsapparats und damit ›nationales Urgestein‹ aus der Gründergeneration.
Shimon Peres wanderte 1934 nach Israel ein[265] und wurde zum politischen Ziehsohn David Ben Gurions. Er bekam von ihm die äußerst heikle und sensible Aufgabe der Waffenbeschaffung zugewiesen. Seine insbesondere in die USA und nach Frankreich reichenden Kontakte hatten in der israelischen Armee die Einführung des Kampfflugzeugs Dassault Mirage III zur Konsequenz. In Dimona wurde außerdem ein französischer Kernreaktor erbaut, der zur Grundlage eines eigenen israelischen Atomprogramms wurde.[266]
Im Jahr 1959 begann Shimon Peres' lange politische Karriere als Abgeordneter der Knesset. Während dieser Zeit hatte er viele Ämter inne, doch der große Durchbruch mit einer gewonnenen Wahl zum Ministerpräsidentenamt gelang ihm nie. Tragisch für den Friedensprozess und seine persönliche Entwicklung war die 1996 nach der Ermordung Yitzchak Rabins verlorene politische Richtungswahl gegen Benjamin Netanjahu, weshalb man ihn häufig auch als ›ewigen Verlierer‹ betitelte.

---

264 Shimon Peres in einem Fernsehinterview am 1. Mai 1985, in dem er eine ›neue Politik‹ ankündigte; zitiert nach Bernstein 1998, 60.
265 Sein Vater war Holz- und Getreidehändler und bereitete die Auswanderung der Familie schon seit 1931 vor. Sein Großvater blieb in Polen und starb bei einem faschistischen Brandanschlag auf eine Synagoge.
266 Siehe dazu S. 178.

Shimon Peres wird das Zitat zugeschrieben: »Alle Mächtigen, die ich näher beobachtet habe, sind ungeduldig und intolerant geworden, haben eitel das Maß ihrer Möglichkeit überschätzt und Prinzipien sowie Freunde selbstherrlich aufgegeben.« – Ihm scheint die Geduld jedenfalls nicht abhanden gekommen zu sein, denn 2007 gewann er schließlich doch noch eine Wahl, die zum Staatspräsidenten.
Sein Name steht für den Ausgleich mit der arabischen Bevölkerung. 1994 bekam er als höchste Anerkennung für seinen Einsatz den Friedensnobelpreis überreicht. 1997 gründete er das ›Peres Center for Peace‹. Zum Frieden im Nahen Osten führte er aus: »Ich habe nicht den geringsten Zweifel, dass er kommen wird. ... Mit dem Frieden ist es wie in der Liebe. Wer sie genießen will, muss die Augen schließen. ... Es ist kein physischer Akt, sondern eine Sache voller Emotionen, Erinnerungen, Komplikationen. Es geht nicht um einen Körper, sondern um eine Seele.«[267]

3.7.5 Ariel Sharon und die zweite Intifada (›Al-Aqsa-Intifada‹, 2000 bis 2005)

Anlass

Die Enttäuschung nach dem Scheitern der Gespräche von Camp David II und die Ungewissheit über die Zukunft des Osloer Friedensprozesses waren die Hauptursachen der zweiten Intifada. Außerdem hatten die palästinensischen Führer gesehen, dass Israel sich besonders aufgrund der hohen Verluste während der Besetzung des Libanon ohne Vorbedingungen aus diesem zurückgezogen hatte. Dies – so wird in Israel häufig spekuliert – könnte für Yassir Arafat Vorbildcharakter gehabt haben. Vor diesem Szenario und angesichts der inzwischen »allgemeinen Sakralisierung des Politischen«[268] löste der offensichtlich angekündigte[269] Besuch des israelischen Oppositionsführers Ariel Sharon auf dem Haram asch-Scharif am Vorabend des israelischen Neujahrsfestes eine Welle der Gewalt aus. (Bis heute streitet man sich darüber, ob Ariel Sharons Aktion der ›willkommene Anlass‹ für die palästinensische Führung zum Anzetteln des Aufstandes war oder als die empörende Tat anzusehen ist, die die Situation eskalieren ließ.) Am 28. September 2000 betrat Ariel Sharon zusammen

---

267 Interview aus: Der Spiegel. Geschichte 3, 2009, 25.
268 Bunzl 2008, 216.
269 Immer wieder wird von israelischer Seite darauf hingewiesen, dass das Einverständnis für diesen Besuch durch den palästinensischen Sicherheitschef Dschibril Radschub vorlag.

mit einer großen Zahl von Begleitern und Polizeikräften den ehemaligen Tempelberg. Noch im Vorfeld seines Vorhabens hatte der amerikanische Botschafter Dennis Ross ohne Erfolg seine Besorgnis über diesen Plan geäußert: »Ich kann mir eine Menge schlechter Ideen vorstellen, doch keine schlimmere.«[270]

Am Tag, an dem Ariel Sharon den ehemaligen Tempelberg besuchte, kam es nur zu friedlichen Protesten. Erst in den Tagen darauf setzte die Gewalt ein, wobei durch den Einsatz der israelischen Polizei vier Protestierende den Tod fanden und weit über einhundert Menschen verletzt wurden. In der Folge kam es zu gewaltsamen und bewaffneten Ausschreitungen in der Westbank und im Gazastreifen sowohl gegen israelische Zivilisten als auch gegen bewaffnete Kräfte.

Weil palästinensische Organisationen unüberhörbar und gezielt zum Kampf gegen die israelische Besatzung aufriefen, werfen israelische Beobachter einzelnen palästinensischen Repräsentanten die gezielte Planung und Vorbereitung der zweiten Intifada vor. Sie verweisen auf die Propaganda der Hisbollah, die im Jahr 2000 behauptete, allein ihr langer, opferreicher Kampf und die dem israelischen Feind beigebrachten Wunden hätten zum endgültigen Abzug israelischer Soldaten aus dem Libanon geführt.

Die Palästinenser verweisen hingegen auf die nach ihrer Auffassung völlig überzogenen Polizeimaßnahmen der Besatzer und auf ihr Recht, sich gegen diese aufzulehnen.

»Auf den ersten Blick sind es immer die Palästinenser, die angefangen haben, betrachtet man aber die Situation der Palästinenser insgesamt und insbesondere in den Lagern im Gaza-Streifen, die erlebten Jahrzehnte der Unterdrückung und der Hoffnungslosigkeit, dann drängt sich einem der Eindruck auf, dass hier ein Volk ständiger struktureller Gewalt ausgesetzt war.«[271] (Erik-Michel Bader)

Charakter

Die Al-Aqsa-Intifada war kein ›Aufstand der Steine‹. Es handelte sich von Anfang an um einen organisierten bewaffneten Konflikt. Überfälle auf Zivilisten und Soldaten in der Westbank und im Gazastreifen[272] sowie

---

270 Dennis Ross, Präsident Clintons Nahost-Unterhändler, gegenüber dem israelischen Minister des Inneren Shlomo Ben Ami; zitiert nach Jane Pereez, US Envoy Recalls the Day Pandora's Box wouldn't Shut, The New York Times, 29. Januar 2001.

271 Erik-Michel Bader in der FAZ vom 12. Mai 2001.

272 Vielfach wurden auch jüdische Wohngebiete, besonders die israelischen Siedlungen, beschossen.

Selbstmordanschläge (ab 2001) gehörten zum Vorgehen der arabischen Seite. Israelische Polizeimaßnahmen und der militärische Einmarsch in die Palästinensergebiete (2002) prägten auf der israelischen Seite[273] die langen Jahre, in denen sich die Bevölkerung beider Seiten weit auseinanderlebte. Der Lynchmord an zwei israelischen Soldaten am 12. Oktober 2000 in Ramallah vor laufenden Kameras und die anschließende Bombardierung von Gaza und Ramallah durch die israelische Luftwaffe symbolisieren die Gewaltbereitschaft beider Seiten.

Bill Clintons Einladung zu Gesprächen nach Sharm ash-Sheikh am 16. und 17. Oktober kam zu spät. Yassir Arafat und Ehud Barak riefen zwar zum Gewaltverzicht auf, doch verweigerten beide Parteien die Unterzeichnung von Beschlüssen, die an den Verhandlungstisch zurückführen sollten.[274] Die Gewalt nahm ihren unheilvollen Lauf. Beide Seiten bestätigten sich gegenseitig in ihrem Misstrauen. Sie demonstrierten mit ihren Aktionen die Notwendigkeit, zu einer harten Linie gegenüber dem Feind zurückzukehren.

Der Clinton-Plan (2000)

Auch Bill Clintons letzter Versuch, während seiner Amtszeit in der südlichen Levante Frieden und Ausgleich zu schaffen, scheiterte. Der am 23. Dezember 2000 vorgestellte sog. ›Clinton-Plan‹ werde von ihm unterstützt, sagte Ehud Barak in einer Fernsehansprache, wenn die Palästinenser ebenfalls zustimmten. Palästinenserpräsident Yassir Arafat erklärte jedoch, die Pläne räumten die Hindernisse auf dem Weg zum Frieden nicht aus. Der israelische Außenminister Shlomo Ben Ami sprach von einem »Durchbruch« und empfahl seiner Regierung die Annahme der ›Clinton-Pläne‹. Oppositionsführer Ariel Sharon hingegen nannte die Initiative einen »Ausverkauf« Israels, dem der Likud nie zustimmen könne.

Bill Clinton schlug den Verbleib der großen ›Siedlungsblöcke‹ bei Israel vor. Israel solle sich jedoch aus 94 bis 96 Prozent des Territoriums der Westbank zurückziehen. Für das der palästinensischen Autonomiebehörde entgangene Land solle ein Ausgleich erfolgen. Die Sicherheit des Gebietes sei einer internationalen Präsenz anzuvertrauen, die auch die Umsetzung der Verträge kontrollieren solle. Israel könne weiterhin drei Frühwarnstationen in der Westbank betreiben. Das Hoheitsrecht des Luftraums gehöre den Palästinensern, die eine

---

273 Hinzu kommen gezielte Tötungen von palästinensischen Aktivisten durch die israelische Armee.
274 Wie zerrüttet die Beziehung zwischen Yassir Arafat und Ehud Barak war, zeigen die Verhandlungen im Januar 2001 im ägyptischen Taba. Während Ehud Barak dort weitergehende Zugeständnisse als in Camp David machte, meinte Yassir Arafat kurz darauf beim Weltwirtschaftsforum in Davos, Israel als »faschistisch« und als »Mörderstaat« öffentlich an den Pranger stellen zu müssen.

starke Polizei sowie eine internationale Militärtruppe für die Außengrenzen und die eigene Sicherheit unterhalten dürften. Der Staat Palästina solle »non-militarized« sein.[275]
Als allgemeiner Grundsatz für Jerusalem gelte, dass die arabischen Gebiete palästinensisch und die jüdischen israelisch sein sollen. Dies gelte auch für die Altstadt.
Israel möge das moralische und materielle Leid der palästinensischen Flüchtlinge anerkennen, das nach dem Krieg 1948 entstanden war. Die internationale Gemeinschaft solle bei der Lösung des Problems helfen. Im Rahmen der Zwei-Staaten-Lösung gelte das Leitprinzip, dass der palästinensische Staat die Anlaufstelle für die palästinensischen Flüchtlinge sei; ohne andere Lösungen (Entschädigung, Drittstaaten, Landtransfer) auszuschließen, einschließlich der Aufnahme von Flüchtlingen in Israel.
Eine UN-Resolution solle schließlich feststellen, dass die Resolutionen 242 und 338 umgesetzt seien.

Der Ausbruch der zweiten Intifada führte innerhalb der israelischen Gesellschaft zu einem deutlichen Rechtsruck, der sich in den Wahlen zum Amt des Ministerpräsidenten[276] am 6. Februar 2001 manifestierte. Mit etwa 25 Prozent Vorsprung gewann Ariel Sharon. Er konnte am glaubhaftesten darlegen, dass seine Politik die größten Chancen besaß, die zweite Intifada zu beenden, und er traf mit seinem zentralen Wahlthema ›Sicherheit‹ das wesentliche Anliegen der israelischen Bevölkerung. Am 28. Januar 2003 wiederholte er mit dem Likud-Block seinen Wahlerfolg und konnte eine weitere Amtszeit regieren. Die palästinensischen Attentate waren ein wichtiger Grund für viele Israelis, seiner Politik der Stärke zu vertrauen.[277]

Während dieser Zeit begann nach monatelangen Abriegelungen der Westbank und des Gazastreifens die permanente Separierung der Konfliktparteien.[278]

Der ›Mitchell-Report‹ (April 2001)

Im Oktober 2000 war in Sharm ash-Sheikh beschlossen worden, eine internationale Kommission[279] einzusetzen, welche die Ursachen der anhaltenden Unruhen untersuchen sollte. Der ›Mitchell-Report‹ wurde im

---

275 Dieser Begriff ist ein Kompromissangebot zwischen einem »demilitarisierten« (»a demilitarized state«) und »einem begrenzt militärisch ausgerüsteten« (»a state with limited arms«) Staatswesen.
276 In diesen speziellen Wahlen wurde der Ministerpräsident nur bis zum Ende der Wahlperiode der 15. Knesset im Jahr 2003 gewählt.
277 Siehe S. 217 ff.
278 Siehe dazu Kap. 3.7.6.
279 Dazu gehörten die ehemaligen US-Senatoren George Mitchell und Warren B. Rudman sowie der ehemalige türkische Präsident Suleyman Demirel, der norwegische Außenminister Thorbjørn Jagland und der EU-Sonderbeauftragte Javier Solana.

Mai 2001 beiden Konfliktparteien zur Stellungnahme übergeben.[280] Die scharfsinnigen, objektiven Feststellungen des Berichts prallten aber letztlich an der inzwischen von einem beachtlichen ›argumentativen Autismus‹ geprägten Rhetorik beider Seiten ab, selbst wenn deren offizielle Vertreter Zustimmung äußerten.

Die Forderungen der jeweiligen Parteien orientierten sich lediglich an den eigenen Bedürfnissen. Die Argumente, Wünsche, Ängste und Lebensbedingungen der jeweils anderen Seite blieben sekundär. In Bezug auf die ›harten Fakten‹ des palästinensisch-israelischen Konflikts gab es nur oberflächliche Annäherungen. Die Differenzen aus den Camp David II-Gesprächen konnten nicht überwunden werden.

Die Folgen der Intifada

Schon bald nach dem Ausbruch der zweiten Intifada waren die grundlegend negativen Folgen dieses Machtkampfs abzusehen. In Israel machten sich die wirtschaftlichen Probleme durch eine erhöhte Arbeitslosigkeit bemerkbar. Der dramatische Rückgang des Tourismus wirkte sich hier besonders schwer aus. Aufgrund der Abschottung der meisten palästinensischen Gebiete wurden deren Infrastruktur und Wirtschaft zerrüttet. Die Mehrheit der Palästinenser lebte unterhalb der Armutsgrenze.

»1970 diente die Öffnung des israelischen Arbeitsmarkts für die besetzten Gebiete dem Zweck, den palästinensischen Nationalismus zu schwächen und einer territorialen Trennung vorzubeugen; 1990 war das Abschneiden der Palästinenser von den israelischen Arbeitsplätzen ein Mittel, um den Wunsch nach Unabhängigkeit zu unterdrücken. Für die Israelis bestand die unmittelbare Folge der demografischen Trennung darin, dass die Palästinenser von ihren Straßen verschwanden, was ihrer wachsenden Angst vor palästinensischen Arbeitern entgegenkam, die ›einfach so‹ in Israel herumliefen‹ ...«[281] (Amira Hass)

---

280 Er wurde vom ›Sharm ash-Sheikh Fact-Finding Comittee‹ verfasst.
281 Hass 2003, 372 f. Vgl. dazu Herz 2003, 151 ff.

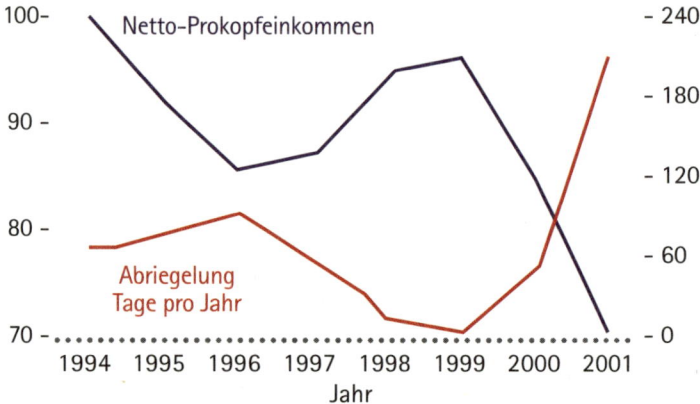

Quelle: Weltbank

Abb. 40: Veränderung des Prokopfeinkommens der Palästinenser (1994 = 100; links)/›Abriegelunge‹
des Westjordanlandes und des Gazastreifens in Tagen pro Jahr (rechts), 1994-2001, nach Weltbank,
zitiert aus Wasserstein 2003, 59 Abb. 7

›Nine-eleven‹

Am 11. September 2001 wurden die USA auf ihrem eigenen Territorium
von radikal-islamischen Terroristen angegriffen. Neunzehn Angehörige
der Terrororganisation al-Qaida zerstörten die beiden Türme des World
Trade Centers in New York City und Teile des Pentagons in Arlington.
Ein vierter Anschlagversuch misslang. Die Regierung George W. Bush[282]
räumte daraufhin dem Kampf gegen den Terror höchste Priorität ein. Die
NATO setzte außerdem auf den Einsatz militärischer Gewalt in Afghanistan (2001) und Präsident George W. Bush schmiedete eine internationale
Allianz gegen den Irak (2003[283]), ohne dabei jedoch nachhaltige Erfolge
im Kampf gegen den internationalen Terrorismus erringen zu können. Es
zeigte sich, dass die ausschließlich militärische Terrorbekämpfung nicht
erfolgreich sein kann. Auch die Tötung der radikal-islamischen Anführer
blieb wirkungslos. Das mythologische Bild von der Hydra, dem neunköp-
figen schlangenähnlichen Ungeheuer, mag hier zu Recht gebraucht werden. Nach jedem einzelnen ›Erfolg‹ im Kampf gegen den Terror erwuchsen
ihm für jeden abgeschlagenen Kopf zwei neue.
Seither wird der israelisch-palästinensische Konflikt häufig globalisiert
und in die Auseinandersetzung des ›Clash of Civilisations‹ eingebunden.

---

282 George W. Bush trat sein Amt als US-Präsident am 20. Januar 2001 an.
283 Der dritte Golfkrieg begann am 20. März.

So klar sein internationaler Zusammenhang auch ist, so sehr muss doch auch auf seine speziellen Wurzeln und lokalen Konfliktfelder geachtet werden.

Das Vorgehen der USA und ihrer Verbündeten im Irak nährte in der arabischen Welt vor allem den Verdacht, dass die USA mehr an Rohstoffquellen als an der demokratischen Selbstbestimmung der Iraker oder der Befriedung benachbarter Regionen interessiert seien. Das ohnehin angeschlagene Ansehen der USA litt in der arabischen Welt während der Präsidentschaft George W. Bushs beträchtlich.

Arabische Gipfelkonferenz in Beirut (2002)

Die im März 2002 stattfindende Gipfelkonferenz der arabischen Staaten stimmte dem Plan des saudi-arabischen Kronprinzen Abdallah zu, Israel nicht nur Frieden, sondern auch die staatliche Anerkennung sowie die Herstellung normaler Beziehungen anzubieten. Zur Bedingung wurde gemacht, dass es sich aus den 1967 besetzten Gebieten zurückziehe, die Flüchtlingsfrage auf der Basis der UN-Resolution 194 löse und einem palästinensischen Staat in der Westbank und im Gazastreifen zustimme.[284]

Selbstmordattentate und Einmarsch der israelischen Armee in palästinensische Hochburgen

Im März und April 2002 erreichte die Stimmungslage in Israel, der Westbank und im Gazastreifen den Siedepunkt. Die Logik der Vergeltung steigerte den Hass auf beiden Seiten. Die extreme Zunahme von Selbstmordanschlägen in Israel mit vielen Toten und Hunderten von Verletzten führte zu einem Trauma unter der Bevölkerung.

Eine ›Wochenchronik des Hasses‹ (erste Märzwoche 2002)
»Israel hat in den vergangenen Tagen die blutigsten Kämpfe seit Beginn der ersten Intifada 1987 erlebt.
Bilanz: mindestens 150 Tote und 400 Verletzte.
Mitten in Tel Aviv erschoss ein Palästinenser in einem Szene-Restaurant bei einer Junggesellinnen-Party drei Personen und verletzte 30 weitere.
Schulen als Leidtragende: Israelis verübten einen Bombenanschlag auf eine palästinensische Schule in Jerusalem. In Gaza beschädigte die israelische Luftwaffe versehentlich eine Blindenschule der UNO.
Immer mehr Kinderopfer: Mindestens 16 Kinder und Jugendliche kamen ums Leben – darunter ein Neugeborenes in einem attackierten Krankenwagen. ...

---

284 Vgl. dazu Birk/Badawi 2010, 35-41.

Nach den blutigsten Kämpfen seit fast 15 Jahren taumelt das Land einer neuen Horrorwoche entgegen. ›Wir werden nicht zulassen, dass unser Volk täglich Zielscheibe der Willkür von Wahnsinnigen wird‹, machte Verteidigungsminister Benjamin Ben-Elieser klar. Doch die Regierung verliert an Rückhalt im Volk: In Umfragen erklären 76 Prozent der Israelis, dass sie von ihrer Regierung enttäuscht sind. Seit Beginn der zweiten Intifada vor knapp 20 Monaten sind mehr als 300 Israelis getötet worden. Statistisch kostet derzeit jeder Tag des Kampfes im Heiligen Land fünf Bürgern das Leben.
›Die politischen Entscheidungsträger sind die Gewalttäter auf den Straßen‹, beschreibt Professor Mundher Dajani von der Abu-Dis-Universität die Lage. ›Die neue Intifada hat den politischen Gestaltungswillen des Friedensprozesses nach Oslo längst überrannt.‹ Ein palästinensischer Aktivist in Ramallah bestätigt diese Einschätzung mit wüsten Drohungen: ›Wenn die Israelis das Westjordanland zurückerobern wollen, sollen sie nur kommen. Hier ist inzwischen jeder bewaffnet, sie werden in eine Falle laufen. Wir liefern ihnen einen Kampf, den sie nicht mehr vergessen.‹ Der hat bereits begonnen. Die israelische Armee beantwortete ihn vergangene Woche mit blutigen Streifzügen durch Flüchtlingscamps, die am schärfsten bewaffneten Bastionen der Intifada.‹[285] (Focus)

Der Anschlag auf das Park-Hotel in Netanya am Sederabend des 27. März 2002 – dem Beginn des Passah-Festes, bei dem man im Kreise der Familie oder der Gemeinde des Auszugs der Hebräer aus der ägyptischen Sklaverei gedenkt – kostete 29 Menschen das Leben. Weitere 130 Personen wurden verletzt. Unter den Opfern waren etwa zur Hälfte Holocaust-Überlebende. Dies brachte das Fass zum Überlaufen. Der Einmarsch der israelischen Armee in die Städte der Westbank war laut Ariel Sharon die logische Folge des Terrors, dem sich Israel tagtäglich ausgesetzt sah.

»Wir sind in einem Krieg gegen den Terrorismus. Und es wird dauern, ihn zu seinem Ende zu führen.«[286] (Ariel Sharon)

Der militärische Vorstoß begann nach einem erneuten Selbstmordattentat in Tel Aviv am 29. März mit dem Angriff der israelischen Armee auf Ramallah und Yassir Arafats Regierungssitz. Die israelische Armee rief zur Teilmobilisierung von zunächst 20 000 Reservisten auf. Bethlehem, Tulkarem, Nablus und weitere Städte wurden eingenommen. Ariel Sharon folgte der amerikanischen Strategie und versuchte, die terroristische Infrastruktur in den palästinensischen Gebieten gewaltsam zu zerstören, ohne dabei aber näher auf die Grundprobleme des schon lange schwelenden israelisch-arabischen Konflikts einzugehen.

---

285 Aus FOCUS Nr. 11 (2002); zitiert nach Focus online, 11. März 2002.
286 Ariel Sharon am 7. März 2002, FOCUS Nr. 11 (2002); zitiert nach Focus online, 11. März 2002.

»Das ist nicht die Zeit für Israel, niedergeschlagen zu sein. Zuerst führen wir harte Angriffe aus, dann verhandeln wir.«[287] *(Ariel Sharon)*

Yassir Arafat galt für Ariel Sharon nun nicht mehr als vertrauenswürdiger Verhandlungspartner. Er konnte oder wollte die Radikalen nicht im Zaum halten. Die israelische Regierung isolierte ihn. Er wurde im Sommer 2002 in seinem von der israelischen Armee teilweise zerstörten Regierungssitz unter Hausarrest gestellt. Ariel Sharon entschied fortan ohne Rücksprache mit der Palästinensischen Autonomiebehörde sein Vorgehen in der Westbank und im Gazastreifen.

Der Einmarsch ins Flüchtlingslager Jenin (2002)

Am 3. April 2002 ließ Ariel Sharon seine Truppen in das palästinensische Flüchtlingslager Jenin einmarschieren. Während der zweiten Intifada kamen knapp dreißig Selbstmordattentäter aus dem von 13 000 Menschen bewohnten Flüchtlingslager im Norden der Westbank. Bei diesem Einsatz fanden 23 israelische Soldaten den Tod. Das israelische Militär hatte mit einer militärtaktisch so klugen Verteidigung des Lagers nicht gerechnet. In Israel regte sich nach dem Abschluss der Kämpfe Zweifel an der effizienten Führung ihrer Soldaten.

Das hermetisch abgeriegelte Zentrum des Lagers wurde weitgehend zerstört. Eine von der UN durchgeführte Untersuchung der Ereignisse stellte fest, dass es – anders als zuvor in der Weltpresse dargestellt – zu keinem Massaker unter der Zivilbevölkerung mit etwa 500 Opfern gekommen sei. ›Human Rights Watch‹ sprach von 22 zivilen Opfern unter den insgesamt 52 Getöteten auf arabischer Seite.

Bethlehem und die Geburtskirche (2002)

Während der Belagerung Bethlehems wurden wie in vielen anderen palästinensischen Orten die mit Hilfe von westlichen Entwicklungsgeldern errichteten Infrastruktur- und Wohnungsbaumaßnahmen empfindlich in Mitleidenschaft gezogen.

Im Zeichen des Entsetzens darüber schreibt eine Augenzeugin: »Schaut man sich die Straßen Bethlehems jetzt nach nur drei Wochen der israelische Militäroffensive an, so kommt es einem vor, als wäre diese Stadt eine Ruinenstadt. Die Straßen existieren kaum noch, Gehwege sind kaum zu erkennen, Verkehrszeichen liegen zertrümmert auf dem Boden, Was-

---

287 Ariel Sharon am 10. März 2002, FOCUS Nr. 11 (2002); zitiert nach Focus online, 11. März 2002.

ser-, Strom- und Telefonleitungen liegen gekappt auf den Straßen, und die Liste kann noch verlängert werden. Doch was hat die Infrastruktur einer Stadt wie Bethlehem mit Terror zu tun?! Was haben Ampeln, Sanitäranlagen, Bäume, Denkmäler mit der Sicherheit des Staates Israels zu tun?! ...

Alles, was hier geschieht, hat kaum mit Terrorbekämpfung zu tun, sondern vielmehr mit der systematischen Zerstörung Palästinas als Gesellschaft. Die Regierung Scharons nimmt die internationale ›Mode‹ der Bekämpfung des Terrors als Vorwand, um sicherzustellen, dass Palästina für Jahrzehnte nicht in der Lage sein wird, ein funktionierender Staat zu werden.«[288] (Viola Raheb)

Vom 2. April 2002 an wurde die Geburtskirche 39 Tage lang von der israelischen Armee belagert, nachdem etwa 200 palästinensische Aktivisten in das Gebäude geflüchtet waren und sich dort mit 40 Zivilisten und 35 Geistlichen verschanzt hatten. Während des Nervenkrieges um eine mögliche Erstürmung der Geburtskirche mit unabsehbaren Folgen kam es mehrfach zu Schießereien, bei denen einige Palästinenser verletzt und getötet wurden. Außerdem gerieten Räume der angrenzenden Klostergebäude in Brand. Das Ende der Belagerung wurde durch ein Abkommen unter Vermittlung der USA und einiger europäischer Staaten ermöglicht. Dreizehn arabische Kämpfer (davon neun Mitglieder der Al-Aqsa-Brigaden) wurden nach Europa, 26 in den Gazastreifen abgeschoben.

Die Zeitung Haaretz veröffentlichte am 25. Januar 2002 eine Anzeige mit folgendem Text, der von 52 Offizieren und Soldaten der Reserve unterzeichnet war: »Wir, Offiziere und Soldaten der Reserve in kämpfenden Einheiten der israelischen Verteidigungsstreitkräfte (IDF), die erzogen wurden nach den Grundsätzen des Zionismus, dem Staat und dem Volk Israel zu dienen und Opfer zu bringen, die stets in vorderster Front kämpften und bereit waren, jede Aufgabe, ob leicht oder schwer, zu erfüllen, um den Staat Israel zu schützen und zu stärken; [...] wir, die gespürt haben, wie die Befehle, die uns in den Gebieten erteilt wurden, alle Werte zerstörten, die wir übernommen haben, als wir in diesem Land aufwuchsen; wir, die wir nun begriffen haben, dass der Preis für die Besetzung darin besteht, dass die Armee jede Menschlichkeit verliert und die gesamte israelische Gesellschaft moralisch zersetzt wird; wir, die wir wissen, dass die Gebiete nicht zu Israel gehören und dass alle Siedlungen am Ende geräumt werden müssen; wir erklären hiermit, dass wir diesen Krieg um die Siedlungen nicht länger führen werden. Wir werden nicht länger jenseits der Grenzen von 1967 kämpfen, um ein ganzes Volk zu beherrschen, zu vertreiben, auszuhungern und zu erniedrigen. Wir erklären hiermit, dass wir unseren Dienst in den Streitkräften fortsetzen und jede Aufgabe erfüllen werden, die der Verteidigung Israels dient. Besetzung und Unterdrückung dienen diesem Zweck nicht – und an solchen Operationen werden wir nicht teilnehmen.«[289]

---

288 Der Augenzeugenbericht wurde von Ulrike Bechmann (Universität Bamberg) auf den Seiten der AG Friedensforschung der Universität Kassel eingestellt (https://www.uni-kassel.de/fb5/frieden/regionen/Nahost/bethlehem.html; Zitat vom 30.10.2010).

289 Übersetzung nach http://www.nahost-politik.de/friedensbewegung/gush/westbank.htm.

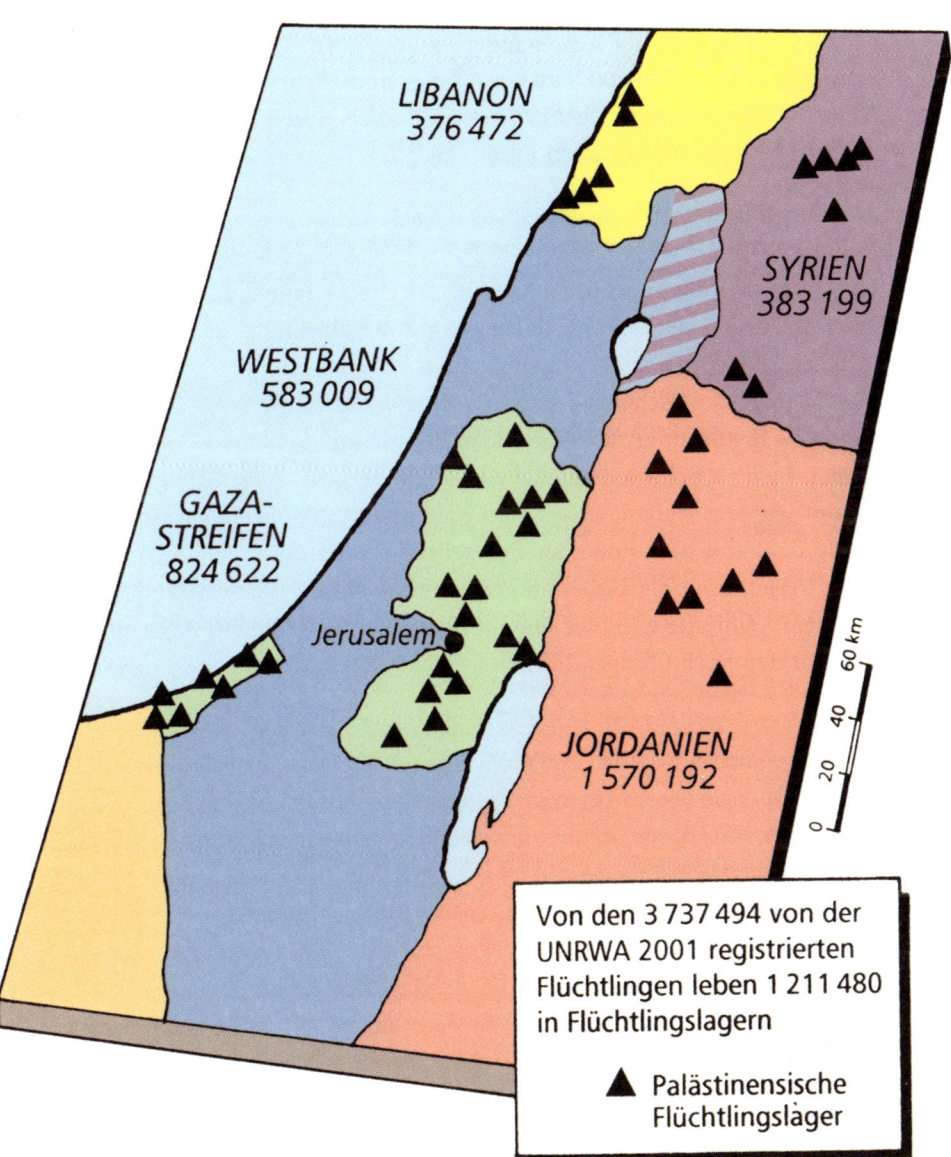

Abb. 41: Palästinensische Flüchtlingslager[290]

290 Basierend auf Rotter/Fathi 2001, 529.

Die Zwischenbilanz der zweiten Intifada bis März 2002 lässt keinen Zweifel an der Brutalität der Auseinandersetzungen: Die Palästinenser beklagten 1 125 Tote und 20 000 Verletzte – Israel trauerte um 320 Tote und 3 051 Verletzte. Die Autonomiegebiete waren damals durch »120 Straßensperren in 220 separate Regionen unterteilt«[291].

»Kann das jüdische Volk, dessen Geschichte von fortgesetztem Leiden und erbarmungsloser Verfolgung geprägt ist, es sich selbst erlauben, die Rechte eines Nachbarvolkes zu ignorieren und gleichgültig gegenüber seinem Leiden zu sein?«[292] (Daniel Barenboim im Mai 2004 vor der Knesset)

Zur Person: Mahmud Abbas
(*1935 in Safed) – ›der stille Architekt‹

Seit 2004 Vorsitzender der PLO; April bis Oktober 2003 Ministerpräsident und seit 2005 Präsident der Palästinensischen Autonomiebehörde

»Ich habe keinen Zauberstab«[293]

Mahmud Abbas, auch als Abu Mazen bekannt, gilt in der westlichen Welt als Pragmatiker. In den 1970er Jahren bereitete er durch Dialoge mit dem linken Flügel der israelischen Politiker und den Vertretern der pazifistischen Bewegungen das Umfeld für die palästinensisch-israelischen Friedensverhandlungen in Oslo vor. Er war es, der im September 1993 gemeinsam mit Shimon Peres die ›Prinzipienerklärung von Oslo‹ unterschrieb. Yassir Arafat und Yitzchak Rabin reichten sich daraufhin die Hände. Die Öffentlichkeit nahm allerdings kaum wahr, dass Mahmud Abbas intensiv an diesem Vertrag gearbeitet hatte und auf arabischer Seite als dessen ›stiller Architekt‹ galt. Folglich wurde der Friedensnobelpreis auf arabischer Seite auch nur an Yassir Arafat verliehen. Yassir Arafat und Mahmud Abbas kämpften viele Jahre lang eng und loyal zusammen. Mahmud Abbas gehörte schon 1959 zu den Gründungsmitgliedern der Fatah und folgte Yassir Arafat selbst ins Exil nach Tunis.

291 NZZ vom 9./10. März 2002.
292 Barenboim 2008, 158.
293 Mahmud Abbas im ›Spiegel-Interview‹ vom 21. Februar 2005, veröffentlicht in: Der Spiegel 8/2005.

Seine Aufgabe sieht Mahmud Abbas in der Schaffung einer Heimstatt für die Palästinenser, die ähnlich wie er 1948 von den Israelis vertrieben wurden. Dabei reklamiert er moderat, aber bestimmt die verbliebenen 23 Prozent der jenseits der ›grünen Linie‹ existierenden Gebiete westlich des Jordans für die Palästinenser. Im Gegensatz zu Yassir Arafat erscheint Mahmud Abbas als ruhiger und stiller Intellektueller – allerdings auch als wenig charismatisch.

Seine 1982 in Moskau erfolgreich abgeschlossene Dissertation («Relations between the Zionism and Nazism 1933-1945«) wird heftig kritisiert, da sie den Holocaust leugne.

2003 wurde Mahmud Abbas zum Ministerpräsidenten und 2005 zum Präsidenten der Palästinensischen Autonomiebehörde gewählt. Die Parlamentswahlen im Januar 2006 endeten allerdings mit einem Triumph der Hamas über die Fatah, deren Führer Mahmud Abbas die allgegenwärtige Korruption innerhalb der Autonomiebehörde nicht abstellen konnte. Außerdem stand er trotz langer und bereitwilliger Verhandlungen mit Israel und den USA mit leeren Händen vor seinem eigenen Volk da. Im Jahr 2007 stellten sich die westlichen Mächte hinter Mahmud Abbas. Sein politischer Schachzug, die Einheitsregierung von Hamas und Fatah zugunsten einer Notstandsregierung unter der Leitung des Ministerpräsidenten Salam Fayyad abzusetzen, brachte ihm und der neuen Regierung der Westbank bei der eigenen Bevölkerung nur wenig Sympathien ein. Seine im Januar 2009 abgelaufene Amtszeit[294] als Präsident verlängerte er – einen Widerspruch zwischen dem palästinensischen Grundgesetz und dem Wahlrecht ausnutzend – um ein weiteres Jahr.

Mahmud Abbas und das Schicksal der moderaten palästinensischen Kreise wird an den Erfolgen gemessen werden, die die Palästinenser von ihnen einfordern: das Ende der israelischen Siedlungspolitik, einen eigenen Staat in den von der ›grünen Linie‹ vorgezeichneten Grenzen, das Ende der israelischen Blockade des Gazastreifens und den Wiederaufbau der Wirtschaft in den Autonomiegebieten. Die Schlüssel zu seinem Erfolg liegen nicht allein bei ihm.

---

294 Mahmud Abbas wurde am 9. Januar 2005 als Präsident der Palästinensischen Autonomiebehörde gewählt. Die Amtszeit einer Präsidentschaft ist inzwischen auf vier Jahre begrenzt worden. Demzufolge forderte die Hamas im Januar 2009 Mahmud Abbas zum Rücktritt auf. – Das palästinensische Grundgesetz verlangt aber, die Präsidenten- und Parlamentswahlen aller vier Jahre gleichzeitig durchzuführen. Da die Parlamentswahlen im Januar 2006 stattfanden, ist die gemeinsame Amtszeit von Präsident und Parlament bis 2010 möglich.

Die ›Road Map for Peace‹ (2002/2003)

Mit der ›Roadmap for Peace‹ keimte erstmals seit dem Ausbruch der zweiten Intifada wieder neue Hoffnung auf. Die Initiative ging von einem ›Nahost-Quartett‹ aus, zu dem die USA, die UN, die EU und Russland gehörten. Der Plan war bereits 2002 ausgearbeitet worden und sah vor, in drei Etappen zu einem umfassenden Friedensschluss zwischen Israel und den Palästinensern sowie zur Gründung eines palästinensischen Staats zu gelangen. Die Initiative wurde der Palästinensischen Autonomiebehörde erst im April 2003 nach der Wahl von Mahmud Abbas zum Ministerpräsidenten übergeben, da man Yassir Arafat nicht mehr in die Verhandlungen einbeziehen wollte.

»Die ›Roadmap‹[295] stellt einen Ausgangspunkt zur Verwirklichung der Vision zweier Staaten dar, eines sicheren Staates Israel und eines lebensfähigen, friedlichen, demokratischen Palästina. Es bildet den Rahmen für Fortschritte in Richtung auf dauerhaften Frieden und Sicherheit im Nahen Osten ...«[296] (George W. Bush)

Beide Seiten verständigten sich verbindlich auf die Annahme der ›Roadmap‹. Ariel Sharon bezeichnete sie als »ersten Schritt« eines langen Friedensprozesses. Damit sagte er als erster israelischer Regierungschef einen unabhängigen palästinensischen Staat neben Israel zu. Jedoch scheiterte schon die Umsetzung der ersten Phase der ›Roadmap‹, die bis Ende 2003 terminiert war. In dieser Zeit sollte die palästinensische Regierung auf jegliche Gewalt verzichten und den Terrorismus aktiv bekämpfen sowie den Aufbau demokratischer Strukturen, die Ausarbeitung einer Verfassung, die Reform des Sicherheitsapparats sowie die Abhaltung freier und fairer Wahlen ermöglichen. Von israelischer Seite wurden ein weiterer Truppenabzug, Erleichterungen für den Aufbau funktionierender gesellschaftlicher, staatlicher und wirtschaftlicher Strukturen sowie ein Stopp im Siedlungsbau erwartet.[297] Weder konnte die palästinensische Seite die bedingungslose Abkehr von Gewalt und Terrorismus durchsetzen,[298] noch zog sich die israelische Armee aus weiteren von ihr besetzten Gebieten zurück. Auch wurde kein Sied-

---

295 Fahrplan, Straßenkarte.
296 George W. Bush am 24. Juni 2002 bei der offiziellen Vorstellung des Friedensplans; Roadmap For Peace in the Middle East: Israeli/Palestinian Reciprocal Action, Quartet Support, U. S. Department of State, Bureau of Public Affairs, 16/7/2003. Übersetzt nach http://de.wikipedia.org/wiki/Roadmap_(Nahostkonflikt).
297 Dabei wurde auch die Rücknahme der illegalen (nach März 2001 erbauten) Siedlungen benannt.
298 Am 8. Juni 2004 wurden vier israelische Soldaten von drei palästinensischen Angreifern an einem israelischen Armeeposten zum Gazastreifen erschossen.

lungsbaustopp verhängt. Jede Seite begründete das eigene Zögern mit dem Versagen der anderen.[299]

»Die offizielle Politik des ›Nahost-Quartetts‹ … folgt seit April 2003 der sogenannten Roadmap. … Obwohl immer wieder von diesem Dokument die Rede ist, hat es vor Ort praktisch nie eine Rolle gespielt.«[300] (Alexander Flores)

Im Juni 2003 folgte der Gipfel von Aqaba unter der Schirmherrschaft von US-Präsident George W. Bush. Die Begegnung zwischen den Ministerpräsidenten Mahmud Abbas und Ariel Sharon zeigte, dass die Bereitschaft zu Verhandlungen zurückgekehrt war. Allerdings machte sich unter der Bevölkerung der Westbank und des Gazastreifens bald Bitterkeit breit. Israel setzte das gezielte Töten von Hamas-Aktivisten fort.[301] Die radikalislamistischen Funktionäre ließen ihrerseits weiterhin Selbstmordattentate verüben.[302]

Innerhalb der Fatah entstand ein Machtgerangel. Yassir Arafat und Mahmud Abbas lagen im bitteren Streit, bis letzterer im September 2003 von seinem Amt zurücktrat. Yassir Arafat starb ein Jahr später im November 2004 und wurde in Ramallah beigesetzt, da Ariel Sharon die Bestattung seines Leichnams in Jerusalem verweigerte.

Nach seiner Wahl zum Präsidenten der Palästinensischen Autonomiebehörde einigten sich Mahmud Abbas und Ariel Sharon im Februar 2005 im ägyptischen Sharm ash-Sheikh auf einen Waffenstillstand. Israel sagte den vollständigen Abzug aus Gaza zu.[303] Das offizielle Ende der bewaffneten Intifada[304] wurde damit symbolträchtig besiegelt; es glich allerdings einem ›Ermattungsfrieden‹.

---

299 Zweite Stufe (nach den palästinensischen Parlamentswahlen): Schaffung eines unabhängigen palästinensischen Staates mit vorläufigen Grenzen und Merkmalen der Souveränität. Dritte Stufe: Einigung über den endgültigen Status unter Einbeziehung der Fragen der Grenzen, der Flüchtlinge, Jerusalems und der Siedlungen.

300 Flores 2009, 107.

301 Im April 2004 ließ Ariel Sharon den Führer der Hamas, Sheikh Ahmed Yasin (siehe dazu S. 68 f.), töten; bald darauf auch dessen Nachfolger Abdel Asis Rantisi. Damit war die ›Roadmap‹ politisch am Ende.

302 Am 19. August 2003 ereignete sich ein folgenschweres Selbstmordattentat auf einen Linienbus in Jerusalem mit 14 Toten und 120 Verletzten. – In unmittelbarer Reaktion darauf wurde der Hamas-Aktivist Abu Schanab bei einem gezielten Raktenangriff in Gaza getötet.

303 Siehe dazu S. 242 f.

304 Während der zweiten Intifada gab es nach israelischer Zählung 20 406 Anschläge, 460 Raketenangriffe, darunter 138 Selbstmordanschläge und 13 730 Schusswaffenüberfälle. Es starben 1 036 Israelis, 7 054 wurden verletzt. Die Palästinenser beklagen 3 592 Tote.

In der Westbank und im Gazastreifen lebt traditionell eine christliche Minderheit.[305] Diese ist überwiegend arabischer Ethnizität und bekennt sich mehrheitlich zum orthodoxen Glauben.[306] Obwohl die arabischen Christen nicht ursächlich in die Auseinandersetzungen um die muslimisch-arabischen bzw. jüdischen Ansprüche auf das Heilige Land involviert sind, sind sie doch vom andauernden Konflikt in mehrfacher Weise hart betroffen: Sie teilen einerseits das Schicksal der arabischen Vertreibung bzw. Flucht von 1947 bis 1949 sowie von 1967 und sie müssen sich selbst in ihren traditionellen ›Hochburgen‹ Bethlehem-Stadt, Bet Dschala und Bet Sahur[307] mit den eingeschränkten Lebensmöglichkeiten hinter dem israelischen Sperrzaun abfinden. Andererseits sind sie für die muslimischen Araber höchst verdächtige ›Verbündete‹, teilen sie doch mit dem Erbfeind USA den christlichen Glauben.

Die arabischen Christen stehen zwischen den Fronten der arabischen und der jüdischen Nationalisten. Sie leben unter dem zunehmenden Druck militant auftretender islamistischer Fundamentalisten und der ihnen von Israel auferlegten Isolation. Die Folgen dieser Situation sind seit 1990 deutlich nachzuzeichnen. Die in den USA und in Europa gut vernetzten und in der Regel auch besser als ihre muslimischen Landsleute ausgebildeten arabischen Christen verlassen ihre orientalische Heimat. Allein im Jahr 2006 hatten 4,5 Prozent der Christen im Gazastreifen, 7,5 Prozent in der Westbank aber nur 2,8 Prozent in Israel formal die Ausreise aus der südlichen Levante beantragt.[308] Es bedarf keiner prophetischen Gabe um vorauszusehen, dass in Zukunft selbst im christlichen Viertel von Jerusalem die repräsentativen kirchlichen Einrichtungen ohne bedeutende lokale christliche Bevölkerung auskommen müssen. Im zukünftigen Staat Palästina werden die Christen zur verschwindenden Randgruppe werden – und das selbst im Geburtsort Jesu.

Die Schuld am christlichen Exodus geben sich arabische und israelische Politiker gegenseitig und verweisen eloquent stets auf die Repressalien der Gegenseite.

---

305 Im Jahr 1900 waren dies rund 10 Prozent der Gesamtbevölkerung (Wasserstein 2003, 12). – Nach Al-Qass Collings/Kassis/Raheb 2008, 6, machten die arabischen Christen 2008 weniger als 2 Prozent der Bewohner der palästinensischen Gebiete und 2,1 Prozent der Bewohner Israels aus. Vgl. dazu auch Abb. 3.

306 Zumeist sind sie Angehörige der griechisch- (aber auch der syrisch-, armenisch-, koptisch- oder äthiopisch-) orthodoxen Kirche. Daneben gibt es katholische und protestantische arabische Christen.

307 Nach Al-Qass Collings/Kassis/Raheb 2008, 7, lebten 2008 in Bethlehem-Stadt 28,3 Prozent Christen, in Bet Dschala 66 Prozent und in Bet Sahur 60,7 Prozent.

308 Al-Qass Collings/Kassis/Raheb 2008, 49. – Nach ebd. 50, gingen bereits 61 Prozent der armenisch-orthodoxen, 50 Prozent der assyrisch-orthodoxen, 46 Prozent der griechisch-orthodoxen, 28 Prozent der katholischen und 8 Prozent der protestantischen Christen ins Ausland.

3.7.6 Ariel Sharons Vermächtnis: Räumung des Gazastreifens und Sperranlage (2003 bis 2006)

Zur Person: Ariel Sharon
(*1928 in Kfar Malal; seit 4. Januar 2006 im Koma) –
›der Haudegen‹

2001 bis 2006 Ministerpräsident Israels

»Ich bin überzeugt, dass wir mit den Palästinensern zusammenleben können.«[309]

Ariel Sharon ist eine der facettenreichsten Figuren der israelischen Politik. Er wird – je nach politischem Lager – sehr verschieden beurteilt, vom Kriegshelden bis zum Kriegsverbrecher.

Ariel Sharons Eltern flohen 1921 vor der Roten Armee aus dem Gebiet des heutigen Weißrussland in das Mandatsgebiet Palästina, weil sein Vater als Zionist aktiv war. Er wuchs im Moschav Kfar Malal, nördlich von Tel Aviv, auf. Hier hatte er als Kind arabische Übergriffe erlebt, was ihn nachhaltig prägte.

Mit vierzehn Jahren trat er in die Hagana ein und kämpfte fortan aktiv für die Errichtung des Staates Israel. Es folgte eine Karriere bis zum Rang eines Generals. Seit 1952 agierte Ariel Sharon militärisch hinter den feindlichen Linien. Die dabei gemachten Erfahrungen führten zur Gründung der ›Einheit 101‹, die er ab Ende 1953 befehligte. Mit risikoreichen Aktionen, oft tief im Gebiet des Gegners, begründete er seinen legendären Ruf als ›Haudegen‹.

Von der arabischen Bevölkerung wurde er als ›Bulldozer‹ bezeichnet, seit er bei einem frühen Einsatz mit seiner Kommandogruppe 101 in Qibya[310] rücksichtslos gegen palästinensische Zivilisten vorging.

Ariel Sharon setzte Entscheidungen, die er getroffen hatte, in aller Regel durch. In der Suezkrise 1956 überschritt er seine Befugnisse bei weitem und nahm in einer risikoreichen Aktion mit seiner Fallschirmjäger-Brigade den strategisch bedeutenden Mitla-Pass ein, was 38 seiner Kämpfer das Leben kostete. Das Missfallen Moshe Dayans an dieser Aktion und die spä-

---

309 Ariel Sharon am 28. September 2000 auf dem Haram asch-Scharif.
310 Siehe dazu S. 172.

ter öffentliche Kritik in Israel brachten seine militärische Karriere zu einem vorläufigen Stillstand.

Seine Rolle im Sechstage- und im Yom Kippur-Krieg machten ihn in Israel zum Kriegshelden. In beiden Kriegen durchbrach er die feindlichen Linien und trug insbesondere im Yom Kippur-Krieg – eigenmächtig über den Suezkanal und tief ins ägyptische Kernland vorstoßend – entscheidend zum militärischen Sieg Israels bei.

Während des ersten Libanonkriegs war er als Verteidigungsminister indirekt in die Massaker in den Flüchtlingslagern Sabra und Schatila verstrickt. Er musste daraufhin von seinem Amt zurücktreten und einen zweiten Tiefpunkt seiner Karriere verkraften.[311]

1987 kaufte er ein Haus im arabischen Viertel der Altstadt Jerusalems. Im Jahr 2000 war sein Besuch auf dem Haram asch-Scharif der Auslöser für die zweite Intifada. Als Minister für Wohnungs- und Bauwesen (1990-1992) schuf er in den von Israel besetzten Gebieten und an der Peripherie Israels Wohnraum für die jüdischen Aussiedler aus den Nachfolgestaaten der Sowjetunion.

Als Ministerpräsident stellte er das Thema Sicherheit in den Mittelpunkt seiner Aufgabe. Der einseitige Rückzug aus dem Gazastreifen und der Bau der Sperranlage in der Westbank sind bleibende Ergebnisse seiner Regierungszeit. »Meine Regierung wird, neben der Fahne der Sicherheit und des Friedens, die soziale Fahne hissen, mit Bildung als erster Priorität. Und über diesen beiden die Fahne des Zionismus, der nationalen Ehre, Einwanderung und Besiedlung. Wir werden uns auf den Aufbau und die Stärkung des vereinten Jerusalems, Israels Hauptstadt und Hauptstadt des jüdischen Volkes für die Ewigkeit, konzentrieren, auf die wir schwören: ›Wenn ich dich vergesse, o Jerusalem, soll mir die rechte Hand abfallen.‹«[312]

Im November 2005 kündigte Ariel Sharon seinen Austritt aus dem Likud an. Seine neue Partei Kadima (›Vorwärts‹) gewann die Neuwahlen im März 2006. Den Erfolg dieser Wahl konnte er aber nicht mehr für sich verbuchen. Am 18. Dezember 2005 erlitt er eine massive Gehirnblutung. Vom 4. Januar 2006 bis zu seinem Tod am 11. Januar 2014 lag er im Wachkoma. Er wurde am 11. April 2006 vom israelischen Kabinett für dauerhaft amtsunfähig erklärt.

---

311 Siehe dazu S. 204 f.
312 Ariel Sharon am 7. Februar 2001, dem Tag nach seiner Wahl zum Ministerpräsidenten.

Die Räumung israelischer Siedlungen im Gazastreifen und in der Westbank
(›Sharon-Plan‹, 2005)

Mit dem 2005 nach langen parteipolitischen Kämpfen durchgesetzten
vollständigen einseitigen Abzug Israels aus dem Gazastreifen schrieb
Ariel Sharon Geschichte. Trotz heftiger Proteste der Siedler räumte die
israelische Armee von August bis September 2005 alle 21 israelischen
Siedlungen im Gazastreifen und vier weitere in der nördlichen Westbank.
Mit der Räumung der Gaza-Siedlungen minimierte Ariel Sharon den
militärischen Aufwand für die Sicherheit der im Süden Israels lebenden
Bevölkerung. Eine Abkehr von der Siedlungspolitik war die Räumung
Gazas jedoch nicht. Trotzdem verlor er viele seiner Anhänger aus der
Siedlerbewegung. Kommentatoren der Politik Ariel Sharons sprachen von
einer ›Frontbegradigung‹ gegenüber den palästinensischen Gebieten. Das
eigentliche Ziel der Intervention Ariel Sharons im Gazastreifen, die nachhaltige Verbesserung der Sicherheitslage Israels, wurde mit der Machtübernahme der Hamas in Gaza im Juni 2007[313] ins Gegenteil verkehrt.

Die israelische Sperranlage – der ›Sicherheitszaun‹ oder die ›Mauer‹ (2003 bis 2009)[314]

Während der Regierungszeit Ariel Sharons wurde der Bau einer Sperranlage
zwischen dem israelischen Staatsgebiet und den palästinensischen Sied-
lungsgebieten in der Westbank beschlossen.

*»Hohe Mauern schaffen gute Nachbarn.«[315] (Haim Yavin, ehemaliger Anchorman des israe-
lischen Staatsfernsehens)*

Der Bau der 759 km langen Anlage wurde 2003 begonnen und hätte bereits
2006 fertiggestellt sein sollen. Das Hauptproblem dieses Bollwerkes besteht
in dessen Verlauf, denn es befindet sich nicht auf der sog. ›grüne Linie‹, die
bei den Waffenstillstandsverhandlungen 1949 zwischen Transjordanien und
Israel ausgehandelt wurde. Vielmehr zieht es sich z. T. tief in das Territorium
der Westbank hinein. Der Abschluss der Arbeiten verzögert sich aufgrund
strategischer Überlegungen zu möglichen Teilungsszenarien einer ›Zwei-
Staaten-Lösung‹ bis in die Gegenwart. Israel begründet die millionenschwere
Investition mit dem Verweis auf die Herkunft der Selbstmordattentäter aus

---

313 Siehe dazu S. 245.
314 ›Apartheids-Mauer‹ nach dem Flugblatt »A Tourist's Guide to the Occupation«, Bethlehem, Ausgabe
     vom 27. April 2009; vgl. http://atouristsguidetotheoccupation.blogspot.com.
315 Zitat nach Senfft 2010, 7.

der Westbank und auf illegale Einreisen in sein Staatsgebiet. Die Arbeiten am elektrischen Sperrzaun und an den bis zu acht Meter hohen Mauerpassagen, ausgestattet mit Kameras, Wachttürmen, Gräben und Hindernissen, kosten schätzungsweise 940 000 Euro pro Kilometer. Das Bauwerk generell ist umstritten. Der Verlauf der Anlage, der z. T. sehr tief ins palästinensische Gebiet einschneidet, ist der gewichtigste Kritikpunkt gegenüber Israel.

Schaul Arieli kommandierte einst die israelische Armee-Brigade im Gazastreifen. »Der Oberst der Reserve ist zum Experten für den Sperrwall geworden. Gemeinsam mit den Bewohnern palästinensischer Dörfer, die sich plötzlich auf der israelischen Seite der Mauer wiederfinden, klagt er immer wieder vor dem Obersten Gerichtshof – mit Erfolg. Schloss der ursprünglich geplante Verlauf der Mauer noch 20 Prozent der Westbank ein, sind es durch die Urteile der höchsten Richter jetzt lediglich noch 8 Prozent. Arieli prophezeit, dass am Ende nur noch wenige Prozent übrig bleiben. Dann könnten die Palästinenser endlich ihren Staat gründen. ›Erst wenn das passiert‹, sagt Schaul Arieli, ›haben wir den Krieg von 1967 wirklich gewonnen.‹«[316] (Christoph Schult)

Die Vollversammlung der Vereinten Nationen bat in dieser Angelegenheit den Internationalen Gerichtshof um eine rechtliche Stellungnahme. In dessen gutachterlicher Antwort vom 9. Juli 2004 bezeichnete dieser die Sperranlage als illegal und wertete den Bau als Verstoß gegen international geltendes Recht. Weiterhin führt der Gerichtshof aus, dass Israel zwar selbstverständlich das Recht besitze, auf die zahlreichen und tödlichen Gewaltakte gegen seine Bevölkerung zu reagieren und sein Territorium zu schützen, doch die Verletzung der Rechte der Palästinenser in den seit 1967 von Israel besetzten Gebieten und deren Einschränkungen im alltäglichen Leben könnten nicht mit israelischen Sicherheitsinteressen begründet werden. Die gleiche Sicherheitslage wäre auch erreicht worden, wenn der Verlauf der Mauer der sogenannten ›grünen Linie‹ gefolgt wäre. Ohnehin beeinträchtigen die tief in das Hinterland der Palästinenser einschneidenden Ariel-, Jerusalem- und Bethlehem-Blöcke die Chancen eines lebensfähigen palästinensischen Staates.

»Der Auftrag an den Internationalen Gerichtshof, sich mit dem Thema des israelischen Sicherheitszauns zu befassen, ist das Ergebnis eines tendenziösen und politisch indiskutablen Prozesses. Israel und mehr als dreißig demokratische Staaten haben sich davon distanziert. ... Erwartungsgemäß und aufgrund der einseitigen Eingabe der UN-Vollversammlung, die beim Gerichtshof eingereicht wurde, ignoriert das Gutachten völlig den Kern des Problems und den Grund für die Errichtung des Zaunes: den palästinensischen Terror. Ohne Terror gäbe es keinen Zaun.
Dieser menschenverachtende Terror forderte in den letzten dreieinhalb Jahren knapp 1 000 Tote, zehntausende Verletzte, Hinterbliebene, Witwen und Waisen bei mehr als 20 000 Anschlägen.

---

316 DER SPIEGEL 22/2007, Artikel ›Lied der Sehnsucht‹ von Christoph Schult; zitiert nach Spiegel-Online vom 26. Mai 2007.

Angesichts einer solchen verbrecherischen Kampagne würde sich jeder andere Staat genauso verhalten.
Seit Errichtung des Zaunes ist die Zahl der Opfer drastisch zurückgegangen. Der Zaun hat sich als Erfolg erwiesen. Er ist eine temporäre gewaltlose Sicherheitsmaßnahme, die Leben rettet.
Solange es Terror gibt, wird Israel weiterhin seine Bürger schützen müssen. Das ist Israels recht-mäßige und ethische Pflicht.«[317] (Außenministerium Israels)

3.7.7 Bürgerkrieg zwischen Hamas und Fatah. Die Trennung von Westbank und Gazastreifen (2006 bis 2007)

Im Januar 2006 gewann die Hamas mit absoluter Mehrheit die frei und demokratisch abgehaltenen Parlamentswahlen in der Westbank und im Gazastreifen. Die Korruption innerhalb der Fatah, ihre innere Zersplit-terung, die allgemeine Protesthaltung unter der Bevölkerung angesichts der politischen wie sozialen Zustände und die Selbstdarstellung der Ha-mas als unbestechliche, mit dem Volk verbundene und karitative Partei bedingten diesen Wahlerfolg. Die Hamas hatte es außerdem verstanden, die Fatah – über vier Jahrzehnte die nahezu alleinige politische Vertre-terin des palästinensischen Volkes – als Marionette der USA und Israels hinzustellen. Das Wahlergebnis führte allerdings zu einer Eskalation der Gewalt zwischen den Palästinensern und Israel sowie zu fortlaufenden rivalisierenden innenpolitischen Auseinandersetzungen zwischen Hamas und Fatah. Die EU und die Vereinigten Staaten stoppten ihre Finanzhilfen für die palästinensischen Gebiete, leiteten diese schließlich auf nicht von der Hamas kontrollierte Konten um und betrieben so eine internationale Isolation der Hamas-Regierung, da diese das Existenzrecht Israels, die bisher geschlossenen internationalen Verträge und das Prinzip der fried-lichen Lösung von Konflikten nicht anerkennt.

Das Bruttoinlandsprodukt im Gazastreifen und in der Westbank sank in der Folge im Jahr 2006 um etwa 20 Prozent. Dadurch wurde die Hamas gezwungen, in die Bildung einer Regierung der ›Nationalen Einheit‹ mit der verfeindeten Fatah einzuwilligen. Die Einigung von Hamas und Fatah im Februar 2007 auf eine gemeinsame Regierung unter Vermittlung des saudischen Königs in Mekka währte aber nur kurze Zeit. Zu unterschied-

---

317 Offizielle Stellungnahme des israelischen Außenministeriums zum Gutachten des Gerichtshofs in Den Haag, Jerusalem, 9. Juli 2004 (16.30 Uhr); Übersetzung nach http://honestly-concerned.org/other/SONDERAUSGABE-Sicherheitszaun-9-7-2004.htm.

lich waren die ideologischen Standpunkte beider Parteien, besonders in ihrer Haltung gegenüber Israel. Die zu diesem Zeitpunkt vom Iran unterstützte radikal-islamistische Hamas übernahm im Juni 2007 gewaltsam die Macht im Gazastreifen und vertrieb die Fatah, während die Fatah mit Präsident Mahmud Abbas an der Spitze weiterhin die Westbank kontrolliert. Letztlich führte diese Situation zu einer zumindest vorübergehenden politischen Spaltung zwischen Gazastreifen und Westbank.

Nach dem Scheitern der von der Fatah und der Hamas gebildeten Einheitsregierung setzte Mahmud Abbas am 17. Juni 2007 eine Notstandsregierung unter Salam Fayyad ein. Während die USA, die EU sowie die Arabische Liga diese anerkennen, akzeptiert die Hamas die Regierung Fayyad nicht und betreibt im Gazastreifen ihre eigene Politik.

3.7.8 Israels Kampf gegen Gaza und der zweite Libanonkrieg (2006)

Nach Ariel Sharons Schlaganfall im Januar 2006 übernahm Ehud Olmert die Regierungsgeschäfte als Ministerpräsident. Er gewann die Wahlen im März 2006 und wurde am 21. Mai als Ministerpräsident bestätigt. Am Wahlabend versprach er seinen Anhängern in Jerusalem, den Traum von ›Großisrael‹ aufzugeben.

Ehud Olmerts Regierung verstärkte im Juli 2007 den Druck auf Gaza. Sie setzte politische Gefangene der Fatah auf freien Fuß, ließ aber gleichzeitig das Güterterminal Karni zum Gazastreifen schließen. Gaza erreichten nun nur noch Hilfsgüter. Trotz der Verhandlungsinitiativen Ehud Olmerts zeichnete sich seine Regierungszeit eher durch reagierendes Handeln aus.[318]

Am 25. Juni 2006 töteten militante Palästinenser zwei israelische Soldaten und verschleppten einen dritten, Gilad Shalit, in den Gazastreifen. Obwohl die israelische Armee drei Tage später die Militäroffensive ›Operation Sommerregen‹ durchführte und in den Gazastreifen vordrang, konnte Gilad Shalit nicht befreit werden. Auch spätere Militäraktionen im Gazastreifen, wie die ›Operation Herbstwolken‹, brachten weder im Gaza-Konflikt noch bei der Suche nach dem Soldaten Fortschritte.

---

318 Der Nahost-Gipfel von Annapolis (USA) im November 2007 und die dort vereinbarten direkten Verhandlungen zwischen Israelis und Palästinensern boten verheißungsvolle Ansätze für eine Konfliktlösung.

Auslöser eines zweiten, weit umfassenderen Waffengangs im Jahr 2006 war ein ähnlicher Überfall an der israelischen Grenze zum Libanon. Am 12. Juli 2006 ließ die Hisbollah zunächst den Norden Israels mit heftigem Raketenbeschuss belegen und verübte zeitgleich einen Anschlag auf eine Grenzpatrouille, tötete dabei sieben und entführte zwei Soldaten. Die Hisbollah erhoffte sich, im Austausch gegen beide Entführte die Freigabe in Israel festgehaltener libanesischer und palästinensischer Gefangener aushandeln zu können.

Beginnend mit dem 12. Juli bombardierten israelische Kampfflugzeuge den internationalen Flughafen und schiitische Stadtviertel in Beirut, bald darauf auch Tyros und viele weitere vom israelischen Militär als Hisbollah-Hochburgen ausgemachte Orte, dazu Infrastrukturanlagen aller Art. Die Schäden gingen in die Milliarden. Die Wucht der Zerstörung traf wie immer auch die Zivilbevölkerung. Erst durch die Resolution 1701 des UN-Weltsicherheitsrats vom 12. August wurde der Weg für die zwei Tage später beginnende Einstellung der Kämpfe geebnet.

Der Krieg kostete weit über 1 100 Libanesen das Leben. Außerdem beklagte man Tausende Verletzte und machte Hunderttausende zu Flüchtlingen.

Die Hisbollah feuerte kontinuierlich bis zum letzten Kriegstag hunderte von Raketen auf Israel, von denen einige eine selbst für israelische Militärs verblüffend große Reichweite besaßen. Sie kosteten 43 israelische Zivilisten das Leben und ließen viele tausend Menschen aus dem Norden Israels fliehen. Hunderttausende harrten wochenlang in den Bunkern ihrer Häuser aus.

»Dieser Krieg, der 130 israelische Soldaten das Leben kostete ... hätte eigentlich den Vorteil des Friedens veranschaulichen müssen. Die zwei entführten Soldaten waren bereits am Tag der Entführung getötet worden, der Krieg, der angeblich um ihre Freilassung geführt wurde, war somit ein vergebliches Unterfangen.«[319] (Mosche Zimmermann)

Da Israels Bodenoffensive erfolglos blieb, es keinerlei Mittel gegen die Raketenangriffe der Hisbollah und deren permanente Fernseh- und Rundfunk-Agitation fand, stellte sich der Führer der Hisbollah, Hassan Nasrallah, als eigentlicher Sieger des Kriegs dar.[320] Und das war er auch insofern, als der

---

319 Zimmermann 2010, 50.
320 Ehud Olmert wurde im April 2007 von einer Untersuchungskommission schwerer Fehler im Libanonkrieg bezichtigt. Am schwersten wogen dabei die Vorwürfe, er habe den Krieg ohne klaren Plan begonnen und politische Alternativen nicht ausreichend geprüft.

Ausgang der militärischen Auseinandersetzungen seine Stellung und die Bedeutung der Hisbollah im Libanon untermauerte.

Den Sieg errang letztlich jedoch die internationale Gemeinschaft. Seit UNIFIL-Soldaten den Süden des Libanon mit einem ausreichend ›robusten‹ Mandat kontrollieren, hat die Lage im Südlibanon und im Norden Israels an Stabilität gewonnen.

Zur Person: Hassan Nasrallah
(*1960 in Beirut) – ›der lange Arm des Iran‹

Seit 1992 Generalsekretär der Hisbollah

Hassan Nasrallah erlebte als Jugendlicher den Bürgerkrieg im Libanon. Seine Eltern flohen 1975 mit ihm in den Südlibanon, woher seine Familie stammte. Dort schloss er sich der schiitischen ›Amal‹-Miliz (›Hoffnung‹)[321] an. Er erlebte die militärische Stärke als das Mittel und den Islam als die Antwort, um gegen die christliche und die israelische Bedrohung zu kämpfen.

Nasrallah studierte an einer Religionsschule in Tyros und wurde 1976 wegen seiner besonderen Leistungen zu Ajatollah Mohammed Baqir as-Sadr nach Nadschaf (Irak), in eine der heiligen Städte der Schiiten, geschickt. Er kehrte 1978 auf Druck des irakischen Regimes in den Libanon zurück.

Als 1982 die israelische Armee in den Libanon einmarschierte, entschied sich Hassan Nasrallah, unter der Führung von Abbas al-Musawi der schiitischen Hisbollah (›Partei Gottes‹) beizutreten, deren militärischen Arm er ab 1990 aufbaute und seither führt. Hassan Nasrallahs Kampf gegen Israel einte selbst libanesische Christen und Muslime. Der Rückzug der israelischen Armee aus dem Libanon (in Etappen bis zum Jahr 2000) wird dort insbesondere als seine Leistung angesehen.

Als Israel 1992 Abbas al-Musawi liquidieren ließ, wurde Hassan Nasrallah von keinem geringeren als dem iranischen Revolutionsführer Ali Chamenei zum Nachfolger bestellt. Er verfolgt seither eine Doppelstrategie. Als militärische Organisation kämpft die Hisbollah gegen Israel und als politische

---

321 Als Akronym ›Bataillone des libanesischen Widerstands‹.

Partei unterwandert sie das gesellschaftliche System im Libanon mit dem Ziel, einen Gottesstaat nach dem Vorbild des Iran zu schaffen.

Nasrallah ist ein charismatischer und intelligenter Führer, der sich auch auf argumentativer Ebene mit seinem Gegner Israel auseinandersetzt. Für seinen Kampf ist er bereit, jedes Opfer zu bringen. Als 1997 sein Sohn Hadi in einem Gefecht mit Israelis fiel, nannte er ihn ›Märtyrer‹ und dessen Tod als ›gottgegeben‹.

So mächtig er auch im Libanon ist – er wird aus Syrien und aus dem Iran gesteuert. Das Problem Hisbollah wird also für Israel nicht auf dem Wege der Liquidation der jeweiligen Führer, sondern durch ihre Politik gegenüber Syrien und dem Iran entschieden. »Wenn Hassan Nasrallah getötet wird, ist das ein Desaster für die westliche Welt. Dann wird die Hisbollah in Splittergruppen zerbrechen, die sich gegenseitig bekämpfen, dann ist alles möglich, auch ein Bürgerkrieg. Sollte Nasrallah umkommen, wird uns das früher oder später sehr Leid tun. Und selbst die Israelis werden ihn irgendwann vermissen.«[322]

3.7.9 Israels erneuter Kampf gegen Gaza (2007 bis 2009)

Nach der Machtübernahme der Hamas im Gazastreifen erklärte die israelische Regierung den Landstrich im Juni 2007 zum ›feindlichen Gebiet‹. Ihr offizielles Ziel war es, die Hamas zum Stopp der Raketenangriffe auf israelisches Territorium zu zwingen. Ihre Maßnahmen kulminierten in der Beschränkung der Elektrizitäts- sowie der Warenlieferungen nach Gaza. Am 18. Januar 2008 schloss die israelische Regierung sämtliche Grenzübergänge zum Gazastreifen und stellte auch die Treibstofflieferungen ein. Zwei Tage später kam es zum völligen Stromausfall in Gaza-Stadt und in dessen Umland. Damit traf Israel aber vor allem die Zivilbevölkerung. Daraufhin sprengte die Hamas am 23. Januar 2008 die Grenzsperranlagen im Süden des Gazastreifens, wodurch die palästinensische Bevölkerung Zugang zum angrenzenden ägyptischen Distrikt Sina' ash-Shamaliyah und damit zu Versorgungsmöglichkeiten sowie zu Verkehrsanbindungen erhielt. Ägypten lehnte seinerseits aber die Verantwortung für die Versorgung der 1,5 Millionen Einwohner des Gazastreifens

---

322 Timur Göksel, Berater der Unifil-Truppen im Süd-Libanon, in: Ulrike Putz, Jeder Kampftag ist ein Sieg für die Hisbollah, Spiegel-Online vom 27. Juli 2006.

ab und arbeitet seither am Bau einer drei Meter hohen Sperrmauer, die den Sinai wieder dauerhaft vom Gazastreifen abschotten soll.

Zur Person: Ismail Haniyeh[323]
(*1962 im Flüchtlingslager Asch-Schati im Gazastreifen) –
»ein Radikaler, der nicht brüllt«[324]

März 2006 bis Juni 2007 Ministerpräsident der palästinensischen Autonomiegebiete; einer der Führer der Hamas

»It all starts with Israel.«325

Ismail Haniyeh studierte arabische Literatur an der Universität in Gaza und kam dort mit der Hamas in Berührung. Haftstrafen während der ersten Intifada folgte die Deportation in den Libanon, von wo er 1993 nach Gaza zurückkehrte. Hier wurde er Dekan der philosophischen Fakultät der Universität Gaza und 1997 Bürochef von Sheikh Ahmed Yasin, dessen Vertrauter er war. Außerdem war er der Hamas-Verbindungsmann zur Palästinensischen Autonomiebehörde.

2006 trat er bei den Wahlen in den palästinensischen Autonomiegebieten als Spitzenkandidat der Hamas an und gewann.[326] Folglich ernannte ihn Mahmud Abbas im März 2006 zum Ministerpräsidenten der Palästinensergebiete, setzte ihn jedoch im Juni 2007 wieder ab, weil er ihn für den Bürgerkrieg der Hamas gegen die Fatah verantwortlich machte.

Ismail Haniyeh gilt als pragmatisch und gehört keinem radikalen Flügel seiner Partei an. Er lehnt eine Anerkennung des Existenzrechts Israels primär ab (die Charta der Hamas von 1988 tut das ebenso), deutet aber die Bereitschaft zur

---

323 Ein weiteres wichtiges Hamas-Führungsmitglied ist Khaled Mashal (*1956 bei Ramallah). 1997 sollte er vom israelischen Geheimdienst Mossad in Amman umgebracht werden. Die beiden Agenten des Mossad wurden verhaftet und später gegen Sheikh Ahmed Yasin ausgetauscht. Siehe auch S. 288.

324 Zitat aus: Die Welt Online vom 28. Juli 2009.

325 The Washington Post, Online, vom 26. Februar 2006, Seite B 02; »A Conversation with Ismail Haniyeh«, »We Do Not Wish to Throw Them Into the Sea«.

326 Unter der palästinensischen Bevölkerung der Autonomiegebiete ist Ismail Haniyeh mindestens so populär wie Mahmud Abbas. Allein der in Israel lebenslänglich inhaftierte Palästinenserführer Marwan Barghouti (ehemals Fatah; im Gefängnis gründete er die Gruppe al-Mustaqbal) übertrifft seine Popularität deutlich.

Anerkennung unter der Prämisse an, dass Israel zuerst die Errichtung eines freien Palästinenserstaats zulasse. Es sei an Israel, den ersten Schritt zu gehen.

Im Juni 2008 schöpften viele Menschen in Gaza wieder neue Hoffnung, weil sich die Hamas unter der Vermittlung Ägyptens zur vorübergehenden Einstellung der Raketenangriffe und Israel zur Beendigung der Handelsblockade gegenüber dem Gazastreifen durchrangen. Doch die Raketen- und Mörserangriffe auf israelische Orte und Stellungen wurden ebenso fortgeführt, wie es auch nie zu einer wirklich ausreichenden Warenlieferung in den Gazastreifen kam. Beide Seiten verwiesen zur Begründung ihrer Haltung auf die Aktivitäten der jeweils anderen Partei.

»... eine ganze Zeitlang hielt sich bei mir das Gefühl: Ja, wir können etwas tun. Heute bin ich weniger optimistisch. Wenn ich die Entwicklung in Jerusalem sehe, beherrscht mich ein Gefühl der Traurigkeit und Sorge. Die Stadt zerfällt in ihren sozialen Strukturen, sie wird hässlicher. Ich werde zunehmend wütend auf Juden wie Palästinenser, die ihre große Liebe für Jerusalem beschwören – mit ihrer Liebe haben sie die Stadt ziemlich zerstört.«[327] (Sari Nusseibeh, Philosoph und ehemaliger PLO-Funktionär)

Nach dem Rücktritt von Ministerpräsident Ehud Olmert im September 2008 erhielt die bisherige Außenministerin Tzipi Livni den Auftrag zur Regierungsbildung. Sie erreichte zwar eine Koalitionsvereinbarung mit der Arbeitspartei unter dem Vorsitz von Ehud Barak, doch nicht mit verschiedenen kleineren Parteien, die sie für die Mehrheit im Parlament benötigt hätte. Daraufhin wurden vom Staatspräsidenten Shimon Peres für den 10. Februar 2009 Neuwahlen ausgerufen.

Mit der Übernahme der politischen Macht im Gazastreifen veränderte sich das politische Konzept der Hamas. Der Chef des Politbüros, Khaled Maschal, ließ im Mai 2009 aus Damaskus verlauten: »Unsere Minimalforderung ist die Gründung eines palästinensischen Staates mit voller Souveränität in den Grenzen von 1967 mit Jerusalem als Hauptstadt. Wir fordern eine Beseitigung aller Checkpoints und das Recht der Rückkehr der palästinensischen Flüchtlinge.« Er und Ismail Haniyeh bieten Israel im Gegenzug eine langjährige Waffenruhe (›Hudna‹) an.[328]

Die vielfach in den westlichen Medien geäußerte Hoffnung, die neue Vorsitzende der Kadima-Partei Tzipi Livni könne eine gemäßigte, moderate Politik gegenüber der Hamas einschlagen und eine Eskalation der Gewalt

---

327 Der Spiegel. Geschichte 3, 2009, 143.
328 Bröning/Meyer 2009, 38; 2010, 33.

vermeiden,[329] wurde nicht erfüllt. Mit Blick auf den eskalierenden Konflikt um Gaza und möglicherweise auch auf die anstehenden Wahlen in Israel sowie unter maßgeblicher Mitsprache des Verteidigungsministers Ehud Barak begann am 27. Dezember 2008 die Militäroperation ›Gegossenes Blei‹. Die Luftangriffe und die anschließende Bodenoffensive führten zum Vormarsch der israelischen Armee bis tief in das Gebiet des Gazastreifens. Das Ziel, ein Ende des Raketenbeschusses durch die Hamas und anderer radikaler Organisationen zu erzwingen, wurde während der kriegerischen Auseinandersetzungen nicht erreicht. Leidtragend war wieder einmal die Zivilbevölkerung – die israelische im Umfeld des Gazastreifens durch den Raketenbeschuss der Hamas und die arabische beim Einmarsch der israelischen Armee und bei deren Bombardement. Das Schicksal der zahlreichen arabischen Opfer inszenierte die Hamas geschickt vor der Weltöffentlichkeit, indem sie die Fotos der Opfer per Handy und Internet mit den Parolen der radikal-islamischen Partei verband und weltweit verbreitete.[330] Die kriegerische Operation endete mit einseitig verkündeten Waffenstillstandserklärungen Israels am 17. und der Hamas am 18. Januar 2009.

Wenn Sie die Bilder der toten und verwundeten palästinensischen Zivilisten sehen, was empfinden Sie?

> Ich werde sauer. Israel liefert der Hamas die beste Propaganda. An wen werden sich die Palästinenser wenden, wenn Gaza in Schutt und Asche liegt? An die Hamas, die schon vorher ein großes soziales Netz errichtet hatte. ...

Aber gerade der Holocaust zeigt doch, dass Israel sich wehren muss. Sie singen, dass Ihre einzige Waffe das Wort sei. Man kann das fahrlässig finden.

> Es stimmt, die israelische Regierung musste reagieren, nachdem die Hamas uns jahrelang mit Raketen beschossen hatte. Aber glauben Sie, dass es klug ist, die Palästinenser kollektiv zu bestrafen? Israel ist ein paranoides Land, unfähig, seinen Nachbarn zu vertrauen. ...

Eine Ironie steckt darin, dass Dayan im Sechstage-Krieg Ost-Jerusalem eroberte ...

> ... und ich will es nun zurückgeben. Ich verstehe das Geschiss um die Territorien nicht. Wir bezahlen mit Krieg und Unsicherheit für die besetzten Gebiete.

---

329   Nach einer Umfrage wünschten sich 64 Prozent der jüdischen Israelis direkte Gespräche mit der Hamas über eine Waffenruhe und die Rückgabe des verschleppten Soldaten Gilad Shalit; 28 Prozent sprachen sich dagegen aus. Haaretz 1. Dezember 2008.
330   Der Krieg kostete 13 Israelis das Leben, davon waren drei Zivilisten. Auf arabischer Seite starben 1 166 Menschen nach israelischen, 1 417 nach arabischen Angaben. Darunter befanden sich laut Israel 295, nach arabischer Lesart 926 Zivilisten. Hinzu kommen ca. 5 000 Verletzte auf arabischer Seite und etwa 20 000 Obdachlose. – Israel soll (so Amnesty International) Phosphorgranaten gegen die Zivilbevölkerung eingesetzt und einen Sachschaden von 1,5 Milliarden US-Dollar verursacht haben.

Sprechen Sie mit arabischen Musikern?

Nein, es gibt keinen palästinensischen oder syrischen Aviv Geffen. Sie sind Feiglinge.
Macht endlich den Mund auf! (Aviv Geffen, Neffe Moshe Dayans, 2009)[331]

Ehud Olmert blieb als amtierender Regierungschef bis zum 31. März 2009 im Amt, dem Tag der Amtsübernahme durch den Likud-Führer Benjamin Netanjahu.

3.8 Benjamin Netanjahus zweite Amtszeit (seit 2009)

Benjamin Netanjahu kehrte am 31. März 2009 in das Amt des Ministerpräsidenten Israels zurück. Sein Likud-Block koalierte u. a. mit der nationalistischen Partei ›Yisrael Beitenu‹, der orthodoxen ›Schas‹ und der Arbeitspartei. Nach seinen Ankündigungen im Wahlkampf sollen besonders die Durchsetzung der Sicherheitsinteressen Israels gegenüber dem Iran[332] und den Palästinensern sowie die Verbesserung der wirtschaftlichen Situation im Zentrum seiner Bemühungen als Regierungschef stehen.

3.8.1 Benjamin Netanjahus Grundsatzrede (2009)

Am 15. Juni 2009, nur zehn Tage nach der Grundsatzrede des US-amerikanischen Präsidenten Barack Obama in Kairo, hielt Benjamin Netanjahu an der Bar Ilan-Universität bei Tel Aviv eine eigene Ansprache über die Grundzüge seiner künftigen Regierungstätigkeit. Darin reagierte er auf die Wünsche des US-Präsidenten Barack Obama zur Schaffung eines palästinensischen Staates und zur Durchsetzung eines Siedlungsbaustopps in der Westbank. Benjamin Netanjahu stellte seine Sicht der Weiterführung der ›Roadmap‹[333] vor und bezeichnete zum ersten Mal in seiner politischen Karriere die Gründung eines palästinensischen Staats als möglich.

---

331 Aviv Geffen ist ein israelischer Popmusiker, provokativ und scharfzüngig. Das im Tagesspiegel vom 17. Januar 2009 erschienene Interview führte Philipp Lichterbeck.
332 Nach einer Umfrage unterstützen 66 Prozent der jüdischen Israelis einen Militärschlag gegen den Iran; nur 15 Prozent sind dagegen. Haaretz 4. Mai 2009.
333 Siehe dazu S. 238 f. – Benjamin Netanjahu steht als Regierungschef für alle von Israel unterzeichneten Verträge, also auch für die sogenannte ›Roadmap‹, die auf eine Zwei-Staaten-Lösung zielt.

»In meiner Vision leben zwei freie Völker Seite an Seite. Jedes hat seine eigene Flagge und seine eigene Hymne.«[334] (Benjamin Netanjahu)

Benjamin Netanjahu sprach sich ohne Vorbedingungen für eine Wiederaufnahme von Friedensverhandlungen mit der Palästinensischen Autonomiebehörde aus. Die dann aber von ihm genannten Konditionen für die Gründung eines Palästinenserstaates kamen Auflagen gleich: die Anerkennung Israels als Staat des jüdischen Volkes, der entmilitarisierte Status des Staates Palästina ohne Hoheitsrechte über seinen Luftraum und die Außengrenzen, das Verbot militärischer Bündnisse mit Drittländern und der Einfuhr von Rüstungsgütern. Jerusalem bleibe die ungeteilte Hauptstadt Israels. Zum Verlauf der Grenze zwischen den Staaten Israel und Palästina nannte er keine Einzelheiten. Außerdem versicherte Benjamin Netanjahu, kein neues Land für Siedlungen mehr zu konfiszieren, forderte aber auch das Recht auf deren ›natürliches Leben‹.[335]

Die palästinensische Seite zeigte sich weithin enttäuscht. Ihr würden zwar Verhandlungen angeboten, doch blieben wesentliche Themen ausgeklammert. Mahmud Abbas ließ verlauten, Netanjahu habe nicht von einem souveränen Staat Palästina gesprochen, auch wenn er dessen Namen benutzt hätte. – Tatsächlich kam das Adjektiv ›unabhängig‹ in Benjamin Netanjahus Rede zur Bezeichnung des künftigen Palästina auch gar nicht vor. – Mahmud Abbas resümierte: Der Versuch, den Friedensprozess zu bewegen, komme in der Region nur wie eine Schildkröte voran. »Netanjahu hat sie jetzt auf den Rücken gedreht.«[336]

Benjamin Netanjahu habe mit seiner Ansprache die Chancen auf eine Friedensregelung verringert, meinte Jimmy Carter. »Meiner Meinung nach hat er viele neue Hindernisse für den Frieden aufgebaut, die bei vorherigen Ministerpräsidenten nicht existierten.« Er bestehe offensichtlich weiterhin auf der Expansion bestehender Siedlungen. Zudem verlange er von

---

334 Benjamin Netanjahu in seiner außenpolitischen Grundsatzrede vom 15. Juni 2009.
335 Gemeint ist die natürliche Eigenentwicklung von Siedlungen, z. B. der Hausbau von in den Siedlungen groß gewordenen Kindern etc. – Mit diesen Vorstellungen hat Netanjahu offenbar die Mehrheit der jüdischen Israelis hinter sich: 64 Prozent unterstützen die Zwei-Staaten-Lösung (Haaretz 17. Juni 2009); nach den dort weiterhin veröffentlichten Details der ›National Security Studies‹ denken aber nur 15 Prozent an eine Räumung der Westbank-Siedlungen und eine Grenzziehung an der ›grünen Linie‹ – 40 Prozent möchten den Status quo beibehalten; 43 Prozent würden nur die kleineren Siedlungen in der Westbank räumen. 20 Prozent der Befragten wollten die Golan-Siedlungen an Syrien zurückgeben; 60 Prozent sprachen sich dagegen aus. – Die Erweiterung der Siedlungen in der Westbank ist hingegen umstritten (42 Prozent dagegen; 41 Prozent dafür, davon 17 Prozent sogar gegen das Votum der USA).
336 Zitiert nach ARD.de, 15. Juni 2009 17:47 Uhr.

Palästinensern und Arabern, dass sie Israel als einen jüdischen Staat anerkennen sollen, obgleich 20 Prozent seiner Bürger keine Juden seien. »Präsident Obama hat in seiner Rede zwei Staaten verlangt und ich bin froh, dass Ministerpräsident Netanjahu dieses Konzept akzeptiert hat.«[337] (Jimmy Carter)

Befristeter Baustopp für die israelischen Siedlungen (2009–2010)

Ende November 2009 konnte die US-Regierung Ministerpräsidenten Benjamin Netanjahu einen auf zehn Monate befristeten Baustopp von Siedlungen im Westjordanland abringen. Allerdings wurde Ostjerusalem von diesem Vorhaben ausgenommen. Hier wurden weiterhin Wohneinheiten für jüdische Siedler geplant und errichtet. US-Vizepräsident Joe Biden kritisierte dies im März 2010 bei seinem Nahost-Besuch enttäuscht: »Die Entscheidung untergräbt genau das Vertrauen, das wir jetzt aufbauen müssen, um erfolgreiche Verhandlungen in Gang zu setzen.«[338]

3.8.2 Angriff auf die ›Gaza-Hilfsflotte‹ (2010)

Mit dem am 31. Mai 2010 in internationalen Gewässern durchgeführten Angriff auf eine Hilfsflotte für den Gazastreifen manövrierte sich Israel in den Augen der Weltöffentlichkeit in ein äußerst ungünstiges Licht. Beim Sturm der israelischen Sondereinheit auf das türkische Schiff ›Marmi Marmara‹, das die israelische Seeblockade durchbrechen wollte, kamen neun pro-palästinensische Aktivisten ums Leben. Das israelische Vorgehen löste international große Empörung aus.

Die UN setzte zwei Untersuchungskommissionen ein.[339] Im September 2010 wurde den Angreifern bescheinigt, ihre Aktion sei »illegal« und das Vorgehen des Militärs unverhältnismäßig gewesen. Israel habe einen schweren Verstoß gegen die Menschenrechte begangen.

Nach der Enterung der Schiffe kam es zu einem langwierigen Presse-Duell. Israel rechtfertigte das Vorgehen seiner Soldaten. Sie seien von den auf den Schiffen befindlichen Aktivisten mit Knüppeln und Messern angegriffen und so »angesichts einer realen Bedrohung ihres Lebens« zur

---

337 Jimmy Carter, ehemaliger US-Präsident, am Rande einer Sitzung mit dem außen- und sicherheitspolitischen Ausschuss der Knesset in Jerusalem – Zitiert nach ARD.de, 15. Juni 2009.
338 Zitiert nach Neues Deutschland, 11. März 2010.
339 Eine der beiden Kommissionen besaß das Mandat des UN-Menschenrechtsrats, die andere wurde auf Druck der Türkei durch den UN-Generalsekretär Ban Ki Moon einberufen.

Selbstverteidigung gezwungen gewesen. Benjamin Netanjahu begründete die anhaltende Blockade des Gazastreifens[340] mit der Sorge um die militärische und finanzielle Hilfe Irans, das Gaza zu seiner »terroristischen Enklave« machen wolle. Er bestritt, dass in Gaza eine Lebensmittelknappheit herrsche. Israels Verteidigungsminister Ehud Barak sprach von einer »gezielten Provokation« der Gaza-Aktivisten.

Die Türkei – woher alle neun Todesopfer kamen – begrüßte den UN-Bericht. Der Vorfall verstärkte die Spannungen zwischen den ehedem eng verbündeten Ländern.

3.8.3 Der ›Goldstone-Bericht‹ (2010 bis 2011)

Große Empörung erregte der am 15. September 2010 vorgelegte ›Goldstone-Bericht‹[341] in der israelischen Öffentlichkeit. Der von der UN in Auftrag gegebene Report sollte den Gazakrieg (›Gegossenes Blei‹, 2008/2009)[342] untersuchen. Er kritisierte beide kriegführende Parteien. Der Bericht weist der Hamas die Verantwortung für fehlende Vorkehrungen zum Schutz von Zivilpersonen, die anhaltende Internierung des Soldaten Gilad Shalit, Übergriffe auf Fatah-Anhänger und gezielte Angriffe auf Zivilisten im Süden Israels zu. Israel werden missbräuchliche Inhaftierungen, die Unterdrückung abweichender Meinungen, willkürliche und unverhältnismäßige Angriffe auf Zivilpersonen sowie der Missbrauch von Palästinensern als ›menschliche Schutzschilde‹ vorgeworfen.

Der Vorwurf, die Militäraktion habe sich insgesamt gegen die »Bevölkerung des Gazastreifens als Ganze« gerichtet und sei Teil seiner allgemeinen Politik gewesen, die auf die Bestrafung der Bevölkerung des Gazastreifens wegen deren angeblicher Unterstützung der Hamas abziele, wurde in Israel vehement abgelehnt.

»Der Goldstone-Bericht, der Israel Kriegsverbrechen vorwirft, ist ein Beispiel für diese Art der zynischen Betrachtungsweise. Der Bericht wurde vom UN-Menschenrechtsrat trotz des Widerstands westlicher Staaten ... in Auftrag gegeben ... Der Goldstone-Bericht erklärt Israel zum Aggressor, obwohl der Angriff auf die Hamas als Reaktion auf den jahrelangen Beschuss

---

340 Siehe dazu S. 249 f.
341 Richard Goldstone war sowohl Richter am Obersten Gericht Südafrikas als auch Chefankläger am Internationalen Strafgerichtshof für das ehemalige Jugoslawien. – Zum Folgenden siehe Kaye 2010, 16-22.
342 Siehe dazu S. 252.

israelischer Zivilisten mit Raketen aus dem Gazastreifen zu sehen war. ... Mit der Annahme des Berichts ignorierte der Rat die Aussage des ehemaligen Kommandeurs der britischen Streit-kräfte in Afghanistan, Oberst Richard Kemp, der sagte, dass die israelischen Streitkräfte mehr zur Sicherung der Zivilisten in einer Kampfzone unternommen haben, als jede andere Armee in der Geschichte der Kriegsführung zuvor.«[343] (Efraim Inbar, Bar-Ilan Universität)

Am 1. April 2011 distanzierte sich Richard Goldstone in der ›Washington Post‹ von seinem eigenen Bericht und führte aus, es sei ihm inzwischen deutlich geworden, dass Israel nicht absichtlich palästinensische Zivilisten gefährdet und getötet habe. Wenn er beim Abfassen des Reports gewusst hätte, was er heute wisse, dann wäre sein Bericht ein anderes Dokument geworden. Hamas und die israelische Öffentlichkeit rieben sich verwundert die Augen und spekulierten über die Gründe des plötzlichen Gesinnungswandels.[344]

3.8.4 Verhandlungen und das Ende des Siedlungsbaustopps (2010)

Palästinenser und Israelis verhandelten kurzzeitig vom 2. September an wieder miteinander. Dies geschah sowohl unter dem Druck wie unter der Schirmherrschaft der USA. In Washington hieß es hoffnungsvoll, man wolle die Lösung der Kernfragen binnen eines Jahres erreichen.

Während sich im Herbst 2010 »die noch im Frühjahr gehegte Hoffnung in Enttäuschung ver-wandelte, war die amerikanische Regierung mit einer Flut dringlicher Probleme beschäftigt: Afghanistan und Pakistan, neue Entwicklungen im iranischen Atomprogramm, die Gesund-heitsreform im eigenen Land und die anhaltende weltweite Wirtschaftskrise. Diese alles andere überlagernden Sorgen, die in den ersten Monaten des Jahres 2010 noch immer im Vordergrund standen, verhinderten, dass die Regierung dem Friedensprozess ihre ungeteilte Aufmerksamkeit widmete. Damit aber geriet dieser in eine enorme Krise.« (König Abdallah II. von Jordanien)[345]

Israel ließ noch während der Verhandlungen im Herbst 2010 den Sied-lungsbaustopp in der Westbank[346] auslaufen. Einige Siedler feierten die-sen Moment voller Erleichterung.

---

343 Inbar 2010, 15-16.
344 In Spiegel-Online vom 4. April 2011 war die Darstellung der Zeitung Yedioth Ahronoth zu lesen, Goldstone und dessen Frau seien »durch die Hölle gegangen«, von der jüdischen Gemeinde boykot-tiert worden und hätten aus Sicherheitsbedenken nicht einmal zur Bar-Mizwa ihres Enkelsohnes nach Israel reisen können. Die Zeitung Maariv hingegen mutmaßte, Richard Goldstone wolle einer politischen Verwendung seines Berichts beim Kriegsverbrechertribunal in Den Haag zuvorkommen und eine Strafverfolgung israelischer Soldaten und Politiker verhindern.
345 Abdullah II 2011, 408-409.
346 Siehe dazu S. 255.

Robert Cohen, Kolumnist der New York Times, kommentierte dies so: »Obama, der den No-belpreis bereits erhalten hat, sollte die Erwartungen dämpfen. Gar nicht mehr vom Frieden sprechen. Das Wort als solches meiden. Stattdessen sollte er von Entspannung reden. Das will auch Lieberman, und angeblich will es auch die Hamas, und es ist der tiefere Sinn der Ausweichmanöver Netanjahus. Abbas will es nicht, aber er ist machtlos. Der israelische Politikwissenschaftler Schlomo Avineri sagte zu mir: ›Ein gewaltfreier Status quo ist zwar alles andere als befriedigend, aber er ist nicht schlecht. Zypern ist auch nicht so schlecht.‹ An die Stelle eines Friedens der Tapferen muss ein Waffenstillstand der Mittelmäßigen treten.«[347]

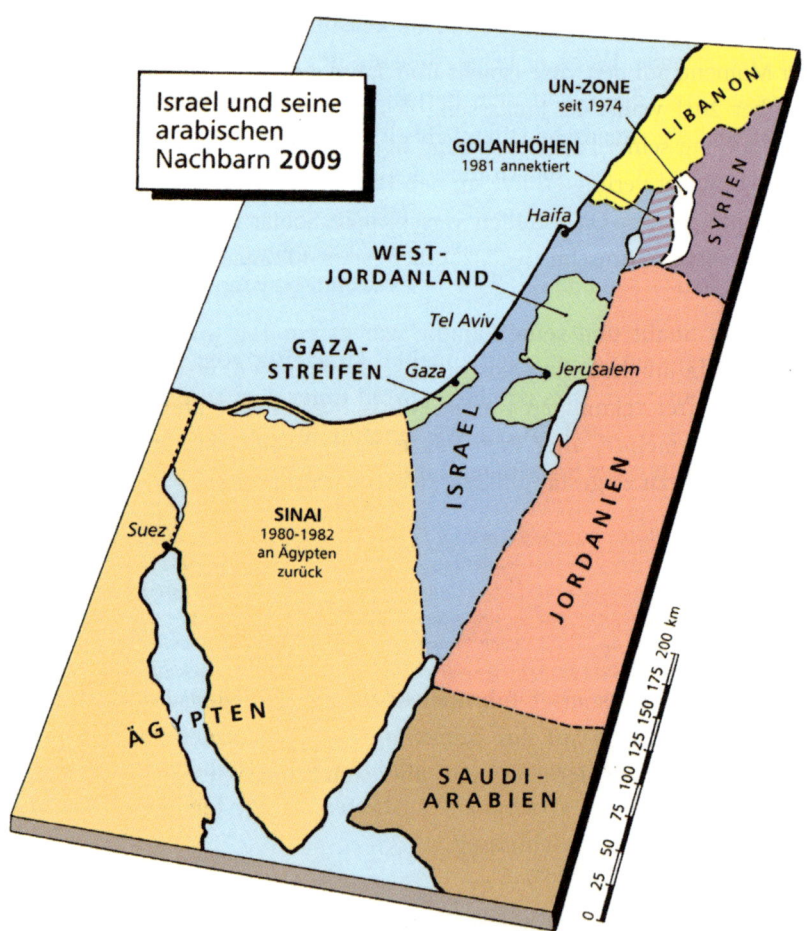

Abb. 42: Israel und seine Nachbarn im Jahr 2009

---

347 Robert Cohen, A Mideast Truce, in: The New York Times vom 16. November 2009. Zitiert nach Alain Gresh aus dem Artikel »Ein jüdischer Staat für die Palästinenser« in: Le Monde diplomatique. Der globale Blick, Nr. 9312 vom 8. Oktober 2010 (http://www.monde-diplomatique.de/pm/2010/10/08. mondeText1.artikel,a0012.idx,0).

Die palästinensische Seite teilte daraufhin der Arabischen Liga mit, man werde sich von den Verhandlungen zurückziehen, wenn Israel das Siedlungsmoratorium nicht verlängere oder neu verkünde.[348] Davon kann aber seither in der Westbank und in Ostjerusalem nicht die Rede sein.

3.8.5 Die Freilassung von Gilad Shalit (2006 bis 2011)

Der Moment, auf den viele Israelis fünf Jahre gewartet haben, wurde am 18. Oktober 2011 wahr: die Freilassung des israelischen Soldaten Gilad Shalit, der 2006 mit seiner Panzerbesatzung in einen Hinterhalt geriet.[349] Abertausende in Israel verfolgten live an den Bildschirmen zu Hause, wie der von der Hamas in den Gazastreifen verschleppte Soldat über Ägypten in seine Heimat zurückkehrte. Im Gegenzug ließ Israel 1027 palästinensische Gefangene frei.[350]

Für Gilad Shalit und seine Familie war es ein Tag unendlicher Freude. Gleichzeitig jubelten die palästinensischen Familien, weil viele ihrer Angehörigen frei gekommen waren. Politisch profitierte aber vor allem die Hamas. Sie meinte, aller Welt bewiesen zu haben, dass man Israel mit Gewalt doch zu Zugeständnissen zwingen kann.

»Dieser Tag ist ein strategischer Wendepunkt im Kampf gegen den zionistischen Feind ... Dank unseres Widerstandes wird es möglich, unser Land und unser Volk zu befreien ... Zuallererst sei betont, die Freigelassenen kamen aus allen palästinensischen Parteien und Gruppen, und außerdem stammten die Gefangenen aus allen Gebieten Palästinas.« (Ismail Haniyeh)[351]

Der Gefangenenaustausch führte nicht zu neuen Friedensgesprächen. Alle Parteien zogen sich auf ihre unnachgiebigen Positionen zurück. Es war ein Tag der Freude, der aber nicht über sich hinauswies.[352]

---

348 Dies geschah am 8. Oktober 2010.
349 Siehe dazu Kap. 3.7.8.
350 Dennoch sprachen sich 14 Prozent der Israelis gegen den Austausch aus, weil die 477 noch am gleichen Tag freigelassenen palästinensischen Gefangenen allein 569 Israelis ermordet hatten. 300 von ihnen waren zu lebenslangen Haftstrafen verurteilt worden.Yedioth Ahronoth und Ynetnews vom 17. Oktober 2011.
351 Ismail Haniyeh, Führer der Hamas und ehemaliger Ministerpräsident. Zitat nach Haaretz.com vom 18. Oktober 2011.
352 Noch sollen nach unbestätigten Aussagen etwa 5000 Palästinenser in israelischen Gefängnissen gefangen gehalten werden.

Israel/Palästina und der ›arabische Frühling‹

1. Vom ›arabischen Frühling‹ zum ›Herbst der Ernüchterung‹ (ab 2010)

Am 17. Dezember 2010 wählte der Gemüsehändler Mohammed Bouazizi aus Verzweiflung über seine durch Korruption und politische Willkür zerstörten Lebenschancen den öffentlichen Freitod. Er verbrannte sich vor dem Gouverneurssitz in der tunesischen Kleinstadt Sidi Buzid. Sein Schicksal wurde zum Fanal für das Aufbegehren abertausender Tunesier mit gleichen Problemen. In der Folge jagten diese den autoritär herrschenden Präsidenten Zine al-Abidine ben Ali aus dem Amt. Die Botschaft der Aufständischen – aus eigener Kraft Willkür und Entrechtung abschütteln zu können – wurde in vielen anderen Staaten Nordafrikas und Vorderasiens aufgenommen. In Ägypten zwang man bereits im Januar 2011 den seit über drei Jahrzehnten herrschenden Staatschef Hosni Mubarak zum Rücktritt. Auch in Libyen kam es einen Monat später zum Bürgerkrieg. Die NATO griff zugunsten der Rebellen in die Kämpfe ein und entschied sich damit gegen den zuvor von vielen westeuropäischen Regierungen hofierten Revolutionsführer Muammar al-Gaddafi. In Syrien liefern sich bis heute das von Iran, der libanesischen Hisbollah und Russland unterstützte Assad-Regime und die von Saudi-Arabien, der Türkei und den USA finanzierten Aufständischen einen erbitterten, blutigen Kampf. Der Ausgang ist noch nicht absehbar, zumal die dschihadistisch-salafistischen IS(IS)-Truppen (»Islamischer Staat [im Irak und Syrien]«) in den Jahren 2013 und 2014 im Irak und in Syrien unaufhörlich an Einfluss gewannen.[353]

---

353 Siehe dazu S. 264.

Abb. 43: Der Tahrir-Platz, Kairo, nahe des rechten Nil-Ufers wurde zum Symbol des ägyptischen Aufstandes (Wikipedia gemeinfrei).

Große Teile der westlichen Welt sahen in den Massenprotesten die Ansätze einer demokratischen Revolution. Sie sympathisierten offen mit dem Aufbegehren (besonders der jungen Generation) gegen die allgegenwärtigen Repressionen der autoritären Regimes, gegen staatlich geduldete Korruption und gegen oligarchisch gelenkte Ökonomien. Die zunehmende Arbeitslosigkeit und die allgegenwärtige Armut sicherten den Protesten der Verzweifelten eine Massenbasis.

Die desolate Situation vieler Völker Nordafrikas und des Nahen Ostens ist nicht allein mit der Korruption und der Misswirtschaft der Regierenden zu erklären – auch wenn diese die Zustände deutlich verschärfen. Es wird seit vielen Jahren immer deutlicher, dass in einigen Ländern die natürlichen Ressourcen an Wasser, Energie, landwirtschaftlichen Nutzflächen und Bodenschätzen erschöpft sind oder sich dem Ende zuneigen. Keiner dieser Staaten besitzt einen landwirtschaftlichen Sektor, der das eigene Volk auch nur annähernd ernähren könnte. Angesichts der in allen diesen Staaten unaufhaltsam anwachsenden Bevölkerung keimt eine ernsthafte Bedrohung für deren allgemeinen Lebensstandard und den

»Wir haben die Chance zu zeigen, dass Amerika die Würde eines Straßenverkäufers in Tunesien höher achtet als die rohe Macht des Diktators.« (Barack Obama)[354]

»Außer in Tunesien folgte dem politischen Frühling meist jedoch ein eisiger Winter neuer Unterdrückung und Instabilität« (Handelsblatt 177, 5.-7.9.2014, 52)

---

354 Grundsatzrede Barack Obamas vor Diplomaten im US-Außenministerium, Washington, zum Thema des ›arabischen Frühlings‹ vom 19. Mai 2011 (http://www.nytimes.com/2011/05/20/world/middleeast/20prexy-text.html?_r=2&pagewanted=1).

sozialen Frieden heran. Der weltweite Anstieg der Lebensmittelpreise droht, große Teile der Bevölkerung in die Armut zu treiben.[355]

Es wäre dringend geboten, neben der Misswirtschaft und der Korruption auch die zunehmende Überbevölkerung zu stoppen. Letzteres lässt sich in einer Gesellschaft aber nur durch eine aufgeklärte Bildung und durch die Stärkung der Frauenrechte durchsetzen. Doch gerade diese Veränderungen scheinen gegenwärtig in keinem der Staaten des ›arabischen Frühlings‹ angestrebt zu werden.

Die Entwicklung in der arabischen Welt hin zur Demokratie ist »ein sehr langsamer Prozess ... Es ist so gut wie unmöglich, dass aus politischen Parteien, die das Scharia-Recht verteidigen, demokratische Parteien werden ... Das ist das Dilemma, das wir im Moment haben, da dürfen wir uns nichts vormachen. Wenn man darauf besteht, dass Staat und Religion identisch sind, ist es fast unmöglich, dass sich andere Meinungen entfalten können.«
(Henry Kissinger)[357]

Die breite Front der Oppositionellen verschiedenster Ausrichtung nährte im Jahr 2011 die Hoffnung, dass nach den Wahlen mehr Demokratie und Mitbestimmung entstehen würde. Doch in der Regel zogen die einzig- bzw. bestorganisierten Oppositionsgruppen wie die Muslimbruderschaft und andere islamische Verbände[356] den politischen Nutzen aus den Umwälzungen.

Die Politik der westeuropäischen Länder und der USA steckt in einer Klemme. Als die erhoffte ›demokratische Morgendämmerung‹ hat sich der ›arabische Frühling‹ nicht erwiesen. Dennoch sind alte, autokratische Herrschaftsformen aufgebrochen und Despoten beseitigt worden. Es bleibt die ernüchternde Erkenntnis, dass der Weg zu mehr Demokratie in den Ländern Nordafrikas und des Nahen Ostens langwierig sein wird und voller Risiken steckt.

2 Die Salafisten, Radikale des ›arabischen Frühlings‹

Die Gefahr, dass am Ende einer Revolution nicht die Freiheit der Volksmassen, sondern eine klerikale islamistische Indoktrination folgt, kennt die Weltöffentlichkeit bereits aus dem Iran. Dies ist auch nach dem ›arabischen Frühling‹ möglich. In Nordafrika und im Nahen Osten – insbesondere auch im

---

355 Selbst Israel wurde im Sommer 2011 von landesweiten Protesten für soziale Gerechtigkeit, bezahlbaren Wohnraum und niedrigere Lebenshaltungskosten erschüttert. Viele Demonstranten prangerten an, dass die Kluft zwischen den Bevölkerungsschichten immer größer werde und die steigenden Lebenshaltungskosten den arbeitenden Mittelstand erdrücken.

356 In Ägypten stimmten bei den Parlamentswahlen 2011/2012 mehr als 70 Prozent der Wähler für die Muslimbrüder und andere islamische Parteien.

357 Zitiert nach Spiegel-Online vom 17. September 2012.

Gazastreifen – gewann die Bewegung des Salafismus deutlich an Einfluss. Seit dem Wahlerfolg der salafistischen Partei ›al-Nur‹ (Partei des Lichts) bei den Parlamentswahlen in Ägypten 2011 (27,8 Prozent aller Stimmen für den islamistischen Block) sind die langbärtigen Männer in weißen Gewändern und ihre vollverschleierten Frauen auch in Ägypten zu einer ernstzunehmenden politischen Kraft geworden.

Der Salafismus ist eine Spielart des Neofundamentalismus. Trotz aller interner Unterschiede beabsichtigen deren Vertreter, das gesellschaftliche Leben nach dem Vorbild des Propheten Mohammad und seiner frühen ehrwürdigen, rechtschaffenen Gefolgsleute (= as-Salaf as-Salih) – also der ersten drei Generationen, quasi des ›Urislam‹ – zu erneuern.

Salafisten und andere militante Muslime verliehen ihrer Überzeugung vielfach gewaltsam Ausdruck, z. B. beim Wüten gegen eine Kunstausstellung im Juni[358] sowie bei Angriffen auf amerikanische Einrichtungen im September 2012 in Tunis. Zeitgleich kam es zu gewaltsamen Übergriffen auf deutsche, britische und amerikanische Botschaftsgebäude in Khartum sowie zu einem verheerenden Anschlag auf das US-amerikanische Konsulat in Bengasi. Durch diese und ähnliche Aktionen führte der radikale Islamismus zum ›Herbst der Ernüchterung‹.

Abb. 44: Flagge des Islamischen Staates mit dem ersten Teil der Schahāda (Glaubensbekenntnis des Islam) und dem Siegel Mohammeds (Wikipedia gemeinfrei)

»Ich verspreche euch nicht Luxus, Sicherheit und Vergnügen, wie es Könige und Herrscher tun.« (Abu Bakr al-Baghdadi, Anführer der IS[IS]-Miliz)

»Es kann ... als gesichert gelten, dass das von Salafisten verbreitete Gedankengut den Nährboden für eine islamistische Radikalisierung, ›Jihadisierung‹ und schließlich Rekrutierung für den militanten Jihad bildet. Eine besondere Gefahr ergibt sich daraus, dass auch rein virtuell verbreitetes salafistisches Gedankengut radikalisierungsfördernd sein kann«. (Bundesamt für Verfassungsschutz)[359]

358 Am 10. Juni 2012.
359 Bundesamt für Verfassungsschutz, 18. September 2012 (http://www.verfassungsschutz.de/de/arbeitsfelder/af_islamismus/salafistische_bestrebungen; Version vom 20. Oktober 2012).

Die Kämpfer der dschihadistisch-salafistischen IS(IS)-Truppen (»Islamischer Staat [im Irak und in Syrien]«) bilden derzeit die »aktivste terroristische Gruppierung«[360] im Irak und in Syrien. Entführungen, Hinrichtungen, Enthauptungen, Massenverhaftungen und Massaker prägen ihren Kampf gegen Schiiten und Kurden im Irak, aber auch die Freie Syrische Armee und die Truppen Baschar al-Assads in Syrien. Gnadenlos gehen sie gegen Andersgläubige vor – insbesondere gegen Christen. Ihr erklärtes Ziel ist die gewaltsame Errichtung eines Kalifates im Zweistromland und in der Levante. Im Juni 2014 starteten sie eine erfolgreiche militärische Offensive im Irak. Ihr Vormarsch stellt eine nachhaltige Bedrohung aller gemäßigten Kräfte im Nahen Osten dar.

Angesichts der rasanten Geländegewinne der IS(IS)-Truppen und geschockt von Massenvertreibungen sowie den bestialischen Hinrichtungen wurde Barack Obama im Sommer 2014 zum Handeln gezwungen.

3. Der ›arabische Frühling‹ und Israel

Seit dem Zerfall des Kolonialsystems (in den 1960er Jahren) hat es in Nordafrika und im Nahen Osten keine mit dem ›arabischen Frühling‹ vergleichbare Umwälzung gegeben. Auch wenn der israelisch-arabische Konflikt keine zentrale Rolle bei den Protesten spielte, so wird doch die Umschichtung der Kräfteverhältnisse zumindest mittel- oder langfristig Auswirkungen auf die Sicherheitslage Israels haben.

Die Situation des Staates Israel im östlichen Mittelmeerraum hat sich seit Dezember 2010 bereits verändert. Der eingefrorene Nahostfriedensprozess isolierte das Land noch deutlicher von seinen Nachbarn. Die Bevölkerung der Nachbarstaaten, der sogenannte ›kleine Mann auf der Straße‹, besitzt ohnehin keinerlei innere Beziehung zu einem Friedensprozess mit Israel. Die gemeinsamen Verträge wurden vielmehr mit den herrschenden Autokraten geschlossen und von diesen garantiert.

»Es hat zwischen Israel und seinen Nachbarn keinen warmen Frieden und damit auch keine ›Normalisierung‹ der Beziehungen auf der gesellschaftlichen Ebene gegeben. Eine solche Annäherung wird von den arabischen Bevölkerungen ganz überwiegend abgelehnt, solange die israelische Besetzung arabischer Territorien andauert.« (Muriel Asseburg) [361]

---

360 Bundesamt für Verfassungsschutz. Verfassungsbericht des Jahres 2012, September 2013, 246 (PDF).
361 Muriel Asseburg, Der Arabische Frühling und der israelisch-arabische Konflikt. Gefährliche Zuspitzung im Mittelmeerraum, aus: Bundeszentrale für politische Bildung online vom 12. Oktober 2012.

Israel und Ägypten

Mit dem Sturz des ägyptischen Staatspräsidenten Hosni Mubarak, dem Oberkommandierenden der schlagkräftigsten arabischen Armee, ging ein wichtiger Pfeiler der israelischen Bündnispolitik verloren.[362] Ägypten öffnete in der Folge Ende Mai 2011 den Grenzübergang in Rafah für den Personenverkehr zum Gazastreifen, wenn auch mit Einschränkungen.[363] War Hosni Mubarak ein Verbündeter im Kampf gegen die Hamas, betrat am 30. Juni 2012 Mohammed Mursi Isa Ayyat, ein Hamas-Sympathisant, die politische Bühne.

Während der Umbrüche des ›arabischen Frühlings‹ in Ägypten wurde der Sinai mehr und mehr zum Aufmarschgebiet radikal-islamistischer Gruppen. Die Dschihadisten nutzen das durch den Abzug vieler Sicherheitskräfte nach Kairo entstandene Machtvakuum auf dem Sinai zum Aufbau eigener Basen, von denen aus sie gegen ägyptische Sicherheitskräfte und Israel kämpften. Zunächst unterbrachen sie mehrfach durch Anschläge auf Pipelines und Pumpstationen die ägyptischen Gaslieferungen an Israel.[364] Im August 2011 drangen sie dann in israelisches Hoheitsgebiet vor und verübten einen folgenschweren Anschlag bei Eilat. Bei der Verfolgung der Angreifer sollen die israelischen Soldaten fünf ägyptische Grenzbeamte getötet haben.

Die israelische Regierung entschuldigte sich für den Tod der ägyptischen Grenzwächter. Dennoch wurde die israelische Botschaft in Kairo in der Folge der Auseinandersetzungen um die blutigen Vorfälle bei Eilat in der Nacht vom 9. zum 10. September 2011 von aufgebrachten Ägyptern gestürmt.

»Eine kleine Minderheit areligiöser Extremisten nutzt die sozialen Medien, um unsere Geschichte umzuschreiben, unsere Identität zu kidnappen und uns zu diskreditieren. Unser Schweigen spricht Bände. Wir sind mitschuldig an ihrem Erfolg. (Königin Rania von Jordanien)«[365]

---

362 Ohne das Stillhalten Ägyptens hätte Israel die Hamas im Gazastreifen nicht belagern können (siehe Kap. 3.7.9).

363 Aus dem Gazastreifen konnten ohne Sondergenehmigung nur Männer im Alter von über 40 Jahren, Frauen und Kinder ausreisen.

364 Etwa 40 Prozent des in Israel benötigten Gases kommen vom Sinai.

365 Königin Rania von Jordanien auf einer Medienkonferenz am 21. November 2014 in Abu Dhabi.

Abb. 45: Der Sinai, ein weithin unübersichtliches und unterentwickeltes Gebiet (Wadi Matalla im Zentralsinai) (Foto: Dieter Vieweger)

Am 5. August 2012 ereignete sich ein weiterer schwerer Überfall auf einen ägyptischen Grenzposten und auf israelisches Territorium, bei dem acht Angreifer und 16 ägyptische Polizisten getötet wurden.[366]

Der ägyptische Präsident Mohammed Mursi kündigte tags darauf ein hartes Durchgreifen auf dem Sinai an und leitete umgehend eine militärische Offensive gegen die Radikal-Islamisten ein. Dabei kamen auch Panzer und Raketen zum Einsatz.[367] Als Vergeltung für diese Militäraktionen attackierten die Islamisten am 16. September 2012 das Hauptquartier der ägyptischen Sicherheitskräfte im Nordsinai mit Panzerabwehrraketen.[368]

Mohammed Mursi nutzte den Vorfall, um wichtige Vertreter der Militärführung Ägyptens in den Ruhestand zu versetzen, allen voran den Verteidigungsminister Mohammed

---

366 Die Angreifer näherten sich in Beduinen-Kleidung einem ägyptischen Grenzposten bei Rafah und eröffneten das Feuer auf die Grenzpolizisten. Sie entwendeten gepanzerte Patrouillenfahrzeuge, fuhren zum ägyptisch-israelischen Grenzübergang Karm Abu Salem/Kerem Schalom und drangen 25 Meter weit in israelisches Gebiet ein. Dort wurden sie von der israelischen Armee gestoppt.

367 Anfang September 2012 sah sich Ägypten auf Druck Israels gezwungen, seine schweren Panzer aus dem Sinai abzuziehen. Die Präsenz ägyptischer Truppen dort wurde im Friedensvertrag von Camp David 1979 geregelt. Zusätzlich stationiertes Militärgerät muss mit Israel abgestimmt werden.

368 Fast zeitgleich ging in Kairo am 24. September 2012 die ägyptische Justiz mit großer Härte gegen islamische Terroristen vor, die 2011 ägyptische Sicherheitskräfte auf dem Sinai angegriffen und getötet hatten.

al-Tantawi und den Stabschef Sami Anan. Vorsitzender des Militärrates wurde nun Abd al-Fattah as-Sisi. Der Schlag gegen das bis dahin allmächtige Militär wog umso schwerer, da die neue Armeeführung[369] einwilligte, die exekutiven Befugnisse des Militärrates aus der Übergangsverfassung wieder an den Präsidenten zurückzugeben.

Mohammed Mursi ließ keine Chance ungenutzt, um das bisher übermächtige Militär oder andere von ihm unabhängige Institutionen – wie die Jurisdiktion – in die von ihm ideologisch gesetzten Schranken zu verweisen. Die von Muslimbrüdern und islamistischen Gruppen (wie den Salafisten) deutlich beeinflusste neue ägyptische Verfassung wurde von 64% des ägyptischen Wahlvolkes akzeptiert (bei allerdings nur 33% Wahlbeteiligung). Sie trat am 26. Dezember 2012 in Kraft.

Mohammed Mursi nahm im Gaza-Konflikt 2012 eine entscheidende Vermittlerrolle ein[370] und gewann dadurch international an Ansehen. Er scheiterte jedoch beim Versuch, seine Macht in absoluter Weise durchzusetzen. Im November 2012 erließ er neue weitreichende Verfassungszusätze, die de facto die Gewaltenteilung im Land aufhoben. Nach massiven Protesten musste er sein Vorhaben am 8. Dezember 2012 zurücknehmen. Der eskalierende Machtkampf mit der von ihm noch nicht kontrollierten Jurisdiktion und der Versuch, im Juni 2013 nicht weniger als 17 der 27 Gouverneure Ägyptens auszutauschen, ließen unter den Ägyptern Befürchtungen aufkommen, die Muslimbrüder würden nun die Macht im Staate komplett übernehmen. Angesichts der ohnehin schwierigen Wirtschaftslage kam es zu Massenprotesten. Dabei gingen Anhänger und Gegner Mohammed Mursis tätlich gegeneinander vor und lieferten dem Anführer des Militärrates Abd al-Fattah as-Sisi einen guten Vorwand, nach einem von ihm

»Freiheit nur für die Anhänger der Regierung, nur für Mitglieder einer Partei – mögen sie noch so zahlreich sein – ist keine Freiheit. Freiheit ist immer Freiheit der Andersdenkenden, sich zu äußern.« (Rosa Luxemburg)[371]

---

369 Die Mitglieder der neuen Armeeführung stammten aus dem Kreis des Militärrates.

370 Siehe Kap. 3.10.1

371 Rosa Luxemburg, Breslauer Gefängnismanuskripte zur Russischen Revolution, in: Klaus Kinner und Manfred Neuhaus (Hg.), Textkritische Ausgabe der Rosa Luxemburg-Forschungsberichte 2/2, 2001, 34.

gestellten Ultimatum am 3. Juli 2013 die Macht im Lande zu übernehmen.[372]

Ein Jahr nach diesem Militärputsch ließ er sich mit formal demokratischer Legitimation als neuer Präsident Ägyptens vereidigen.[373]

Abb. 46: Weibliche Mursi-Anhänger protestieren an der Al-Azhar University (11. Dezember 2013) (Foto: Hamada Elrasam für Voice of America, Wikipedia, public domain).

Die politische Entwicklung in Ägypten hatte deutliche Auswirkungen auf den Nahost-Konflikt. Für Abd al-Fattah as-Sisi ist die Hamas im Gazastreifen im Gegensatz zu Mohammed Mursi keine Verbündete mehr, sondern eine feindliche Macht.

Ungeachtet demokratischer Legitimationen und Verhaltensweisen scheint für Israel die Bekämpfung der Terroristen im Sinai und die Distanz der ägyptischen Regierung zu den Machthabern im Gazastreifen von Vorteil zu sein.

---

372 Übergangspräsident wurde Adli Mansur.
373 8. Juni 2014.
374 Zitate aus www.handelsblatt.com vom 21. August 2013.

Regionale Herausforderungen

Die Regierung Benjamin Netanjahus fand keine überzeugende Antwort auf die ›arabische Revolution‹. Gern präsentierte sie sich in der Vergangenheit als einzige demokratische Regierung des Nahen Ostens. Nun muss sich die Regierung in Israel mit den neuen demokratischen Kräften in den Nachbarstaaten arrangieren.

Durch den Machtpoker zwischen den Regionalmächten Iran, Türkei, Saudi-Arabien und womöglich zukünftig auch wieder Ägypten wird die politische Landschaft im Nahen Osten vielschichtiger und damit unübersichtlicher. Besonders die Türkei möchte als Vorbild für die aus der ›arabischen Revolution‹ hervorgegangenen neuen Regierungen wahrgenommen werden.[375] Die Karten werden neu gemischt. Je weniger dominant die USA ihren Einfluss im Nahen Osten geltend machen können, desto verletzlicher wird auch der Staat Israel.

4. Der ›arabische Frühling‹ und die Westbank

In der Westbank gab es parallel zu den Aufständen in der arabischen Welt auch friedliche Proteste gegen die israelische Besatzung. Allerdings traten diese kaum in den Fokus der Öffentlichkeit und hatten keinerlei positive Auswirkung auf die festgefahrenen Friedensgespräche.

»Der israelische Regierungschef betreibt eine Politik der konsequenten Selbstisolation, der Abgrenzung gegen alles, was nicht der amerikanische Kongress ist. Der Ministerpräsident wirkt wie ein Zinnsoldat, wie eine steife Figur, fest geschraubt auf den Boden der eigenen Ideologie. Sicher ist eins: Wer sich so halsstarrig der Dynamik seiner Umwelt entgegenstellt, wird fallen.« (Sebastian Engelbrecht)[376]

»Es ist eine grausame Ironie, dass die ›palästinensische Sache‹ Opfer der arabischen Revolte geworden ist. Erstmals seit langer Zeit gibt es keinen ›Friedensprozess‹ und nicht einmal dessen Vorspiegelung.« (David Milliband)[377]

---

375 Die Türkei ist zum bedeutenden Mitbewerber um eine Führungsrolle im Nahen Osten und Nordafrika geworden. Sie sieht sich als funktionierendes Beispiel einer Demokratie im islamischen Kontext und präsentiert sich als wirtschaftlich kompetenter Partner. – Nach dem Angriff auf die ›Gaza-Hilfsflotte‹ Ende Mai 2010 (siehe S. 255) zerbrach die strategische Allianz zwischen Israel und der Türkei.

376 Zitat aus Sebastian Engelbrecht, Israel überwintert im arabischen Frühling, nach: ard.de vom 21. Dezember 2011.

377 Zitat nach ›The Guardian‹ vom 20. September 2012.

3.9 Fatah, Hamas und die Frage der Ausrufung des Staates Palästina (2011 bis 2012)

3.9.1 Die unvollendete Aussöhnung zwischen Fatah und Hamas (2011)

Am 27. April 2011 einigten sich Hamas und Fatah sowie elf weitere PLO-Fraktionen in Kairo auf ein Machtteilungsabkommen. Beide Seiten hatten durch die Umwälzungen in der arabischen Welt mit Syrien bzw. Ägypten ihre jeweils einflussreichsten Verbündeten verloren. Sie zollten mit diesem Schritt auch dem Unverständnis ihres Wahlvolkes Tribut, das den lang anhaltenden Bruderkrieg nicht mehr nachvollziehen konnte.

Khaled Mashal, der Führer der Hamas, und Mahmud Abbas, der Präsident der Autonomiebehörde, reisten persönlich nach Kairo. Sie nahmen dabei die Ausrufung eines palästinensischen Staates in den Blick. Die Hamas hoffte, durch den Schulterschluss mit der Fatah ihre internationale Isolation zu überwinden. Innerhalb eines Jahres sollten außerdem eine gemeinsame Übergangsregierung gebildet und Neuwahlen durchgeführt werden.

»Ich will unserem Volk und den arabischen und islamischen Staaten sagen, dass wir ein neues Kapitel der Partnerschaft aufgeschlagen haben, um die Lage der Palästinenser neu zu ordnen.« (Khaled Mashal)[378]

Abb. 47: Grab von Yassir Arafat in der Muqataa, dem Sitz der palästinensischen Autonomiebehörde in Ramallah (Foto: Dieter Vieweger)

378 Zitat nach Sueddeutsche.de vom 24. November 2011.

Mahmud Abbas hoffte, dass die Vereinbarung »vier schwarze Jahre«[379] beendete, die den Interessen der Palästinenser großen Schaden zugefügt hatten. Dennoch konnten die Konflikte zwischen beiden Parteien in den folgenden Monaten nicht überwunden werden (siehe Kap. 3.9.4).

3.9.2 Der Antrag auf Vollmitgliedschaft Palästinas in der UN (2011)

Auch wenn die Versöhnung nicht zustande kam, stellte Mahmud Abbas am 23. September 2011 einen Antrag auf die Vollmitgliedschaft Palästinas bei den Vereinten Nationen. Zeitgleich hatten internationale Organisationen wie die Vereinten Nationen[380], die Weltbank und der Internationale Währungsfonds der Palästinensischen Autonomiebehörde bescheinigt, große Fortschritte bei der Staats- und Institutionenbildung gemacht zu haben.

»Die Weltgemeinschaft wird uns dann dabei helfen, unser Land zu befreien, genau wie Israel 1948.« (Abdallah Frangi)[381]

Der Auftritt von Mahmud Abbas vor der UN-Vollversammlung wurde zu einem unübersehbaren Sympathie-Erfolg der palästinensischen Seite vor der Weltöffentlichkeit. Israel hingegen sah in der geplanten Ausrufung eines selbstständigen Staates Palästina unter der Beteiligung der Hamas eine ›rote Linie‹ überschritten. Für Israel bleibt die Hamas eine Terrororganisation, solange sie nicht die palästinensisch-israelischen Verträge anerkennt und der Gewalt abschwört.

»Lasst uns Brücken der Verständigung bauen statt Brücken für Grenzübergänge und eine Trennmauer ... Die Zeit für einen palästinensischen Frühling mit einer Unabhängigkeit der Palästinenser ist angebrochen.« (Mahmud Abbas)[382]

»Es gibt ein altes arabisches Sprichwort, das besagt, man kann nicht mit einer Hand applaudieren. Genauso ist es auch mit dem Frieden. Ich kann Frieden nicht ohne Sie schließen,

---

379 Zitat nach Spiegel-Online vom 4. Mai 2011.
380 Die UN untersucht u. a. die Regierungsführung, die Rechtsstaatlichkeit, die Einhaltung der Menschenrechte, den Zustand der Infrastruktur, die Erwerbsmöglichkeiten und das Gesundheitswesen. Vgl. hierzu die Sueddeutsche.de vom 12. April 2011.
381 Zitat aus Gil Yaron, http://www.info-middle-east.com/news/die-arabischen-rebellionen-und-israel.html (2. September 2011), Stand vom 18. September 2012.
382 Zitat nach tagesschau.de vom 23. September 2011.

Präsident Abbas, ich strecke meine Hand aus – die Hand Israels – in Frieden. Und ich hoffe, Sie ergreifen diese Hand.« (Benjamin Netanjahu)[383]

Aufgrund des angekündigten Vetos der Vereinigten Staaten blieb den Palästinensern die Vollmitgliedschaft in der UN im September 2011 verwehrt.

»Die USA und die Europäer haben durch ihre Haltung in der Palästina-Frage, die in krassem Gegensatz zur beschworenen Unterstützung der arabischen Freiheitsbewegungen steht, schon jetzt weiter an Glaubwürdigkeit in der Region verloren.« (Muriel Asseburg)[384]

Bereits am 27. September 2011 genehmigte Benjamin Netanjahu den Neubau von 1100 Wohnungen in der nordwestlich von Bethlehem gelegenen Siedlung Gilo. Vielfach wird angenommen, dass dies seine Antwort auf den vier Tage zuvor gestellten Antrag der Palästinenser bei der UN-Vollversammlung war. Angela Merkel sprach in einem Telefonat gegenüber Benjamin Netanjahu von einer »provokanten Handlung« und äußerte Zweifel daran, dass Israel Interesse an ernsthaften Verhandlungen mit den Palästinensern habe.[385] Doch selbst die ungewohnt scharfen Worte der Bundeskanzlerin verhallten ungehört. Ende Oktober 2011 wurden im Rahmen eines beschleunigten Ausbaus von israelischen Siedlungen in Ostjerusalem und in der Westbank 2000 weitere Wohnungen in Har Homa nördlich von Bethlehem genehmigt.

3.9.3 Der Antrag auf Mitgliedschaft Palästinas in der UNESCO (2011)

Am 31. Oktober 2011 fällte die UNESCO-Generalkonferenz eine folgenschwere Entscheidung: Mit 107 Stimmen wurde die Aufnahme Palästinas als 195. Vollmitglied in die UN-Organisation für Erziehung, Wissenschaft und Kultur beschlossen. 53 Staaten enthielten sich und 14 votierten dagegen, darunter neben Deutschland auch Israel und die USA. Diese verlangten zunächst neue direkte Friedensverhandlungen zwischen Israel und der palästinensischen Autonomiebehörde.[386]

---

383 Zitat nach israelnetz.com 24. September 2011.
384 Muriel Asseburg, Der Arabische Frühling und der israelisch-arabische Konflikt. Gefährliche Zuspitzung im Mittelmeerraum, aus: Bundeszentrale für politische Bildung online vom 12. Oktober 2012.
385 Nach Spiegel-Online vom 30. September 2011.
386 Die Freude in den palästinensischen Gebieten war groß. Das Wagnis der UNESCO ebenso: Die USA zahlten bis zu diesem Zeitpunkt 22 Prozent des Budgets der UNESCO. US-Außenministerin Hillary Clinton verwies darauf, dass es laut zweier Gesetze den USA verboten sei, Organisationen zu finanzieren, die die Palästinenser in ihren Reihen aufnehmen. Auch Israel schloss sich diesem Finanzierungs-Boykott an. Nach FOCUS online vom 20. Oktober 2011.

Nach dem Willen der palästinensischen Autonomiebehörde sollte die Geburtskirche Jesu in Bethlehem zu den weltweit über 900 Welterbe-Stätten gehören. Ein entsprechender Dringlichkeitsantrag wurde im Juni 2012 nach kontroverser Diskussion[387] angenommen.

Abb. 48: Die Geburtskirche in Bethlehem während der Restaurierung des Dachstuhls im Jahr 2013 (Foto: Dieter Vieweger).

3.9.4 Der palästinensische Bruderzwist und der Beobachterstatus Palästinas in der UN (2012)

Im Februar 2012 lenkte Khaled Mashal im innerpalästinensischen Bruderzwist zwischen Fatah und Hamas überraschend ein. Er hatte Ende Januar sein langjähriges Exil unter dem Schutz Bashar al-Assads in Damaskus aufgeben müssen. Angesichts des blutigen Bürgerkrieges sah er sich gezwungen, seine Beziehung zum syrischen Herrscherhaus zu überdenken, weil diese seiner Reputation geschadet hätte. In seinem neuen Exil in Doha überraschte ihn Emir Hamad bin Chalifa Al-Thani mit einem Versöhnungsvorschlag, den er als dessen Gast nicht ablehnen konnte: Er stimmte der Bildung einer Über-

---

387 Einige Kirchenvertreter sahen diese Entscheidung kritisch. Sie wünschten, die Geburtskirche aus den politischen Auseinandersetzungen herauszuhalten. Der Internationale Rat für Denkmalpflege (Icomos) bestritt in einem Gutachten die Dringlichkeit des Antrages der palästinensischen Behörde.

gangsregierung unter der Führung von Mahmud Abbas zu.[388] Dieser sollte Ministerpräsident des Westjordanlandes und des Gazastreifens werden.

Doch auch diese sogenannte ›Deklaration von Doha‹ führte zu keiner tragfähigen Einigung zwischen beiden Lagern oder gar zur Durchführung von Wahlen in den Palästinensergebieten.

Ein erneuter Streitpunkt ergab sich bezüglich des palästinensischen Status in der UN. Als die Autonomiebehörde im Sommer 2012 beschloss, den Status Palästinas zu einem ›beobachtenden Nicht-Mitgliedstaat‹ (›Non Member State‹)[389] aufwerten zu wollen, lehnte die Hamas diesen Schritt kategorisch ab. Ismail Haniyeh, der Regierungschef im Gazastreifen, soll nicht nur mit dem Abbruch der Gespräche, sondern auch mit der endgültigen Separation des Gazastreifens von der Westbank gedroht haben. Dennoch forcierte Mahmud Abbas die Aufwertung des UN-Status für Palästina. In seiner Rede vor der UN-Generalversammlung am 27. September forderte er im Namen seines »zornigen Volkes« eine bindende Resolution des UN-Sicherheitsrates. Diese solle den israelisch-palästinensischen Konflikt im Rahmen einer ›Zwei-Staaten-Lösung‹ beenden. Als Grundlage könne nur die Waffenstillstandslinie von 1949 dienen. Noch wäre eine solche Lösung im Konflikt mit Israel möglich, doch vielleicht sei dies die letzte Chance.

Die UN-Vollversammlung wertete am 29. November 2012 Palästina mit großer Mehrheit[390] zum Beobachterstaat innerhalb der Vereinten Nationen auf. Völkerrechtlich war dies noch nicht der Durchbruch, dennoch ein deutlicher Prestigegewinn für Mahmud Abbas.

»Ich rufe die Vollversammlung auf, heute die Geburtsurkunde eines Staates Palästina auszustellen ... Wir werden nicht weniger akzeptieren, als die Unabhängigkeit eines Staates Palästina mit Ost-Jerusalem als seiner Hauptstadt auf dem gesamten Territorium, das 1967 besetzt wurde, um in Frieden und Sicherheit neben Israel zu leben.«[391] (Mahmud Abbas)

---

388 Die palästinensische Nachrichtenagentur ›Maan‹ meldete am 23. September 2012, dass sich Khaled Mashal nicht noch einmal um ein Führungsamt bei der Hamas bemühen werde. Beobachter vermuteten, dass er sich nicht länger den politischen Flügelkämpfen aussetzen mochte.

389 Diesen Status besitzt bereits der ›Heilige Stuhl‹ des Staates Vatikanstadt. Er ist bei den Vereinten Nationen als permanenter Beobachter zugelassen und darf bei der Jahresvollversammlung in die Debatte eingreifen.

390 138 der 193 UN-Mitglieder stimmten dafür.

391 www.bpb.de, Bundeszentrale für politische Bildung vom 30.11.2012.

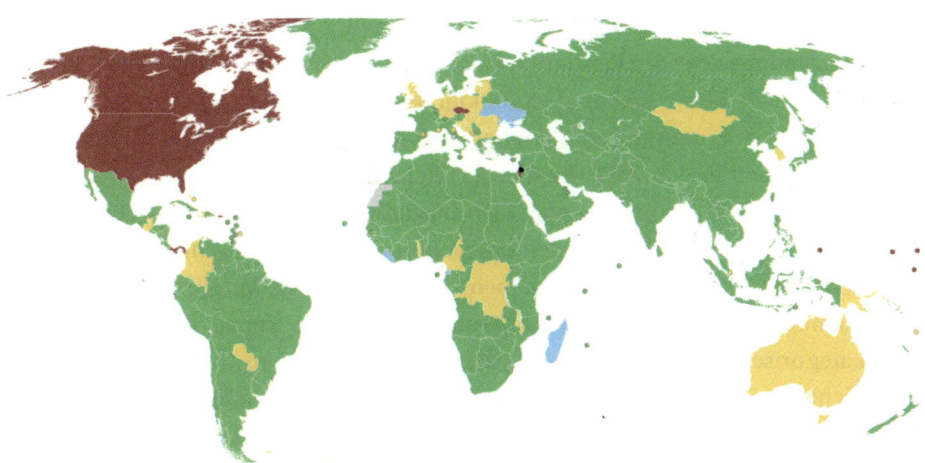

Abb. 49: Landkarte zum Abstimmungsverhalten der UN-Mitgliedsstaaten (grün = Zustimmung; rot = Ablehnung; gelb = Enthaltung; blau = nicht anwesend (Wikipedia, Grolltech am 30. November 2012, Creative Commons Attribution-ShareAlike 3.0).

Aus der Aufwertung Palästinas durch die UN ergeben sich neue Perspektiven. Palästina könnte weiteren UN-Organisationen beitreten und auch Zugang zum Strafgerichtshof in Den Haag erhalten und z.B. gegen den israelischen Siedlungsbau klagen.

Israel und das iranische Atomprogramm (ab 2005)

Seit der iranischen Revolution im Jahr 1979 ist das Verhältnis zwischen dem Iran und Israel zerrüttet.[392] Israel wird von den Machthabern im Iran als ›Satan‹ und als ›zionistisches Besatzerregime‹ gebrandmarkt. Im Gegenzug gilt der Iran seit Jahren in Israel als der Feind schlechthin.

Das iranische Atomprogramm sorgt seit Jahren für eine unversöhnliche Auseinandersetzung beider Staaten. Diese Differenzen eskalierten nach der Wahl Mahmud Ahmadinedschads zum iranischen Präsidenten im Jahr 2005. Die politisch Verantwortlichen des Iran bestreiten, nach Atomwaffen zu streben. Die Regierung Irans macht offiziell ihr Recht auf die zivile Nutzung der Kernenergie geltend, zumal dies dem Land als Unterzeichner des Atomwaffensperrvertrags rechtlich zusteht.

*»Der gefährlichste Staat der Welt muss nicht auch noch die gefährlichste Waffe der Welt bekommen.«
(Benjamin Netanjahu)[393]*

Abb. 50: Reaktor IR-40, Teil der kerntechnischen Anlage in Arak, Iran (Wikipedia gemeinfrei)

392 Nur drei Monate nach der Rückkehr des Revolutionsführers Ayatollah Ruhollah Khomeini in den Iran wurde der Präsident der Jüdischen Gesellschaft Teherans, der Millionär und Geschäftsmann Habib Elghanian, liquidiert. Seither wanderten tausende jüdische Iraner aus ihrer Heimat aus.
393 Zitat nach FOCUS online vom 19. Juli 2012.

In Israel sieht man das allerdings ganz anders. Dort ist man von der Existenz eines militärischen Atomprogramms im Iran überzeugt. Es gefährde die Sicherheit und das Überleben des Staates Israel. Die israelische Regierung wirft angesichts dieser massiven Bedrohung ihres Landes der internationalen Gemeinschaft Nachlässigkeit im Atomstreit mit dem Iran vor.

Der Iran sieht sich zu Unrecht an den Pranger gestellt. Während der UN-Vollversammlung 2012 warf Mahmud Ahmadinedschad der westlichen Welt vor, mit Atom- und Massenvernichtungswaffen Politik zu betreiben und Länder wie den Iran zu bedrohen.

Benjamin Netanjahu droht seit Jahren, Israel werde die Zerstörung der iranischen Atomanlagen selbst in die Hand nehmen. Die Entschlossenheit dazu hat Israel im Irak[395] und in Syrien[396] schon unter Beweis gestellt. Doch die Zeit arbeitet gegen Israel. Der Iran verlagert seine Atomanlagen in geschützte unterirdische Bunker, die für die Sprengkraft israelischer Waffen unerreichbar sind. Daher – so argumentiert die Regierung in Jerusalem – müsse man den Iran angreifen, bevor es zu spät sei.

Die Internationale Atomenergiebehörde (IAEA) teilte am 24. August 2012 in Wien mit, dass ihre jüngste Mission gescheitert sei. Sie konnte keine Klarheit darüber gewinnen, ob ein geheimes Atomwaffenprogramm im Iran verfolgt wird. Daraufhin drohte Israel offen mit einem Luftschlag, weil weder Diplomatie noch wirtschaftliche Sanktionen das iranische Atomprogramm bislang gestoppt hätten.

Die israelische Presse diskutierte im Jahr 2012 vielfach, ob die USA Israel nach einem Erstschlag unterstützen würden. Barack Obama betonte zunehmend deutlicher, dass er die USA nicht zum »Komplizen« eines israelischen Angriffs werden lasse. Bei Entscheidungen zur nationalen Sicherheit

> *»Das Wettrüsten und die Einschüchterung mit Atom- und Massenvernichtungswaffen durch die westlichen Mächte sind vorherrschend geworden. Das Testen neuer Generationen von hochmodernen Waffen und die Ankündigung, diese zu gegebener Zeit einzusetzen, sind nun zu einer neuen Sprache der Bedrohung geworden und sollen Staaten zwingen, ein neues Zeitalter der Vorherrschaft zu akzeptieren.« (Mahmud Ahmadinedschad)[394]*

> *»Jene in der internationalen Gemeinschaft, die sich weigern, dem Iran rote Linien zu ziehen, haben kein moralisches Recht, Israel rotes Licht zu zeigen.« (Benjamin Netanjahu)[397]*

---

394 Zitat nach Euronews-Online vom 26. September 2012.
395 Siehe S. 200.
396 Am 6. September 2007 zerstörte das israelische Militär die Anlage von Al-Kibar.
397 Zitat aus stern.de vom 11. September 2012.

richte er sich nur nach dem Wohl Amerikas und lasse sich nicht von außen unter Druck setzen, sondern »blende jeden anderen Lärm da draußen aus.«[398]

Offensichtlich zeigt das Bemühen der USA Wirkung. Benjamin Netanjahu rückte in seiner Rede bei der UN-Vollversammlung im September 2012 von einem unmittelbaren Luftschlag gegen den Iran ab und gab damit diplomatischen Bemühungen mehr Raum.

Einen entscheidenden Wandel im Verhältnis der westlichen Welt zu Iran ermöglichte der Wahlsieg Hassan Rohanis am 14. Juni 2013. Der als moderat geltende Geistliche wurde im August 2013 zum Präsidenten der Islamischen Republik Iran ausgerufen. Bereits vor seiner Wahl hatte er sich von der konfrontativen Politik Mahmud Ahmadinedschads distanziert. Die von ihm gepflegte verbale Deeskalation sowie ein Briefwechsel zwischen ihm und Barack Obama ebneten den Weg einer Neuausrichtung der Außenbeziehungen des Iran. Die laufenden Verhandlungen mit der sog. »5+1-Gruppe« (die fünf UN-Vetomächte[401] plus Deutschland) sollten dem Iran zwar eine friedliche Kernenergienutzung ermöglichen, dabei aber die Entwicklung von Atomwaffen[402] verhindern. Der Iran seinerseits war an der Aufhebung der Wirtschaftssanktionen – die dem Land deutlich zu schaffen machten – interessiert.[403]

Bereits im Februar 2013 hatte die Verhandlungsführerin der »5+1-Gruppe« Catherine Ashton von einem »vertrauensbil-

»Verhandlungen sind der bei weitem beste Ansatz, den Iran von der Entwicklung von Atomwaffen abzuhalten.« (Hillary Clinton)[399]

»Während die Sonne hier in Teheran untergeht, wünsche ich allen Juden, besonders den iranischen Juden, ein gesegnetes Rosch Haschanah.« (Hassan Rohani)[400]

»Iran wird nach seinen Handlungen bewertet.« (Benjamin Netanjahu)[404]

---

398 Zitat nach Spiegel-Online vom 27. September 2012.

399 Zitat nach stern.de vom 11. September 2012.

400 Englischsprachiger Twitter-Account des iranischen Präsidenten nach ZEIT-online vom 5. September 2013.

401 USA, China, Russland, Großbritannien und Frankreich.

402 Das Institute for Science and International Security gab am 14. Januar 2013 bekannt, der Iran werde Mitte 2014 die kritischen Kapazitäten zur Herstellung von Atomwaffen erlangen.

403 Hassan Rohani kennt die Thematik. Er war von 2003 bis 2005 Chefunterhändler der Gespräche zwischen der Europäischen Union (vertreten durch Großbritannien, Frankreich, Deutschland) und dem Iran. Zwar gestand man den Stopp der Urananreicherung zu, doch baute der Iran damals seine Atomanlagen (insbesondere in Isfahan) weiter aus.

404 Zitiert nach Reuters Deutschland vom 16. Juni 2013.

dendem Angebot« des Iran gesprochen. Der Durchbruch kam im Oktober 2013 mit den neuen Unterhändlern des Hassan Rohani. Der Iran präsentierte einen Dreistufenplan. Auf dessen Basis wurde am 24. November 2013 in Genf ein Übergangsabkommen unterzeichnet, das im Januar 2014 in Kraft trat. Der Iran verpflichtet sich darin, innerhalb der folgenden sechs Monate sein Atomprogramm wesentlich zu beschneiden; im Gegenzug sollten für diesen Übergangszeitraum Sanktionen gelockert und dem Iran sieben Milliarden US-Dollar Wirtschaftshilfe gewährt werden.[405]

Bis zum 20. Juli 2014 wollte die »5+1-Gruppe« ein endgültiges Abkommen zum iranischen Atomprogramm aushandeln. Allerdings führten im Sommer 2014 noch bestehende Differenzen – insbesondere zu den Zentrifugen für die Atomanreicherung[406] und zur Aufhebung der westlichen Sanktionen – dazu, dass die Frist um vier, später um weitere sieben Monate verlängert werden musste.

Die Krise im Irak – insbesondere der Vormarsch der IS(IS)-Truppen[407] bringt die USA und den Iran seit dem Sommer 2014 auf dem Feld der Nahostpolitik wieder näher zueinander.

Das Verhältnis zu Israel bleibt im Iran allerdings abgekühlt. Angesichts der Gaza-Krise ergriff Hassan Rohani Partei für die Palästinenser.

»Es kann für die Palästinenser keinen diplomatischen Ausweg, sondern nur den des Widerstands geben.« (Hassan Rohani)[408]

---

405 Dazu gehörten die Begrenzung der Urananreicherung auf 5%; der Verzicht, neue Zentrifugen in Betrieb zu nehmen; die Beendigung der Arbeiten am Schwerwasserreaktor in Arak und der freie Zugang für Inspektoren der internationalen Atomenergiebehörde zu den fraglichen Anlagen.

406 Der Iran möchte möglichst viele Zentrifugen betreiben, um sein Atomprogramm mit eigenem Brennmaterial voranzutreiben; die westliche Welt sorgt sich allerdings um eine mögliche Zweckentfremdung des angereicherten Materials.

407 Siehe dazu S. 264.

408 Aussage anlässlich des »Al-Quds-Tages« am 25. Juli 2014; zitiert nach www.bundespresse.com vom 6. August 2014 (Thema: »Gaza-Konflikt 2014«).

3.10 Die Luft ›riecht‹ nicht nach Frieden

»Der Nahostfriedensprozess befindet sich in einer Sackgasse und ist paralysiert. Seit Benjamin Netanyahu und die von ihm geführte Rechtskoalition im Frühjahr 2009 die Macht übernommen haben, gibt es keine substanziellen Verhandlungen mit seinem Gegenüber, Palästinenserpräsident Mahmud Abbas. Der israelisch-palästinensische Konflikt war in Israel seitdem faktisch von der außenpolitischen Agenda verschwunden. Diese wurde beherrscht von der Bedrohung durch Irans nukleare Ambitionen, und den ebenfalls als Bedrohung empfundenen Umwälzungen in der arabischen Welt, insbesondere dem Aufstieg islamistischer politischer Kräfte bis hin zum Wahlsieg der Muslimbruderschaft in Ägypten.«[409]
Doch dann brachte die achttägige militärische Eskalation im November 2012 zwischen Israel und der Hamas im Gazastreifen das Thema zurück auf die politische Bühne.

3.10.1 Der Gaza-Konflikt (2012)

»Militante Palästinenser im Gazastreifen haben zwei weitere Raketen auf Israel abgefeuert und ein Haus in dem Ort Netivot getroffen. ... Seit Jahresbeginn schossen Palästinenser bereits mehr als 450 Raketen auf den jüdischen Staat ab.« (Tagesschau)[410]

Meldungen wie diese rissen in den Medien nicht ab. Den ›Qassam-Raketen‹ folgten Gegenschläge mit Kampfhubschraubern oder Jagdbombern. Diese unablässigen Stiche sind gefährlich. Sie lösen nichts, treffen aber oft Unschuldige und lassen statt des Rufes nach Frieden den der Vergeltung laut werden. Die Logik der im Gazastreifen agierenden militanten Gruppen ist klar: im Verhältnis zu Israel keine Normalität aufkommen lassen, den Gegner durch stete Angriffe unter Druck setzen und ihn – wie einst im Libanon – durch viele Opfer zum Rückzug zu bewegen, gleich, welchen Blutzoll dies kostet.
Am 14. November 2012 töteten Kampfjets Ahmed al-Dschabari, den militärischen Führer der Hamas. Ihm wurde die Planung von Terroranschlä-

---

409 Friedrich-Ebert-Stiftung, 20 Jahre nach Oslo. Ist die Zwei-Staaten-Lösung tot? Israel kontrovers 13, 2012, 1 (PDF vom 4. August 2012).
410 Zitat nach tagesschau.de vom 9. September 2012.

gen in Israel zur Last gelegt. Umgehend wurden aus dem Gazastreifen Raketen nach Israel abgefeuert – erstmals erreichten sie von hier aus auch Tel Aviv. Damit eskalierte der Konflikt. Nach acht durchkämpften Tagen und Nächten – nach 1500 auf Israel abgefeuerten Raketen und ebenso vielen gezielten israelischen Militärschlägen gegen Gaza kam es am 21. November zu einer (maßgeblich von Mohammed Mursi vermittelten)[411] Waffenruhe.

Unter der israelischen Bevölkerung breitete sich die Überzeugung aus, dass das Prinzip ›Land gegen Frieden‹ nicht funktioniert. Auf jedes Zugeständnis folgten stets neue und gefährlichere Bedrohungen. Der einseitige Rückzug aus dem Gazastreifen habe keinerlei neue Chance für den Frieden gebracht.

Abb. 51: Das Bild wurde ein beliebtes Motiv auf Autos und Werbetafeln in Israel. Es erinnert an die 370 Verträge zwischen den Vereinigten Staaten und Indianerstämmen, die zwischen 1778 und 1871 geschlossen und später allesamt gebrochen wurden. – Die Urheber des Motivs propagieren damit, dass die Palästinenser ihr Versprechen ›Land for Peace‹ nach der Übergabe der Westbank ebenso brechen würden, wie dies nach der Rückgabe des Gazastreifens geschehen sei.

Für die palästinensischen Bewohner war jedoch klar, dass die Abriegelung des Gazastreifens ein Ende finden muss. Viele neigten dabei mehr und mehr der von Hamas propagierten Idee zu, dass es ohne den militärischen Kampf gegen Israel keine Zugeständnisse geben wird.

So schien es 2012 – kein Jota des Konfliktpotentials war gelöst –, dass »nach dem Krieg« auch »vor dem Krieg« heißen könnte. Doch es gab Auswege.

---

411 Siehe dazu S. 267.

Der Palästinenserpräsident Mahmud Abbas setzte auch nach dem Gaza-Konflikt auf Verhandlungen, internationale Verträge und den gewaltlosen Kampf. Die palästinensische Seite stellte allerdings Forderungen für die Wiederaufnahme von Verhandlungen, insbesondere einen generellen Siedlungsbaustopp für das Westjordanland und Ostjerusalem. Und sie verweigerte sich der ›Normalisierung‹[412], solange es keine Verhandlungen zur Erlangung eines souveränen Staates Palästina gibt.

Der israelische Premier war zwar nach eigenen Worten auch zu »schmerzhaften Zugeständnissen« gegenüber der palästinensischen Seite bereit, beharrte aber auf seinen Forderungen: ein jüdischer Staat Israel, Jerusalem als dessen ewige Hauptstadt, die Entwaffnung Palästinas, die israelische Militärpräsenz am Jordan sowie ein nichtvollständiger Abzug aus den 1967 eroberten Gebieten.[413]

»Die Lage zwischen Israelis und Palästinensern wird immer schlimmer, weil keine Seite eine Strategie zur Überwindung des Konflikts besitzt.« (Aaron David Miller)[414]

Die Vereinigten Staaten schauten seit langem besorgt in den Nahen Osten. Sie erwarteten von ihrem Bündnispartner mehr Diplomatie und weniger militärische Härte. Der US-Verteidigungsminister Leon Panetta forderte deshalb im Dezember 2011 Israel auf, endlich an »den verdammten Tisch« zu Verhandlungen zurückzukehren.

»Der ›arabische Frühling‹ ist durchaus eine Chance für Israel, zu einer sicheren Position in der Region zurückzufinden.« (Leon Panetta)[415]

Sondierungsgespräche zwischen israelischen und palästinensischen Unterhändlern wurden nach mehreren Zusammenkünften im Januar 2012 ergebnislos abgebrochen.[416]

---

412 Die Palästinensische Autonomiebehörde forderte einen Boykott der regelmäßigen Kontakte zwischen Israelis und Palästinensern, um eine Normalisierung der gegenwärtigen Verhältnisse zu verhindern. Sie fürchtete, dass das Fortschreiben des ›Status quo‹ das Ziel, einen souveränen Staat Palästina zu schaffen, in den Hintergrund treten lasse.
413 Rede Benjamin Netanjahus vor dem US-Kongress am 24. Mai 2011.
414 Nahost-Berater von Präsident Bill Clinton; Zitat nach ›Reuters‹ vom 26. September 2012.
415 Zitat nach n-tv.de vom 3. Dezember 2011.
416 Die Gespräche fanden am 3., 9., 14. und 25. Januar 2012 statt. – Im September 2012 sprachen sich führende palästinensische Politiker für eine Distanzierung der Autonomiebehörde von den Osloer Vereinbarungen aus, insbesondere Mustafa Barghouti.

3.10.2 Friedensverhandlungen (2013 bis 2014)

Nach langem Stillstand kam im Sommer 2013 wieder Bewegung in den Nahost-Konflikt. Im März besuchte Barack Obama Israel und die palästinensischen Gebiete. Unmittelbar daran anknüpfend versuchte John Kerry, den Friedensprozess in Nahost neu zu beleben. Monatelange vertrauliche Sondierungsgespräche zwischen den israelischen und palästinensischen Unterhändlern in Amman ebneten den Weg zu offiziellen Friedensverhandlungen Ende Juni 2013 in Washington. Man einigte sich darauf, die Diskussionen vertraulich zu führen, um nach neun Monaten ein gemeinsames Friedensabkommen vorlegen zu können.

Die angegebene Frist verstrich ohne eine Einigung. Die Gespräche lagen wieder auf Eis. Die Israelis werfen der Fatah vor, am 2. Juni 2014 eine Einheitsregierung mit der Hamas eingegangen zu sein. Sie würden mit Terroristen kollaborieren.[417] Für die Fatah war der fortschreitende Siedlungsbau Israels einer der Gründe, die Vertragsverhandlungen nicht weiter zu betreiben. Ohnehin weigerte sich Israel, wie gefordert, eine Gruppe palästinensischer Gefangener freizugeben.

3.10.3 Der Zyklus der Gewalt. Teenager-Morde und Gaza-Konflikt (2014)

Operation »Brother's Keeper«[418]

Im Sommer 2014 drehte sich die Gewaltspirale im Nahen Osten nach einem schon bekannten Muster. Am 12. Juni 2014 wurden drei israelische Jugendliche beim Trampen in der südlichen Westbank entführt.[419] Ministerpräsident Benjamin Netanjahu machte die Hamas[420] für diese Tat verantwortlich. Diese wies die Vorwürfe aber postwendend zurück. Die israelischen Sicherheitskräfte suchten mehrere Tage mit großem Aufgebot

---

417 Die technokratische »Regierung des nationalen Konsenses« wurde von UN-Generalsekretär Ban Ki-moon begrüßt und auch von den USA anerkannt.

418 »Meines Bruders Hüter«.

419 Im Juni und Juli 2006 (Gaza-Konflikt und Kämpfe im Libanon) waren es Verschleppungen von israelischen Soldaten gewesen, die die Spannungen zwischen Israel und seinen Nachbarn eskalieren ließen und zu kriegerischen Auseinandersetzungen führten. Neu war im Jahr 2014, dass jugendliche Zivilisten (die Thora-Schüler Ejal Jifrach, Naftali Frenkel und Gilad Schaer) entführt wurden.

420 Die israelische Seite sah Marwan Kawasama sowie Amer Abu Aisha als Drahtzieher der Entführung an und wies ihnen Beziehungen zur Hamas nach. Beide wurden am 22. September 2014 von einer israelischen Sondereinheit getötet.

nach den drei Jugendlichen, ihren Entführern und nach deren Hintermännern. Dabei kam es in der Westbank – insbesondere im Großraum Hebron – zu gewaltsamen Zwischenfällen mit zahlreichen Verwundeten und fünf Toten. Viele Hamas-Aktivisten (darunter auch gerade erst von Israel Freigelassene) wurden vorübergehend inhaftiert. Die Hamas und andere radikale Gruppierungen im Gazastreifen solidarisierten sich mit den Inhaftierten und beschossen daraufhin das südliche Israel mit Raketen.

Als die Teenager am 30. Juni tot aufgefunden wurden, empörten sich Israelis und die Weltöffentlichkeit über dieses Verbrechen. Radikale Israelis verübten zwei Tage später einen ebenso sinnlosen wie brutalen Rachemord an einem unschuldigen palästinensischen Jugendlichen[421], der in Shuafat (einem Stadtteil im Nordosten Jerusalems) in ein Auto gezerrt und später bei lebendigem Leib verbrannt wurde. Kurz darauf verhaftete die israelische Polizei sechs Jugendliche, von denen drei die Tat gestanden.

Operation »Protective Edge«[422]

Am 3. Juli griff die israelische Luftwaffe als Antwort auf den zunehmenden Raketenbeschuss aus Gaza mehrere Ziele im Gazastreifen an. Fünf Tage später begann die Militäroperation »Protective Edge«. Bis zu diesem Zeitpunkt waren etwa 300 Raketen auf israelisches Territorium abgefeuert worden, die durch anhaltende Artillerie- und Luftangriffe Israels auf Gaza beantwortet wurden (und wegen der wiederum Raketen auf Israel abgefeuert wurden). Dies ließ die Konfliktlage eskalieren. Am 17. Juli begann die israelische Bodenoffensive im Gazastreifen. Wenige Tage darauf wurde angesichts des Raketenbeschusses aus Gaza sogar der für Israel lebenswichtige Flugverkehr nach Tel Aviv gestört. Internationale Fluglinien, darunter auch deutsche, reduzierten ihre Flugverbindungen oder stellten sie vorübergehend ganz ein.

»In den vergangenen dreieinhalb Wochen wurde Israel von einem dauerhaften Raketenbeschuss durch die Hamas und ihre Gleichgesinnten heimgesucht. Hunderte von Raketen wurden auf israelisches Wohngebiet abgefeuert. ... In Gaza sind die Extremisten an der Macht ... Israel muss sich wehren. Welcher Staat würde und kann es denn akzeptieren, dass seine Bevölkerung einem ständigen Raketenhagel ausgesetzt wird? Mehr Verständnis und Empathie für Israel wünsche ich mir in dieser besonderen Lage.«[423] (Dieter Graumann)

---

421 Es handelte sich um den 16 Jahre alten Mohammed Abu Chdeir.
422 »Fels in der Brandung«/»Schutzlinie«.
423 Präsident des Zentralrats der Juden in Deutschland; aus: »Jüdische Allgemeine« vom 9. Juli 2014.

In den Medien diskutierte man den fortwährenden Raketenbeschuss Israels aus Gaza[424], die nahezu sichere Abwehr derselben durch das militärische Abwehrschild »Iron Dome«, das israelische Bombardement des Gazastreifens, angeblich in UNRWA-Schulen versteckte Raketen, Angriffe des israelischen Militärs auf UN-Einrichtungen, Tunnelsysteme der Hamas – die in israelisches Territorium führten –, versuchte Entführungen israelischer Staatsbürger, die (geheime) »Hannibal-Direktive«[425] der israelischen Streitkräfte und vieles mehr. Die zahlreichen Opfer[426] und die weitreichende Zerstörung palästinensischer Infrastruktur im Gazastreifen einerseits sowie die riesigen Militäraufwendungen andererseits brachten den andauernden Konflikt aber in keiner Frage einer Lösung näher.

Abb. 52: Zerstörte Wohnhäuser in Gaza, Juni 2014 (Foto: Andrea Krogmann, Jerusalem).

424 Israels erklärtes Ziel war es, den Raketenbeschuss aus Gaza zu beenden sowie die militärische Infrastruktur der Hamas und anderer radikaler Gruppen im Gazastreifen zu zerstören. Im Laufe des Waffengangs verlagerte sich die Zielstellung auf das Auffinden und Zerstören der Tunnel, die vom Gazastreifen ins Gebiet Israels führten.

425 Nach der »Hannibal-Direktive« sind israelische Kommandeure und Soldaten offenbar dazu angehalten, alles in ihrer Macht Stehende zu tun, um eine Gefangennahme eines/r israelischen Soldaten/in zu verhindern, auch wenn dies den Tod des/der Gefangenen nach sich zieht. Der/die Gefangene selbst sei angeblich aufgefordert, nicht lebend in Gefangenschaft zu geraten und sich und seine Entführer im äußersten Fall mittels Handgranate zu töten (vgl. Sara Leibovich-Dar, The Hannibal Procedure, Haaretz, 21. Mai 2003; Haaretz-Editorial, Investigate what happened in Rafah, Haaretz, 5. August 2014).

426 Am 28. August 2014 gab OCHA (United Nations Office for the Coordination of Humanitarian Affairs) bekannt: 2 104 getötete, 10 224 verletzte und 108 000 obdachlos gewordene Palästinenser, 69 getötete, ›einige Dutzend‹ verletzte Israelis. Über den Anteil der zivilen palästinensischen Opfer wurde heftig gestritten.

»Kleiner als die Insel Usedom, besiedelt von 1,8 Millionen Menschen, fast vollständig isoliert von der Außenwelt, Brennpunkt im Nahen Osten. Kaum ein anderer Ort weltweit besitzt derartiges Radikalisierungspotential – nicht nur für den israelisch-palästinensischen Konflikt und die islamische Welt, sondern weit darüber hinaus. Dies haben die ... ›Solidaritätskundgebungen für Gaza‹ in Deutschland und Europa verdeutlicht.«[427] (Hans Maria Heyn)

Ratlosigkeit nach der Operation »Protective Edge«

Man könnte rückblickend fragen, ob die Militäroperation überhaupt notwendig war. Hätte sich für Israel nicht eine andere Taktik ausgezahlt? Wäre es für Ministerpräsident Benjamin Netanjahu nicht gerade von Vorteil gewesen, dem Drängen seines Außenminister Avigdor Lieberman nicht nachzugeben und einen Bruch der Koalition hinzunehmen? Der Hamas – so wurde vielfach in der internationalen Presse berichtet –, die sich im syrischen Bürgerkrieg auf die Seite der sunnitischen syrischen Rebellen gegen die Assad-Regierung gestellt hatte, war die maßgebliche finanzielle Unterstützung des schiitischen Iran (und des mit ihm verbündeten Syrien) verloren gegangen. Außerdem hatten nach dem Militärputsch in Ägypten die mit der Hamas verbündeten Muslimbrüder im angrenzenden Nachbarland ihre Macht verloren. Die zwischen dem südlichen Gazastreifen und dem angrenzenden Ägypten mehr als 1 000 ausgehobenen Versorgungs- bzw. Schmugglertunnel und damit auch die »Steuer«-Einnahmen der Hamas auf »eingeführte« Waren lagen brach. Viele Verwaltungs- und Regierungsmitarbeiter sowie die Sicherheitskräfte der Hamas konnten bereits Mitte 2013 nur noch zum Teil, ab April 2014 kaum mehr bezahlt werden. Der politische Flügel der Hamas war zu Gesprächen und für eine Regierung der nationalen Einheit mit der Fatah bereit – während radikale Kräfte das eingetretene kriegerische Szenario vorbereiteten.

Seither steht Israel in der Weltöffentlichkeit vielfach in der Kritik und die Hamas sondiert, getragen auf einer Welle des Mitleids (das eigentlich dem palästinensischen Volk gilt!), die Beschaffung neuer Geldquellen.

»Zwei Drittel aller Einwohner [Gazas] unter 40 Jahren waren ... noch nie in ihrem Leben außerhalb von Gaza, dem ›Gefängnis mit Meerblick‹, wie die Palästinenser es oft nennen. Jeder vernunftbegabte Mensch müsste doch inzwischen verstanden haben, dass die siebenjährige strikte Blockade für niemanden gut sei, auch nicht für Israel ...«[428] (Omar Schaban)

---

427   Länderbericht »Palästinensische Gebiete« vom 21. August 2014, Konrad-Adenauer-Stiftung e.V.
428   Interview mit dem palästinensischen Ökonomen Omar Schaban in der Frankfurter Rundschau vom 9./10. August 2014, 7.

Während der Militäroperation wurden 32 Tunnel zwischen dem Gazastreifen und israelischem Territorium entdeckt und zerstört. Derartigen Tunnelsystemen wird bei radikal-islamischen Gruppierungen im Gazastreifen eine besondere strategische Bedeutung zugemessen, da sie eine neue Entführungs- und Anschlagsoption darstellen, die diese Gruppierungen für eigene Zwecke nutzen könnten.

In indirekten Gesprächen zwischen den Konfliktparteien in Kairo wurde schließlich eine Feuerpause ausgehandelt, die am 26. August in Kraft trat und zu einem vorübergehenden Waffenstillstand führte. Weitere Verhandlungen sollten einen Monat später in Kairo beginnen, wurden aber am 23. September nach schleppendem Verlauf zunächst verschoben und dann bis auf weiteres ausgesetzt.

Die Israelis forderten die Entwaffnung der radikalen Kräfte in Gaza – die Palästinenser ein Ende der Isolation Gazas (u. a. durch den Bau eines Übersee- und eines Flughafens). Beide Wünsche sind nur zu unterstützen. Israels Bevölkerung braucht Sicherheit. Gaza kann auf Dauer nicht abgeschottet bleiben. Die Menschen dort müssen eine Perspektive haben, sonst wächst der Nährboden für extremistische Ideologien noch weiter an.[429]

Beide Seiten sahen sich nach dem Gaza-Krieg propagandistisch als Sieger der militärischen Auseinandersetzungen und behaupten entweder, der Hamas einen schweren Schlag versetzt oder den ›zionistischen Feind‹ besiegt zu haben. Doch im politischen Spiel gab es nur Verlierer. Das Ansehen Israels hatte in der Weltöffentlichkeit weiter gelitten – die Hamas wurde geschwächt und sah sich weitaus radikaleren und extremeren Kräften im eigenen Lager gegenüber.

»Auch heute, im Jahr 2014, ist die Zwei-Staaten-Lösung für den israelisch-palästinensischen Konflikt offizielles Ziel der deutschen, europäischen und amerikanischen Nahostpolitik. Im Juni 2011 war ich allerdings optimistischer als heute im Hinblick auf die Realisierbarkeit dieser Lösung«.[430] (Michael Mertes)

---

429 Israel weigert sich grundsätzlich, mit Vertretern der Hamas zu sprechen, da diese einer terroristischen Organisation angehören. Diese Situation erinnert an die Jahre vor 1993, in denen sich Israel aus gleichem Grund ebenso weigerte, mit Vertretern der Fatah zu sprechen (siehe Kap. 3.6.6). Im Umfeld der Oslo-Verhandlungen zeigte sich jedoch, dass einige Vertreter der Fatah längst eine realpolitische Kompetenz erlangt hatten. Sollte das nicht auch für Teile der Hamas gelten können?

430 Leiter des Auslandsbüros Israel der Konrad-Adenauer-Stiftung 2011 bis 2014, in: Ich habe gelernt, DIE ZEIT – CHRIST UND WELT, 7. August 2014.

Zur Person: Khaled Mashal
(*1956 in Silwad bei Ramallah) – ›der Unsterbliche‹

Seit 1996 Chef des Politischen Büros der Hamas

»Wir werden jede vertragliche Abmachung respektieren, solange sie im Interesse unseres Volkes liegt« (2006)

Khaled Mashal wurde in der Westbank geboren, seine Familie übersiedelte 1967, nach der Besetzung des bis dahin jordanischen Gebietes, nach Kuwait. Dort studierte er Physik und arbeitete anschließend als Lehrer. Bereits im Jahr 1971 schloss er sich den Muslimbrüdern an, bald darauf dem islamischen Flügel der palästinensischen Studentenbewegung. 1987 – zu Beginn der ersten Intifada – war er Gründungmitglied der Hamas, die aus dem palästinensischen Teil der Muslimbrüder hervorging. Seither gehörte er zum Politischen Büro der Hamas, 1996 wurde er deren politischer Sprecher.

1991 ging er nach Jordanien, weil die Palästinenser als ehemalige Unterstützer des Einmarschs von Saddam Hussein in Kuwait dort nicht mehr erwünscht waren. Später lebte er in Damaskus, brach aber mit dem syrischen Präsidenten Bashar al-Assad und emigrierte nach Doha (Katar).

Filmreif war der Versuch des Mossad, Khaled Mashal im September 1997 durch eine Giftinjektion ins Ohr zu töten. Den geplanten Coup führten die Agenten aus, doch wurden diese von Mashal-Vertrauten gestellt und den jordanischen Behörden übergeben. Dank jordanischer Hilfe und der Intervention des US-Präsidenten Bill Clinton blieb Khaled Mashal am Leben; die beiden israelischen Geheimdienstmitarbeiter wurden im Austausch gegen den in Israel inhaftierten Sheikh Ahmed Yasin freigelassen.

Straßenkämpfe, Gewalt und Mord

Bereits im Fastenmonat Ramadan (vom 28. Juni bis zum 27. Juli 2014) begannen in den palästinensischen Vorstädten Ostjerusalems und in einigen Gegenden der Westbank Auseinandersetzungen mit den israelischen Sicherheitskräften. Sie entstanden in direkter Folge nach der Entführung und Tötung

des arabischen Jugendlichen Mohammed Abu Chdeir. Nach der Verhaftung
seiner Mörder ebbten die Straßenkämpfe während der Gaza-Auseinander-
setzungen vorübergehend ab – die Unruhen flammten in Ostjerusalem aber
immer wieder auf und dauerten schließlich bis in den Dezember 2014 an.

Am 4. August attackierte ein von einem palästinensischen Attentäter gelenkter Bagger einen
Bus; am 22. Oktober und 5. November verübten Palästinenser ›Auto-Crash-Fahrten‹ mit Todesopfern auf Wartende an Straßenbahnhaltestellen; am 10. November kosteten palästinensische Messerangriffe nahe Gush Zion und in Tel Aviv zwei Israelis das Leben; drei wurden
verwundet. – Am 14. Oktober ereignete sich ein Brandanschlag israelischer Siedler auf eine
Moschee im Dorf Aqraba; am 16. und am 24. Oktober kamen Jugendliche bei Auseinandersetzungen mit der israelischen Armee ums Leben. Der mysteriöse Tod eines arabischen
Jerusalemer Busfahrers am 17. November heizte die angespannte Situation im Herbst 2014
weiter an. Schließlich löste der Brandanschlag radikaler Mitglieder der Lehava-Bewegung[431]
am 29. November auf eine Hand-in-Hand-Schule in Jerusalem gerade in der israelischen
Öffentlichkeit großes Entsetzen aus. Das entstandene Klima in Jerusalem interpretierten
einige Medien bereits als Vorboten einer dritten Intifada.

Diese Spannungen erhielten immer wieder neue Nahrung durch die sich
stetig verschärfenden Auseinandersetzungen um den Haram asch-Scharif, den Tempelberg.

Beten auf dem Tempelberg?

Einer der religiös bedeutendsten und gleichzeitig politisch sensibelsten
Orte Jerusalems – der muslimische Haram asch-Scharif und jüdische Tempelberg[432] – wurde 2014 zum Mittelpunkt religiös aufgeladener Auseinandersetzungen. Das Betreten des heiligen Berges ist Juden (wie Menschen
aller anderen Religionen) erlaubt.[433] Zur Wahrung von ›Sicherheit und
Ordnung‹ gestattet der Waqf nur Muslimen eine aktive, sichtbare Religionsausübung.

National-religiöse, radikale Juden machen sich dafür stark, auf dem Tempelberg einen neuen, den dritten jüdischen Tempel zu errichten. Sie ge-

---

431 Lehava (hebr. LeMeniat Hitbolelut B'eretz HaKodesh; Organization for Prevention of Assimilation
in the Holy Land) ist eine israelische Organisation, die jegliche Assimilation von Juden verhindern
will und insbesondere die persönliche wie berufliche Beziehungen zwischen Juden und Arabern ablehnt.

432 Der jordanische König Abdallah II., dessen Abfolge in direkter Linie vom Propheten Mohammed
abgeleitet wird, fungiert als ›Hüter‹ der heiligen Stätten des Islam in Jerusalem, wie das 1994 auch
im § 9 des jordanisch-israelischen Friedensvertrags verankert wurde. Die tatsächliche administrative Hoheit auf dem Haram asch-Scharif übt er durch den Jerusalemer islamischen Waqf aus. Vgl.
ausführlich zur Heiligkeit der Stätte Kap. 2.3.1 und Kap. 2.4.

433 Nach jüdisch-orthodoxem Verständnis wird allerdings davor gewarnt, die Stelle zu betreten, an der
einst das Allerheiligste des Tempels stand (siehe Kap. 2.3.1).

hören zwar nur einer israelischen Minderheit an, führten aber seit Beginn des Jahres 2014 eine gezielte Kampagne zur Untermauerung des ihnen nach ihrer Überzeugung zustehenden Rechtes zur religiösen Nutzung des Haram asch-Scharif durch. Dazu gehörten demonstrative Besuche jüdischer Aktivisten auf dem Tempelberg. Sie forderten eine größere aktive Religionsfreiheit und die Möglichkeit ein, auf dem Tempelberg öffentlich zu beten. Gelegentlich wurde die Übergabe der jordanischen Zuständigkeit an die israelische Verwaltung verlangt. Unterstützt wurden sie in ihrem Bestreben auch von einigen Mitgliedern der Knesset, die meist von privaten Sicherheitskräften eskortiert, öffentlichkeitswirksam den Tempelplatz betraten. Die israelische Regierung unternahm wenig, um dies zu unterbinden. Daraus resultierten heftige gewaltsame Auseinandersetzungen auf dem Haram asch-Scharif zwischen aufgebrachten Muslimen, die ihre Rechte gefährdet sahen, und israelischen Sicherheitskräften.

Einer der bekanntesten jüdischen Aktivisten, Rabbi Yehuda Glick, wurde am 29. Oktober 2014 nach einem Vortrag zu ›Israels Rückkehr auf den Tempelberg‹ Opfer eines palästinensischen Anschlags. Er überlebte schwerverletzt. Der Täter wurde am Tag darauf von der Polizei gestellt und bei den sich daraus ergebenden Auseinandersetzungen erschossen. Angesichts der daraus folgenden palästinensischen Proteste riegelten israelische Sicherheitskräfte den Haram asch-Scharif am 30. Oktober komplett ab.

Der jordanische König Abdallah II., der ›Hüter‹ der heiligen Stätten des Islam in Jerusalem, stellte in dieser aufgeheizten Atmosphäre klar, dass eine Änderung des Status quo auf dem Haram asch-Scharif eine Revision des israelisch-jordanischen Friedensvertrages nach sich ziehen werde und kündigte am 4. November 2014 an, den jordanischen Botschafter in Tel Aviv abzuziehen. Tags darauf kam es zu heftigen Zusammenstößen auf dem Haram asch-Scharif. Etwa 300 israelische Sicherheitskräfte drangen in das Innere der Al-Aqsa-Moschee ein. US-Außenminister John Kerry vermittelte daraufhin zwischen beiden Regierungen[434] und Ministerpräsident Benjamin Netanjahu sagte am 13. November 2014 in Amman bei einem Treffen mit dem König die Einhaltung des Status quo zu. Er wandte sich auch gegen die demonstrativen Besuche des Tempelberges durch jüdische Nationalisten.

---

434 Jordanien ist einer der wichtigen amerikanischen Verbündeten bei dessen Auseinandersetzungen in Syrien und im Irak.

Fünf Tage später eskalierte die Situation in Jerusalem erneut. Zwei Mitglieder der »People's Front for the Liberation of Palestine« (PFLP) verübten ein Attentat mit Messern, Äxten und einer Pistole auf Betende in einer Synagoge und töteten vier Menschen.

Bereits am 8. November hatte Benjamin Netanjahu angesichts der nicht enden wollenden Unruhen ein hartes Vorgehen gegen die arabischen Proteste in Ostjerusalem und der Westbank sowie gegen die terroristischen Angriffe angekündigt. Die deutliche Erhöhung der Polizei-Präsenz in Ostjerusalem und die Einigung mit dem jordanischen König in der Haram asch-Scharif-Kontroverse, aber auch nächtliche Razzien, Festnahmen sowie die Nässe und Kälte ließen die Proteste im Dezember 2014 enden.

Israel, der Gazastreifen und die Westbank am Beginn des Jahres 2015

Große Teile des Gazastreifens wurden im 51-tägigen Krieg zerstört. Die Gaza-Geberkonferenz am 12. Oktober in Kairo brachte für die nachfolgenden drei Jahre Zusagen in Höhe von 4,3 Milliarden Euro.[435]

Die indirekten Verhandlungen zwischen Israel und der palästinensischen Seite kamen aber im Herbst 2014 nicht voran: das Misstrauen zwischen Hamas und Fatah (z. B. in der Frage, wer von beiden die Grenzkontrollen zum Gaza-Streifen durchführt) und das nicht unproblematische Verhältnis der Hamas zur ägyptischen Führung[436] haben auch die indirekten Gespräche Israels mit den palästinensischen Unterhändlern in Kairo nicht vorangetrieben. Der am 3. Dezember mit der Selbstauflösung der Knesset begonnene Wahlkampf in Israel lässt vor den Neuwahlen zum israelischen Parlament am 17. März 2015 von Seiten Israels nicht an eine Wiederaufnahme der Verhandlungen in Kairo denken.

---

435 Die Europäische Union versprach allein 450 Millionen Euro; das Emirat Katar eine Milliarde US-Dollar/792 Millionen Euro.
436 Am 27. Oktober 2014 schloss die ägyptische Seite den Grenzübergang Rafah und ließ eine hochrangige Hamas-Delegation nicht zu den indirekten Verhandlungen mit Israel nach Kairo einreisen, weil die ägyptischen Behörden den Palästinensern in Gaza eine Mitschuld an einem Selbstmordattentat drei Tage zuvor in El-Arish einräumten, bei dem durch eine Autobombe 31 ägyptische Soldaten getötet wurden.

Die Spannungen sind geblieben und können jederzeit wieder aufflammen. Die großen Themen der Auseinandersetzungen bleiben weiter ungelöst oder verschärfen sich noch weiter, wie:

- der fortgesetzte Siedlungsausbau in der Westbank und Ostjerusalem, gegen den auch Außenminister Walter Steinmeier wiederholt protestierte,[437]
- die unvollendete Staatswerdung Palästinas,[438]
- der Antrag der palästinischen Autonomiebehörde am 31. Dezember 2014 auf einen Beitritt zum Internationalen Strafgerichtshof, der auf scharfe Kritik von israelischer Seite stieß,[439]
- die hoffnungslose Lage der Bevölkerung im Gazastreifen,[440]
- die bleibende Unsicherheit der Bevölkerung Israels angesichts möglicher Entführungen und Terrorattacken und
- das Vorhaben Benjamin Netanjahus, Israel rechtlich als jüdischen Staat zu definieren.[441]

Ende 2014 kommt den USA noch immer die Schlüsselposition bei der Lösung der israelisch-palästinensischen Konfliktes zu – es wird aber nicht leichter: Nach seinem Scheitern bei den Verhandlungen zum Nahost-Friedensprozess in den Jahren 2013 und 2014 stand der US-Außenminister John Kerry zunächst hilflos da und konnte keine der beiden Seiten zur Räson bringen. Im politischen Gemenge um die geostrategische Vormacht in Nahost agieren außerdem Abd al-Fattah as-Sisi (Ägypten), Hamad bin Chalifa Ath-Thani (Katar), Recep Tayyip Erdoğan (Türkei) und neuerdings auch wieder Russland. Es erscheint schwer vorstellbar, dass dies die Situation in Nahost friedlicher macht und einer ehrlichen, ausgewogenen Lösung zum Durchbruch verhilft.

---

437   Z.B. am 16. November 2014.
438   Am 30. Oktober 2014 erkannte Schweden als erstes EU-Land den Staat Palästina an (Malta, Zypern, Tschechien, die Slowakei, Bulgarien, Rumänien und Ungarn hatten vor ihrem EU-Beitritt bereits 1988 Palästina anerkannt).
439   Das Tribunal in Den Haag könnte dann auf palästinensischem Gebiet begangene Kriegsverbrechen verfolgen.
440   Der Winter hat die zu einem Teil in Zelten, Containern oder Notunterkünften campierende Bevölkerung Gazas fest im Griff, denn der Wiederaufbau geht, wenn überhaupt, nur sehr schleppend voran.
441   Justizministerin Tzipni Livni und Finanzminister Yair Lapid waren nicht bereit, dem mehrfach überarbeiteten Entwurf Benjamin Netanjahus zuzustimmen. Dies führte letztendlich zum Bruch der Koalition und zur Selbstauflösung der Knesset. - Tzipni Livni forderte eine Formulierung, die allen Bürgern Gleichberechtigung zusichert.

Mehr als 65 Jahre nach der Staatsgründung Israels ist der israelisch-palästinensische Konflikt noch immer nicht gelöst. Das Jahr 2014 machte »Schlag auf Schlag« klar, dass es zu Terror, bürgerkriegsähnlichen Zuständen und militärischen Auseinandersetzungen führen kann, wenn beide Seiten den Dialog einstellen. Dies alles hat weiteres Misstrauen gesät und die Gräben zwischen den Konfliktparteien vertieft. Beide Völker kennen oftmals unter sich nur Opfer – weisen den Terror und die Uneinsichtigkeit der je anderen Seite zu. Sie werden von religiösen Fanatikern darin unterstützt, keine Kompromisse einzugehen.

Die Luft ›riecht‹ nicht nach Frieden.

(abgeschlossen im Dezember 2014)

4. Resümee und Ausblick –
Was kann morgen passieren?

In der griechischen Mythologie wird beschrieben, wie ein trickreich ge-
flochtener Knoten am Streitwagen des legendären phrygischen Königs Gor-
dios dessen Deichsel mit dem Joch verband. Niemand konnte den ›Gordischen Knoten‹ lösen, obwohl ein großer Preis auf denjenigen wartete, der
das schaffen würde: Er sollte Asien beherrschen! Alle Versuche scheiterten,
bis Alexander der Große den Knoten mit dem Schwert zerhieb.

Der Konflikt um Israel und die palästinensischen Gebiete gleicht der legendären Aufgabe, den ›Gordischen Knoten‹ aufzulösen, denn die widerstreitenden Ansprüche auf die südliche Levante scheinen unentwirrbar.
Gleich welche Lösung angestrebt wird, eine vollständige Berücksichti-
gung aller Interessen ist nicht zu erreichen. Der Konflikt wird durch keine
der denkbaren Lösungsvorschläge vollständig beigelegt werden. Die von
beiden Seiten ins Spiel gebrachten politischen, religiösen, historischen
und juristischen Ansprüche sind weder von ihrem Grundsatz her noch in
ihren spezifischen Forderungen vollständig miteinander vereinbar. Tref-
fend meinte Arthur James Balfour schon nach der Pariser Konferenz im
Jahr 1919 über die im Widerstreit liegenden arabischen und jüdischen
Vorstellungen: »Ich habe aber nie verstehen können, wie das in Einklang
gebracht werden kann.«[1] Ohne den selbstbeschneidenden Verzicht aller
Konfliktparteien auf eigene Ansprüche wird es zu keiner dauerhaften Lösung im israelisch-palästinensischen Konflikt kommen. Eine friedliche
Koexistenz kann ohnehin nur dann gelingen, wenn die eigenzentrierte
›autistische Rhetorik‹ einiger jüdischer und arabischer Meinungsführer
überwunden wird. Solange diese die selbst propagierten Ziele ohne Blick
auf die Grundrechte der anderen und deren berechtigtem Wunsch abste-
cken, nach dem Friedensschluss aufrechten Hauptes in einem lebenswer-

---

1   Arthur Balfour zitiert nach Flores 2009, 30.

ten Staatswesen weiterleben zu können, wird es keinen tragfähigen Kompromiss geben.

Auf dem Weg zu den angestrebten ›Endstatus‹-Verhandlungen[2] sind vertrauensbildende Maßnahmen möglich und zeitnah auch umsetzbar. Ihr Effekt wäre sowohl bei der israelischen wie bei der palästinensischen Bevölkerung hoch willkommen. Dazu gehören das Ende der israelischen Siedlungstätigkeit in der Westbank und eine Anerkennung des Existenzrechts Israels seitens aller arabischen Parteien. Ebenso muss der grundsätzliche Verzicht auf terroristische Anschläge durchsetzbar sein.

Neben diesen großen sind auch die den Alltag tangierenden kleinen Schritte wichtig. Brücken zu bauen, den ›Wandel durch Annäherung‹ zu vollziehen, das sind die wertvollen und dringenden Aufgaben der Friedens- und Menschenrechtsgruppen.

Niemand kann den Konflikt rein rational lösen. Längst hätte sich sonst die Erkenntnis durchgesetzt, dass dieser mit militärischen Mitteln für keine Seite zu gewinnen ist. Die unzähligen Toten und Verwundeten, das unermessliche Leid der Bevölkerung, die vielen Milliarden Dollar an Rüstungs-, Kriegs- und Sicherheitsausgaben – all dies steht in keinem Verhältnis zu den Vorteilen einer friedlichen Koexistenz, bei der alle Beteiligten mit weit geringeren Finanzaufwendungen deutlich besser leben könnten. Doch wer vertraut schon dem Feind? Und was passiert, wenn gerade auch während der Zeit großer Friedensanstrengungen – wie im Oslo-Prozess geschehen – die Radikalen und Extremisten beider Seiten das einzige tun, was sie können, weiter zu bomben und weiter zu morden? Sind alle Araber so? Sind alle Juden so? Natürlich nicht! Doch ein Friedensprozess wird beharrlich den steinigen Weg der Überwindung des immer wieder auflodernden Misstrauens gehen und die herben Rückschläge der öffentlichkeitswirksamen Aktionen von Radikalen überstehen müssen.

Beide Völker fühlen sich als Opfer. Beide Völker sind Opfer. Es gibt gewiss keine Großfamilie und keinen Freundeskreis, in dem nicht die blutige Spur des Terrors ihre bitteren Narben eingekerbt hat. – Beide Völker sind Opfer. Das ist richtig; doch ist der Opferstatus auch ein Problem. Erst wenn die Konfliktparteien auch ihren aktiven Anteil am Konflikt realisieren und

---

2   Vgl. dazu S. 221 f.

von der Weltgemeinschaft auf diesen hingewiesen, im Extremfall sogar dafür verantwortlich gemacht werden, wird ihre selbstgerechte Politik und Rhetorik enden. Das bittere Leid darf den Blick dafür nicht verstellen, dass universalistische Ideen in jedem Land der Welt Bedeutung haben müssen: Demokratie, Menschenrechte, Chancengleichheit und Minderheitenschutz sind überall und für alle Menschen zur Geltung zu bringen.

Der Ruf nach dem ›starken Mann‹, nach dem Entscheidungsträger, wird in der Politik immer dann laut, wenn die komplizierte politische Situation zwischen Palästinensern und Israelis wieder einmal trotz aller Verhandlungen und Friedenskonferenzen oder des Einsatzes von Drittländern unentwirrbar scheint. Natürlich haben die politischen Mächte Einfluss im Orient. Da aber die EU, die Arabische Liga oder die UN nur selten mit einer Stimme sprechen, läuft traditionell immer noch vieles auf den Ruf nach einem Eingreifen der USA hinaus.

Die enge Verquickung von politischem und religiösem Widerstreit in der südlichen Levante führt im islamischen Bereich zur hin und wieder geäußerten Überzeugung, das Christentum (und mit ihm das Judentum) bekämpfe den Islam. Die USA und Israel wurden für einen Großteil der fundamentalistisch beeinflussten Bevölkerung in den arabischen Staaten zum Sinnbild des Hasses und zu Synonymen für Mächte, die sie missachten und bedrohen.[3] Solche religiös geprägten Feindbilder können die zersplitterten fundamentalistischen Kräfte gegen einen als übermächtig erlebten Feind einigen. Und sie lassen in der internationalen Politik Kräfte wie z. B. den Iran erstarken, die im Nahen Osten eine entscheidend negative Rolle spielen können.

Mit dem Atomprogramm des Iran, der Entwicklung geeigneter Trägersysteme, der propagandistisch vermarkteten Leugnung des Holocaust, der klaren Unterstützung der Hamas und der Hisbollah ist der Iran allem diplomatischen Druck trotzend zu einem gefährlichen Gegner Israels herangereift. Die Regierung des Iran verfolgt offenkundig die Absicht, sich durch den Bau der Atombombe eine regionale Vormachtstellung zu sichern. Die Machtverhältnisse in der Region haben sich dadurch beträchtlich verändert. Man kann nur hoffen, dass die Weltgemeinschaft

---

3   Selbst dann und vielleicht gerade dann, wenn diese Menschen US-Amerikaner oder Israelis überhaupt nicht kennen.

stark genug ist, das iranische Atomprogramm mit friedlichen Mitteln zu stoppen und militärische Übergriffe beider Seiten zu verhindern.

Zu Verhandlungen gibt es keine Alternative. Man muss sich allerdings fragen, ob diese Einsicht auch einmal zu spät kommen könnte. Die Verhandlungen um Oslo I und II boten eine reale Chance auf einen dauerhaften Frieden. Außerdem galten die Vertreter beider Seiten, Yitzchak Rabin und Yassir Arafat, ihren Anhängern als vertrauenswürdige Unterhändler. Man kann nur wünschen, dass aus beiden Lagern wieder neue Repräsentanten erwachsen, welche die Mehrheit ihrer Bevölkerung vertreten und erneut miteinander in einen zielführenden kritischen Dialog eintreten. Dann ist ein verheißungsvoller Friedensprozess auch wieder denkbar!

Wer hingegen auf dauerhaften Kampf setzt, schafft neue Opfer und schwächt die verhandlungs- und konzessionsbereite Mitte. Wer mit gezielten Aktionen seine Gegner liquidiert, könnte bald keine Verhandlungspartner mehr haben – die aufgebrachte Menge auf der Straße wird weder um Lösungen ringen noch zu Kompromissen bereit sein. Wer die politischen Vertreter der anderen Seite mit leeren Händen vor seine Anhänger treten lässt, demontiert diese und wird bald mit Radikalen am Tisch sitzen müssen.

Es wäre fatal, sich in einem ›allgemeinen Gewaltzustand‹ einzurichten und das gegenwärtige Fehlen eines konstruktiven Friedensprozesses als normale Existenz der Völker westlich des Jordans anzusehen. Würde man das tun, könnte man »die weitverbreitete Auffassung nicht beiseite schieben, daß eine Vergeltungspolitik die einzige Antwort auf den Terror ist, und (damit dann auch) den ›Falken‹ nicht Paroli bieten, die an einen verschärften Zustand des Weder-Krieg-noch-Frieden glauben. Das fehlende Vertrauen in die Möglichkeit eines Friedens wird (dann) zur Prophetie der Selbsterfüllung.«[4]

Israel muss verhandeln, weil es auch in Zukunft ›in einem Meer arabischer Staaten‹ leben wird. Die Bevölkerung dieser Staaten ist durch die ›arabische Revolution‹ selbstbewusster geworden. Da sie keinerlei innere Beziehung zu einem Friedensprozess mit Israel besitzt, sollte Israel eine ›Normalisierung‹ seiner Beziehungen mit seinen Nachbarn auf einer breiten gesellschaftlichen Ebene anstreben.

Selbst im eigenen Staat wird sich der Bevölkerungsanteil der Araber deutlich zu deren Gunsten verschieben, da die Zahl der aus dem Ausland zu-

---

4   Zitat aus Talmon 1970 nach Bernstein 1998, 48 (Ergänzungen in Klammer vom Verfasser).

ziehenden Juden tendenziell stagniert. Angesichts der demografischen Entwicklung braucht Israel den positiven Dialog.

Am 8. November 1948 gab es in Israel ca. 716 000 Juden und 156 000 Muslime, Drusen und Christen (17,9 Prozent). Nach massiven jüdischen Einwanderungswellen kamen die Nichtjuden 1960 auf 11,1 Prozent, 1970 trotz weltweit weiterhin propagierter jüdischer Immigration schon auf 14,6 Prozent, 1980 auf 16,3 Prozent, 1990 auf 18,2 Prozent und 1998 auf 20,3 Prozent. – Aufgrund der deutlich höheren Geburtenrate der arabischen gegenüber der jüdischen Bevölkerung sind zukünftige Szenarien vorhersehbar, in denen westlich des Jordans (also Westbank und Gazastreifen eingeschlossen) ebenso viele Araber wie Juden leben und selbst im Staat Israel die Juden in der Minderheit sein werden.[5]

Die militärisch gesicherte Garantie der Existenz Israels wird angesichts der rapiden technologischen Entwicklung in den ›Schwellenländern‹ und neuer Methoden der Kriegs- und Propagandaführung (wie im Libanonkrieg 2006 überaus deutlich wurde) in Zukunft nicht mehr allein mit der technischen Überlegenheit und dem globalen Schutz durch die USA zu gewährleisten sein. Die langfristige politische Strategie des Staates Israel muss daher einen strategisch-militärischen Ausgleich mit allen seinen unmittelbaren Nachbarn (einschließlich dem sich neu orientierenden Ägypten und Syrien) anstreben. Die arabischen Länder und die palästinensische Bevölkerung müssen sich ebenso im Klaren darüber sein, dass Israel kein Unfall der Weltgeschichte ist, der einfach irgendwann einmal wegzuwischen sein wird. Sie werden die Juden nicht »ins Meer treiben«.[6] Israel ist längst im Orient angekommen und es hat ein Recht darauf, dort in Sicherheit zu leben.

Israel könnte vielmehr als Handelsdrehscheibe, Produzent hochwertiger technischer Güter sowie Vorreiter in Forschung und Wissenschaft ein wertvoller und dringend benötigter Partner der arabischen Nachbarn werden. Im ökonomischen und handelspolitischen Sektor sind viele Entwicklungen möglich. Sie liegen bisher weitgehend brach, könnten aber ausgehandelt und zum beiderseitigen Vorteil entwickelt werden. Schnell umsetzbar und für beide Seiten wirtschaftlich von großem Vorteil wäre der Ausbau eines länderübergreifenden Tourismus, wozu aber eine politische Stabilität in der gesamten Region vonnöten ist.

Viele Schlingen des unlösbar erscheinenden Knotens wird man auf dem langen Weg zu einem gerechten Frieden entwirren müssen:

---

5   Angaben nach Bernstein 1998, 127. Im Jahr 2008 berechnen Al-Qass Collings/Kassis/Raheb 2008, 10, bereits 22,1 Prozent Muslime und Christen.
6   Propagandaspruch von Gamal Abdel Nasser vor dem Sechstage-Krieg am 26. Mai 1967.

- den fairen Zugang zu den Wasserressourcen,
- die Schaffung eindeutiger Grenzen,
- den ungehinderten Zugang aller zu den Weltmärkten (Häfen, Flughäfen, Handel) sowie die Reise- und Bewegungsfreiheit,
- die Problematik von hunderttausenden Flüchtlingen auf beiden Seiten,
- den Rückzug einiger/aller israelischer Siedlungen von palästinensischem Gebiet und entsprechend den gerechten Austausch von durch verbleibende Siedlungen vereinnahmtem Land und
- die essentielle Frage nach dem Besitz der Altstadt von Jerusalem und den Zugangsrechten zu deren Heiligtümern.

Der israelisch-palästinensische Konflikt wird häufig als die ›Mutter aller Konflikte‹ wahrgenommen. Dies hängt zunächst damit zusammen, dass beide Parteien international gut verknüpft sind – in den westlichen Demokratien, in der arabischen Welt und weit darüber hinaus. Die Auseinandersetzungen werden weltweit wahrgenommen. Diese Internationalisierung könnte möglicherweise extreme Parteiungen dazu verleiten, den Konflikt bewusst am Leben zu erhalten oder gar anzuheizen, um dadurch die internationale Solidarisierung und eine hohe Spendenbereitschaft aufrecht zu erhalten. Außerdem besteht die Gefahr, dass Drittstaaten eigene Probleme mit dem Verweis auf den israelisch-arabischen Konflikt kaschieren und somit ihre eigenen politischen Unzulänglichkeiten auf Kosten der Palästinenser oder Israelis zu rechtfertigen suchen.

Drei Milliarden Menschen blicken nach Jerusalem. Juden, Christen und Muslimen ist dieser Ort heilig. Was hier passiert, betrifft viele Menschen auch emotional, weil die umkämpften Orte und Länder mit ihrem Innersten, ihrem Glauben, verbunden sind.

Der Religion kommt gerade deshalb in diesem Fall eine nicht zu unterschätzende, ja zentrale Bedeutung zu. Sie vermittelt Wertvorstellungen, setzt Ziele, kann den Alleinvertretungsanspruch einer Religion aber auch die Gemeinsamkeiten der abrahamitischen Glaubensgemeinschaften betonen – für alles gibt es ausreichend Beispiele. Abrahams Kinder müssen nicht im bitteren Streit liegen. Es kann nicht Bestimmung der Religion sein, den politischen Kampf zu verhärten, über Generationen auszudehnen und seine Protagonisten als Märtyrer zu verklären.

Zwei Völker und ein Land! – Dieser Konflikt scheint tatsächlich unlösbar zu sein. Man kann mit den vielen einzelnen Problemfeldern anfangen, ihn zu bewältigen. Das muss in stetigen Verhandlungen auch dringend geschehen und ist eine Voraussetzung für den Friedensschluss. Doch allein durch das Entwirren einzelner Bereiche kann man den diabolisch geknüpften Knoten nicht lösen. Alexander der Große nahm das Schwert und durchschlug ihn. Was könnte seiner Tat im israelisch-palästinensischen Konflikt entsprechen? Zusätzlich zum zähen Ringen um die anstehenden Sachfragen bedürfte es – ohne Wenn und Aber – eines riesigen emotionalen Aufbruchs, des mitreißenden Enthusiasmus standhafter Friedenstifter und zäher Beharrlichkeit. – Dann kann es vielleicht gelingen.

Abb. 53: nach einer Idee von Ze'ev, aus Haaretz vom 4. Mai 2001

5. Wörter und Ausdrücke –
Was bedeutet das?

Aliya: Der Begriff kommt vom hebräischen Verb ›hinaufgehen‹ und bezieht sich auf biblische Vorbilder. Die jüdischen Neu-Einwanderer im 19. und 20. Jahrhundert meinten auf ihrem Weg ›hinauf nach Jerusalem‹ nichts anderes zu tun als ihre Vorfahren bei den Wallfahrten zum Jerusalemer Tempel, als die hebräischen Sklaven auf der Flucht aus Ägypten oder als die aus Babylon zurückkehrenden Kriegsgefangenen. Der Begriff beinhaltet eine religiöse Dimension, wird aber in der Neuzeit für einen im Wesentlichen säkularen Vorgang benutzt.

Allah: Gott (arab. al-ilah), gemeint ist der eine, von Mohammed verkündete Gott. Arabisch sprechende Juden und Christen verwenden Allah im biblischen Sprachgebrauch bedeutungsgleich für → Jahwe.

Altes Testament: Der von Christen und Juden gemeinsam gelesene erste Teil der christlichen Bibel ist nicht im Sinne von ›alt‹ = ›überholt‹ zu verstehen, sondern geschichtlich aus Jer 31,31-34 (neuer Bund) erwachsen, weil die Christen den dort verheißenen neuen Bund mit dem Neuen Testament gleichsetzten. Das Alte Testament wird auch ›Hebräische Bibel‹, ›Tanach‹ oder ›Erstes Testament‹ genannt.

alttestamentliche Zeit: Zeitspanne, in der die alttestamentliche Geschichte ablief, im Wesentlichen die Ansiedlungszeit der Israeliten zwischen ca. 1200 und 1000 v. Chr. (Eisenzeit I), die Königszeit von David bis zur Eroberung des Staates Juda durch Nebukadnezar II. ca. 1000 bis 587 v. Chr. (Eisenzeit II), das sog. babylonische Exil (Verschleppung der judäischen Oberschicht) von 598/587 bis etwa 538 v. Chr. (ebenso Eisenzeit II) sowie die persische, hellenistische und römische Epoche, in der sich das Judentum als Bekenntnisgemeinde herausbildete, bis zum → Bar Kochba-Aufstand (ca. 520 v. Chr. bis 135 n. Chr.).

Araber: Ehemals die Bewohner der arabischen Halbinsel, heute Bezeichnung für muttersprachlich arabisch sprechende Menschen. Der Name ist unabhängig vom religiösen Bekenntnis.

›Arabischer Frühling‹: Aufbegehren der Volksmassen gegen die Repression der autoritären Regimes in der nordafrikanischen und nahöstlichen Staatenwelt. Angesichts zunehmender Arbeitslosigkeit und allgegenwärtiger Armut wurden die Proteste Auslöser tiefgreifender gesellschaftlicher und politischer Veränderungen in diesen Regionen.

Aschkenasim: Mittel- und osteuropäische Juden (anders: → Sefardim). Im Mittelalter diente ›Aschkenas‹ zur Bezeichnung jüdischer Ansiedlungen am Rhein.

Bar Kochba-Aufstand: Der jüdische Aufstand gegen Rom von 132 bis 135 n. Chr. wurde unter Führung von Simon Bar Kochba (messianischer Würdetitel ›Sternensohn‹; vgl. Num 24,17) initiiert. Kaiser Hadrian ließ ihn niederschlagen und die Juden aus Jerusalem und aus dessen unmittelbarem Umland vertreiben.

Diaspora: alttestamentlich/hebräisch auch ›Gola‹. Bezeichnet wird mit diesem Begriff die Situation einer ethnischen oder religiösen Minderheit in einer mehrheitlich anders geprägten Gesellschaft. In alttestamentlicher Zeit wurde die judäische Oberschicht im 6. Jahrhundert v. Chr. von Nebukadnezar II. ins ›babylonische Exil‹ geführt und erlebte dort zum ersten Mal eine Diasporasituation. – Im zionistischen Sprachgebrauch abwertend benutzt.

Dschihad: ›Anstrengung‹/›Kampf‹. Der ›Heilige Krieg‹ ist sowohl eine Pflicht der Gemeinschaft als auch des Einzelnen. Dieser Glaubenskampf dient der Expansion des islamischen Machtbereichs oder aber der Verteidigung bzw. Rückeroberung eines islamischen Gebiets.

Dschihad Islami: ›Islamischer Heiliger Krieg‹. Die Organisation hat ihren Sitz in Damaskus und ist ideologisch der Hamas nicht unähnlich, hat aber stärkere Kontakte zum Iran. 1983 trat sie erstmals mit einem Bombenanschlag auf die US-Botschaft in Beirut in Erscheinung. Sie rekrutiert in der südlichen Levante hauptsächlich Studenten.

Eisenzeit: Kulturepoche, in der südlichen Levante zwischen ca. 1200 und 332 v. Chr.

Eretz Israel: ›Land Israels‹. Hebräische Bezeichnung für das beanspruchte/besessene Land Israels.

Fatah: ›Bewegung zur Befreiung Palästinas‹, auf arabisch Harakt at-Tahrir al-Falastin. Das Akronym ergibt rückwärts ›Fatah‹, was ›Sieg‹ bedeutet. Seit ihrer Gründung in Kuwait 1959 trat sie als politische Partei auf; sie hatte aber bereits ein kurzes Vorleben als revolutionäre Zelle.

Gusch Emunim: ›Block der Getreuen‹. Die politisch-religiöse Organisation entstand 1974 unter den jüdischen Siedlern in der Westbank als rechte Abspaltung zur National-religiösen Partei. Ihr Ziel ist die vollständige jüdische Besiedlung des westjordanischen Gebiets.

Hagana: ›Die Verteidigung‹. Die zionistische Untergrundarmee kämpfte während des britischen Mandats für die Errichtung eines jüdischen Staats. Sie wurde 1948 in die neu gegründeten israelischen Streitkräfte überführt und IDF (Israel Defence Forces) oder Zahal (Zava haHagana leJisra'el) genannt.

Hamas: ›Enthusiasmus‹/›Eifer‹. Die Bewegung des islamischen Widerstands (auf arabisch Harakat al-muqawama al-islamiyya) wurde 1987 vom nahezu blinden Sheikh Ahmed Yasin als palästinensischer Arm der ägyptischen Muslimbrüder ins Leben gerufen. Der Sheikh genoss als sozialer Wohltäter und authentischer Widerstandskämpfer einen hervorragenden Ruf unter den Palästinensern. Religiöses Märtyrertum (und demzufolge Selbstmordanschläge) gehören zum Wesen des heutigen Kampfs der Hamas wie auch die im Koran verordnete Armen- und Krankenpflege. – Die Hamas ist kein Teil der PLO, auch wenn sie einen beachtlichen Teil der Palästinenser repräsentiert. Da Yassir Arafat und die PLO bis zum Zerfall des Ostblocks unter dem Einfluss der Sowjetunion standen, gelang es nicht, die Muslimbrüder und später die Hamas in der Dachorganisation PLO zu integrieren, zumal diese ihrer Stärke gemäß einen deutlichen Einfluss in der PLO einforderten.

Hebräische Bibel: (= Tanach). → Altes Testament.

Heiliges Land: Bezeichnung für das Gebiet, in dem sich die biblische Geschichte hauptsächlich abspielte, also insbesondere in den heutigen Staaten Israel und Jordanien, im Süden Syriens sowie in der Westbank und im Gazastreifen.

Hisbollah: ›Partei Gottes‹. Die im Libanon 1985 offiziell gegründete schiitische Organisation ist ein ›Kind‹ der iranischen Revolution. Oberste Ziele der Hisbollah sind die Errichtung eines islamischen Gottesstaats nach iranischem Vorbild und die Vernichtung Israels. Seit 1982 ist sie als paramilitärische Organisation aktiv.

Histadrut: ›Verband‹/›Zusammenschluss‹. Von David Ben Gurion im Dezember 1920 in Haifa gegründeter Dachverband der jüdischen Gewerkschaften Israels; der → Mapai nahestehend.

IDF: ›Israel Defence Forces‹; im Hebräischen steht dafür das Akronym ›Zahal‹. Aus der → Hagana entstandene Streitkräfte des Staates Israel.

Intifada: Name für zwei palästinensische Volksaufstände gegen Israel (1987 bis 1993 und 2000 bis 2005). Das arabische Wort bedeutet ›abschütteln‹ und ›sich (für einen Aufstand) erheben‹.

Irgun: Die Gruppe Irgun Zwai Leumi (›Nationale Militärorganisation‹) spaltete sich 1931 von der Hagana ab und kämpfte – ideologisch geprägt von Wladimir Jabotinsky – insbesondere gegen die Mandatsmacht und später auch gegen die Araber. Nach dem Tod Wladimir Jabotinskys spaltete sich 1940 die → Lechi ab. Ab 1943 wurde die Irgun von Menachem Begin kommandiert und im Jahr 1948 von David Ben Gurion während des Machtkampfs um die ›Altalena-Affäre‹ der Hagana untergeordnet. Damals versuchte die Irgun, im Schiff ›Altalena‹ Waffen an der Hagana vorbei von Frankreich nach Israel zu schmuggeln. Die Auseinandersetzung zwischen Hagana und Irgun war auch ein persönlicher Machtkampf zwischen David Ben Gurion, dem Führer der Hagana, und Menachem Begin, dem Führer der Irgun. Ben Gurion verhinderte mit seinem gewaltsamen Eingreifen einen ›Staat im Staate‹ bzw. die Ausbildung einer Miliz mit eigenem Machtanspruch gegenüber der zentralen staatlichen Gewalt. Der politische Flügel der Irgun wirkte in Israel unter Menachem Begin politisch in der Cherut-Partei weiter.

Israeli/n: Bewohner/in des modernen Staats Israel.

Israelit/in: Bewohner/in des alttestamentlichen Königreichs Israel mit der Hauptstadt Samaria und seinem Kernland im Gebirge Ephraim. Es wurde 722/1 von den Assyrern besiegt.

Jahwe: Das Tetragramm JHWH wird heute allgemein in der Aussprache Jahwe rekonstruiert und bezeichnet den Staatsgott der Israeliten und Judäer, den einzigen Gott nach dem Bekenntnis der Juden. Er hat sich durch eine Offenbarung an Mose den Israeliten bekannt gemacht. Im alttestamentlichen Buch Exodus 3,14 wird der Name JHWH im Sinn der göttlichen Unverfügbarkeit interpretiert: »Ich bin, der ich bin«/»Ich werde sein, der ich sein werde«. – Der Gottesname wird aufgrund seiner Heiligkeit seit alter Zeit von den Juden nicht mehr ausgesprochen. In neutestamentlicher Zeit durfte allein der Hohepriester am Yom Kippur-Fest den Gottesnamen 18-mal laut ausrufen.

Jewish Agency: Im Jahr 1929 gegründete jüdische Selbstverwaltung im britischen Mandatsgebiet mit Sitz in Jerusalem. Im Staat Israel die zwischen diesem und der jüdischen Weltorganisation bestehende Vertretung der Diaspora für Fragen der Einwanderung und Eingliederung.

Jischuv: ›Ansiedlung‹. Der Name kommt vom hebräischen jšb (sprich: jaschav) = wohnen, sitzen und bezeichnet diejenigen Juden, die in der südlichen Levante wohnen.

Johnston-Plan: Der vom Hilfswerk der UN vorgeschlagene Plan zur Aufteilung des Jordanwassers wurde nach dem amerikanischen Unterhändler Eric Allen Johnston benannt. Dieser drang auf die Anerkennung des Jordans und seiner Nebenflüsse als internationales Flusssystem und verhandelte nationale Quoten für die Wasserentnahme nach vergleichbaren Kriterien (bewässerbare Flächen). – Der Vertrag wurde 1953 von der Arabischen Liga jedoch nicht ratifiziert, um nicht indirekt Israel anerkennen zu müssen.

Juda: Kleines alttestamentliches Königreich mit seinem Kernland im judäischen Gebirge (ca. 1000-587 v. Chr.). Ab dem 10. Jahrhundert v. Chr. diente Jerusalem als Hauptstadt; nördliches Nachbarland war Israel.

Judäer/-in: Bewohner/-in des Königreichs Juda in alttestamentlicher Zeit (ca. 1000-587 v. Chr.).

judäisch: zum alttestamentlichen Staat oder Gebiet Juda gehörend.

Jude/Jüdin: Seit dem sogenannten ›Babylonischen Exil‹ (6. Jahrhundert v. Chr.) Angehöriger/e der Jerusalem als ihren (kultischen/spirituellen) Mittelpunkt ansehenden Glaubensgemeinschaft zur Verehrung des Gottes Jahwe.

jüdisch: zum Judentum gehörend.

Kanaan: Der Name geht möglicherweise auf eine Selbstbezeichnung der Landeseinwohner in ägyptischen Quellen zurück. In ramessidischen Texten (13./12. Jahrhundert v. Chr.) wird damit der Herrschaftsbereich der Ägypter in der Levante entlang des Mittelmeers bezeichnet, der zeitweise bis nördlich von Byblos reichte.

Kanaanäer: Im Alten Testament pauschaler Begriff für die vorisraelitischen Bewohner der südlichen Levante.

Kibbuz: (Pl. Kibbuzim). Eine ländliche genossenschaftliche Siedlungsform mit sozialistischem Anspruch, ursprünglich ohne Privateigentum, heute mit vielfältigen Eigentumsregelungen.

Knesset: ›Versammlung‹. Einkammer-Parlament des Staates Israel. – Der Name und die Anzahl der 120 Abgeordneten leitet sich von der großen Versammlung (Knesset) ab, die unter Esra und Nehemia im 5. Jahrhundert v. Chr. in Jerusalem einberufen wurde.

Koran: ›Lesung‹/›Rezitation‹. Die aus 114 Suren bestehende heilige Schrift des Islam. Sie gilt den Muslimen als das direkte Wort Gottes, das ›unerschaffene‹ Wort in arabischer Sprache.

Lechi: Die Lechi entstanden als ›Kämpfer für die Freiheit Israels‹ in der Zeit des britischen Mandats. Sie wurden im israelischen Unabhängigkeitskrieg aufgelöst.

Levante (südliche): (ital. ›Sonnen-/Aufgang‹). Geografischer Begriff für die östlichen Mittelmeerländer; südliche Levante und → Palästina werden häufig gleichbedeutend gebraucht.

Likud(-Block): ›Einheit‹. Sammlungspartei der rechten Parteien in Israel, 1973 aus der Cherut- und der liberalen Partei entstanden. Erster Parteiführer war Menachem Begin.

Mapai: 1930 gegründete zionistisch-sozialistische Arbeitspartei ›Partei der Arbeiter des Landes Israel‹. Sie war von 1948 bis 1977 die stärkste Partei in der → Knesset.

Mizrachim: Zionistische, 1902 in Wilna gegründete Gruppe in Osteuropa, die das ›Land Israels‹ durch das ›Volk Israel‹ mit der ›Tora Israels‹ zu besiedeln gedachte.

Mohammed (ca. 571–632 n. Chr.): Religionsstifter des Islam, letzter Prophet (›Siegel der Propheten‹) und Verkünder des alleinig existierenden Gottes Allah.

Monotheismus: Glaube an den einen, einzigen Gott.

monotheistisch: an nur einen Gott glaubend.

Moschav: (Pl. Moschavim). Eine ländliche genossenschaftliche Siedlungsform, ähnlich einem → Kibbuz, allerdings mit mehr Möglichkeiten zum Erwerb von Privateigentum.

Muslim/a: Anhänger/in der islamischen Religion.

Muslimbrüder: Militante islamische Bewegung, 1928 in Ägypten gegründet, heute weit darüber hinaus verbreitet.

Nakba: Der Ausdruck stammt von Constantine Zurayk, Ma'na an-Nakba (»Die Bedeutung des Unglücks«), Beirut 1948. Der in der palästinensischen Welt jährlich am 15. Mai begangene Gedenktag der Nakba erinnert an die Niederlage sowie die Flüchtlingsschicksale der Jahre 1948 bis 1949 und vergegenwärtigt die daraus entstandenen Probleme. Im Jahr 2009 beschäftigte sich die Knesset mit einer Gesetzesvorlage, wonach in Israel am Tag der Nakba nicht getrauert werden dürfe. Zudem wurde das Bildungswesen angewiesen, den Begriff nicht zu thematisieren (letzteres nach Zimmermann 2010, 23–24).

Neues Testament: In Anlehnung an Jer 31,31–34 so bezeichnete Sammlung von 27 christlichen Büchern, welche die Worte und Taten von Jesus aus Nazareth, der als Messias verehrt wird, enthält. Es umfasst zudem die Geschichte und Theologie der frühen christlichen Gemeinden.

Omayyaden: Erstes arabisches Herrschergeschlecht, regierte von 661 bis 749/750 n. Chr. in Damaskus. Ihre Eroberungen reichten bis Spanien. Dort herrschten sie von 756 bis 1031 n. Chr.; Hauptstadt Córdoba.

Osmanen: (Ottomanen). Von Osman I. Ghasi begründete türkische Dynastie. Sie beherrschte die südliche Levante von 1516/17 n. Chr. bis in die Zeit des ersten Weltkriegs.

Palästina: Der Name geht auf die berühmte Inschrift vom Sieg Ramses' III. über die sog. Seevölker aus Medinet Habu (Theben-West) zurück und bezeichnete ursprünglich nur das Philistergebiet in der südlichen Küsten-ebene. Seit 135 n. Chr. löste die ›Provincia (Syria) Palaestina‹ den seit Pompeius gebrauchten Namen ›Provincia Judaea‹ ab.

Palästinenser/-in: Angehörige eines Volkes, das die südliche Levante als seine Heimat ansieht und dort seinen Staat einfordert.

palästinensisch: zum Volk der Palästinenser gehörend.

Palmach: ›Stoßtruppen‹. Hebräisches Akronym (Palugot Macha) für Spezialeinheiten der → IDF; gegründet 1941.

Philister: Name einer eisenzeitlichen indogermanischen Volksgruppe (→ Seevölker), die während der ›Seevölkerwanderung‹ nach Ägypten drängte, von Ramses III. abgewehrt wurde und ab dem 12. Jahrhundert v. Chr. in der südlichen Küstenebene siedelte (Pentapolis: Gaza, Aschdod, Aschkelon, Gat, Ekron). Sie verlor mit der assyrischen und babylonischen Expansion (8. bis 6. Jahrhundert v. Chr.) ihre Selbständigkeit.

PLO: ›Palestine Liberation Organisation‹. 1964 von der Arabischen Liga gegründete Dachorganisation für verschiedene Befreiungsorganisationen. 1969 wurde Yassir Arafat ihr Führer und entwickelte die Organisation zur legitimen Vertretung des palästinensischen Volks.

Pogrom: russisch ›Verwüstung‹. Judenverfolgung, einhergehend mit Plünderung und Mord.

›Protokolle der Weisen von Zion‹: Vermutlich in Russland um 1900 verfasste fiktive, etwa 80-seitige Niederschrift einer angeblichen jüdischen Tagung, welche die Zerstörung der bestehenden Staaten und die anschließende Übernahme der jüdischen Weltherrschaft plante. Das Werk diente seit seinem Erscheinen der antisemitischen Propaganda. Die schriftliche Fassung beruht auf: Nilus, Sergei, Das Große im Kleinen oder Nahe ist der herandrängende Antichrist und das Reich des Teufels auf Erden, Moskau 19052, Anhang.

Salafisten: Eine Spielart des Neofundamentalismus, deren Vertreter das gesellschaftliche Leben nach dem Vorbild des ›Urislam‹ gestalten wollen. As-Salaf as-Salih bezeichnet die ersten drei Generationen des Islam (die rechtschaffenen Gefolgsleute Mohammeds).

Schoah: hebr. für Holocaust.

Seevölker: Indogermanen, die im Zuge der ›Seevölkerwanderung‹ nach Ägypten drängten; siehe auch → Philister.

Sefardim: Orientalische Juden (arabische Länder, Asien). Der Begriff ›Sfarad‹ wurde seit dem 8. Jahrhundert n. Chr. für spanisch-portugiesische Juden verwendet. Vgl. auch → Aschkenasim.

südliche Levante: → Levante.

Synagoge: Gottesdienstort der jüdischen Gemeinde; seit der Zerstörung des Jerusalemer Tempels 70 n. Chr. Zentrum des religiösen Lebens; stets ausgestattet mit einem Toraschrein und dem in dessen Nähe brennenden ›ewigen Licht‹.

Tanach: (= hebräische Bibel). → Altes Testament.

Tora: auch Pentateuch. Der aus den Büchern Mose (Genesis, Exodus, Levitikus, Numeri, Deuteronomium) bestehende erste Teil des Alten Testaments bzw. der hebräischen Bibel.

Waqf: islamische Stiftung. Im Osmanischen Reich eine übliche Rechtsform.

Weißbuch: Eine offizielle Grundsatzerklärung, welche die Regierung eines Staats veröffentlicht, um ihr politisches Handeln – meist in der Außenpolitik – zu definieren und zu begründen.

Zahal: → IDF.

Zionismus: Nationalbewegung des jüdischen Volks.

Zionistischer Weltkongress: auch ›Zionisten-Kongress‹. Die Zusammenkünfte der Anhänger des Zionismus aus allen Ländern fanden seit seiner Gründung 1897 in Basel bis 1901 jährlich, später alle zwei Jahre statt. Nach der Gründung des Staates Israel wurden sie als ›World Jewish Congress‹ in loser Folge fortgesetzt.

6. Register der Personen, Sachen und geografischen Begriffe

6.1 Register ausgewählter Personennamen

6.2 Register ausgewählter Sachbegriffe

6.3 Register ausgewählter geografischer Begriffe

6.4 Zitate aus der hebräischen Bibel, dem Neuen Testament und dem Koran

Ausgewählte Literatur

Abdullah II. von Jordanien, Die letzte Chance. Mein Kampf für Frieden im Nahen Osten, München 2011.

Aharoni, Y., Das Land der Bibel. Eine historische Geografie, Philadelphia 1984.

Al-Qass Collings, R./**Kassis,** R. O./**Raheb,** M. (ed.), Palestinian Christians. Facts, Figures and Trends 2008, Bethlehem 2008.

Antonius, G., The Arab Awakening. The Story of the Arab National Movement, Beirut 1938.

Applied Research Institute (ed.), An Atlas of Palestine. The West Bank – and Gaza, Jerusalem 2000.

Arendt, H., Israel, Palästina und der Antisemitismus, Berlin 1991.

Arkoun, M., Der Islam. Annäherung an eine Religion, Heidelberg 1999.

Asseburg, M., Fatah-Hamas-Abkommen. Ein wichtiger Schritt zu einer Zwei-Staaten-Regelung, Berlin 2011.

--- Palästina bei den Vereinten Nationen. Optionen, Risiken und Chancen eines palästinensischen Antrags auf Vollmitgliedschaft und Anerkennung, Berlin 2011.

Aronson, S., The Politics and Strategy of Nuclear Weapons in the Middle East. Opacity, Theory and Reality, 1960-1991, New York 1992.

Auerbach, J., Art. Western Wall, in: Encyclopedia Judaica 16, Jerusalem 1971, 467-472.

Avidan, I., Israel. Ein Staat sucht sich selbst, München 2008.

Avnery, U., My Friend the Enemy, London 1986.

--- Zwei Völker – zwei Staaten. Gespräch über Israel und Palästina, Heidelberg 1995.

--- In den Feldern der Philister. Meine Erinnerungen aus dem israelischen Unabhängigkeitskrieg, München 2005.

Bar-On, M., In Pursuit of Peace. A History of the Israeli Peace Movement, Washington 1996.

Barenboim, D., Klang ist Leben. Die Macht der Musik, München 2008.

Baroud, R. (ed.), Searching Jenin. Eyewitness Accounts of the Israeli Invasion 2002, Seattle 2003.

Barth, L. M., Art. Jerusalem III., Judentum, in: Theologische Realenzyklopädie 16, Berlin 1987, 612-617.

Baumgarten, H., Palästina. Befreiung in den Staat. Die palästinensische Nationalbewegung seit 1948, Edition Surkamp NF 616, Frankfurt a. M. 1991.

--- Arafat. Zwischen Kampf und Diplomatie, München 2002.

--- Hamas. Der politische Islam in Palästina, München 2006.

Begin, M., The Revolt. Story of the Irgun, Los Angeles 1972.

Bein, A., Theodor Herzl. Biografie, Wien 1934.

Ben Gurion, D., Wir und die Nachbarn. Gespräche mit arabischen Führern, Tübingen 1968.

Berger, E., Peace for Palestine. First Lost Opportunity, Miami 1993.

Bernstein, R., Geschichte des Staats Israel, II. Von der Gründung 1948 bis heute. Religion und Moderne, Schriftenreihe des Deutsch-Israelischen Arbeitskreises im Nahen Osten e. V. 32, Schwalbach 1998.

--- Der verborgene Frieden. Politik und Religion im Nahen Osten, Berlin 2000.

Bierling, S. G., Geschichte der amerikanischen Außenpolitik. Von 1917 bis zur Gegenwart, München 2007[3], 169.

Biran, A., Biblical Dan, Jerusalem 1994.

Birk, M./Badawi, A., Bedeutung und Wandel der Arabischen Friedensinitiative, Aus Politik und Zeitgeschichte 9, 2010, 35-41.

Brenner, M., Geschichte des Zionismus, München 2002.

Bröning, M./Meyer, H., Halb zog er sie, halb sank sie hin. Die Hamas entwickelt sich langsam zur staatstragenden Organisation, Orient im Umbruch 9/10, 2009, 32-38.

--- Zwischen Konfrontation und Evolution. Parteien in Palästina, Aus Politik und Zeitgeschichte 9, 2010, 28-35.

Bronner, Y./Gordon, N., Die Archäologie-Politik in Ost-Jerusalem. Digging for Trouble, israel & palästina 2, 2008, 38-40.

Brown, W./Penner, P., Christian Perspectives on the Israeli-Palestinian Conflict, Schwarzenfeld 2008.

Büchs, A., Dreißig Jahre Camp David: Separatfrieden mit ambivalenten Auswirkungen, in: GIGA-Focus (German Institute of Global and Area Studies. Institut für Nahost-Studien) 3, 2009, 1-8.

Bunzl, J., Der lange Arm der Erinnerung. Jüdisches Bewusstsein heute, Wien 1987.

--- Israel im Nahen Osten. Eine Einführung, UTB 3159, Wien 2008.

Bunzl, J./Senfft, A. (ed.), Zwischen Antisemitismus und Islamophobie. Vorurteile und Projektionen in Europa und Nahost, Hamburg 2008.

Caplan, N., Faisal Ibn Husain and the Zionists. A Re-Examination with Documents, International History Review 5/4, 1983, 561-614.

Chiari, B./Kollmer, D. H., Wegweiser zur Geschichte. Naher Osten, Paderborn/München/Wien/Zürich 2009.

Chomsky, N., Keine Chance für Frieden. Warum mit Israel und den USA kein Palästinenserstaat zu machen ist, Hamburg 2005.

Czichowski, F., Jordanien. Internationale Migration, wirtschaftliche Entwicklung und soziale Stabilität, Hamburg 1990.

Cohen, A., Israel and the Arab World, London 1970.

Cohn, L./Reiter, S. (ed.), Philo Judaeus, Legatio ad Gaium, in: Philonis Alexandrini opera quae supersunt VI, Berlin 1915 (= 1962), 155-223.

Cook, J., Blood and Religion. The Unmasking of the Jewish and Democratic State, London 2006.

Croitoru, J., Hamas. Der islamische Kampf um Palästina, München 2007.

Deeg, S./Sibony, M./Warschawski, M. (ed.), Stimmen israelischer Dissidenten, Köln 2005.

Der Koran, Übersetzt von Rudi Paret, Stuttgart 1963.

Der Spiegel. Geschichte, Jerusalem. Geburtsstadt des Glaubens, Hamburg 3/2009.

Derori, Z., Israel's Reprisal Policy, 1953-1956. The Dynamics of Military Retaliation, New York 2005.

Dershowitz, A., Plädoyer für Israel. Warum die Anklagen gegen Israel aus Vorurteilen bestehen, Hamburg 2005.

Dothan, T., The Philistines and Their Material Culture, Jerusalem 1982.

Dothan, T./Dothan, M., People of the Sea. The Search for the Philistines, New York 1992.

Eberhard, O., Aus Palästinas Legendenschatz. Überlieferungen und Erläuterungen aus der jüdischen und der arabisch-islamischen Welt, Berlin 1958.

Elger, R. (ed.), Kleines Islamlexikon. Geschichte, Alltag, Kultur, München 2006.

Elmusa, S. S., The Jordan-Israel Water Agreement. A Model or an Exeption?, Journal of Palestine Studies 24/3, 1995, 63-73.

Elon, A., Morgen in Jerusalem. Theodor Herzl, sein Leben und Werk, Wien/München/Zürich 1975.

Finkelstein, N., Antisemitismus als politische Waffe. Israel, Amerika und der Missbrauch der Geschichte, München 2006.

Flapan, S., Zionism and the Palestinians, London 1979.

--- The Birth of Israel. Myths and Realities, New York 1987.

--- Die Geburt Israels. Mythos und Wirklichkeit, München 1988.

Flores, A., Intifada, Aufstand der Palästinenser, Berlin 1988.

--- Die arabische Welt. Ein kleines Sachlexikon, Stuttgart 2003.

--- Der Palästinakonflikt. Wissen was stimmt, Freiburg/Basel/Wien 2009.

Flug, N./Schäuble, M., Die Geschichte der Israelis und Palästinenser, München 2009.

Friesel, E., Atlas of Mordern Jewish History. Revised from the Hebrew Edition, Oxford 1990.

Gerber, H., The Population of Syria and Palestine in the Nineteenth Century Asian and African Studies 13, 1979, 58-80.

Goldmann, N., Das jüdische Paradox. Zionismus und Judentum nach Hitler, Hamburg 1992.

Gresh, A., The PLO. The Struggle Within. Towards an Independent Palestinian State, London 1988².

--- Israel – Palästina. Die Hintergründe eines unendlichen Konfliktes, Zürich 2002.

Gresh, A.,/Vidal, D., The New A-Z of the Middle East, London 2004.

Grossmann, D., Der geteilte Israeli. Über den Zwang, den Nachbarn nicht zu verstehen, München 1992.

--- Diesen Krieg kann keiner gewinnen, München 2003.

Hareven, S., The First Forty Years, The Jerusalem Quarterly 48, 1988, 8.

Hass, A., Gaza. Tage und Nächte in einem besetzten Land, München 2003.

--- Bericht aus Ramallah. Eine israelische Journalistin im Palästinensergebiet, München 2004.

Hen-Tov, J., Communism and Zionism in Palestine. The Comintern and the Political Unrest in the 20s, Cambridge 1974.

Herz, D., Palästina. Gaza und Westbank. Geschichte – Politik – Kultur, München 2003[5].

Herz, D./Jetzlsperger, Ch./Ahlborn, K. (ed.), Der israelisch-palästinensische Konflikt. Hintergründe, Dimensionen und Perspektiven, Historische Mitteilungen/Beihefte 48, Stuttgart 2003.

Herzig, A., Jüdische Geschichte in Deutschland. Von den Anfängen bis zur Gegenwart, München 2002[2].

Herzl, Th., Der Judenstaat. Versuch einer modernen Lösung der Judenfrage, in: Kaznelson, S. (ed.), Gesammelte Zionistische Werke I, Tel Aviv 1934[3], 19-105.

--- Briefe und Tagebücher, II. Zionistisches Tagebuch 1895-1899, Berlin 1984.

Herzog, C./Gazit, S., The Arab-Israeli Wars. War and peace in the Middle East, New York 2005.

Herzog, C., Kriege um Israel 1948 bis 1984, Frankfurt a. M. 1984.

Hilberg, R., Die Vernichtung der europäischen Juden, Frankfurt a. M. 1990.

Hollstein, W., Kein Frieden um Israel, Bonn 1977.

Inbar, E., Herausforderungen für die Regierung Benjamin Netanjahus, Aus Politik und Zeitgeschichte 9, 2010, 10-16.

Janosch, M./Schomaker, R., Wasser im Nahen Osten und Nordafrika. Wege aus der Krise, Münster 2008.

Kaplony-Heckel, U., Die Israel-Stele des Mer-en-Ptah, 1208 v. Chr., in: Kaiser, O. (ed.), Texte aus der Umwelt des Alten Testaments I/6, Gütersloh 1985, 544-552.

Kaye, D., Völkerrechtliche Implikationen des Goldstone-Berichts, Aus Politik und Zeitgeschichte 9, 2010, 16-22.

Keel, O./Küchler, M., Orte und Landschaften der Bibel. Ein Handbuch und Studien-Reiseführer zum Heiligen Land, II. Der Süden, Zürich 1982.

Keel, O./Küchler, M./Uehlinger, Ch., Orte und Landschaften der Bibel. Ein Handbuch und Studien-Reiseführer zum Heiligen Land, I. Geographisch-geschichtliche Landeskunde, Zürich 1984.

Keller, P., Einsatz ohne Wirkung? Barak Obamas Nahost-Politik, Aus Politik und Zeitgeschichte 9, 2010, 23-28.

Kepel, G., Der Prophet und der Pharao. Das Beispiel Ägypten, Die Entwicklung des muslimischen Extremismus, München 1995.

Kiefer, M., Antisemitismus in islamischen Gesellschaften. Der Palästina-Konflikt und der Transfer eines Feindbildes, Düsseldorf 2002.

Klieman, A., Compromising Palestine. A Guide to Final Status Negotiations, New York 2000.

Koenen, K./Mell, U., Art. Landbesitz, in: Crüsemann, F. et al. (ed.), Sozialgeschichtliches Wörterbuch zur Bibel, Gütersloh 2009, 325-328.

Konzelmann, G., Arafat. Vom Terroristen zum Mann des Friedens, Bergisch Gladbach 1993.

Kotowski, E. V. et al. (ed.), Handbuch der Geschichte der Juden in Europa, I-II, Darmstadt 2001.

Krämer, G., Geschichte Palästinas. Von der osmanischen Eroberung bis zur Gründung des Staates Israel, Beck'sche Reihe 1461, München 2002.

--- Geschichte des Islam, Schriftenreihe der Bundeszentrale für Politische Bildung 493, Bonn 2005.

Krupp, M., Zionismus und der Staat Israel. Ein geschichtlicher Abriß, Gütersloh 1985[2].

--- Die Geschichte des Staates Israel. Von der Gründung bis heute, GTB 730, Gütersloh 1999.

Lebrecht, H., Die Palästinenser. Geschichte und Gegenwart. Die geschichtliche Entwicklung der Palästinafrage, Frankfurt a. M. 1982.

Lerer, Y., Tel Aviv Rothschild-Boulevard. Israels Protestbewegung hat viel nachzuholen, Le Monde Diplomatique 9594, 2011, 6.

LeVitte Harten, D./Zalmona, Y., Die neuen Hebräer. 100 Jahre Kunst in Israel, Berlin 2005.

Lewis, B., The Jews of Islam, London 1984.

--- The Arabs in History, Oxford/New York 1993.

--- The Multiple Identities in the Middle East. 2000 Years of History from the Rise of Christianity to the Present Day, London 1999.

Lowi, M., Water and Power. The Politics of a Scarce Resource in the Jordan River Basin, Cambridge 1993.

Lukasch, M., Zwischen Hoffnung und Scheitern. Die USA und der Nahostfriedensprozess 1997-2005, Paderborn 2011.

Lustik, I., Arabs in the Jewish State. Israels Control of a National Minority, Austin/London 1980.

Mansur, G., The Arab Worker Under the Mandate, Jaffa 1937.

Maoz, M., Palestinian Leadership in the West Bank. The Changing Role of the Mayors under Jordan and Israel, London 1984.

Marx, B., Gaza. Land ohne Hoffnung, Berlin 2009.

Maul, S., Israel auf Friedenskurs? Politischer und religiöser Fundamentalismus in Israel. Wirkungen auf den Friedensprozess im Nahen Osten, Interdisziplinäre Studien zu Politik und Religion 1, Münster/Hamburg/London 2000.

Mekorot (Water Authority), The Issue of Water between Israel and the Palestinians, Jerusalem 2009.

Metzger, J. (ed.), Auf dem Weg zur Annexion. Die Zukunft von Westbank und Gaza nach zwei Jahrzehnten israelischer Besetzung, Berlin 1986.

Meyer, M. A., Denken und Wirken Leo Baecks nach 1945, in: Heuberger, G./Backhaus, F. (ed.), Leo Baeck 1873-1956. Aus dem Stamme von Rabbinern, Frankfurt a. M. 2001, 138-139.

Miller, D. H., Der Ursprung des Mandatssystems, Europäische Gespräche 4, 1928, 161-176.

Morris, B., The Birth of the Palestinian Refugee Problem, 1947-1948, Cambridge 1987.

--- Israel's Border Wars 1949-1956. Arab Infiltration, Israeli Retaliation, and the Countdown to the Suez War, Oxford 1993.

Naor, M., Eretz Israel. Das zwanzigste Jahrhundert, Köln 1998.

Netanyahu, B., The Origins of the Inquisition in Fifteenth-Century Spain, New York 1995, 2001[2].

Neudeck, R., Das unheilige Land. Brennpunkt Naher Osten. Warum der Friede verhindert wird, Freiburg 2011.

Neuhaus, D./Sterzing, Ch. (ed.), Die PLO und der Staat Palästina. Analysen und Dokumente zur Entwicklung der PLO, Frankfurt a. M. 1991.

Noort, E., Die Seevölker in Palästina, Kampen 1994.

Nusseibeh, S., Es war einmal ein Land. Ein Leben in Palästina. Erinnerungen, München 2008.

Oesterreicher, J./Sinai, A. (ed.), Jerusalem/New York 1974.

Oren, M. B., Six Days of War. June 1967 and the Making of the Modern Middle East, Oxford 2002.

Oz, A., Eine Geschichte von Liebe und Finsternis, Suhrkamp Taschenbuch 3968, Frankfurt a. M. 2008.

Palmon, J. E., Wirtschaftlicher Umschwung und neue Lohnpolitik in Israel, in: Gewerkschaftliche Monatshefte 2/1968, 96-99.

Pappe, I., Britain and the Arab-Israeli Conflict, 1948-1951, New York 1988.

--- The Making of the Israeli-Arab Conflict, 1947-1951, London 1992.

--- A History of Modern Palestine. One Land, Two Peoples, Cambridge 2004.

Perlmann, M., Chapters of Arab-Jewish Diplomacy, 1918-1922, Jewish Social Studies 6, 1944, 132-147.

Perry, Y./Petry, E. (ed.), Das Erwachen Palästinas im 19. Jahrhundert, Alex Carmel zum 70. Geburtstag, Stuttgart 2001.

Peters, E. E., Children of Abraham. Judaism, Christianity and Islam, Princeton 1982.

Philipp, T., Israel und die besetzten Gebiete, in: Ende, W./Steinbach, U. (ed.), Der Islam in der Gegenwart. Entwicklung und Ausbreitung, Kultur und Religion, Staat, Politik und Recht, München 2005[5], 498-499.

Polkehn, K., Das Wasser und die Palästinafrage, Marxistische Blätter 4, 2001.

Pott, M., Der Westen in der islamischen Falle. Von Jerusalem bis Teheran. Der neue Nahe Osten, Köln 2009.

Poya, A., Gestalt des Abraham im Koran, in: Möller R./Goßmann H.-Ch. (ed.), Interreligiöser Dialog. Chancen abrahamischer Initiativen, Berlin 2006, 83-99.

Primor, A., Der Friedensprozeß im Nahen Osten und die Rolle der Europäischen Union, ZEI Discussion Paper 25, 1998, 1-15.

--- Europa, Israel und der Nahe Osten, Suhrkamp Taschenbuch 3097, Frankfurt a. M. 2000.

--- Frieden mit den Islamisten?, Düsseldorf 2007.

Reguer, S., Controversial Waters. Exploitation of the Jordan River 1950-80, Middle Eastern Studies 29/1, 1993, 53-90.

Rotter, G./Fathi, S., Nahostlexikon. Der israelisch-palästinensische Konflikt von A-Z, Heidelberg 2001.

Schäfer, B. (ed.), Historikerstreit in Israel. Die »neuen« Historiker zwischen Wissenschaft und Öffentlichkcit, Frankfurt a. M./New York 2000.

Schall, A., Islam, 3. Mohammed. Leben, Werk, Wirken, in: Theologische Realenzyklopädie 16, Berlin 1987, 320-328.

Schami, R. (ed.), Angst im eigenen Land. Israelische und palästinensische Schriftsteller im Gespräch, Zürich 2001.

Schilling, K. (ed.), Monumenta Judaica. 2000 Jahre Geschichte und Kultur der Juden am Rhein, Köln 1963, 350.

Scholl-Latour, P., Die Welt aus den Fugen. Betrachtung zu den Wirren der Gegenwart, Berlin 2012.

Schreiber, F./Wolffsohn, M., Nahost. Geschichte und Struktur des Konflikts, Opladen 1995.

Schulz, R./Gieler, W., Jordanien, in: Gieler/W. (ed.), Handbuch der Ausländer- und Zuwanderungspolitik, München 2003, 250-255.

Sdun-Fallscheer, G., Jahre des Lebens. Die Geschichte einer Familie in Palästina um die Jahrhundertwende bis zum Zweiten Weltkrieg, Stuttgart 1989.

Segev, T., Es war einmal in Palästina. Juden und Araber vor der Staatsgründung Israels, München 2005[2].

--- 1967. Israels zweite Geburt, München 2007.

--- Die ersten Israelis. Die Anfänge des jüdischen Staates, München 2008.

Senfft, A., Wieder die »Kultur des Konflikts«. Palästinenser und Israelis im Dialog, Aus Politik und Zeitgeschichte 9, 2010, 3-9.

Seufert, G., Die Türkei auf Konfrontationskurs, Berlin 2011.

Sharon, A./Chanoff, D., Warrior. An Autobiography, New York 2001.

Shlaim, A., The Iron Wall. Israel and the Arab World, New York 2000.

Sivan, E., Le caractère sacré de Jérusalem dans l'Islam au xxe-xiiie siècle, Studia Islamica 27, 1967.

Sofer, A., The Israeli-Palestinian Conflict over Water Resources, Palestine-Israel Journal, 5/1, 1998.

Spoer, H. H., Das Nebi-Musa-Fest, Zeitschrift des Deutschen Palästina-Vereins 32, 1909, 207-221.

Steinbach, U. (ed.), Arabien. Mehr als Erdöl und Konflikte, Opladen 1992.

Steininger, R., Der Nahostkonflikt, Fischer Kompakt 16121, Frankfurt a. M. 2003.

--- Der Sechstagekrieg, Aus Politik und Zeitgeschichte 19, 2007, 33-38.

Talmon, J. L., Israel Among the Nations, London 1970.

Tarach, T., Der ewige Sündenbock. Heiliger Krieg, die ›Protokolle der Weisen von Zion‹ und die Verlogenheit der sogenannten Linken im Nahostkonflikt, Freiburg 2010.

Thoma, C., Das Land Israel in der rabbinischen Tradition, in: M. Stöhr/M. P. Levinson (ed.), Jüdisches Volk – gelobtes Land. Die biblischen Landverheißungen als Problem des jüdischen Selbstverständnisses und der christlichen Theologie (Abhandlungen zum christlich-jüdischen Dialog 3), München 1970, 37-51.

Timm, A., Israel. Geschichte des Staates seit der Gründung, Bonn 1998³.

--- Israel. Gesellschaft im Wandel, Opladen 2003.

Vahrenhorst, M., »Ihr sollt überhaupt nicht schwören«. Matthäus im Halachischen Diskurs, Wissenschaftliche Monografien zum Alten und zum Neuen Testament 95, Neukirchen-Vluyn 2002.

Vetter, D., Die Bedeutung des Landes in der jüdischen Überlieferung, in: ders., Das Judentum und seine Bibel. Gesammelte Aufsätze (Religionswissenschaftliche Studien 40), Würzburg 1996, 256-272.

Vieweger, D., Archäologie der Biblischen Welt. Gütersloh 2012⁴.

--- Wunsch und Wahrheit, Der Spiegel. Geschichte, Jerusalem Geburtsstadt des Glaubens, 3/2009, 52-55.

Wasserstein, Bernard, Israel und Palästina. Warum kämpfen sie und wie können sie aufhören? München 2003.

Watzal, L., Frieden ohne Gerechtigkeit? Israel und die Menschenrechte der Palästinenser, Köln/Weimar/Wien 1994.

Weingardt, M. A., Deutsche Israel- und Nahostpolitik, Frankfurt a. M. 2002.

Wilken, R. L., Art. Heiliges Land, Theologische Realenzyklopädie 14, Berlin 1985, 692-693.

Winstanley, A./Barat, F., Russell Tribunal zu Palästina, Hamburg 2011.

Wolf, A./Ross, J., The Impact of Scarce Water Resources on the Arab-Israeli Conflict, Natural Resources Journal 32/4, 1992, 919-958.

Wolffsohn, M., Wem gehört das Heilige Land? Die Wurzeln des Streits zwischen Juden und Arabern, München 2007⁸.

Wolffsohn, M./Bokovoy, D., Israel. Grundwissen-Länderkunde, Geschichte, Politik, Gesellschaft, Wirtschaft (1882-2001), Opladen 2003⁶.

Yaron, G., Jerusalem. Ein historisch-politischer Stadtführer, München 2007.

Ydit, M., Art. Av, the ninth of, in: Encyclopedia Judaica 3, Jerusalem 1971, 936-940.

Zimmermann, F., Schauplatz Palästina. Leben auf beiden Seiten der Mauer, Freiburg/Basel/Wien 2006.

Zimmermann, M., Wende in Israel. Zwischen Nation und Religion, Berlin 1996.

--- Die Angst vor dem Frieden. Das israelische Dilemma, Berlin 2010.

Zuckermann, M., Sechzig Jahre Israel. Die Genesis einer politischen Krise des Zionismus, Bonn 2009.

Zum Autor:

Dieter Vieweger, Prof. Dr. Dr. Dr. h. c., *1958; Studium der Ev. Theologie in Leipzig; 1985 Promotion; 1989 Habilitation; 1986 bis 1989 Pfarrer des Thomanerchores Leipzig; 1989 bis 1991 Professor für alttestamentliche Wissenschaft an der Kirchlichen Hochschule Berlin, 1991 bis 1993 an der Humboldt-Universität Berlin; seit 1993 Professor für alttestamentliche Wissenschaft und biblische Archäologie an der Kirchlichen Hochschule Wuppertal; 1993 bis 1998 Studium der Ur- und Frühgeschichte in Frankfurt a. M.; 1998 Promotion; 1992 bis 2005 Mitglied im Verwaltungsrat und 1999 bis 2005 im Wissenschaftlichen Beirat des Deutschen Evangelischen Instituts für Altertumswissenschaft des Heiligen Landes; seit 1991 Vertrauensdozent der Studienstiftung des deutschen Volkes; seit 1999 Direktor des Biblisch-Archäologischen Instituts Wuppertal (www.bainst.de); ab 1999 Lehrtätigkeit an der Privatuniversität Witten-Herdecke, seit 2002 dort Inhaber der Forschungsprofessur »Archäologie und Ältere Geschichte«; seit 2005 Leitender Direktor des Deutschen Evangelischen Instituts für Altertumswissenschaft des Heiligen Landes in Jerusalem und Amman, zugleich Forschungsstelle des Deutschen Archäologischen Instituts (DAI) (www.deiahl.de); seit 2005 Vertreter des Propstes in Jerusalem und Koordinator der evangelischen Bildungsarbeit in der Heiligen Stadt; seit 2006 Senior Fellow des Albright Institutes, Jerusalem; seit 2009 ordentliches Mitglied des DAI; 2009 Verleihung des Titels Dr. h. c. durch die Universität Wuppertal; nach Projekten in Zypern, Griechenland und Italien Leiter verschiedener archäologischer Forschungsprojekte in Jordanien, Israel und Palästina.